Florestan Fernandes

Leituras & legados

Florestan Fernandes

Leituras & legados

apresentação de
Maria Arminda do Nascimento Arruda

São Paulo | 2010

© Florestan Fernandes Júnior, Beatriz Rodrigues Fernandes, Míriam Lúcia Rodrigues Fernandes, Noêmia Fernandes Muller, Sílvia Fernandes Arantes e Heloisa Fernandes Silveira, 2009

1ª Edição, Global Editora, São Paulo 2010

Diretor Editorial
Jefferson L. Alves

Gerente de Produção
Flávio Samuel

Coordenadora Editorial
Dida Bessana

Coordenador Editorial do Projeto
Francisco M. P. Teixeira

Assistentes Editoriais
Alessandra Biral
João Reynaldo de Paiva

Revisão
Jane Pessoa

Capa
Victor Burton

Projeto Gráfico e Editoração Eletrônica
Reverson R. Diniz

Fotos do Encarte
Essio Pallone Filho

Dados Internacionais de Catalogação na Publicação (CIP)
(Câmara Brasileira do Livro, SP, Brasil)

Fernandes, Florestan, 1920-1995.
  Florestan Fernandes : leituras e legados / apresentação de Maria Arminda do Nascimento Arruda. – 1. ed. – São Paulo : Global, 2010.

  Bibliografia.
  ISBN 978-85-260-1462-6

  1. Fernandes, Florestan, 1920-1995. 2. Sociologia – Brasil 3. Ensaios brasileiros. I. Arruda, Maria Arminda do Nascimento. II. Título.

10-00515   CDD-306.43

Índices para catálogo sistemático:
1. Ensaios brasileiros : Sociologia   306.43

Direitos Reservados

GLOBAL EDITORA E DISTRIBUIDORA LTDA.
Rua Pirapitingui, 111 – Liberdade
CEP 01508-020 – São Paulo – SP
Tel.: (11) 3277-7999 – Fax: (11) 3277-8141
e-mail: global@globaleditora.com.br
www.globaleditora.com.br

Obra atualizada conforme o
Novo Acordo Ortográfico da Língua Portuguesa

Colabore com a produção científica e cultural.
Proibida a reprodução total ou parcial desta obra sem a autorização dos editores.

Nº de Catálogo: **3147**

Florestan Fernandes
Leituras & legados

Agradecimentos

Muitas pessoas colaboraram para fazer vir à luz este livro revelador da longa e fecunda trajetória de Florestan Fernandes – sociólogo, professor, pensador e militante tão arguto quanto comprometido com ideias, análises e mudanças. A essas pessoas, a Global deve seu agradecimento. Mas quer agradecer, sobretudo, à direção da Biblioteca Comunitária da Universidade Federal de São Carlos (UFSCar), na pessoa de Lígia Maria Silva e Souza, e à equipe responsável pelo Fundo Florestan Fernandes, nas pessoas de Vera Lúcia Cóscia, bibliotecária do Departamento de Coleções Especiais, e de Lívia Maria Gonçalves Cabrera, graduanda em Ciências Sociais na UFSCar. No Fundo Florestan Fernandes está sendo conservado, organizado e disponibilizado a estudantes e pesquisadores o acervo do grande sociólogo brasileiro. Foi desse acervo que saíram os artigos, ensaios e imagens, além das transcrições das entrevistas, que compõem este livro. Os originais foram apenas revisados para possíveis correções e para a devida padronização e atualização ortográfica. As imagens originais identificadas foram creditadas a seus autores nas legendas do encarte iconográfico. Outras imagens que futuramente venham a ser identificadas serão creditadas em novas edições ou tiragens da obra. E agradecemos também ao prof. Duarcides Ferreira Barbosa, da PUC-Campinas, a permissão de publicação do "Sumário Biobibliográfico" e à Fundação Perseu Abramo a autorização para publicarmos nesta obra o texto do prof. Antonio Candido, professor emérito da Universidade de São Paulo, "O jovem Florestan", de 1995.

Global Editora
São Paulo, 2009

Sumário

Por uma sociologia da solidariedade social 11
Maria Arminda do Nascimento Arruda

Leituras

Introdução da *Contribuição à crítica*

   da economia política 25

Mário de Andrade e o folclore brasileiro 47

Tiago Marques Aipobureu:

   um Bororo marginal 71

A economia Tupinambá – Ensaio de interpretação sociológica do

   sistema econômico de uma sociedade tribal 101

A Revolução Constitucionalista e o estudo

   sociológico da guerra 183

Contribuição para o estudo de um líder carismático 201

A aculturação dos sírios e libaneses em São Paulo 225

Legados

A sociologia no Brasil 237

A educação como problema social 243

As relações raciais em São Paulo reexaminadas 255

Da aliança à solidariedade 265

Reflexão sobre o socialismo e a autoemancipação
    dos trabalhadores 277

Florestan Fernandes no centro do *Roda Viva* 307

O jovem Florestan – Antonio Candido 347

Sumário biobibliográfico 353

Por uma sociologia da solidariedade social

Maria Arminda do Nascimento Arruda[1]

---
[1] Professora titular do Departamento de Sociologia da Universidade de São Paulo.

A primeira impressão provocada por este livro é de que se trata de compilação de escritos dispersos e de natureza diversa, mera reunião de textos de Florestan Fernandes escritos ao longo de sua vida, concentrados no período de juventude, momento decisivo da formação do grande sociólogo. De fato, o caráter heterogêneo dos assuntos em pauta e a dominância de trabalhos produzidos nos decênios de 1940 e 1950 – cinco textos na primeira década e três, na segunda, dos doze aqui reunidos, além das duas últimas seções que se compõe de entrevista e do texto do prof. Antonio Candido na homenagem póstuma da Universidade de São Paulo (USP) a Florestan em 1995, aos quais se acrescentou uma breve informação biográfica e a vasta bibliografia da produção intelectual do sociólogo – parecem indicar a veracidade do juízo. Equivoca-se o leitor se aderir a esse julgamento enganoso; a aparência de unidade forçada desta obra, *grosso modo*, sequência cronológica, não resiste a uma leitura mais detida, afastando a sensação de desconcerto do conjunto. A publicação, de outro lado, tem o condão de guardar, na sua variedade, a riqueza do pensamento de Florestan Fernandes, ao revelar, nos seus múltiplos interesses, a persistência dos objetos que perseguiu e a perseverança das posições que desenvolveu no curso da sua reflexão sociológica.

A articulação de temática tão variegada está garantida pelo menos por três eixos centrais e articulados, responsáveis pela urdidura do livro: linguagem e método da reflexão em ciências sociais; personagens tratadas; diagnósticos construídos. No todo, percebe-se que os anos não mitigaram o ímpeto do sociólogo de polemizar, de enfrentar os problemas candentes do Brasil, de propugnar por uma sociedade democrática e igualitária, de defender os princípios da cidadania como condição de se construir uma civilização verdadeiramente digna desse nome, de interpretar o mundo social a partir do lugar das camadas populares. A despeito das mudanças ocorridas no modo como enfrentou as questões, no decorrer desse meio século que cobre o período compreendido por esta publicação, diga-se de passagem, o seu tempo de vida intelectual, Florestan não se alforriou do compromisso que sempre orientou sua reflexão: embasar seus diagnósticos em análises rigorosas, propugnar por um futuro socialmente justo.

Se, nos primeiros momentos, o fulcro das preocupações do sociólogo incidiu, sobretudo, na defesa de políticas sociais como requisito da construção de oportunidades igualitárias, a exemplo da educação pública universal, e, posteriormente, recaiu sobre a descrença no papel das reformas, passando a defender princípios de um socialismo democrático, os traços que sempre o distinguiram não arrefeceram. Florestan Fernandes, embora cético nos anos finais, não se desapossou da esperança, tornando-se uma espécie de intelectual orgânico da classe trabalhadora brasileira; tampouco negou sua origem e se libertou dos problemas centrais de seu país. Malgrado essa coerência de base, a riqueza de sua obra não pode ser convertida em esquemas de interpretação simplificadores, reduzindo sua visão prismática a concepções unitárias; é igualmente forçado atribuir-lhe intenções cristalizadas desde a mais tenra juventude, como se o intelectual maduro já estivesse pronto desde o nascimento. Qualquer dessas posições repele a complexidade de sua trajetória pessoal e pública, desumaniza sua figura e rasura sua herança intelectual, um patrimônio do nosso pensamento social. Elide, por fim, sua busca permanente de ancorar as análises em evidências concretas e particulares a cada situação considerada, como é inerente à natureza do saber rigoroso e à elaboração de diagnósticos precisos. Esta edição é um exemplar iniludível desse percurso; é um documento autêntico dos caminhos percorridos por Florestan.

O texto que abre a edição é a introdução, escrita por Florestan Fernandes aos 26 anos, à tradução de *Contribuição à crítica da economia política*. Comumente, esse trabalho é tomado como exemplo incontestável da sua filiação exclusiva à interpretação marxiana, bem como de sua crença intransigente no ideário revolucionário. Essa visão uniforme e predestinada do sociólogo produz um retrato sem matizes e, por isso, desfibrado, simplificando ao extremo sua complexa personalidade intelectual, que retirou parte de sua grandeza dessa capacidade de construir um diálogo fecundo com os clássicos e também com os contemporâneos, incorporando-os segundo um andamento próprio. Sua condição de autor, hoje igualmente clássico, é tributária desse raro e difícil empreendimento, sobretudo na vida intelectual de países da periferia do sistema mundial do saber. Florestan, ao revés, transformou tal desvantagem relativa em êmulo da sua sociologia, ao afirmar que os fundadores da disciplina devem ser tomados como modelos, jamais como moldes a serem aplicados de modo acrítico, em razão mesmo do fato de terem tratado de contextos históricos diversos do nosso.

A obra de Florestan Fernandes individualiza-se exatamente por ter oferecido a alternativa de ultrapassar a condição de dependência e subalternidade do país, inclusive no campo intelectual. No texto "A sociologia no Brasil", presente nesta publicação, ele não deixa margem à dúvida: "A significação do desenvolvimento da sociologia em nosso meio precisa ser interpretada em termos de sua importância dinâmica para a integração da especialidade à cultura brasileira. Não trabalhamos para os sociólogos europeus ou norte-americanos, senão indiretamente e como contingência da própria natureza do labor científico. O verdadeiro sentido de nossas contribuições à sociologia, por modestas ou grandiosas que sejam, só adquire plenitude quando ligada à necessidade de criar um novo estilo de pensamento e de trabalho na investigação da realidade social, que seja assimilável e construtivo para as futuras gerações de especialistas brasileiros, as quais não devem receber os defeitos e as limitações da herança que nos coube". Essa curta reflexão é demonstração evidente do projeto sociológico de Florestan: construir suportes analíticos para a compreensão de experiências históricas que escapam à tipicidade; aliar tratamento analítico à elaboração de diagnósticos. Nesse registro, o sociólogo não poderia professar nenhum monolitismo teórico, sob pena de empobrecer o próprio diagnóstico. A introdução à edição em português do livro de Marx elucida sua postura nessa área e já revela a potência da reflexão do jovem sociólogo.

Na feitura do texto, Florestan mobilizou bibliografia importante, variada, examinada à luz de um andamento crítico. Enfatizando, de saída, a ruptura representada pela obra de Marx, passa a considerar o texto especialmente no prisma de duas questões fundamentais: a crítica às interpretações vulgares e a contribuição do filósofo às ciências sociais. "Dessa forma, o que havia de essencial e de fecundo no 'método naturalista', que permite apanhar o que é geral nas coisas, e o que havia de essencial no 'método histórico', que permite captar as coisas na sua singularidade, deram origem a um novo método de trabalho científico, conhecido sob o nome de *materialismo histórico*. Esses resultados a que Karl Marx chegou marcaram uma nova etapa na história das investigações científicas, pois desdobraram diante das 'ciências históricas' – ou ciências sociais, como dizemos hodiernamente – novas possibilidades de desenvolvimento científico." Como se percebe, Florestan centra sua interpretação no tratamento dos problemas analíticos, buscando estabelecer pontes de diálogo entre os autores, tendo em vista embasar e aprofundar as operações de explicação nas ciências sociais, o que não significa *ipso facto* abandonar as dimensões políticas da reflexão marxiana. Seu livro *Fundamentos empíricos da explicação sociológica*, publicado em 1959 e várias vezes reeditado, é referência no tratamento das questões de método afeitas aos problemas da investigação, no qual pensou sobre as relações entre os autores clássicos e as respostas que ofereceram ao conhecimento de fenômenos diversos. O recurso à teoria e a recuperação da tradição clássica significam, de outro lado, delimitar o campo científico da formação do sociólogo, enquanto modo do *métier*, jamais como finalidade em si mesma.

É nesse registro que se pode tratar os textos aqui reunidos, pois a variedade de temas leva Florestan a transitar por heranças diversas, combinadas, muitas vezes, no mesmo estudo. São sintomáticas, nesse sentido, as análises etnológicas, nas quais maneja os referenciais antropológicos e sociológicos conciliados, lançando mão, inclusive, de contribuições de outras disciplinas, a exemplo do texto "A economia Tupinambá – Ensaio de interpretação sociológica do sistema econômico de uma sociedade tribal", o segundo capítulo de seu mestrado *A organização social dos Tupinambá*, defendido em 1947. Em 1951, com a tese de doutoramento *A função social da guerra na sociedade Tupinambá*, considerada um marco da história das ciências sociais no Brasil, o sociólogo construiu uma análise pioneira da utilização do método funcionalista no entendimento de sociedades em processo de mudança, o que não era canônico na época. Apesar de a cultura ser o objeto por excelência da etnologia, Florestan agrega às análises noções e abordagens típicas da sociologia e mesmo da economia, revelando sua postura interpretativa, tanto de negar a segmentação dos fenômenos da sociedade quanto de rejeitar a precedência, *a priori*, de qualquer esfera da realidade: "Em resumo, pode-se concluir que a guerra, como fonte de suprimentos regulares de utilidades econômicas, revela-se pouco significativa... a guerra constituía na sociedade Tupinambá uma condição de equilíbrio social".

Há uma pletora de trabalhos, selecionados na presente edição, a representar esses princípios de análise. Tais textos, aliás, são muito significativos do quanto a sociologia de Florestan Fernandes contemplou a dimensão da cultura, relativizando certas compreensões hodiernas de sua obra que acentuam a dominância dos temas da modernização capitalista no Brasil, seus dilemas e impasses, vistos como comprovação da sua adesão exclusiva ao marxismo e ao privilegiamento da vida material. Além dos chamados textos etnológicos em que o tratamento da cultura é nuclear, as análises sobre o folclore e a cultura popular, manifestações religiosas, educação, relações raciais, são muito expressivas das suas preocupações nessa área. O ensaio "Mário de Andrade e o folclore brasileiro", publicado no ano da morte do modernista e espécie de homenagem a esse fecundo intelectual, discute a relação entre cultura popular e cultura erudita: "As duas formas de arte defrontam-se numa relação dialética – tal como Mário de Andrade situa o problema: a arte erudita deve realizar-se na e através da arte popular – e a antítese, no caso a arte popular, cede o lugar a uma terceira forma de arte que do ponto de vista da fatura chama-se ainda arte erudita, mas que é uma coisa nova, mais essencial e mais expressiva". No texto "A Revolução Constitucionalista e o estudo sociológico da guerra", concebido a partir do diário de um ex-combatente, submete o conflito ao crivo sociológico e explora as relações sociais internas entre os soldados: "relações de personalidade e cultura; tipos de ajustamentos e controles sociais; reação circular; relações de companheirismo; ética militar; função da liderança; e, como extensão da apreciação deste problema, repercussões de interesses sociais antagônicos e de diferenças ideológicas no sistema organizatório do exército constitucionalista". Em "A aculturação dos sírios e libaneses em São Paulo", seu projeto abandonado para a tese de doutoramento, afirma: "Como sociólogo, tentei, naturalmente, encarar a aculturação – como, por exemplo, as novas condições de existência se refletiram na estrutura e nas funções sociais da família, do sistema econômico, do sistema religioso etc. – e das consequências produzidas pela mudança dos tipos de controle social – como, por exemplo, a substituição da dominação tradicional por outras formas de liderança ou a perda contínua de mando do chefe da família e a diminuição de autoridade do líder religioso".

Como se percebe, nessas análises, a ótica cultural nucleia a análise do social, e o sociólogo reflete no mesmo diapasão de Roger Bastide, seu antecessor na Cadeira de Sociologia I, como está registrado no texto "As relações raciais em São Paulo reexaminadas", de reavaliação da obra do mestre francês e das pesquisas que realizaram em conjunto para o Projeto Unesco: "Na verdade, os que hoje nos fazem crítica de que ignoramos a 'dimensão cultural' não levam em conta a amplitude, as implicações e o significado dessa abordagem, possível em grande parte graças à experiência de Bastide – suas pesquisas sobre a transplantação, a reelaboração e transculturalização das religiões africanas. A 'dimensão cultural' não aparece como um *dado externo*, uma 'coisa palpável' e empiricamente contingente. Porém como um 'modo de ser'". No texto sobre o profeta João de Camargo – "Contribuição para o estudo de um líder carismático" – a inspiração na sociologia de Bastide, sobretudo na análise do sincretismo religioso, é notória, tanto do ponto de vista da escolha do tema quanto do tratamento. Em outras palavras, a análise sociológica, por privilegiar o tratamento da dinâmica da ação dos agentes, não pode excluir os componentes socioculturais que lhe são inerentes.

A rigor, um sociólogo da cepa de Florestan não se exila em escaninhos teórico-metodológicos, tampouco adere a preconceitos interpretativos, limitadores da liberdade de pensar, com o rigor requerido por seu compromisso público. Em "A educação como problema social", o diagnóstico apresentado é digno de participar das avaliações sobre a questão no Brasil do presente. "Já se admite, sem relutância, que os anseios de crescimento econômico e de desenvolvimento social não passam de miragens, enquanto não se amparam também em planos de reconstrução educacional." As reflexões sobre a necessidade de introduzir correções e de planejar a sociedade são tributárias da sociologia de Karl Mannheim, que conferiu papel central à *intelligentsia* na construção da sociedade democrática. Segundo a proposta mannheimiana, o intelectual é o sujeito fundamental das transformações, por conceber modalidades de intervenção descomprometidas das visões parciais, por serem racionalmente embasadas e por se ancorarem nos princípios da responsabilidade social do conhecimento. É desse modo, que os requisitos essenciais da elaboração de medidas de correção devem sobrelevar a expansão e a reforma da educação e a intervenção racional propiciada pelas ciências sociais. Nos dois campos, Florestan atuou ativamente, articulando sua capacidade de ação em prol da democratização do acesso ao ensino em todos os níveis, revelando o compromisso selado com sua origem; o conhecimento sociológico era a forma privilegiada de tratamento dos problemas sociais. Ele próprio havia sido fruto das oportunidades ampliadas no campo educacional e da constituição da universidade que contou com intensa participação dos reformadores da educação, como Fernando de Azevedo, responsável por sua admissão na academia.

O sociólogo, em suma, concebeu uma ciência social integrada à realidade sobre a qual se debruçou, ressaltando os dilemas e impasses da constituição da sociedade moderna no Brasil, procurando recuperar na gênese da formação histórica brasileira os entraves responsáveis pela constituição de uma identidade problemática e de uma realidade impotente diante das promessas civilizatórias do moderno. Seus livros A *integração do negro na sociedade de classes* e A *revolução burguesa no Brasil*, publicados, respectivamente, em 1965 e 1975, elucidam, de maneira diversa e segundo ênfases distintas, a caracterização do problema subjacente ao processo de modernização do país. Se, na primeira obra, sua postura em relação às possibilidades de "forjar nos trópicos este suporte de civilização moderna" é francamente cética, na segunda, é nítido seu afastamento de qualquer aposta possível nos marcos do capitalismo. Embora sua posição tenha variado ao longo da trajetória acadêmica na USP – que compreendeu os anos de 1945 a 1969, datas da admissão como professor e da aposentadoria compulsória, promovida pelo arbítrio do regime militar instalado em 1964 –, é possível entrever permanências a percorrer o conjunto da sua reflexão e que se desdobraram nas propostas de ação na esfera pública.

Refiro-me à perspectiva a partir da qual tratou dos temas e interpretou os problemas do Brasil, no trânsito do moderno, talvez o mais importante motivo a explicar a originalidade da sua obra: os dilemas da sociedade brasileira resultam do drama vivido pelas camadas populares, pelos socialmente marginalizados, que são os órfãos das conquistas civilizadas, os excluídos da riqueza social. São os negros e seus descendentes, os índios, os pobres, os trabalhadores explorados pelo movimento predatório do capital. O foco nos deserdados conferiu coerência ao conjunto de sua obra e preservou a identidade de sua origem, permitiu-lhe construir uma reflexão empenhada, politicamente orientada, muito mais vigorosa, caso assumisse uma atitude de explícito compromisso teórico. É, também, por essa razão que estão necessariamente articuladas as dimensões do rigor na construção do conhecimento, a ênfase na condição social dos dominados e a elaboração de diagnósticos voltados à implementação de medidas corretivas. Dito de outra maneira, os impasses da história brasileira moderna são produzidos pela rejeição recorrente a integrar e conferir cidadania efetiva às classes populares, gestando uma sociedade certamente injusta e profundamente desigual, mas especialmente prisioneira de soluções autocráticas para coibir os conflitos. Nesse andamento de imposição da ordem por via antidemocrática, resta como alternativa à mudança romper o círculo de ferro do domínio das elites refratárias aos valores civilizados. Sua avaliação dos rumos assumidos pelo capitalismo no Brasil, sobretudo pós-1964, o leva a abandonar a postura de intervenção racional na promoção de reformas e a propugnar pela criação da nova ordem por via radical. Os textos "Da aliança à solidariedade" e "Reflexão sobre o socialismo e a autoemancipação dos trabalhadores" são lídimos representantes dessa perspectiva de eleição da classe trabalhadora como o interlocutor privilegiado, assim como sua filiação ao Partido dos Trabalhadores.

Interessante perceber como essas transformações podem ser apreendidas em um trabalho aparentemente modesto e circunscrito, no qual analisa a condição do marginal. Em 1945, Florestan Fernandes, sociólogo recém-formado, apresentou o trabalho "Tiago Marques Aipobureu: um Bororo marginal" no Seminário sobre os índios do Brasil, organizado por Herbert Baldus, publicado pela primeira vez em 1946, e que compõe o conjunto dos temas presentes nesta edição. O artigo foi republicado pelo menos mais duas vezes, em 1960 e 1975, sem alterações, mantendo-se a forma original. A escolha do assunto já era *per se* atraente; mais instigante ainda foi o tratamento conferido à biografia do índio Bororo. Chama a atenção também as datas das publicações: a primeira, quando o jovem cientista social foi admitido na vida universitária; a segunda, quando se tornara um acadêmico prestigiado, incontestavelmente reconhecido em função dos trabalhos já produzidos que lhe carrearam posição institucional de relevo; a última, quando estava afastado da academia. As três situações correspondiam, então, a momentos singulares da trajetória de Florestan. Nos extremos coincidiam fases de rupturas e de reconstituição de sua vida, marcadas pela metamorfose do menino pobre em professor da Universidade de São Paulo, e do sociólogo reconhecido que perdera o espaço privilegiado, lugar de excelência em que depositara as apostas profissionais e afetivas de sua existência. Esse trabalho de pretensões modestas elege-se como referência à produção ulterior de Florestan, destacando-se em meio ao conjunto de escritos iniciais do sociólogo, por ater-se a reflexões sobre um caso singular. De outro lado, o estudo situa-se em ponto intermediário, mediando as análises sobre folclore e cultura popular, seguidas pelos chamados estudos etnológicos, representados nesta edição.

A análise da história de Tiago Marques Aipobureu foi construída de modo a que o singular e o geral se autoesclarecessem, relacionando abordagens micro e macrossociológicas, chegando, no limite, ao registro da psicologia social. O texto volta-se, em suma, para o tratamento do conflito entre o indivíduo e a sociedade; para a conformação de personalidades dilaceradas por situações que não se elucidavam no plano das escolhas individuais; para a expressão do movimento de negação da herança e a impossibilidade de completá-lo. Assim, Tiago Marques Aipobureu vivencia a situação típica do marginal, personalidade trágica, invadida por sentimentos convulsionados. Polarizado entre dois mundos culturais que se excluem – o da sua comunidade de origem e a educação recebida pelos padres –, o índio não conseguiu resolver seu dilema, pois acolhera as duas heranças, o que o impediu de articular ações capazes de liberá-lo da crise. O Bororo aculturado não ultrapassou as hesitações resultantes de sua personalidade cindida, caracterizadas na "solução passiva" que conferiu ao seu destino, o que o impediu de fazer qualquer escolha inerente à "solução ativa", diversamente de João de Camargo que fez da pregação profética a via da redenção.

Os caminhos tortuosos de Tiago guardam semelhanças com o percurso do autor, mas se distinguiam no essencial. Florestan Fernandes, situado entre dois mundos – o das classes populares e o da universidade –, diferentemente do índio Bororo, construiu uma "solução ativa" que lhe permitiu romper o estranhamento inicial, gestado na natural dificuldade de uma pessoa socialmente desenraizada conviver em um ambiente bastante elitista da Faculdade de Filosofia, nos seus primeiros tempos. Florestan rompeu o "círculo de ferro" da sua origem social, à custa de muito empenho, dedicação, trabalho e absoluto controle de seus atos. Fez da universidade o espaço de sua autoconstrução, abraçando-o com a força da urgência de quem não podia fraquejar diante das circunstâncias adversas; a adesão aos princípios da superioridade do conhecimento científico e às regras inerentes à vida acadêmica era sua via redentora. No mesmo compasso de construção da carreira de sociólogo, Florestan engendrava seu autoconhecimento nas pesquisas que desenvolveu, afirmando seu prestígio de intelectual comprometido com uma agenda de investigação que se abria para outros campos de interesses daí derivados.

A envergadura da reflexão por ele desenvolvida permite filiá-lo à tradição dos autores que construíram obras fundamentais de interpretação do país, completada, paradoxalmente no seu caso, no momento em que escreveu A *revolução burguesa no Brasil: ensaio de interpretação sociológica*, quando suas escolhas se afastavam da universidade. É ainda mais significativo revelar o quanto Florestan desconsiderava o ensaio, por entendê-lo como a expressão mais legítima do estilo estamental de cultura e, por isso, incompatível com a universalidade requerida pela ciência. Com a aceitação da forma ensaio, Florestan Fernandes desviava-se do padrão discursivo que antes afirmava, sem, contudo, afastar-se das análises sociologicamente fundamentadas e rigorosamente perseguidas. Desde a aposta na viabilidade de constituição da sociedade moderna nos trópicos, passando pela constatação da fragilidade da aclimação desses valores no Brasil, até a confirmação da impossibilidade de se atingir no país o estádio de real civilização, o sociólogo percorreu um trajeto no qual os rumos da história brasileira mesclaram-se à sua biografia e à sua sociologia. As edições de "Tiago Marques Aipobureu: um Bororo marginal" são reveladoras da obra que escreveu e da trajetória que construiu, pois simbolizam a profundidade da impregnação da sua história de vida pela história brasileira, expondo de modo penetrante como suas circunstâncias pessoais confundiram-se com os problemas do Brasil.

Nesse contexto, é possível entender as maneiras diferentes como foi refletindo sobre a experiência do país no curso da modernização. Florestan Fernandes reorientou as apostas, aderindo à política partidária, tentando contornar um dos pilares das suas análises sociológicas que revelavam os efeitos imprevistos e inusitados da ação humana no mundo, distância que, de acordo com sua obra, aprofundava-se em sociedades como a brasileira. No conjunto, construiu uma sociologia da solidariedade social, tanto no sentido de uma acepção de conhecimento generoso, posto que concebido do lugar das classes populares, quanto na acepção sociológica da noção, isto é, de coesão e de integração. O diagnóstico a respeito de um tecido social estruturalmente dilacerado ao limite desdobrou-se na projeção de uma solidariedade social para além da ordem instituída, mesmo que, para a construção do futuro, fosse necessário romper com escolhas anteriores, como se percebe na entrevista concedida no último ano de vida.

A sociologia de Florestan Fernandes aliou as exigências da explicação às atitudes de compreensão, de empatia com os sujeitos por ele analisados, revelando que a junção entre ambas não anula a grandiosidade da obra, antes a pressupõe. Possivelmente resida, exatamente aí, sua principal contribuição para uma nova concepção sobre a formação da sociedade moderna no Brasil.

Leituras

Introdução da *Contribuição à crítica da economia política*

Introdução de Florestan Fernandes à tradução feita por ele e publicada em 1946 pela editora Flama de São Paulo, a primeira da obra de Karl Marx para a língua portuguesa.

A audácia desta introdução justifica-se como parte da tarefa atribuída pelos editores ao tradutor. Por isso, escrevo-a ao mesmo tempo contrafeito e com certo orgulho, ambos muito compreensíveis. Como os prefácios deste tipo são determinados pela natureza da obra, começarei pela própria *Crítica da economia política*. Depois abordarei algumas questões gerais suscitadas por esse livro e passarei à análise sumária da contribuição de K. Marx e F. Engels às ciências sociais e de sua influência sobre alguns autores contemporâneos. Por causa das dúvidas que estudos tendenciosos ou superficiais da obra científica de Marx transformaram em moeda corrente, senti-me obrigado a estender as indicações bibliográficas e a abusar de citações. Isso, contudo, poderá até ser algo útil a grande parte dos leitores, fornecendo-lhes alguns elementos para aprofundar seus estudos sobre as teorias de Karl Marx, que "tem nas ciências sociais posição análoga à de Galileu nas ciências físicas", de acordo com a opinião reconhecidamente justa do sociólogo norte-americano Albion W. Small.

A *Crítica da economia política* tem uma importância particular na produção científica de Karl Marx. Embora certos autores, como Harold Laski,[1] confusamente a considerem ao mesmo tempo entre os "folhetos secundários" e como fundamento de *O capital* e principal fonte de informações sobre os seus métodos, essa obra ocupa um lugar de destaque na história da economia política, da sociologia econômica e da metodologia das ciências sociais. O conteúdo do livro, porém, foi *roubado* pela excelência do prefácio; a maioria dos seus leitores e críticos não tem passado daí. Todavia, como autoexposição, esse prefácio é o trabalho mais esquemático e condensado

---

[1] LASKI, Harold. *Karl Marx*. London: [s.n.], 1922; Tradução para o castelhano. México: [s.n.], 1935, p. 42-43.

Introdução da *Contribuição à crítica da economia política*

escrito por Marx. Por isso deu origem a inúmeros mal-entendidos, incompreensões e críticas injustas às suas concepções em geral, fora dos círculos estritamente marxistas.

Tanto este livro como *O capital* nasceram da necessidade que Marx sentiu de dar bases teóricas mais sólidas ao programa político estabelecido em o *Manifesto comunista*. E o próprio autor, no prólogo da primeira edição de *O capital*, apresenta o primeiro volume desse trabalho como continuação da *Crítica da economia política*.[2] Há, todavia, diferenças essenciais no desenvolvimento de certas questões nas duas obras, tornando-as de fato reciprocamente complementares. O esboço da *Preliminar de uma crítica da economia política* merece, contudo, uma explicação. O manuscrito foi encontrado após a morte de Marx e publicado por Karl Kautsky.[3] Na segunda edição de *Zur Kritik der Politischen Oekonomie* (1907; a primeira edição é de 1859), Kautsky introduziu a *Preliminar*. Posteriormente, passou a fazer parte das melhores edições da obra.

Na *Crítica da economia política* Marx estuda a mercadoria e a moeda ou a circulação simples, desenvolvendo de modo sistemático, completo, sua teoria do valor e sua teoria monetária.[4] É também, indubitavelmente, uma das fontes

---

2 *El capital*. Edição traduzida pelo prof. Manoel Pedrozo. México: Fuente Cultural, [s.d.], p. 63. I v.
3 KAUTSKY, Karl. *Die Neue Zeit*. [S.l.: s.n.], 1903.
4 Sobre a contribuição da *Crítica da economia política* às ciências econômicas consultem-se: MEHRING, Franz. *The Life of Karl Marx*. New York: [s.n.], 1936, cap. IX, item 5; qualquer história da economia, como; GIDE, Charles. *Histoire des Doctrines Economiques*. Paris: [s.n.], 1920; HUGON, Paul. *Elementos de História das Doutrinas Econômicas*. 2. ed. São Paulo: Livraria Martins, [s.d.], p. 265-303; ULIANOV, V. I. (Lenin). "Introducción al Marxismo". In: *El capital*, op. cit., p. 25-60 (sobre a doutrina econômica de Marx, p. 36-46). É preciso tomar cuidado com certos cientistas muito apaixonados, como, por exemplo, BIGELOW, Karl Worth. *Economics*. [S.l.: s.n.], p. 367-373; Idem. *The History and Prospects of the Social Sciences*. New York: H. E. Barnes, 1925, cap. VII. A introdução mais compreensiva, equilibrada e imparcial que conheço à obra de Marx, contendo, além disso, apreciável aproveitamento do material apresentado na *Crítica da economia política* é a de ROLL, Eric. *Historia de las Doutrinas Econômicas*. Tradução para o castelhano. México: [s.n.], 1942, p. 287-339, vol. II. Analisando o problema do método, Roll diz que é impossível entender *O capital* sem passar antes pela *Crítica da Economia Política* (p. 297). Werner Sombart, economista e sociólogo alemão, submeteu a rigorosa crítica às teorias de Marx sobre a concentração, a acumulação, a proletarização crescente, as crises e a evolução catastrófica da economia capitalista ocidental, usando os dados da economia política moderna, em grande parte os de sua própria investigação. Os resultados da verificação demonstram a exatidão dos estudos de Marx, pois Sombart só teve oportunidade de fazer retificações parciais (ver *El Socialismo y el Movimiento Social*. Santiago del Chile: [s.n.], 1936, p. 75-88.).

mais importantes – a outra é *O capital* – para o estudo do seu pensamento econômico. Porque a ampla bibliografia aproveitada e discutida por Marx mostra muito bem quais são as proporções de sua ligação com a Escola Clássica, tão exageradas mesmo pelos economistas mais cuidadosos e até pelos próprios marxistas. Verifica-se que principalmente aquela velha representação de Marx como um simples prolongamento de Ricardo não tem nenhuma consistência. É porque os economistas que exerceram influência mais forte, como Steuart, por exemplo, raramente são lembrados. Essa questão pode ser colocada nos devidos termos se considerarmos que Marx recebeu a herança que a economia política poderia dar-lhe no século XIX, após uma longa evolução que começa no mercantilismo – relativamente a Marx podemos situar o início dessa evolução nas contribuições parciais dos gregos – e culmina nos trabalhos de Adam Smith e de toda a Escola Clássica. Esta também era um produto direto da época que mais o interessava, motivo por que deu maior atenção aos seus representantes, à sua crítica e ao seu desenvolvimento.

Do ponto de vista metodológico, todavia, a obra de Marx representa uma ruptura profunda com a orientação científica dos economistas da Escola Clássica. As críticas mais severas que esta recebeu, e que têm sido utilizadas posteriormente contra pontos de vista semelhantes, foram na maior parte elaboradas por Marx, particularmente nesse livro. O "homo economicus" dos clássicos, e as abstrações calcadas sobre ele por Adam Smith e David Ricardo são violentamente rebatidos como *robinsonadas*,[5] depois de uma minuciosa interpretação das suas raízes históricas e sociais. Contra essa concepção individualista, Marx antepõe um novo critério de realismo econômico, o qual situa essa obra como a primeira contribuição séria aos estudos da socióloga econômica: "como os indivíduos produzem em sociedade, a produção de indivíduos, socialmente determinada, é naturalmente o ponto de partida...". Este é o livro de suas frases famosas por excelência; a seguinte, porém, mostra que entidade econômica substitui aquele ser fantástico, quase hoffmanniano, dos antigos clássicos: "O homem, no sentido mais literal, é um *zoon politikon*, não somente um animal sociável senão também um animal que só pode se isolar dentro da sociedade". Eram, pois, os "indivíduos sociais", na expressão do próprio Marx,

---

[5] Veja-se a *Preliminar* etc. em apêndice; citações de Marx, sem referências bibliográficas, são tiradas deste livro.

que substituíam aquele homem metafísico no cenário da economia política. Ao mesmo tempo fazia severas restrições aos métodos naturalistas dos clássicos, os quais davam uma perspectiva falsa das leis econômicas – transformadas em leis gerais e eternas, numa mal-entendida aplicação do conceito de lei científica, tomado às ciências físicas da época. Marx evidencia que não se tratava apenas de mostrar que a produção é determinada socialmente, mas que, exatamente por isso, era preciso considerá-la em sua diferenciação temporal e espacial. Como se restringira previamente ao estudo da organização capitalista da sociedade e da economia capitalista correspondente, ajunta mais adiante que se devia estudar a "produção em um grau determinado de desenvolvimento social". As leis da economia, por conseguinte, se tinham em comum com as leis das ciências físicas um duplo caráter de necessidade e de generalidade, não se confundiam com aquelas quanto à forma e ao funcionamento. As diferenças pareciam-lhe evidentes. O problema não era a natureza, como nas ciências físicas, mas o homem diante da natureza e dos outros homens, isto é, de seres dotados de consciência e de vontade, capazes de modificar, inclusive, a natureza e de orientar a sua ação em direções socialmente determinadas.

Isso nos leva às questões metodológicas, onde se concentra o melhor da herança de Marx às modernas ciências sociais e à contribuição substancial do presente livro. As leis a que as "ciências históricas" – todas as ciências não naturais – podem chegar, são leis históricas, porque cada período histórico se rege por suas próprias leis. Essa ideia já tinha sido formulada com veemência na polêmica com Proudhon – as leis econômicas manifestam-se enquanto duram as relações que exprimem. "São produtos *históricos* e *transitórios*."[6] Por isso, no estudo verdadeiramente científico do processo social e do mecanismo de desenvolvimento interno das sociedades, o que importa não é aquilo que é comum, simplesmente, que pode existir em todas as sociedades ou numa mesma sociedade durante sua evolução econômica e social. Marx não nega, ao contrário, a persistência de certos elementos, durante o processo de desenvolvimento acumulativo da cultura. Apenas põe em dúvida o valor explicativo destes elementos comuns, considerados isolada e abstratamente, aos quais os economistas clássicos e os sociólogos organicistas davam tanto valor, por causa de sua concepção naturalista das ciências sociais. Utilizando-se de uma ima-

---

6 Veja-se *Miséria da filosofia*. São Paulo: Flama, 1946, p. 103.

gem, diz: "...precisamente o que constitui seu desenvolvimento (dos idiomas) é o que os diferencia destes elementos gerais e comuns". Ora, o problema, no fundo, é uma questão de lógica: na concepção naturalista sacrifica-se a diferença essencial à unidade. Doutro lado, se Marx fizesse somente o contrário, isto é, se sacrificasse a última à oposição, entraria em conflito aberto com sua concepção da realidade. O impasse foi resolvido dentro da lógica hegeliana: o próprio movimento da realidade estabelece uma lei de interpenetração dos contrários, por meio da qual é possível compreender inclusive o elemento comum e sua validade como fator explicativo. Sem os elementos comuns, o próprio desenvolvimento acumulativo da cultura e as transições bruscas de um período histórico para outro, com as correspondentes mudanças de organização social motivadas pelas transformações das relações de produção, seriam inexplicáveis. Marx deixa isso bem claro na primeira parte da frase acima citada: "sem elas (as determinações comuns) não poderia conceber-se nenhuma produção...".

Dessa forma, o que havia de essencial e de fecundo no "método naturalista", que permite apanhar o que é geral nas coisas, e o que havia de essencial no "método histórico", que permite captar as coisas em sua singularidade, deram origem a um novo método de trabalho científico, conhecido posteriormente sob o nome de *materialismo histórico*. Esses resultados a que Karl Marx chegou marcaram uma nova etapa na história das investigações científicas, pois desdobraram diante das "ciências históricas" – ou ciências sociais, como dizemos hodiernamente – novas possibilidades de desenvolvimento científico. Com o emprego deste método a economia política tornou-se verdadeiramente uma ciência social, estando apta para dar uma explicação realmente científica e logicamente válida da moderna sociedade capitalista, por exemplo, a cujo estudo se dedicara Karl Marx. A passagem da economia feudal para a economia capitalista e a concomitante substituição das leis que regiam a vida social nas sociedades feudais pelas leis que regem a vida social moderna puderam receber uma explicação científica. As diferenças, que afugentaram os clássicos e os "comtistas" – obrigando-os a lidar com elementos que, se explicavam a economia e a sociedade, não o faziam completamente – transformaram-se num dos elementos fundamentais, ao lado dos antigos critérios, da investigação e da explicação científica tanto da estática quanto da dinâmica social. Principalmente os erros de Comte e dos *evolucionistas* eram postos de lado, pois as ciências sociais abandonavam os projetos do filósofo francês – a busca de leis gerais do funcionamento da Sociedade e do desenvolvimento da Humanidade – para estudar apenas um tipo de sociedade: a sociedade europeia capitalista, num dado período de tempo, mais ou menos delimitado entre o século XIX e toda a fase anterior de ascensão à vitória da burguesia. Outras consequências do método introduzido por Marx, apenas implícitos nessa breve exposição, são: 1) as condições em que a generalização é legítima: as leis sociais e econômicas só são válidas para determinadas formas sociais e durante um período determinado de seu desenvolvimento; 2) a noção de determinismo: existe regularidade nos fenômenos sociais, mas a vontade humana intervém nos acontecimentos históricos – só na natureza ocorre o inevitável; em *O 18 Brumário de Luís Bonaparte* escreveu a esse respeito: "os próprios homens fazem a sua história, mas não a fazem arbitrariamente, e sim em certas condições determinadas"; 3) a noção de interdependência dos fatos sociais: os fatos sociais articulam-se entre si por conexões íntimas; a antiga noção de "consensus" de Augusto Comte recebe uma formulação mais objetiva: "o resultado a que chegamos não é que a produção, a distribuição, a troca, o consumo, são idênticos, mas que todos eles são membros de uma totalidade, diferenças numa unidade"; 4) existência de fatores dominantes: um fator desempenha a função de fator dominante – a produção nas modernas sociedades capitalistas[7] – atuando sobre os demais fatores em termos de "*relações recíprocas* determinadas".[8]

Isso não esgota, porém, tudo o que a *Crítica da economia política* sugere do ponto de vista metodológico. Nesta obra é ainda possível estudar o método de Marx quando ele se apresenta na forma de processo geral de trabalho. Segundo Marx, pode-se estudar os fenômenos econômicos de duas maneiras – adotando-se um método analítico ou um método sintético. No primeiro caso fragmentamos progressivamente a realidade, atomizando-a, e passando a conceitos cada vez mais simples. Quando se tem estes elementos, porém, é possível uma espécie de viagem de retorno. Assim, pode-se substituir uma visão caótica da realidade constituída de abstrações por um sistema de conceitos e de determinações logicamente sistematizados. Voltamos, de novo, ao problema

---

7 Porque Marx dá maior ênfase às instituições econômicas, Frank H. Hankins o situa entre os "deterministas culturais" (veja-se o capítulo "Sociology". In: BIGELOW, *History and Prospects of the Social Sciences*, op. cit., p. 324).

8 O grifo é meu.

proposto acima, do conceito hegeliano: "o concreto é concreto porque é a síntese de muitas determinações, isto é, unidade do diverso", diz Marx. Por isso, o concreto aparece no pensamento como um resultado e não como um ponto de partida. O conhecimento obtido deste modo é uma verdadeira reprodução da realidade. Marx considera este o método cientificamente exato; o primeiro, entretanto, era e ainda é muito usado na economia política. Marx foi levado à escolha do método sintético por um problema muito sério: a crítica da economia política podia ser feita de duas maneiras – historicamente ou logicamente.[9] É evidente que as bases para a sistematização lógica da economia política podem ser fornecidas pelo desenvolvimento histórico de sua literatura. Esta, todavia, só seria inteligível pelo estudo das sociedades capitalistas modernas.

Isso complica sobremaneira a questão. Por isso, Marx preferiu o tratamento lógico, no fundo também um método histórico, por ser dialético. Muito importante a esse respeito parece-me o seguinte trecho de Engels: "a cadeia de pensamento deve ter início com o que a história começa e o seu curso subsequente não deve ser outra coisa senão a imagem exata do curso histórico em uma forma teórica e abstrata, mas corrigida de acordo com as leis dadas pelo curso real da própria história, em que cada fator deve ser considerado na completa maturidade de seu desenvolvimento em sua forma clássica".[10] Chegamos, pois, aos mesmos resultados anteriores. No campo metodológico, Marx conseguiu fundir dois métodos aparentemente antagônicos e contraditórios em um só método científico – o materialismo histórico. Mas, naquele momento, o principal objetivo era mostrar como Marx chegou à elaboração de um método novo, através da crítica da concepção naturalista em ciências sociais (clássicos, "comtistas" etc.). Neste passo da exposição podemos compreender, entretanto, agora positivamente, porque Marx chegara àqueles resultados. Isso de fato só foi possível graças à sua concepção de dialética: possibilidade de um conhecimento sintético e completo da realidade – o conceito como reprodução do concreto, noção hegeliana – a existência de um movimento dialético imanente às próprias coisas (desenvolvimento das formas sociais, como movimento do real, no tempo, por exemplo), que nos afasta de Hegel.

---

9 ENGELS, F. "Sobre el Materialismo y la Dialectica de Marx". In: *Introducción a la Filosofia y al Materialismo Dialéctico*. México: [s.n., s.d.], p. 221; veja-se também MARX, *El capital*, op. cit., p. 64.
10 Ibidem.

Introdução da *Contribuição à crítica da economia política*

A barreira que tem afastado de Marx uma grande parte dos cientistas sociais é ao mesmo tempo um dos elementos fundamentais da teoria marxista do conhecimento. Trata-se das relações entre teoria e prática. A economia, a sociologia etc. nasceram e desenvolveram-se sob o signo da ação; o ideal de seus fundadores era conseguir o controle da vida social para os homens, como já havia sido parcialmente realizado em relação às forças da natureza. Mais do que isso, pensavam em obter, por meio das ciências sociais particulares, técnicas sociais tão perfeitas que se poderia, no futuro, organizar racionalmente a sociedade, segundo planos sociais, econômicos etc., de modo a reduzir ao mínimo os desperdícios de energia humana e os desajustamentos sociais. Todavia, apesar de toda a nostalgia da prática, teoria e ação são distanciadas de tal forma, que afinal de contas tem-se o direito de perguntar a que espécie de aplicação aspiram e que eficiência prática pode ter uma teoria cuja prova é sempre ministrada teoricamente. Nos últimos tempos, a posição de um Mannheim e a de um Freyer indicam claramente que essa atitude está se modificando, e que é possível esperar maior coerência para o futuro; também, as ciências sociais têm alargado as suas esferas de aplicação. Entretanto, o progresso ainda não foi bastante rápido a ponto de permitir: 1) uma redefinição das relações entre teoria e ação em termos da prática; ou 2) uma compreensão, pelo menos, da posição exata do problema em Marx. Por isso, as críticas que lhe são dirigidas revelam em alto grau o caráter de conflito de concepções antagônicas; como muitas vezes nesses conflitos se descarregam fortes tensões emocionais, alguns autores não têm podido evitar o uso de certos recursos inconsistentes de crítica – saindo, assim, do campo estritamente científico. O método mais seguido é o de afirmar enfaticamente que Marx não contém nenhuma novidade – é um simples erudito que se pôs a serviço de uma causa, o comunismo.[11] Outros são mais circunspectos, e medindo a estatura do adversário, procuram provar que Marx não é um *deus ex machina*; que, ao contrário, suas ideias remontam ao passado longínquo ou pelo menos eram características do século XVIII e XIX.[12] Isso, além de não esclarecer nenhum problema na forma por que é feita

---

11 FURFEY, Paul H. *A History of Social Thought*. New York: [s.n.], 1942, p. 298.
12 SOROKIN, Pitirim A. *Les Théories Sociologiques Contemporaines*. Paris: Payot, 1938, p. 377-384; SELIGMAN, Edwin R. A. *L'Interprétation Economique de l'Histoire*. Paris: M. Rivière, 1911, cap. IV; análises equilibradas são as de LENIN, op. cit.; e de SOMBART, *El Socialismo y el Movimiento Social*, op. cit., cap. III.

a exposição, é uma tautologia. Outros ainda acusam-no de racista, de germanista etc., numa série de desafinamentos ao espírito de cordialidade inerente ao "desinteresse científico". Tudo isso, porém, é lançado à maneira de exórdio, como uma fase preparatória ao objetivo final: a sua concepção de ciência, das funções da teoria em relação à prática. Quem não se aproxima corretamente de um problema, é claro, também não está em condições de resolvê-lo. Em consequência, os autores praticam distorções que só seriam possíveis após uma análise mais meticulosa e objetiva.

A mais elementar consiste em separar os resultados obtidos dos métodos utilizados por Marx em nome do benefício da ciência.[13] Quanto às questões que tal conduta levanta: a) seria possível chegar aos mesmos resultados por meio de outros métodos?; b) que critérios são usados nas duas situações diferentes na evidenciação do verdadeiro e do falso?; c) os métodos não estão obrigatoriamente conformados a diversas concepções de vida e do universo fundamentadas em postulados distintos? etc. Quanto a tais questões, nada se pronuncia. A mais radical, porém, vai mais longe, oferecendo aparentemente muito menos: procura isolar o fator explicativo usado por Marx, e utilizá-lo em sua pureza quase de laboratório. Desse modo, o "materialismo econômico" dá lugar, por exemplo, a uma "interpretação econômica da história" (Seligman). O que este autor faz é digno de nota, porque mostra exatamente como as coisas se passam. G. Sorel, no prefácio do seu trabalho, dá uma ideia clara do conteúdo e da finalidade do livro: "o teórico do método histórico que deseja escrever um tratado inspirando-se nas ideias marxistas, deve começar por afastar tudo aquilo que é especificamente revolucionário".[14] E como Seligman procura realizar os seus propósitos? De modo bem simples. Primeiro, porém, vejamos duas citações que mostram o que entendia dos métodos e da concepção de ciência de Karl Marx: "a tendência do pensamento moderno é a de pôr em relevo as relações antes que as diferenças" e "é preciso contar com o fator histórico no econômico".[15] Ora, o caminho escolhido, do ponto de vista metodológico, é exatamente o contrário do percorrido por Marx; a concepção de história de Seligman é naturalista e o método que propõe seguir é um mé-

---

13 ELLWOOD, Charles A. *A History of Social Philosophy*. New York: [s.n.], 1939, p. 328.
14 SELIGMAN, op. cit., p. III. Prefácio. Veja-se também p. XXVIII.
15 Ibidem, p. 2; 155-156, respectivamente.

todo generalizador. Em segundo lugar, é contraditório. Com o auxílio destes instrumentos de trabalho não se poderia captar o fenômeno econômico nas situações típicas ou singulares. Essa contradição, como foi visto acima, já havia sido superada por Marx. Assim, tinha Seligman que chegar inevitavelmente onde chegou: a uma estreita interpretação econômica da história que nada tem em comum com a teoria marxista. O fator econômico, *strictu sensu*, determina a vida social e explica o processo histórico. Pode-se, portanto, dizer que êsse autor conseguiu separar o lado teórico do lado prático do "materialismo histórico"? Evidentemente, não, porque ambos os aspectos foram desprezados. A sua teoria é estranha em relação à primeira e de fato não está em condições de responder à pergunta: é possível separar no "materialismo histórico" a teoria da prática, ao contrário do que formulara Marx? Ainda assim, aceitou-se a experiência como positiva. Muitos autores pensam que esse é um pressuposto sobre o qual tudo foi dito.

Muito menos difícil que separar a teoria da prática deveria ser a tentativa inversa. Afinal de contas, os preconceitos são menores. No mínimo, estaríamos submetendo a ação a uma nova teoria. Essa tarefa foi tentada por Werner Sombart. Por esquisito que pareça, Sombart, que é um dos sociólogos e economistas europeus que mais leram Marx, repete aqui algumas noções comuns, embora o faça com certa habilidade. Para ele, o problema consiste em separar o socialismo da ciência. Marx não se dedicou à construção do estado futuro ideal; por causa de "uma repugnância inaudita pelas utopias" e também por falta de imaginação, diz-nos. Isso tem sido fatal para o movimento social do proletariado, ajunta Sombart, porque exclui os motivos ideais da ação iludindo e enfraquecendo sua vontade pela promessa do advento natural e inevitável do socialismo. De fato, ao contrário dos socialistas franceses que combateu por causa disso, Marx sabia muito bem que não podia construir a história do futuro em sua cabeça; o caráter científico que procurou dar ao socialismo compreendia submissão à realidade e ação racional. Mas, submissão à realidade como meio e não como fim. Sombart equivocou-se. "A liberdade consiste em compreender a necessidade. A necessidade só é cega enquanto não é compreendida." Essas palavras de Engels definem maravilhosamente a orientação que ele e Marx deram ao socialismo. Seria inútil repetir aqui o que já foi visto a respeito do papel do homem na história, e de como persegue socialmente os ideais que também são socialmente necessários. O socialismo, como movimento social de classes, devia conformar-se, pois, a estes ideais; e realizá-los. Essa ideia mecanicista de determinismo, levantada por Sombart, é ressuscitada a cada passo e jogada diante de Marx, que entretanto ajudou a enterrá-la. Isso implica uma conclusão correspondente à do caso inverso anterior: ainda aqui não foi possível separar teoria e prática no pensamento marxista e portanto provar a viabilidade dessa separação.

As confusões que um conhecimento apressado de sua obra engendra no espírito de certos autores pode ser apreciada no manual de sociologia de L. von Wiese. Este autor situa Marx entre os organicistas e dá especial atenção às influências do positivismo (exemplifica com Comte e Spencer) em seu pensamento científico. Dois lapsos graves, porque falseiam a sua localização na história das ciências sociais. O positivismo exerceu maior influência sobre Marx apenas como filosofia das ciências. Quando conheceu a obra de Comte, Marx já tinha realizado aquela passagem do idealismo hegeliano ao materialismo, através de Feuerbach; isto quer dizer que já estava senhor dos pontos fundamentais de sua concepção do mundo. Principalmente o que alguns autores chamam de "historicismo crítico" em sua obra era já algo bem definido nos seus estudos da época que permaneceu na França. Porém, mesmo no campo restrito da filosofia das ciências, a obra metodológica de Marx é a primeira reação no século XIX contra os métodos naturalistas, em particular em sua forma positivista, e contra a ideia de sua aplicação pura e simples ao estudo dos fenômenos sociais. Esta aplicação, para ser fecunda, devia sujeitar-se às modificações exigidas pela natureza do próprio objeto das ciências sociais. Isso abre o caminho para mostrar a improcedência de outra afirmação: Marx nunca poderia ser um organicista, negando-se a aplicar os critérios de explicação e os métodos de investigação naturalista ao estudo da realidade social. A aceitação destes critérios e métodos, sem maiores reservas, é que levou muitos sociólogos seus contemporâneos (Lilienfeld, Spencer, Schäeffle etc.) ao emprego de analogias abusivas entre organismo humano e sociedade. Porque não lhe dava a necessária perspectiva da especificidade do social, tão viva e larga, ao contrário, em Karl Marx. A afirmação parece-me mais estranha, todavia, porque o próprio Marx criticou diretamente os "darwinistas sociais".

As confusões relativas à filiação histórica de seu pensamento, entretanto, assumem proporções microscópicas diante das violentas distorções de caráter interpretativo, praticadas sem um conhecimento completo tanto da posição de Marx em relação aos problemas científicos do século XIX, como de sua própria obra. Aqui aparece em maior dose um fator subjetivo – o que perturba igualmente o entendimento de afeiçoados e de inimigos propondo questões de raciocínio em termos de preferências afetivas e de classes. De fato, é difícil distinguir quem mais contribuiu para a incompreensão de Marx: se certos pretensos marxistas ou se seus "críticos burgueses". Os primeiros, em grande parte, por necessidades práticas, os segundos por tomarem como ponto de partida e fonte de informações exclusiva de suas críticas as esquematizações feitas pelos marxistas – ou pelo próprio Marx – ao sabor das lutas políticas. Isso não levaria a resultados tão graves se as críticas fossem proporcionais ao material utilizado ou se se conformassem ao próprio caráter prático deste material. Compreende-se que depois de certo tempo tais autores lidam com fantasmas – com as ideias a respeito de Marx e não com as dele mesmo. Esse mecanismo é facilmente perceptível num crítico como Pitirim Sorokin.[16] A análise das críticas desse autor – apenas as duas primeiras, que têm um aspecto de seriedade – pode levar a conclusões interessantes, ensinando-nos também os atalhos que se devem evitar, para se conhecer Marx.

 A primeira observação que o seu esforço nos sugere é que a falta de trato com as obras de Marx o privou do conhecimento de sua terminologia. Daí apareceram algumas palavras com significados ambíguos, escolhidos pelo autor em seu estoque pessoal ou no das modernas ciências sociais, numa verdadeira orgia de violentações verbais. Assim, por exemplo, atribui a "modo de produção" uma acepção restrita, sensivelmente no sentido que os clássicos tomavam o termo *produção*. Porém, "modo de produção" não é a mesma coisa que *produção* no sentido positivista, usado pelos clássicos, envolvendo a determinação dos caracteres gerais e a-históricos de uma das esferas da economia. Ao contrário, na terminologia marxista "modo de produção" implica todo um complexo sociocultural, extremamente típico e variável; compreende as noções de forma social e de conteúdo material em sua correspondência efetiva. Contra Adam Smith e Ricardo, Karl Marx emprega um conceito sintético, contrapondo-o, como uma "reprodução da realidade", ao primitivo conceito analítico. Por isso, compreende nele três elementos essenciais, em geral con-

---

16 SOROKIN, op. cit., p. 384ss.; é útil esclarecer que o autor não passou do "Prólogo" da *Crítica da economia política*, chegando a reproduzi-lo, quase.

siderados isoladamente por seus críticos: a) as forças materiais de produção (as forças naturais e os instrumentos de produção como máquinas, técnicas, invenções etc.); b) um sistema de relações sociais, que definem a posição relativa de cada indivíduo na sociedade através do seu status econômico; c) um sistema de padrões de comportamento, de que depende a preservação ou transformação da estrutura social. Esses elementos são interativos. Qualquer mudança numa das esferas provoca mudanças concomitantes nas demais. As duas últimas, nas sociedades capitalistas europeias, esclarece Marx, dependem de forma imediata da primeira, que assim constitui a *base material* do "modo de produção". Mas a articulação das três com o sistema social geral não é uniforme — a das duas últimas é muito maior. Por isso o que é efeito num momento se torna a causa em outro (modificações no sistema social geral em função de modo de produção). Deixando tudo isso de lado, Sorokin maneja o conceito defeituosamente — reduzindo-o implicitamente à sua primeira esfera como se fosse possível lidar com os fenômenos sociais como o químico lida com os corpos simples nas experiências de laboratório. Entretanto, indo um pouco mais longe, procura descobrir aí a relação causal mecanicista. Satisfeito com a *descoberta*, endereça a Marx todas as restrições que este fizera, no século passado, ao conceito de relação causal unilateral e irreversível, que suprime a possibilidade da transformação do efeito em causa. A confusão é evidente. Sorokin pretende estudar as correlações entre os diversos fenômenos sociais; e os métodos que indica nos mostram em que consiste a sua confusão. Onde Marx enxerga uma totalidade em processo, Sorokin vê um sistema de forças inter-relacionadas. Assim, enquanto para o primeiro importava descobrir as leis que explicavam a sociedade capitalista europeia do século XIX, que explicariam também a transitoriedade do capitalismo, o segundo quer saber que relações existem entre o fenômeno religioso e o econômico, o fenômeno religioso e o político etc., tomando um dos termos como variável independente e o outro como função. As conclusões de Marx indicavam-lhe que essas relações são variáveis de sociedade para sociedade e numa mesma sociedade ao longo do seu desenvolvimento histórico; mas Sorokin pensava em certa forma muito sua de funcionalismo, capaz de fornecer-lhe verdades universais, leis válidas para qualquer tipo de sociedade. Novamente nos defrontamos com o problema metodológico: Sorokin, ao contrário de Marx, tem uma concepção naturalista das ciências sociais e defende por conseguinte um método quantitativo e generalizador. Entretanto, salta sobre estas diferenças, atacando a obra de Marx de perspectiva falsa.

A segunda crítica de Sorokin está impregnada de acentuado sensacionalismo científico. Todavia, no fundo é um simples prolongamento do equívoco anterior. A sua principal dificuldade, aqui, é o princípio de contradição. Parece-lhe que o "fenômeno econômico" é concebido ao mesmo tempo como uma coisa e o seu contrário: o que negaria a noção científica de relação uniforme de causa e efeito, isto é, a noção do determinismo científico. Existem aí – não um, mas dois equívocos. As confusões de Sorokin desenvolvem-se segundo uma progressão geométrica. Primeiro, seria de fato uma coisa extraordinária encontrar-se um hegeliano autêntico capaz de pensar a realidade de acordo com os princípios da lógica formal. Segundo, Marx não nega a noção de regularidade dos fenômenos sociais, como foi visto acima.

Verifica-se, pois, que os principais obstáculos à compreensão de Marx pelos autores que encaram as ciências sociais como ciências naturais são de natureza metodológica. Todavia os autores que têm uma perspectiva histórica estrita, que concebem as ciências sociais ou culturais como eminentemente particularizadoras – ao contrário das ciências naturais –, não revelam melhor entendimento em relação à sua obra. A análise superficial da abordagem marxista impede-lhes uma visão adequada e profunda do problema metodológico em Karl Marx. Por isso, a síntese conseguida entre os métodos generalizadores, das ciências naturais, e particularizados, das ciências históricas, através do materialismo histórico, assume as proporções irreais de um naturalismo exagerado. Heimsoeth, por exemplo, situa corretamente a posição de Feuerbach na filosofia alemã do século XIX.[17] Vê muito bem que, embora as transformações operadas no hegelianismo por esse filósofo correspondessem a um progresso do pensamento ocidental, a questão tal como ele a deixava colocada conduzia à negação do lugar do homem no cosmos e na história. E vê, também, como os perigos implícitos nessa posição foram concretizados pela ciência da época, que dissolveu a liberdade e a responsabilidade do homem num sistema mecanicista. São duas formulações preciosas para o entendimento do papel muito particular de Karl Marx no pensamento europeu. Não obstante, pouco depois

---

17 HEIMSOETH, Heinz. "O Homem e a História". In: *A filosofia no século XX*. São Paulo: [s.n.], 1938, p. 95-155. Vejam-se p. 95-96; p.135-137.

o autor evidencia a nenhuma importância que dá aos seus próprios conhecimentos. Na análise da ruptura metodológica e ontológica com o naturalismo, operada no seio da sociologia, considera naturalista o conceito de sociedade de Marx. No fundo, explica, o fato econômico leva em seus flancos toda uma teoria naturalista do ser. O mesmo raciocínio, de caráter exclusivamente dedutivo – não fundamentado na obra de Marx – é feito por Heinrich Rickert[18] que, aliás, se define de modo muito vago diante do materialismo histórico. Para este autor os movimentos econômicos permitem um grau de abstração muito mais elevado que os demais fenômenos estudados pelas outras "ciências culturais". Por isso, o conhecimento do típico ou do particular cede o primeiro plano, na economia, aos conceitos relativamente universais. O materialismo histórico, portanto, transforma a história em *história natural generalizadora*, por interpretá-la em função do econômico. As restrições ao materialismo histórico, propriamente ditas, são formuladas após este exórdio. Rickert simplifica o problema à escolha do fator explicativo: separação do que é essencial do que é acessório na história.[19] Ora, esta escolha é sempre problemática, diz; pode depender do *capricho* ou da *política*. No caso do materialismo histórico a seleção do fator explicativo é de natureza política. Os *valores econômicos* são colocados de modo absoluto, de tal forma que tudo que não for "cultura econômica" é reduzido a "reflexo". Desenvolve-se, daí, uma concepção metafísica e os valores econômicos são hipostasiados como verdadeira e única realidade. "Com a seguinte diferença apenas: que em lugar dos ideais da cabeça, colocavam-se os ideais do estômago".[20] O valor do materialismo histórico é de ordem puramente complementar: supre uma velha lacuna, dando maior importância à vida econômica, considerada indevidamente pelos antigos historiadores.

Vindo de onde vêm, essas restrições são espantosas. Rickert caracteriza-se por sua intransigência na fundamentação histórica das "ciências culturais"; em relação à economia, por exemplo, a única coisa que recusa com ênfase é que ela proceda exclusivamente por generalização. Estamos, pois, no âmbito

---

18 RICKERT, Heinrich. *Ciencia Cultural y Ciencia Natural*. Buenos Aires: Espasa-Calpe, 1943, p. 183-186.
19 Algumas passagens deste trecho fazem pensar em explosão de recalques; por meio de uma nota de rodapé fica-se sabendo, também, que o sociólogo alemão Ferdinand Tönnies criticou Rickert de maneira crepitante, sentindo-se "pessoalmente irritado com o *acento depreciativo* de sua exposição".
20 RICKERT, op. cit., p. 185.

de Marx e do materialismo histórico. O combate irrefletido a uma teoria que tem vários pontos de contato – e alguns, como este essenciais – com a sua mesma, torna-o de fato bastante contraditório. Deixando de lado esta questão, todavia, há outros reparos a fazer. O fenômeno econômico é tomado abusivamente num sentido restrito e não em sentido lato. Isso tem uma importância particularíssima, agora, por causa da própria noção de historicidade do econômico. Se quiséssemos fazer uma comparação, a ideia de histórico de Marx está para a de Rickert como o masculino se opõe ao feminino. O fato econômico não é histórico apenas porque se pode apresentar de um modo típico (Rickert), mas ele existe de um modo típico exatamente porque é social (Marx). O seu caráter histórico depende diretamente da totalidade das ligações que o articula à estrutura social e à cultura de um povo em uma fase determinada de seu desenvolvimento no tempo. Pondo de lado aquelas considerações obsoletas, a respeito dos ideais e da reificação da "cultura econômica", no materialismo histórico, mais que rebatidas, constata-se que a única objeção séria é a que dirige as bases valorativas desta teoria. Mas é verdadeiro que Marx escolheu predeterminadamente o fator econômico e atribuiu-lhe de modo antecipado a sua validade explicativa? De acordo com o testemunho do próprio Marx – que se dedicara ao estudo da economia depois de passar pelo campo da filosofia, da literatura, do direito etc. – esse foi o ponto de chegada e não o ponto de partida, conforme indica no prólogo deste livro.

**

Geralmente as opiniões sobre o valor científico da obra de Marx dividem-se muito. Hodiernamente, entretanto, essa questão não padece dúvidas. E muitos autores, que nada têm de marxista, como Freyer, Oppenheimer, Plenge etc., têm situado em Marx uma das raízes das ciências sociais modernas – pelo menos em seu desenvolvimento na Alemanha. Assim, Johann Plenge escreve a seu respeito: "nunca se encarecerá bastante a posição espiritual de Marx na história do século XIX. Marx, como teórico, tem além disso um tríplice significado na história do espírito alemão, e por conseguinte na do pensamento em geral. Representa um ponto crítico na história da filosofia, um ponto crítico na história da teoria econômica e um ponto crítico na história da sociologia. Isto além de sua transcendência sobre a política interna e externa, acerca da qual é bem expressivo o fato do bolchevismo...". A influência de Marx, contudo, é muito variável de país para país.

Mais do que nunca, este é o momento de Karl Marx nas ciências sociais. O agravamento da crise metodológica recoloca o problema do método nas ciências sociais tal como Marx o formulara. Isso pode ser entendido se se considerar que Hegel foi o ponto de partida, na Alemanha, de duas orientações diferentes – uma *materialista* e outra, digamos, *empiricista*, ambas historicistas. A primeira, conforme foi analisada acima, é constituída pela corrente de Marx. A segunda, especialmente com Wilhelm Dilthey, procede à sistematização das "ciências do espírito", enfrentando, até certo ponto, a mesma problemática de Marx – em particular quanto ao problema da natureza do conhecimento nas ciências do espírito –, que implicava igualmente um aproveitamento, uma crítica e uma ruptura com o hegelianismo, de um lado, e com o positivismo, de outro. Por isso, escreve Hans Freyer que "o sistema das ciências alemãs do espírito é filosofia hegeliana do espírito feita empírica e transformada em ciências particulares". Para o mesmo autor, o retardamento com que essa transição se opera teoricamente nas ciências do espírito, comparada à rapidez com que se realiza historicamente no materialismo dialético, explica-se em termos do tempo em que se operou a superação do hegelianismo nas duas orientações. O fato essencial, contudo, é que os problemas que se apresentaram a Karl Marx se colocaram novamente aos neo-hegelianos e neokantianos, que precisaram submeter a uma crítica rigorosa a antiga concepção naturalista de sociedade e a aplicação de métodos naturalistas ao estudo dos fenômenos sociais. Os marcos na discussão desses problemas são Dilthey, Hermann Paul, F. Tönnies, Karl Menger, Windelband, Rickert, G. Simmel, Max Weber, Georges Gurvitch e Karl Mannheim. Embora não se possa falar em unidade de pontos de vista, uma coisa é clara: os fenômenos sociais são apreciados como produtos e como motivos da atividade humana, ao mesmo tempo. Por isso, esta é entendida de uma dupla maneira: 1) sujeita a determinadas condições, criadas pelo próprio viver em comum, que a tornam compreensível e lhe dão um sentido característico; 2) os fenômenos sociais, por serem humanos, escapam ao mecanismo rígido das leis naturais. Explicar a ação e a conduta humana em termos das condições e dos fatores sociais quer dizer outra coisa que negá-la simplesmente. Vida em sociedade e indeterminação constituem expressões incompatíveis: tanto a ideia do determinismo mecanicista como a ideia de contingência foram postas de lado. Chega-se, assim, a uma noção nova de processo social completamente livre do seu primitivo teor naturalista. O que é comum interessa apenas à medida que se refere a situações típicas, à medida que permite entender a passagem de uma forma social a outra numa sociedade determinada (cf. Max Weber: aparecimento de condições favoráveis ao desenvolvimento de uma mentalidade capitalista numa sociedade de organização social pré-capitalista). Mas, é óbvio, não como fonte de um conhecimento geral, universalmente válido. Daí a reabilitação do método histórico, meio por excelência de captação do que é característico e específico de uma sociedade ou forma social dadas. Os referidos autores discordam nos limites e validade de generalização nas diversas ciências sociais. Ou seja, exatamente naquilo em que Marx mostrava maior segurança, estendendo os limites da generalização até onde eram compatíveis com a explicação cientificamente válida de uma situação particular (o capitalismo) e, mais minuciosamente ainda, dos diversos aspectos compreendidos pela situação particular (as fases do desenvolvimento do capitalismo, as formas sociais correspondentes etc.). Max Weber, com o método tipológico, precisou o problema na direção proposta por Marx. Isso se torna mais evidente, todavia, num sociólogo como Georges Gurvitch, em cujas mãos o método tipológico sofre uma modificação substancial: "O método tipológico é um ponto de encontro, ou antes de entrelaçamento, do método individualizador e do método generalizador".[21]

Não se chegou, entretanto, com a mesma rapidez às outras conclusões de Karl Marx. Particularmente os neo-hegelianos e neokantianos, como Windelband Rickert, de um lado, Dilthey e seus discípulos, de outro, bem como Weber, Gurvitch etc., mostram muito bem como as diferenças podem neutralizar qualquer espécie de parentesco. Restringindo-me ao essencial, o ponto de divórcio está no aspecto prático do materialismo histórico, que implica unidade de teoria e ação e, em consequência, resposta positiva à pergunta da possibilidade de se conhecer de antemão, dentro de certos limites e de acordo com os dados da situação vivida, a sua possível tendência de desenvolvimento.

Os autores que pensam o contrário, Tönnies, Mannheim e Freyer, se acham todos sob a influência direta de Marx. Aqui, apesar do alcance da obra dos dois últimos – particularmente de Freyer, que chega a afirmar que "só quem

---

21 GURVITCH, Georges. *Las Formas de la Sociabilidad*. Buenos Aires: Losada, 1941, p. 11.

quer socialmente algo, vê algo sociologicamente" – a verdade é que ninguém conseguiu repor o problema da unidade de teoria e ação, em ciências sociais, de modo tão profundo e com tanta força como Karl Marx. A mesma coisa não acontece relativamente a outros aspectos. Ferdinand Tönnies, por exemplo, não se limitou ao aproveitamento do material fornecido pelos estudos de Marx sobre a economia burguesa, como afirma Floyd Nelson Rouse. Tönnies aprofundou de maneira incomum entre os sociólogos europeus a análise do materialismo histórico e da interação das três categorias sociais – economia, política e espírito – segundo Marx. Além disso, enriqueceu de modo sugestivo a teoria da transição das formas sociais, sob o aspecto da passagem dos tipos comunitários a tipos societários e as suas sugestões sobre a separação da *cidade* e do *campo*. A rigor, toda uma parte do manual de Tönnies – a designada sob o título geral de estruturas de referência[22] – gira em torno das contribuições de Marx. Mannheim, atualmente, é considerado, de uma forma um tanto simplista, a mais produtiva síntese de Karl Marx e Max Weber.[23] Foi de fato o primeiro autor que compreendeu o alcance das descobertas de Marx sobre a natureza social do conhecimento em geral e dos processos de estandardização do pensamento humano, um dos temas principais da *Preliminar* deste livro. Os seus trabalhos abriram o caminho para as tentativas de fundamentação filosófica da sociologia, levadas a efeito por Hans Freyer, que mostram até onde pode se estender consequentemente, na sociologia, a atividade crítica do conhecimento: ao seu próprio objeto, encarado também como um produto cultural. Freyer desenvolveu além disso uma teoria da cultura,[24] que consiste – foi o que me sugeriu a exposição que conheço – numa nova formulação da teoria marxista da cultura e das formas sociais. Aproveitamentos mais restritos, que mereçam certo destaque, são os de Franz Carl Muller-Lyer e os de François Simiand. O primeiro tentou conciliar as duas orientações, que vinham do evolucionismo e do materialismo histórico, em um novo método que chamou faseológico,[25] por meio do qual procurou descrever e correlacionar as distintas fases atravessa-

---

22 *Princípios de Sociologia*. México: [s.n.], 1942, p. 291ss.
23 SALOMON, Albert. "German Sociology". In: GURVITCH, Georges; MOORE, Wilbert E. *Twentieth Century Sociology*. New York [s.n.], 1945, p. 603.
24 "Teoria do Espírito Objetivo", 1928; resenhada por C. Jesinghans. In: *La Cultura Moderna*. La Plata: Univ. Nac. de La Plata, 1943, p. 89-106.
25 GOTTFRIED, Salomon. Artigo em *Encyclopedia of Social Sciences*. [S.l.: s.n., s.d.], v. XI, p. 83-84.

das pela humanidade. François Simiand[26] tenta não só introduzir um ponto de vista sociológico no estudo dos fenômenos econômicos, principal característica da reação de Marx contra os clássicos, como, indo mais longe, traz uma contribuição original à teoria marxista da interação de produção e consumo (o movimento geral do salário segue o ritmo das necessidades sociais de cada classe). Isto, por si só, não colocaria Simiand em uma posição tão especial, pois Maurice Halbwachs também mostrara a mesma coisa sob outro ponto de vista: as despesas dos indivíduos na moderna sociedade capitalista dependem das representações sociais das classes a que pertencem. O grande valor de Simiand está na resposta que deu a toda crítica que visar à defesa da antiga concepção naturalista da economia, por meio dos recentes resultados da investigação sociológica. Simiand recusa validade às críticas "evolutivas", segundo as quais a correlação dos diversos fatores sociais (econômico, político, religioso etc.) se apresenta de maneira diferente, conforme se considerem povos não naturais, em que os fatos sociais se entrelaçam de tal forma que constituem verdadeiros "fatos totais", ou os povos históricos de organização social diferente. A evidência, responde Simiand, é que de fato não se pode provar conexão histórica e a continuidade das experiências desses diversos tipos de sociedade. A objeção, ao contrário, dá inesperadamente uma força nova ao critério de isolar os fatores sociais de acordo com os casos concretos, isto é, tal como se manifesta sistemas sociais estudados.

Relativamente às conexões dos fenômenos sociais nas sociedades capitalistas, entretanto, como mostra A. Cuvillier, Marx antecipou-se em *O capital* às investigações de "Marx Weber sobre as afinidades da Reforma e do espírito protestante com o desenvolvimento do Capitalismo". Oito anos antes, todavia, neste livro, Marx já dedicara algumas páginas a esse problema. Marx procura explicar o entesouramento pela mentalidade desenvolvida com o protestantismo. Por isso, aponta os seguintes atributos no entesourador: ascetismo reforçado pelo trabalho árduo, zelo religioso, sendo "eminentemente protestante de sua religião, e ainda mais, puritano", e desprezo pelos gozos temporais e transitórios em troca da felicidade eterna da vida celeste.

---

26 *Le Salaire, L' Évolution Social et la Monnaie. Essai de Théorie Experimentale du Salaire.* Paris: Lib. Félix Alcan, 1932. 3 v. Veja-se especialmente o posfácio do segundo volume.

Estas notas, que podiam ser estendidas com a análise da contribuição dos marxistas – especialmente dos bolchevistas – ao estudo da teoria do Estado, das revoluções sociais, das técnicas sociais etc., dão uma ideia em conjunto do papel de Marx na história das ciências sociais e da importância deste livro em sua obra. Elas seriam incompletas, entretanto, se não contivessem os meus agradecimentos aos editores, que dispensaram ao tradutor uma assistência técnica eficiente, ajudando-o inclusive na comparação com os textos de edições diferentes da *Crítica da economia política*. A essa assistência deve-se à supressão de muitas lacunas, que seriam inevitáveis com o uso de uma das edições apenas, e grande parte das prováveis qualidades desta tradução.

Mário de Andrade
e o folclore brasileiro

Florestan Fernandes, Revista do Arquivo Municipal, São Paulo, n. 106, p. 135-158, jan./fev.1946.

I – Introdução

A contribuição de Mário de Andrade ao folclore brasileiro até hoje não foi convenientemente estudada. Tão pouco mereceu a devida atenção por parte dos especialistas na bibliografia do nosso folclore. Basílio de Magalhães faz uma simples alusão bibliográfica a A *música e a canção populares* e a *O samba rural paulista*;[1] e Joaquim Ribeiro apenas aponta sua contribuição ao folclore musical brasileiro e ao folclore regional paulista.[2] Falta em nossa bibliografia do folclore principalmente uma análise por assim dizer panorâmica, situando pelo menos as questões capitais na contribuição de Mário de Andrade. Parece-me que, em nossos dias, é o máximo que se poderá fazer em memória do Mário de Andrade folclorista. Dentro de oito ou dez anos serão perfeitamente possíveis estudos mais minuciosos e definitivos. A perspectiva do tempo permitirá comparar a sua contribuição ao folclore musical brasileiro às de Luciano Gallet, Renato de Almeida, Flausino do Valle, Guilherme T. Pereira, Luis Heitor, Mariza Lira, Oneyda Alvarenga etc.; e criará novas possibilidades, ao mesmo tempo, na verificação de sua

---

1 MAGALHÃES, Basílio de. *O folclore no Brasil*. 2. ed. Rio de Janeiro: Imprensa Nacional, 1939, p. 15-16.

2 RIBEIRO, Joaquim. *Folclore brasileiro*. Rio de Janeiro: [s.n.], 1944, p. 219. Há também uma compreensiva referência a Mário de Andrade em *O que o povo canta em Portugal*, Rio de Janeiro: [s.n], 1942, p. 41, de autoria do folclorista Jayme Cortesão. Na *Antologia do folclore brasileiro*, São Paulo: [s.n., s.d.], organizada por Luís da Câmara Cascudo, Mário de Andrade não foi incluído. Todos os autores vivos, na época de sua organização, deixaram-no de ser. Mas isto se explica, pois trata-se de certos critérios de seleção que não nos compete discutir e dos quais o autor, uma vez estabelecidos, não deve se afastar.

importância relativa na história do folclore brasileiro. Esta mede-se não só por seus estudos do folclore musical, mas também por outras investigações do mesmo modo valiosas (folclore infantil, folclore do negro, escatologia popular etc.), pelo papel que desempenhou como pesquisador e investigador erudito e, particularmente, pela influência propriamente de presença, como animador e muitas vezes como orientador, exercida sobre um bom número de novos folcloristas (Oneyda Alvarenga, Luis Saia, Nicanor Miranda, Alceu Maynard Araujo etc.).

Quanto ao aspecto de aproveitamento ativo do material folclórico em suas produções literárias, a distância de dez anos, para um estudo completo, até parece pouca. São precisos outros trabalhos especializados sobre as técnicas de transposição de elementos folclóricos ao plano da arte erudita brasileira, desde o romantismo até nossos dias. As correntes pós-realistas suscitam interessantes problemas de crítica, a esse respeito, que devem ser esclarecidos. Deles depende em grande parte a compreensão, a exata localização histórica e a determinação do valor da obra literária de Mário de Andrade, do ponto de vista do folclore brasileiro. Ainda assim, é óbvio, uma análise modesta pode pôr muita coisa em evidência, desde que respeite o sentido da intenção e conceba nos devidos termos a amplitude de suas tentativas, na utilização de motivos, formas e processos da arte popular brasileira. Aqui, entretanto, Mário de Andrade tem sido pouco feliz: os folcloristas brasileiros não se pronunciaram sobre o significado e as consequências das suas inovações literárias. Na obra mais importante e mais meticulosa que possuímos de bibliografia do folclore brasileiro – que é a de Basílio de Magalhães – entre os poetas e prosadores que de uma forma ou de outra apresentariam interesse do ponto de vista do folclore brasileiro ou do folclore regional, não conta Mário de Andrade. Relativamente a São Paulo, são citados os poetas Vicente de Carvalho, Batista Cepellos, Eurico de Góis, Mário de Azevedo, Paulo Setúbal, Ricardo Gonçalves, Paulo Gonçalves, Guilherme de Almeida e Ernani de Cunto; e os prosadores – José Piza, Batista Coelho, Carlos da Fonseca, Leôncio de Oliveira, Francisco Diamante, Menotti del Picchia, Veiga Miranda, Manuel Mendes, Valdomiro Silveira, Cornélio Pires, Monteiro Lobato, Jerônimo Osório, Oliveira e Souza, Manuel Victor, Armando Caiubí, Otoniel Motta, Assis Cintra, Mário Pinto Serva, Breno Arruda, Plínio Salgado, Antônio Constantino.[3]

---

3 MAGALHÃES, Basílio de. *O folclore no Brasil*. Rio de Janeiro: [s.n.], 1928, p. 149-150.

Na nova edição de sua obra, esse foi um dos pontos em que Basílio de Magalhães não mexeu; Mário de Andrade continuou de fora.[4] Verifica-se que na relação acima, em que pese a reconhecida autoridade de Basílio de Magalhães, estão escritores cuja importância na transposição do material folclórico ao plano erudito ou cuja fixação do *popular* só podem ser admitidas por meio de critérios muito flexíveis. O mais curioso é o contraste entre essa atitude reservada dos folcloristas e a afoiteza dos críticos e historiadores da literatura. Há muito tempo circulam certos chavões sobre os estudos folclóricos de Mário de Andrade. E o autor de um manual de história da literatura, editado em 1939, repetia engraçadamente um deles: "folclorista de rara capacidade interpretativa, dedicou-se sobretudo ao estudo das danças e dos cantos do norte do país..."

Por ora, todavia, é de bom aviso tratar dos aspectos gerais da contribuição de Mário de Andrade, em cada setor de suas atividades literárias. Pensando nisto, pareceu-me útil reunir os dois artigos que escrevi sobre Mário de Andrade e o folclore brasileiro – por solicitação do *Jornal de São Paulo*[5] e do *Correio Paulistano*,[6] completando ligeiramente algumas notas. A vantagem dessa fusão está mais na oportunidade que dá de considerar lado a lado as suas duas atividades sempre entrelaçadas – a de folclorista e a de literato, enquanto se preocupa com o folclórico – do que no esclarecimento propriamente falando dos problemas levantados ou implícitos nas várias tentativas e experiências do autor de *Macunaíma*. Estes, mesmo pelas razões referidas acima, foram cuidadosa e propositadamente limitados.

Em conjunto é provável que estas notas demonstrem que o folclórico é um dos aspectos mais importantes na obra de Mário de Andrade – tanto do folclorista, o que é óbvio, como do literato. Esta é a questão básica. Nenhum trabalho que trate do folclórico em sua obra será completo se considerar apenas uma das faces de sua contribuição ao folclore e à literatura brasileira. É preciso não esquecer que o folclore domina – e até certo ponto marca profundamente – sua atividade polimórfica de poeta, contista, romancista, crítico

---

4 Idem, *O folclore no Brasil*. 2. ed. Rio de Janeiro: Imprensa Nacional, 1939, p. 158-159.
5 FERNANDES, F. O folclorista Mário de Andrade. *Jornal de São Paulo*, São Paulo, 19 nov. 1946.
6 Idem, Mário de Andrade, Literato-folclorista. *Correio Paulistano*, São Paulo, 24 nov. 1946.

e ensaísta; e constitui também o seu campo predileto de pesquisas e estudos especializados. Por isso, quando se pretende analisar a sua contribuição ao folclore brasileiro, deve-se distinguir o que fez como literato do que realizou, digamos à sua revelia, como folclorista.

II – Arte popular e arte erudita

Seria importuna, aqui, a análise e a discussão das relações entre a "arte popular" e a "arte erudita" ou, de modo mais limitado – ambos os aspectos preocuparam Mário de Andrade – entre a "literatura oral" e a "literatura escrita". A princípio, Mário de Andrade pensava que os elementos folclóricos passam sempre do plano folclórico para plano da arte erudita. O papel dos artistas eruditos, nos diversos casos de transposição de motivos e técnicas populares, circunscrever-se-ia à reelaboração. "Formas e processos populares em todas as épocas foram aproveitados pelos artistas eruditos e transformados de arte que se aprende em arte que se aprende."[7] Por isso, estranhou muito que a modinha, de fundo melódico europeu, se transformasse primeiro num gênero de romances de salão e mais tarde em cantiga popular urbana. E embora o seu longo treinamento como folclorista o levasse a admitir, posteriormente, estes fenômenos, isto é, a procedência erudita de formas populares,[8] e vice-versa, a ideia original sempre lhe serviu de guia em suas tentativas de aproveitamento literário de elementos do folclore brasileiro. Do grau de aproveitamento do material folclórico, mesmo, parecia-lhe possível inferir o grau correspondente de maturidade e o caráter *nacional* da cultura de um povo. Sobre este ponto, aliás, Mário de Andrade volta com insistência em seus escritos, defendendo a sua ideia mais cara e propugnando, contra os preconceitos e as suscetibilidades dos "letrados" da terra, pelo *abrasileiramento* da música brasileira, através de injeções maciças de arte popular. E, conforme seu hábito, coloca friamente a questão em termos concretos. Da análise, por exemplo, da passagem de maior para menor, dentro da mesma tonalidade, que se operou na modinha brasileira, conclui que os nossos compositores, aproveitando livremente os elementos

---

7 ANDRADE, Mário de. *Modinhas imperiais*. São Paulo: I. Chiarato; L. G. Miranda, 1930, p. 8.
8 Ver *Namoros com a medicina*. Porto Alegre: Livraria Globo, 1939, p. 73.

nacionais burgueses, "podiam tirar daí verdadeiros planos tonais que especificariam de jeito característico a maneira modulatória nacional".[9]

É certo que essa ideia – da necessidade do aproveitamento erudito do material folclórico – já é velha na crítica brasileira. Sílvio Romero foi o primeiro a desenvolvê-la, com todas as suas consequências. Pensando que esse entrosamento entre o folclore e a literatura erudita existisse no Brasil, o crítico sergipano dedicou-se ao estudo exaustivo do nosso folclore; após as suas decepções, não se cansou de defender a possibilidade de renovação da literatura brasileira através dos elementos da tradição popular. Melo Morais Filho tentou alguma coisa com tal propósito, indo na cola de Sílvio Romero, como fazia sempre, mas sem nenhum sucesso. Um prolongado processo de amadurecimento cultural e histórico, cuja análise não caberia aqui, criou por etapas as condições necessárias à realização do velho ideal de Sílvio Romero. O que importa, todavia, é que em Mário de Andrade a distância entre a arte popular e a arte erudita diminui consideravelmente, atingindo em algumas produções excepcionais um grau de interpenetração e de equilíbrio notáveis. É preciso ressaltar, contudo, a ausência de finalidades chauvinistas; é por isso que grifei acima o adjetivo nacional. Nacional aqui significa expressividade, existência de um padrão característico e próprio de cultura. Embora fizesse algumas confusões quando entrava na análise dos fatores explicativos da cultura – no sentido lato, antropológico – considerados em termos do nosso processo histórico como povo, Mário de Andrade situou bem o problema e desenvolveu sua contribuição pessoal melhor ainda.

Tenho a impressão, entretanto, que só parcialmente essas ideias de Mário de Andrade explicam a transposição do material folclórico ao plano erudito, em sua obra; ou melhor, elas apenas mostram um objetivo e os meios de o atingir: evidenciando a premência da apropriação dos elementos da tradição oral pelos artistas eruditos brasileiros e as possibilidades de renovação pelo emprego adequado dos processos da arte popular. A parte de realização, propriamente falando, parece-me correr mais por conta daquele estado de simpatia, relativamente ao povo e ao folclore brasileiro, que o próprio Mário de Andrade chamava de "quase amor". Aí está o alfa e o ômega do assunto. Porque é como um problema psicológico pessoal que Mário de Andrade en-

---

9 ANDRADE, Mário de. *Modinhas imperiais*, op. cit., p. 11.

frenta e resolve a questão. Isso torna-se evidente à medida que se penetra no significado ativo de sua obra poética e de sua novelística. Os exemplos poderiam variar muito; é preferível, porém, limitarmo-nos a diversas amostras de uma só de suas preocupações. Trata-se do próprio problema do *homem* no Brasil. Abstratamente, problema aqui seria desconversa. Mas existe uma realidade concreta, expressa em quilômetros quadrados e em diferenças regionais agudas – uma realidade sociogeográfica, pois, digamos, rebarbativamente, que dá uma conformação obrigatória ao problema do homem brasileiro. É este o aspecto primário da questão, que não se deve perder de vista. E foi também este o principal escolho às necessidades de participação e de identificação de mestre Mário. Os antagonismos e as limitações provocaram nele uma reação que é um grito épico de revolta, o espetáculo mais emocionante aos meus olhos na literatura brasileira, como exigência afetiva e como inquietação – agitada pela falta de sincronização humana de milhares de brasileiros que se ignoram recíproca e simplesmente. Como esta falha de sensação de presença dos homens de nossa terra revela-se sob a forma de conflitos, entre o "progresso" e o "atraso", a "civilização" e o "interior", é sob este aspecto que Mário de Andrade fixa dolorosamente o problema. É verdade que existem manifestações ambivalentes, como no "Improviso do Mal da América". Aí, contudo, está mais o drama do homem da cidade que o seu próprio. Assim mesmo merece nossa atenção, pelo que afirma indiretamente o que vimos acima: "grito imperioso de brancura em mim... as coisas de minha terra são ecos". "Me sinto branco, fatalizadamente um ser de mundos que nunca vi" (o mundo original dos imigrantes e de culturas exóticas). A negação do índio e do negro – a negação da terra é apenas aparente. Encobre tenuemente o drama verdadeiro e mais profundo. E a civilização reponta como um dilema terrível, como motivo de alegria, pois significa aproximação pelo nivelamento ("Noturno de Belo Horizonte", em que capta de modo maravilhoso a luta entre o progresso e a tradição), e como motivo de dúvida e de ansiedade ("Carnaval Carioca", por exemplo: "Vitória sobre a civilização? Que civilização?"; e especialmente em *Macunaíma*. É sintomático que Macunaíma tenha escondido a consciência antes de tocar para São Paulo, para a "civilização", e que tenha ficado com a inteligência *muito perturbada* aqui). Mas é no "Acalanto do Seringueiro", a poesia mais emotiva e brasileiramente mais ecumênica de Mário, que o drama da separação entre o "litorâneo" e o "sertanejo" aparece em toda sua plenitude e brutalidade, marcado pela distância cultural que os torna reciprocamente estranhos e ausentes:

> ... e não sinto os seringueiros
> Que amo de amor infeliz...
> ....
> Não boxa, não veste roupa
> de palm-beach... Enfim não faz
> Um desperdício de coisas
> Que dão conforto e alegria.

Eis aí a outra parte da tese, que tem, pois, dois lados: um lógico; outro por assim dizer psicológico. Ambos complementam-se, levando à mesma necessidade prática de fundir arte popular e arte erudita, em busca de um *caráter nacional* mais expressivo e verdadeiro, um terceiro termo que implique pelo menos um mínimo de separação humana.

Essa necessidade manifesta-se do mesmo modo na ânsia de recuperação histórica, tema constante nos ensaios e nas poesias tanto quanto em *Macunaíma*. Seria melhor dizer: na consciência de um passado, de tradições e de antepassados fundamentalmente comuns, dos quais, acreditava, começa a brotar alguma coisa nova e de feições originais já nos fins do século XIX. Este é um problema de difícil tratamento em poucas palavras. Em todo caso, as experiências de Mário de Andrade lembram-me o que Van Gennep escreveu algures sobre o entrosamento do histórico no folclórico. Até certo ponto as objetivações populares referem-se diretamente aos acontecimentos da vida em comum e às reações mais vivas que provocam nos indivíduos. Revela-se, portanto, nos elementos folclóricos a parte talvez mais significativa da história de um povo. Deixando fora de cogitação os problemas vitais: 1) a existência de uma memória coletiva, ou, melhor, de elementos que se fixam preferentemente a outros no conjunto de lembranças de um povo; 2) as modalidades estereotipadas formais de conservação ou de expressão desses elementos. É claro que, literariamente, achar uma resposta a esses dois problemas ou, antes, a esses dois quesitos de um só problema é colocar de modo fundamental não só a questão das relações entre arte popular e arte erudita, mas principalmente ferir em cheio a questão essencial por excelência da busca de uma expressão literária em si mesma popular, formal e funcionalmente. Voltamos ao caráter nacional que deve ter a literatura de cada povo, porém agora a perspectiva é mais larga. As duas formas de arte defrontam-se numa relação dialética – tal como Mário de Andrade situa o problema: a arte erudita deve realizar-se na e através da arte popular – e a antítese, no caso a arte popular, cede o lugar a uma terceira forma de arte que do ponto de vista da fatura chama-se ainda arte erudita, mas que é uma coisa nova, mais essencial e mais expressiva. Opera-se assim transformação, que deve ter parecido obscura a alguns leitores de Mário de Andrade, "de arte que se aprende em arte que se aprende". Desse modo processa-se também o desencantamento do folclore, pois a arte popular surge como uma etapa necessária no desenvolvimento de uma forma artística superior, nada mais. Nesse sentido, entretanto, a própria arte erudita é posta, no fundo, a serviço das objetivações das *camadas populares*, matriz e celeiro do folclore, podendo captar da mesma forma que este o significado e o sentido da vida coletiva. Exprimindo-os de modo próprio, mas inteligível e funcionalmente articulada à ordem existencial dos grupos sociais em presença – o que acontece depois da superação das formas e processos estritos da arte popular como foi visto – a arte erudita, ao mesmo tempo, torna-se independente. Três exemplos interessantes, como tentativas até certo ponto incompletas, são "Carnaval Carioca", "Belazarte" e, irregularmente, porém em maiores proporções, *Macunaíma*. É óbvio que procurava aplicar as suas ideias em várias direções, mas parece-me que só como poeta alcançou resultados positivos. Em todas as obras que tenta a empresa, porém, Mário de Andrade afasta-se fielmente do puro retratismo. É o que dá, aliás, força excepcional às suas produções, localizando-as sob este ponto de vista. Servir não é recolher ou reproduzir com fidelidade acadêmica, mas incorporar e desenvolver segundo processos sempre novos ou melhor dinamicamente renovados pelo próprio viver em comum. Logicamente, a razão está com Mário de Andrade, pois trata-se da realização da arte erudita e não do seu nivelamento à arte popular.

Preciosas, por isso, são as duas lições que ficam. Primeiro, deve-se evitar a todo custo as soluções de continuidade. As ligações entre a arte erudita e a arte popular só serão vitais quando se estabelecerem num plano de igualdade. Isto é, após o seccionamento do cordão umbilical – quando desaparecem os contrastes que alienam de uma o máximo de representatividade e dão a outra somente um mínimo de universalidade. Enquanto uma parasitar sobre a outra ou, mais simplesmente, enquanto permanecer ignorada sua mútua interdependência, ambas correrão o risco de uma crise letal – estiolam-se por falta de desenvolvimento. Segundo, o perigo do esclerosamento da arte erudita – em vez de um enriquecimento de conteúdo, funções e de formas – é afastado com naturalidade. É certo que exista aqui algo que evoca os germes de um formalismo temível; mas isso cinge-se às aparências. Ou, mais precisamente, trata-se de um formalismo pacífico, incluindo entre suas regras a própria necessidade de inovação permanente. Eis porque o mais importante mesmo é que a libertação da arte erudita, no fim do processo, seria integral. Os contatos iniciais com a arte popular, com o folclórico, portanto, perdem o caráter de um compromisso estreito com a tradição, para adquirir, ao contrário, o caráter de uma nova forma de reelaborar a tradição. Mais do que isso, mesmo, passa a ser um modo de libertação do tradicional, pois, diz em "O Samba Rural Paulista": "na música popular brasileira, e provavelmente na universal, qualquer peça se empobrece à medida que se estratifica ou tradicionaliza". É interessante como as preocupações folclóricas de Mário de Andrade levam tão profunda e organicamente a soluções de fato revolucionárias. Em conjunto, porém, são justas e nada têm de paradoxais.

Resta ainda por discutir o problema da transposição do material folclórico ao plano erudito, na obra de Mário de Andrade. O que fica exposto acima é apenas a consequência de uma atitude diante dessa transposição, não esgotando o assunto. Adiantarei desde logo que a transposição do material folclórico não é realizada, por Mário de Andrade, de uma única forma. Pode-se distinguir quatro modalidades principais nessa transposição: o aproveitamento dispersivo, a intersecção, a assimilação de formas e processos e a estilização propriamente dita. As duas primeiras modalidades não se confundem, pois há entre elas uma diferença de grau bastante apreciável. A mesma coisa acontece às duas últimas, porque nem sempre assimilação de formas folclóricas redunda em estilização, e vice-versa.

O aproveitamento dispersivo do material folclórico não é novo na literatura brasileira. Por ordem cronológica, vem-nos diretamente da preocupação pelo exótico do nosso romantismo, assinalando-se fortemente já em Alencar e Macedo. À medida que se processa a transição para o realismo e desse para o neorrealismo, o emprego dispersivo dos elementos folclóricos aumenta extraordinariamente, em proporção geométrica. Contudo, esta é a modalidade menos importante como técnica de transposição, na obra de Mário de Andrade. Existem exemplos tanto na prosa – como em *Amar, verbo intransitivo*: "tatu subiu no pau", "tuturu-tutu, parente de tatu e de urubu" etc., perdidos aqui ou acolá; a mesma coisa observa-se na poesia, como em "Carnaval Carioca":

> Iaiá fruta do conde,
> Castanha do Pará etc...

É mais característica de Mário a intersecção do folclórico ou, mesmo, do popularesco. É a sua técnica por assim dizer predileta. Em "Carnaval Carioca", *verbi gratia*, aproveita com bons efeitos poéticos um vulgarizadíssimo provérbio: "eu enxerguei com estes olhos que ainda a terra há de comer"; a mesma coisa faz com uns versos de uma conhecida roda infantil:

> Você também foi rindo pros outros,
> Senhora dona Ingrata,
> Coberta de ouro e prata.

Na poesia "Maria" do ciclo "Tempo de Maria", volta novamente à roda infantil:

> Mas que são anjos? São anjos
> Da boniteza da vida!
> ... Que anjos são estes
> Que estão me arrodeando
> De noite e de dia...
> Padre Nosso
> Ave! Maria!

Mas, nos limites do folclore brasileiro, essa forma de utilização da arte popular por Mestre Mário é de fato universal. Exemplo disso é *Macunaíma*, onde a técnica está melhor desenvolvida. Todavia, em outras poesias, como "Noturno de Belo Horizonte", aplica-a também intensivamente – uma quadrinha popular, *verbi gratia*:

> Meu pangaré arreado,
> Minha garrucha laporte,
> Encostado no meu bem
> Não tenho medo da morte
> Ah!...

e até uma lenda em prosa (a história do coronel Antônio de Oliveira Leitão). A parte relativa à assimilação de técnicas e formas populares, em Mário de Andrade, exigiria um estudo especializado. A começar pela própria linguagem. É como sabor especial que aponta uma verdade que já foi mais verdadeira: "Macunaíma aproveita a espera se aperfeiçoando nas duas línguas da terra, o brasileiro falado e o português escrito". Até que ponto vai a contribuição de Mário ao advento do *brasileiro escrito*, todos nós o sabemos. Mas, é claro, este é um dos aspectos apenas da assimilação das formas e processos populares em sua obra. Ao seu lado há o aproveitamento generalizado, nas poesias, do ritmo dos cocos, das modas, dos lundus etc. E há também a tentativa de desenvolver a poesia erudita nas formas escritas da poética popular, como "Serra do Rola Moça", do "Noturno de Belo Horizonte", e, principalmente, a sua produção mais perfeita no gênero, a "Cantiga do Ai", que pertence ao ciclo "Tempo de Maria". O próprio desenvolvimento de ciclos – como "Tempo de Maria", que está longe de ser, todavia, uma realização completa – visa à repetição da técnica popular dos romances velhos (amorosos, marítimos, heroicos etc.), dos quais ainda há sobrevivências entre nós mesmos nas zonas urbanas. A estilização apresenta-se, por sua vez, de modo verdadeiramente original. Porque nem sempre ocorre de acordo com os cânones tradicionais da passagem da arte popular à arte erudita. Assim, há o aproveitamento livre dos motivos folclóricos, como na citada "Serra do Rola Moça", no "Poema" – "Neste rio tem uma Iara etc.". Mas, a seu lado, processa-se uma como que "desaristocratização" de temas, processos e formas eruditos, por meios de formas e processos populares – reconhecidamente muito comum em suas poesias. É a manifestação típica do caráter nacional, a que Mário de Andrade aspirava e defendia para a nossa literatura e para a nossa música, mostrando que não existe paradoxo no *abrasileiramento* da arte erudita através da arte popular.

Nas esferas da estilização, entretanto, a obra capital de Mário de Andrade é *Macunaíma*, uma síntese do folclore brasileiro levada a efeito na forma do romance picaresco. Romances folclóricos, no sentido restrito, só possuímos dois na literatura brasileira. O de José Vieira, que aproveita o ciclo de Pedro Malazartes – que conhecemos quase completamente graças às investigações de Lindolfo Gomes; e este *Macunaíma*, de Mário de Andrade. A sua tentativa é muito mais ambiciosa e audaciosa. E a realização, devemos reconhecer francamente, está também acima do que José Vieira conseguiu, arriscando-se a uma aventura menos perigosa e portanto mais fácil. *Macunaíma* é o mais autêntico herói, criado nos moldes dos tipos heroicos populares, em língua portuguesa. O seu estudo minucioso revela em movimento não só as técnicas de transposição do folclórico ao plano erudito, peculiares de Mário de Andrade, mas também a sua compreensão ampla do folclore brasileiro e seus problemas, e das possibilidades do romance folclórico. Tristão de Ataíde já tratou, com dados fornecidos pelo próprio Mário de Andrade, suficientemente de *Macunaíma*. Apenas gostaria de insistir sobre o conceito de Macunaíma, como "herói sem nenhum caráter". Apesar de índio, originalmente preto e depois branco, Macunaíma é o mais mulato dos heróis brasileiros. O representante por excelência de um povo mestiço no sangue e mestiço nas ideias, como já nos definiu Sílvio Romero. Concebido à imagem dos heróis míticos, tudo lhe é possível – vive num clima onde espaço e tempo são reversíveis e imponderáveis. E em que a própria morte aparece como um meio de retorno à vida e de eternização heroica – Macunaíma vira Ursa Maior. Nesse sentido, sua conduta desconhece os padrões de comportamento habituais – por ser herói místico, mas principalmente por ser brasileiro e culturalmente híbrido. Onde está – é a pergunta indireta de Mário – o padrão de cultura de nossa civilização? Macunaíma não tem caráter – mesmo no sentido de praticar safadezas de toda espécie com as cunhãs bonitas; mas não é isso uma consequência do fato de ele incorporar todos os atributos díspares de seu povo? Se fosse europeu, como um Gil Blas, herói doutro quilate, encontraria uma complicação de coisas danadas, começando pelo princípio: a sujeitar-se "à palmatória de um mestre"; e assim sucessivamente, teria que se submeter em todas as situações a regras milenárias, defendidas pelos homens como outras tantas chaves do Santo Sepulcro. Mas não é. Por isso, mostrando a unidade na diversidade, a tradição do novo etc., Mário de Andrade vai compondo lentamente o seu herói e ao mesmo tempo um compêndio de folclore – *Macunaíma* é uma introdução ao folclore brasileiro, a mais agradável que se poderia imaginar. Nele pode-se estudar a contribuição folclórica do branco, do preto, do índio, a função modificadora e criadora dos mestiços e dos imigrantes, as lendas, os contos, a paremiologia, as pegas, os acalantos, a escatologia, as práticas mágicas – da magia branca e da magia negra – todo o folclore brasileiro, enfim, num corte horizontal de mestre. É um mosaico, uma síntese viva e uma biografia humanizada do folclore de nossa terra. Mas, aqui, é óbvio, entramos noutro terreno, passando naturalmente para a outra parte deste trabalho.

III – Contribuição ao estudo do folclore brasileiro

Os estudos folclóricos de Mário de Andrade têm um significado especial na história do folclore brasileiro, pois inauguram – juntamente com os de Luciano Gallet, Renato de Almeida e outros – um novo campo de investigações: a pesquisa e a análise do folclore musical. Mário de Andrade surge, portanto, num período novo da história do nosso folclore; no momento que se iniciam aqui trabalhos senão rigorosamente de especialização, pelo menos desenvolvidos em esferas limitadas (estudo do folclore musical, do folclore regional, do folclore negro, do cancioneiro literário, do folclore mágico, dos contos, lendas, do folclore infantil, da paremiologia etc.). Não há nenhum inconveniente, entretanto, em tratar essas contribuições como verdadeiros trabalhos de especialização, como o fazem alguns folcloristas – Lindolfo Gomes, Basílio de Magalhães e Joaquim Ribeiro –, ao traçarem a história do nosso folclore. O importante é assinalar que Mário de Andrade começa a publicar os seus ensaios de folclore quando essa tendência já está bem marcada e acentuava-se decididamente. O imenso material colhido direta ou indiretamente por Sílvio Romero e as preocupações deste pela filiação imediata dos elementos recolhidos – relativamente ao folclore ibérico, ao folclore indígena e ao folclore africano –, bem como as investigações de João Ribeiro, sobre as fontes próximas ou remotas de algumas composições folclóricas brasileiras e o seu curso teórico de folclore, dado na Biblioteca Nacional, em 1913, consubstanciavam duas experiências muito sérias. Chamar João Ribeiro de "folclorista de gabinete" ou Sílvio Romero de "folclorista pesquisador", como fazem certos folcloristas, é dizer apenas meia verdade. Porque ambos foram ao mesmo tempo pesquisadores e investigadores – só que um dedicou-se de preferência à coleta de dados e o outro interessou-se mais pelos estudos de filiação histórica. Cada aspecto, não obstante, caracteriza profundamente a obra folclórica de um e de outro, deixando ainda aberto o caminho para uma fase mais fecunda. E essa sucedeu-se logo depois, evidenciando a complementaridade das orientações dos dois maiores folcloristas brasileiros. Mas, é óbvio, este novo desenvolvimento do folclore brasileiro implicava uma restrição cada vez maior do campo de trabalho do folclorista e, pode-se afirmá-lo, está em pleno processo em nossos próprios dias. Enquanto não existirem cursos ou escolas destinadas exclusivamente ao ensino do folclore, predominarão os trabalhos de simples coleta, de feitio irregular e puramente descritivo. Por isso, são mais numerosos os estudos e as obras deste gênero. Mas já os autores mais antigos, apesar dos pontos de contato que têm, metodologicamente, com Sílvio Romero, logo verificaram a conveniência de limitar suas ambições. Assim, Melo Morais Filho dedicou-se à descrição das festas populares e das influências ciganas no folclore brasileiro; Francisco Pereira da Costa apresenta uma contribuição maciça ao folclore pernambucano; Rodrigues de Carvalho estuda o folclore nordestino; Alexina de Magalhães Pinto e Figueiredo Pimentel interessam-se pelo folclore infantil, principalmente; etc., etc. Ao mesmo tempo, outros autores, contando com maiores recursos teóricos, tentavam, como Lindolfo Gomes, Gustavo Barroso, Artur Ramos, Nina Rodrigues, Manuel Querino, Luís da Câmara Cascudo, Gonçalves Fernandes, Joaquim Ribeiro, Daniel Gouveia, José Vieira Fazenda, Alberto de Faria, Amadeu Amaral, Renato de Almeida, Luciano Gallet etc., aprofundar as investigações folclóricas e delimitar ainda mais o seu campo de pesquisas. Mário de Andrade orienta-se neste sentido. Pouco a pouco, o estudo dos textos literários das canções populares, dos cocos, dos lundus, do samba rural, de danças coreográficas, de roda e dramáticas, vai alargando paulatinamente a sua esfera de interesses. Passa ao folclore infantil, ao folclore do negro, ao folclore mágico, à escatologia popular. Em cada um destes setores, porém, dá somente contribuições parciais, embora valiosas; a sua importância maior como folclorista explica-se principalmente por seus trabalhos relativos ao folclore musical – às vezes umas poucas páginas, de seus manuais de história da música, outras vezes ensaios rigorosamente dedicados a uma questão determinada (as danças dramáticas, rodas infantis, canções populares etc.). Aí estão, todavia, condensadas, laboriosas e pacientes investigações de campo e bibliográficas, e um número enorme de sugestões, de hipóteses a comprovar, e, especialmente, de pistas a seguir – vias abertas a estudos mais especializados e mais profundos. Nesse sentido, mais do que qualquer outro, Mário de Andrade caracteriza-se como um autêntico pioneiro, consciente de suas responsabilidades e de suas limitações. Em vez de desenvolver uma a uma as ideias e sugestões que legou aos musicólogos e folcloristas brasileiros (o que seria fácil a quem, como ele, sempre trabalhava sobre fichas de material recolhido e de leituras), com os riscos correspondentes, preferiu transmitir condensada, laconicamente seria o termo, as suas experiências. É uma atitude prudente que revela ao mesmo tempo compreensão exata da natureza e desenvolvimento dos estudos científicos.

Até agora tenho usado e abusado da palavra folclorista. Entretanto, seria bom repetir o que o próprio Mário de Andrade pensava: "eu não sou folclorista não".[10] Mais séria e impressionante, numa terra em que até compositores malandros e cantores de rádio querem ser folcloristas, é a confissão que faz em "O Samba Rural Paulista". A citação é longa, mas vale a pena:[11] "De resto e por infelicidade minha, sempre me quis considerar amador em folclore. Disso derivará serem muito incompletas as minhas observações formadas até agora. O fato de me ter dedicado a colheitas e estudos folclóricos não derivou nunca de uma preocupação científica que eu julgava superior às minhas forças. Tempo disponível e outras preocupações; Com minhas colheitas e estudos mais ou menos amadorísticos, só tive em mira conhecer com intimidade a minha gente e proporcionar, a poetas e músicos, documentação popular mais farta onde se inspirassem". Nesta questão, todavia, devemos ser mais realista que o próprio rei. Mário de Andrade foi folclorista e, medido pela bitola dos demais folcloristas brasileiros, um grande folclorista.

De fato, se tomássemos o termo num sentido restrito, do folclorista de formação científica e exclusivamente interessado nos problemas teóricos do folclore, Mário de Andrade não era folclorista. Aquele seu estado de espírito que ele chamava de "quase amor", com que encarava as composições populares brasileiras, não se coadunava muito com as limitações da abordagem científica. E embora sua curiosidade o levasse a ler obras de natureza teórica, mantendo-o bem

---

10 ANDRADE, Mário de. *Música, doce música*. São Paulo: L.G. Miranda, 1933, p. 77.
11 Festa do Bom Jesus de Pirapora (Mário Wagner Vieira da Cunha) e O samba rural paulista, separata da *Revista do Arquivo Municipal*, São Paulo, n. 41, p. 38, 1937.

informado do que acontecia do lado de lá da ciência, embora tivesse grande admiração pelos pesquisadores de formação científica, a verdade é que considerava com alguma ironia os cientistas e os frutos de seus trabalhos. A sua crônica sobre "Sociologia dos Botões", de 1939, prova-o esclarecedoramente:[12] "a sociologia está milagrosamente alargando os seus campos de investigação... Estamos todos, para maior felicidade, unanimente convencidos que uma análise dos nomes das casas que vendem colchões pode fornecer a razão do excesso de divórcios; e se uns procuram a verdade poenta nos alfarrábios, usando anúncios de jornais, outros constroem doutrinas inteiras sobre a urbanização da humanidade, estudando a rapidez de voo dos mosquistos".

O folclore permanece até hoje numa posição incômoda, a cavalo entre a ciência e a arte. Isso por causa de seu próprio objeto. O mesmo nome folclore serve para designar os elementos da tradição oral, da arte popular, e o seu estudo propriamente dito. E tanto é folclorista quem se dedica ao estudo científico do folclore como quem se lhe dá por diletantismo. Entretanto, não se pode negar um caráter muito sério aos trabalhos de Mário de Andrade. Se não são rigorosamente científicos, não são exclusivamente obra de diletantismo. Ao contrário. Mário de Andrade foi um dos primeiros folcloristas brasileiros a se especializar, como vimos, fazendo do folclore musical o seu campo principal de atividades. Por isso, deve-se deixar claro que o abandono dos problemas teóricos em nada invalida a sua contribuição como folclorista. Além disso, dedicou-se a estudos que mais implicam curiosidade e erudição que propriamente a observância de regras deste ou daquele gênero. Daí a fecundidade de sua passagem pelo folclore brasileiro, pois a sua mania de fichar tudo o que via, ouvia e lia, e sua quase católica curiosidade, talharam-no para o papel do folclorista erudito e pesquisador. Avalia-se a importância disto quando se acompanha as suas investigações das fontes mediatas e imediatas das composições do cancioneiro musical ou do cancioneiro literário brasileiro.[13] Os resultados de suas pesquisas têm o mesmo valor que se fossem realizadas por especialistas longamente treinados. E o que importa, no caso, são exatamente os resultados obtidos, embora os meios de investigação empregados pareçam mais ou menos livres.

---

12 ANDRADE, Mário de. *Os filhos de Candinha*. São Paulo: Livraria Martins, 1943.
13 Cômoda distinção de CORTESÃO, Jayme, op. cit., p. 84.

Nesse particular, de pesquisas de fontes, Mário de Andrade aproxima-se da orientação de Sílvio Romero, procurando determinar a proveniência imediata dos elementos do folclore brasileiro. Todavia, nas melhores contribuições, ultrapassa os critérios empregados pelo folclorista sergipano ao aprofundar a análise temática ou formal das composições estudadas, principalmente as composições do folclore musical brasileiro. Além do estudo da contribuição do português e do espanhol – do folclore ibérico – do índio e do negro, chega, muitas vezes, como João Ribeiro e Lindolfo Gomes, às fontes mediatas, completando assim a investigação da filiação histórica de certos elementos do folclore brasileiro. Há pronunciada tendência, em nossos dias, em desprezar-se, por "evolucionista", esses critérios de pesquisa e de explicação folclóricos. Parece, todavia, que nessa atitude há mais comodismo que outra coisa. Se é certo que a determinação de fontes, por si só é insuficiente e pode-se usar métodos de pesquisa, de sistematização e de explicação mais rigorosos e mais de acordo como os modernos recursos das ciências sociais, não é menos certo também que a determinação das fontes do folclore brasileiro conserva ainda toda a sua importância teórica e analítica. E, por sua vez, tem mais valor científico uma contribuição onde os elementos são estudados deste ponto de vista, do que muitos trabalhos contemporâneos, exclusivamente descritivos.

Quando trata da aplicação terapêutica dos excretos, Mário de Andrade faz uma incisiva referência às fontes portuguesas e ao processo de integração dos elementos culturais de que os portugueses eram portadores: "muitas de nossas práticas vieram de Portugal. Algumas são historicamente coloniais, dos tempos em que, mesmo folcloricamente, se pode dizer que o brasileiro não passava de um português emprestado".[14] Mais importante é sua contribuição ao estudo das fontes do nosso folclore musical. De suas pesquisas, concluiu que os portugueses nos deram:[15] o nosso tonalismo harmônico, a quadratura estrófica, provavelmente a síncopa, desenvolvida posteriormente pelo negro, os instrumentos europeus, como a guitarra (violão), a viola, o cavaquinho, a flauta, o oficlide, o piano, o grupo dos arcos, textos, formas poético-líricas, como a moda, o acalanto, danças do gênero das rodas infantis, do fandango,

---

14 ANDRADE, Mário de. *Namoros com a medicina*, op. cit., p. 74.
15 Idem. *Pequena história da música*. São Paulo: Livraria Martins, 1942, p. 148; Idem. *Compêndio de história da música*. São Paulo: L. G. Miranda, 1933, p. 178-179; Idem. *Ensaio sobre música brasileira*. São Paulo: I. Chiarato & Cia., 1928, p. 9.

danças dramáticas, como os Reisados, as Pastoris, a Marujada, a Chegança, a forma primitiva de Bumba meu boi. Considera muito maior, porém, a influência portuguesa no cancioneiro literário. Aprofundando suas investigações, põe em evidência duas coisas importantes: 1) a herança musical que recebemos dos portugueses é mais propriamente europeia que lusitana; 2) a reciprocidade de influências. Sobre esta questão diz: "é certo que o Brasil deu musicalmente muito a Portugal – o fado,[16] provavelmente a modinha,[17] uma parte da rítmica e a melodia brasileira". De maneira que, em síntese, temos o seguinte quadro a influência portuguesa no cancioneiro literário é muito grande, mas é menor no cancioneiro musical. Neste ocorreram por sua vez influências brasileiras em Portugal, o que está de acordo com as conclusões de Jayme Cortesão, Luiz F. Branco, Rodney Gallop e Renato de Almeida. Mesmo os textos das canções e dos romances velhos portugueses "foram modificados e adaptados antropogeograficamente à nossa realidade", diz Mário de Andrade. E os autos e danças dramáticas, como as Pastoris, Marujadas, Cheganças de Mouro, que conservam alguns versos e melodia lusitanas, "foram construídas integralmente aqui, textos e músicas, e ordenados semieruditamente nos fins do século XVIII, ou princípios do século seguinte".[18] No folclore infantil, entretanto, aconteceu o contrário. A roda infantil conserva-se europeia e particularmente lusitana,[19] ou, dir-se-ia com maior precisão, mantém-se ibérica. Nas influências ibéricas, considera conjuntamente a herança espanhola ao lado da portuguesa. Mas, é claro, aquela é pobre, reduzindo-se a danças hispano-americanas – como a habanera e o tango.[20]

As informações relativas aos outros dois elementos – os índios e os negros – são menos ricas. Reduz a influência dos índios na música brasileira a alguns instrumentos, certas formas poéticas, o cateretê, os caboclinhos – nome genérico de bailados nordestinos –, a nasalação e o ritmo discursivo, em parte devido também à influência gregoriana.[21] Aos negros atribui a nossa grande variedade rítmica, algumas palavras que aparecem em danças dramáticas, como

---

16 Veja-se também "Origens do fado". In: *Música, doce música*, op. cit.
17 Veja-se também *Modinhas imperiais*, op. cit., p. 6-7.
18 ANDRADE, Mário de. *Pequena história da música*, op. cit., p. 149.
19 Idem, "Influência portuguesa nas rodas infantis do Brasil". In: *Música, doce música*, op. cit., p. 95.
20 Idem, *Compêndio de história da música*, op. cit., p. 180.
21 Ibidem, p. 178ss.

as congadas e mesmo na música popular carioca, instrumentos como o ganzá, a puíta, o atabaque, e as formas primitivas de lundu.[22] Foi em torno de pesquisas de folclore musical, orientadas neste sentido, que Mário de Andrade pode avaliar a função de cerimônias mágico-religiosas dos negros no desenvolvimento da música popular brasileira – que se exerce através dos cantos e danças a elas associados. As músicas de macumbas e de candomblés, por exemplo, embora não sejam puramente africanas, revelam à sua análise constantes melódicas diferentes da música popular brasileira. A rítmica dos cantos usados, nas macumbas e catimbós do Nordeste, doutro lado, levou-o a estabelecer uma relação entre o estado psíquico dos participantes das cerimônias e as músicas utilizadas. A sonolência, estado de depressão, obter-se-ia por meio da monotonia dos cantos curtos e lerdos; a exaltação, estado de assombramento, conseguir-se-ão pela rítmica de violência marcada.[23] Estas observações são valiosas, pois permitem maior compreensão das fases posteriores do cerimonial – no primeiro caso, a intervenção direta do feiticeiro; no segundo, a descida de Xangô no seu "cavalo de santo" – e o significado e funções dos cantos e danças no comportamento dos membros do grupo. Roger Bastide, que colheu excelentes dados sobre a música, os cantos e as danças dos candomblés na Bahia,[24] também observou esta última relação: "Acontece por vezes que, apesar dos convites, os orixás se recusam a descer. Então uma música especial é tocada, apressada e insistente, os tambores dão golpes surdos no peito e no estômago, e uma angústia nos oprime; a roda não para: continua, se acelera, não terminará enquanto os deuses não tiverem saltado na garupa de seus cavalos..."[25]

O estudo do samba rural paulista,[26] da canção popular brasileira,[27] de vários romances velhos, como o romance do Veludo,[28] das rodas infantis,[29]

---

22 Ibidem, p. 178-179.
23 ANDRADE, Mário de. "Terapêutica musical". In: *Namoros com a medicina*, op. cit., p. 16ss.
24 BASTIDE, Roger. *Imagem do Nordeste místico, em branco e preto*. Rio de Janeiro: O Cruzeiro, 1945, passim.
25 Ibidem, p. 86.
26 ANDRADE, Mário de. O samba rural paulista, op. cit.
27 Idem, A música e a canção populares no Brasil. In: *Folk-lore musical*. Paris: Institut de Coopération Intellectuelle, 1939.
28 Idem, "Romance do veludo". In: *Música, doce música*, op. cit.
29 Idem, "Influência portuguesa nas rodas infantis do Brasil". In: *Música, doce música*, op. cit. Apesar de ser um ensaio de duas dezenas de páginas, é um dos estudos mais importantes sobre o folclore infantil brasileiro.

da forma, instrumentação, polifonia, melodia e ritmo da música brasileira – erudita e popular, estudo este seguido de um cancioneiro musical com texto[30] – e das danças dramáticas brasileiras[31] completa sua contribuição ao folclore musical brasileiro. Ao folclore negro dedicou uma pesquisa importantíssima – sobre as congadas, autos bailados dos negros brasileiros, estudo que se tornou justamente clássico.[32] As investigações históricas levadas a efeito por Mário de Andrade, nesse ensaio, permitiram o esclarecimento de muitos problemas ou pontos obscuros, como o da rainha Ginga, do rei de Congo, das guerras intestinas na África e o seu reflexo no aproveitamento pelos negros de formas portuguesas, como o teatro popular, das "embaixadas" etc... Mais tarde, foram completadas por Artur Ramos.[33]

O único trabalho exclusivamente consagrado ao estudo da escatologia no folclore brasileiro foi escrito por Mário de Andrade.[34] Nele são analisados: a aplicação terapêutica dos excretos, a obsessão pela porcaria, pelas palavras feias, cropolalia, o uso dos excrementos nas práticas mágicas – nas esferas que chamou de "magia baixa". O material apresentado é riquíssimo, sendo alguns elementos analisados do ponto de vista da filiação histórica. As informações disponíveis sobre essas práticas no Brasil colonial e imperial completam o trabalho. A tese defendida inicialmente por Mário de Andrade não deixa de ser arriscada. Os excretos exercem uma função revitalizadora das terras esgotadas. Dão vida à terra. Por isso, os excretos ficariam associados a funções revitalizadoras. Doutro lado, o excremento tem outra função purificadora e aperfeiçoadora: na refinação do açúcar, *verbi gratia*. Daí nova associação entre o emprego dos excretos, suas virtudes e consequências. É evidente que essa é uma atitude explicativa do pesquisador; as interpretações, ao contrário, devem ser procuradas no meio onde ocorrem os fenômenos analisados, isto é, em seus contextos culturais. A explicação, portanto, corre o risco de ser falsa, embora elaborada logicamente. Mário de Andrade compreendeu o perigo de sua posição, ajuntando: "sem dúvida, não vou até afirmar que

---

30 ANDRADE, Mário de. *Ensaio sobre música brasileira*, op. cit., passim.
31 Idem, "Danças dramáticas ibero-brasileiras". In: *Música do Brasil*. Curitiba: Guaíra, 1941.
32 Idem, Os Congos. *Boletim da Sociedade Felipe de Oliveira*, fev. 1936.
33 Idem, *O Folk-lore negro do Brasil*. Rio de Janeiro: Casa do Estudante, 1935.
34 ANDRADE, Mário de. "Medicina dos excretos". In: *Namoros com a medicina*, op. cit., abrange mais da metade do volume.

destas associações de imagens o povo tire a inspiração primeira que o levou ao emprego medicinal dos excretos".[35] Aceita, todavia como correta, apesar das restrições que faz à sua teoria como explicação genética e geral, que se devem procurar associações lógicas. Tratando-se do homem "despaisado" de países civilizados, parece-lhe necessário contrapor o seu pensamento lógico ao pensamento místico dos primitivos. Este apelo a Lévy-Bruhl complica em vez de simplificar o problema. E em nada melhora as bases precárias da teoria. O mais conveniente é deixá-la de lado, e aproveitar o imenso material de escatologia popular brasileira que Mário de Andrade reuniu em seu livro. As duas hipóteses que servem de conclusões, contudo, são mais modestas, e talvez mereçam um controle especial em pesquisas futuras: 1) originalmente os excretos seriam meios místicos de obtenção de cura e só mais tarde tornar-se-iam remédios propriamente ditos; 2) a cura pela ingestão dos excretos basear-se-ia em fundamentos psicossociais, na noção de sacrifício inerente à prática e imanente ao ato. Neste trabalho nota-se, doutro lado, que Mário de Andrade já não pensa como em 1930-36,[36] a respeito da transformação das formas populares em formas eruditas. Entre as duas hipóteses, de que as receitas passariam da prática costumeira à farmacopeia científica ou vice-versa, afasta acertadamente qualquer escolha preferencial. Porque, diz, "provavelmente se deram estes dois fenômenos contrários".[37]

IV – Conclusões

Eis aí, em resumo, a contribuição de Mário de Andrade ao folclore brasileiro. A importância de sua passagem, pelos domínios do nosso folclore, como literato e como folclorista, é óbvia. De um lado realizou uma obra de aproveitamento erudito do material folclórico sem precedentes na história da literatura brasileira. Doutro, apresenta um conjunto de ensaios que o credencia como um dos maiores folcloristas contemporâneos, situando-o entre os melhores da história do folclore brasileiro. Pode-se dizer que quantitativamente os trabalhos publicados são pouco representativos – em relação à espantosa

---

35 ANDRADE, Mário de. "Medicina dos excretos". In: *Namoros com a medicina*, op. cit., p. 66.
36 Vejam-se *Modinhas imperiais*, op. cit., p. 8.
37 Ibidem, p. 78.

produtividade de alguns folcloristas hodiernos – levando-se em conta também que Mário de Andrade repetia-se muito nos seus melhores estudos sobre o folclore musical. Mas, do ponto de vista qualitativo, da contribuição efetiva, das sugestões que deixa e das novas pistas que abre no campo do folclore musical brasileiro, principalmente, a questão muda de figura. E é sob este aspecto, exatamente, que deve ser encarada a sua obra de folclorista.

Tiago Marques Aipobureu: um Bororo marginal[1]

Florestan Fernandes, Revista do Arquivo Municipal, São Paulo, n. 107, p. 7-28, mar./abr. 1946.

---

1 Trabalho apresentado à cadeira de Etnologia Brasileira, da Escola Livre de Sociologia e Política, dirigida pelo prof. Herbert Baldus, a quem agradeço a oportunidade deste artigo. Tiago Aipobureu faleceu em 1958. (NE)

1 – O conceito de marginalidade

O marginal é um homem que se situa na divisa de duas raças, na margem de duas culturas, sem pertencer a nenhuma delas.² ... É o "indivíduo que por meio de migração, educação, casamento ou outras influências deixa um grupo social ou cultura, sem realizar um ajustamento satisfatório a outro, encontrando-se à margem de ambos e não estando integrado em nenhum".³ Diante de cada situação, pois, o homem marginal defronta-se com um problema: deve escolher entre padrões incompatíveis uma solução conveniente. Por causa da escolha, as situações que deve enfrentar são situações problemáticas. E em consequência sua conduta revela sérias alternativas, ora aceitando, ora repelindo um determinado padrão de comportamento ou um valor qualquer. O próprio indivíduo avalia-se sob dois pontos de vista diferentes e sofre as consequências do embate da lealdade que devota ou julga que deve devotar relativamente a cada grupo em presença. Emoções e sentimentos se combatem, conhecimentos e valores adquiridos anteriormente entram em conflito com novos sentimentos ou valores.

É pois uma crise psíquica, que ocorre nas esferas da personalidade, na "consciência individual". Antes, mesmo, de o conceito ser apresentado sob a forma sociológica atual, por Park, um crítico literário, Charles Saroléa,⁴ usou,

---

2 PARK, Robert E. Human migration and the marginal man. *The American Journal of Sociology*, v. XXXIII, maio 1928.
3 STONEQUIST, Everett V. *The marginal man*. New York: Charles Scribner, 1937, p. 3.
4 *Henrik Ibsen et son oeuvre*, p. 71; apud PALANTE, G. *Précis de sociologie*. Paris: Félix Alcan Editeur, 1901, p. 6.

para designar "os conflitos do indivíduo consigo mesmo, determinados pelos diversos círculos sociais aos quais ele pode pertencer e pelas influências sociais contraditórias às quais ele pode se encontrar submetido", a expressão *conflitos individuais*. E como crise psíquica, individual, é preciso assinalar que não se trata de um fenômeno permanente. Dura apenas enquanto ao indivíduo se apresenta como problema pessoal o conflito grupal, isto é, enquanto o ajustamento a um dos grupos não se processa de modo completo e definitivo.[5]

Até que isso se dê, contudo, o indivíduo observa continuamente sua instabilidade, vivendo um terrível drama psicológico. Sente de forma aguda os efeitos da própria instabilidade e julga, através dela, a conduta dos outros para consigo mesmo, vendo desaprovações e procurando descobrir significados nas atitudes normais dos demais membros da sociedade. Torna-se demasiadamente autoconsciente e supersensível. Ambivalência de atitudes, sentimentos de inferioridade, recalcamentos, psicoses, certas compensações, suicídios, crime etc. constituem os sintomas da crise, manifestando-se com maior ou menor intensidade em sua duração.

2 – Delimitação do campo de trabalho

Para este trabalho foi proposto um caso concreto: a crise de personalidade revelada em sua conduta pelo índio Bororo Tiago Marques Aipobureu, usando o material recolhido por Herbert Baldus[6] e por Antônio Colbacchini e César Albisetti.[7] Na verdade ambos os trabalhos não fornecem todos os dados indispensáveis para um estudo completo, embora o do primeiro autor contenha informações verdadeiramente preciosas. Por isso, devido à falta de certos dados, não foi possível analisar todos os aspectos da marginalidade e nem sempre com a necessária meticulosidade teórica. Além disso, há uma questão preliminar que deve ser discutida: até que ponto é válido, cientificamente, o estudo de um único caso? Não há risco de se fazer menos um trabalho de pesquisa

---
5 Seria possível discutir mais profundamente este ponto, sugerindo outras formas de solução de conflitos. Às necessidades deste trabalho, contudo, parece-me o exposto suficiente.
6 *Ensaios de etnologia brasileira*. São Paulo: Companhia Editora Nacional, 1937; todo um capítulo, p. 163-186.
7 *Os Bororo Orientais, Orarimogodoque do Planalto Oriental de Mato Grosso*. São Paulo: Companhia Editora Nacional, 1942, p. 25-26, 27-28; p. 140; p. 238-261 etc.

original e de revisão teórica, que uma simples ilustração? Compreende-se que o valor científico de uma análise deste gênero é bastante relativo e que de fato não pode ter outras pretensões senão a de ser uma espécie de aplicação da teoria aos fatos. Talvez seja possível um procedimento científico mais rigoroso, orientando-se no sentido inverso, que é normal. Contudo, o número de casos deveria também ser maior e mais variado e o material precisaria ser recolhido por meio de técnicas especiais, a fim de evitar lacunas e obter um rendimento teórico máximo.

Resta, pois, ao trabalho, apenas uma qualidade: a de colocar em termos objetivos um problema que ainda não foi estudado pelos etnólogos que têm trabalhado nas tribos de índios localizadas no território brasileiro – os efeitos dos contatos com os brancos do ponto de vista da organização de sua personalidade. Mudança social e marginalidade são dois campos importantes das modernas ciências sociais. Qualquer contribuição, nesse sentido, tem seu valor.

Na exposição procurarei ser o mais completo possível, ainda que com o risco de parecer prolixo. Por isso, em vez de discutir o assunto de modo geral, apresentarei nos itens seguintes todos os dados disponíveis de algum valor analítico. Destes dependerão, é claro, as poucas conclusões a que puder chegar.

3 – Esboço biográfico do prof. Tiago Marques Aipobureu

Baseando-me em informações de Herbert Baldus,[8] calculo que Akirio Bororo Keggeu – mais tarde o prof. Tiago Marques Aipobureu – nasceu mais ou menos em 1898, na tribo dos Bororo (Orarimogodoque do planalto oriental de Mato Grosso). Descendia de chefes pelo lado paterno e era bastante vivo e inteligente. Aos salesianos, pareceu desde logo indicado como "figura de propaganda para as missões".[9]

Em 1910, com 12 anos, aproximadamente, por disposição de D. Antônio Malan, foi enviado ao colégio de Cuiabá, onde recebeu esmerada educação.[10]

---

8 BALDUS, op. cit., p. 165.
9 Ibidem.
10 COLBACCHINI; ALBISETTI, op. cit., p. 25.

Seu curso foi brilhante, competindo vantajosamente com os companheiros brancos do colégio. Após três anos, em 1913, Tiago viajou pela Europa, indo a Roma e Paris, "vivendo lá no seio das melhores famílias e fazendo-se querer por todos".[11] Em 1915 voltou, pois sentia saudades da terra.

Casou-se então com uma índia Bororo em Sangradouro. Nas missões deram-lhe os salesianos o lugar de professor e o prof. Tiago Marques traduziu para o bororo a "bíblia pequena" e um livro didático de história do Brasil.[12] Mas não apreciava esse tipo de vida e precisaram dar-lhe outro. Encarregaram-no do observatório meteorológico, que ele abandonou logo. Preferia a caça, sua casa e o trabalho no campo, de enxada. Mais tarde, à nova oferta, exigiu um ordenado muito elevado para tomar a seu cargo a direção do observatório.

De Sangradouro, mudou-se para Meruri, mais afastada da civilização, tendo novas oportunidades de voltar à antiga vida bororo. Lá pretendeu, de fato, ser um verdadeiro Bororo e sobretudo um bom caçador. Sua educação não recomendava a experiência – Tiago Marques perdera as habilidades que deve ter um bom Bororo. Não era um bom caçador e, por isso, "muitas vezes passa com a família grande miséria".[13] Sua mulher chegou a abandoná-lo, indo morar com outro homem de quem teve um filho. O padre Colbacchini conseguiu reconciliá-los. Tiago Marques gostava muito da mulher e dos filhos, mas nada podia fazer. Fora educado para viver entre brancos e não para enfrentar os perigos do mato e a dura vida de sua tribo, sem os menores recursos e o conforto da civilização.

4 – Integração na cultura bororo

Tiago Marques casou-se com uma Bororo e constituiu família no seio da tribo. Este é um laço importante, que o prende à sociedade e à cultura bororo. Com o estilo de vida, aceitou também as crenças e a religião da tribo. Entretanto, é lamentável que os dados não permitam saber a importância que tiveram nessa aceitação suas experiências negativas com os brancos e também com os próprios companheiros da tribo. É provável que as rejeições que partiram dos Bororo de-

---

11 BALDUS, op. cit., p. 165.
12 Ibidem, p. 171.
13 Ibidem, p. 167.

vam ter exercido muito mais influência em seu ânimo, obrigando-o a aproximar-se o mais possível, consciente ou inconscientemente – via de regra, o processo é inconsciente – do normal, do admitido e esperado de um Bororo pelos outros Bororo. Para um homem que fora arrancado à vida e à tradição bororo e depois voltara, esse seria um ótimo começo de solução. Revelando comportamentos esperados, é óbvio que contribuía para diminuir os ressentimentos recíprocos e para relaxar, até certo ponto, os efeitos de uma avaliação negativa de sua pessoa, por parte do grupo. A evidência de uma conduta rigorosamente conformada, em suas manifestações exteriores e mais visíveis, aos padrões tradicionais de comportamento, auxilia a tolerância de outras inobservâncias, atenuando os rigores do sistema coercitivo tribal. Os esforços que fez para voltar à vida típica de um Bororo, mudando-se para Meruri, querendo tornar-se um caçador, revelando fidelidade à religião, à crença e às autoridades da tribo – ao cacique e ao médico-feiticeiro, o *bari*[14] – devem ser encarados desse ponto de vista. Tiago Marques precisava mostrar-se um Bororo como os outros e assim Herbert Baldus pôde verificar que ele "é Bororo pio".[15]

Colbacchini e Albisetti, aliás, consideram que pode "compenetrar-se da mentalidade e da vida dos Bororo tão profundamente que é hoje considerado um dos melhores conhecedores e intérpretes da tradição bororo".[16] Essa mentalidade de Bororo, em Tiago Marques, transparece no discurso que vem reproduzido no livro de Colbacchini e Albisetti (p. 25-26 e 27-29), feito ao anoitecer para os seus companheiros de Sangradouro. É um discurso místico, de grande valor analítico, e que tem sérios pontos de contato com os de Ukeiuwagúúo,[17] indicando uma conformação à norma. A única diferença sensível é a relativa ao aspecto formal, pois suas frases são mais longas e estão mais concatenadas que as do chefe Bororo. "Sim! Sim! É verdade, mas não é verdade. Eu cheguei por primeiro, mas não fui eu que cheguei primeiro, eu cheguei por último, porém fui eu que primeiro gritei, falei quando assim que saiu vozeria e barulho quando gritei quando falei".[18] É uma forma sincrética de

---

14 Ver em COLBACCHINI e ALBISETTI, op. cit., p. 247, como se refere a Ukeiuwagúúo – "o nosso cacique, o querido..." etc.
15 BALDUS, op. cit., p. 173.
16 COLBACCHINI; ALBISETTI, op. cit., p. 25.
17 Ver os dois fragmentos do discurso desse chefe, reproduzidos por A. Colbacchini e C. Albisetti, op. cit., p. 349-350.
18 Ibidem, p. 27.

pensamento, contudo, que concebe a afirmação e a negação ao mesmo tempo. Seu valor é grande porque mostra até que ponto Tiago Marques é Bororo nessas situações, revelando uma mentalidade distinta da do cristão letrado ao apelar para símbolos desconhecidos por este e nas suas atitudes de Bororo. De um ocidental letrado, o máximo que se poderia esperar, no começo do discurso, seria uma paráfrase da parábola evangélica.

Nesse mesmo discurso, entretanto, deste ponto de vista, há outros dados que permitem constatações de maior importância. Assim, à ênfase com que Tiago se refere aos seus conhecimentos de Bororo, que ele transmitiu aos etnólogos salesianos: "Digo, falo e faço, mas o motivo é que assim falo e digo as coisas que faziam os Bororo, que falavam os Bororo".[19] Atribui os seus conhecimentos à tradição tribal, parecendo um indivíduo fortemente integrado. E adiante, reconhecendo talvez a sua situação de filho pródigo, fala que "não todas as coisas pude dizer e mencionar, mas todas as coisas que sabia lhe ensinei". Tem consciência da riqueza da tradição tribal e reconhece explicitamente a impossibilidade dele, um Bororo letrado, ter um conhecimento completo dessa tradição. Em todo o caso, é singular a sua preocupação de fidelidade aos elementos tradicionais da tribo, que relatou aos missionários salesianos. "Tendo sido eu Bororo civilizado que escrevi estas informações, alguém poderia pensar que foram escritas debaixo da impressão das coisas vistas e ouvidas entre os civilizados; mas não é assim. Nos meus dizeres nada foi alterado dos tradicionais costumes dos Bororo."[20] A primeira vista, é uma reação de civilizado; mas, no fundo, é também uma manifestação bastante forte de um Bororo, orgulhoso dos "tradicionais costumes" dos seus.

E Tiago Marques conhece bastante as tradições bororo. O livro de A. Colbacchini e C. Albisetti é uma ilustração disso, embora um defeito de sistematização da obra não permita saber quais as informações, as lendas etc., transmitidas por Aipobureu. Além disso, os textos são de redação dos autores.[21] Por isso e porque não tenho elementos para avaliar o grau de congruência

---

19 COLBACCHINI; ALBISETTI, op. cit., p. 28.
20 Ibidem, p. 140; sobre o mesmo assunto, consultar também p. 247. É bom notar como este trecho, destinado aos brancos, difere dos trechos do discurso, aqui citados, feitos para os Bororo.
21 A lenda do dilúvio e especialmente a de Itubory e Bacororo, op. cit., p. 200-201 e 189-196, respectivamente, apresentam marcadas variações formais e de conteúdo, quando comparadas com as variantes colhidas por A. Colbacchini e reproduzidas por Herbert BALDUS, op. cit., p. 176-185.

das lendas relativamente à mitologia bororo e não sei quantas lendas sabe de cor, habitualmente, um índio Bororo, não me utilizei das 27 lendas das orarimogodoque, relatadas por Tiago Marques.[22] Quantitativamente, porém, é um índice de sua participação da cultura bororo.

É provável que haja algumas modificações nas lendas recolhidas através de Tiago Marques. Mas, mesmo que fosse materialmente possível assinalar as modificações, estas teriam um valor analítico muito relativo, pois Colbacchini e Albisetti constataram que a cultura bororo está em mudança. Por isso, "embora todas [as lendas] tenham origem de uma só tradição, rígida e religiosamente conservada entre os Bororo como coisa sagrada, contudo se apresentam nos lábios de um e outro com pequenas divergências".[23] Seria muito arriscado, pois, atribuir certas modificações exclusivamente ao próprio Tiago Marques Aipobureu.

Nas duas lendas, recolhidas de Tiago Marques por Herbert Baldus, fielmente transcritas pelo autor,[24] há algumas modificações que provavelmente correm por sua conta. Além de um relativo esquecimento pode-se verificar uma reinterpretação de alguns acidentes das lendas, sensivelmente de um homem letrado. Na lenda do "Ké-Marugodu" o esquecimento é mais acentuado, mas na lenda do "Homem com o Veado" há um lapso muito mais grave, pois Tiago deixa de fazer referência às duas divisões exógamas da tribo.[25] Na lenda "Homem com o Veado", talvez devido a uma influência da civilização, introduz um conceito de caráter evolucionista, que é a supressão física dos descendentes intermediários entre o homem e o veado, que não existe nas outras duas versões da mesma lenda que eu conheço. É, porém, na lenda do "Ké-Marugodu" que essas modificações são mais evidentes. Na versão escrita por Tiago Marques, o desejo de maior coerência fez com que ele introduzisse um homem na lenda. De forma que a observação de Herbert Baldus[26] parece-me justa: o jaguar recomenda à mulher que não ria para o Marugodu-Bacororo porque tem ciúmes dele. A modificação mais importante, a meu ver, entretanto, não é essa. Para mim está no trecho em que se trata da morte da mãe:

---

22 COLBACCHINI; ALBISETTI, op. cit., p. 238-261.
23 Ibidem, foi escrito a propósito das lendas relatadas por Tiago Marques.
24 BALDUS, op. cit., p. 174-176.
25 Ver em A. Colbacchini e C. Albisetti a lenda de Itubory Bacororo, p. 189-196.
26 Op. cit., p. 181; nota de rodapé.

as crianças são tiradas já completamente desenvolvidas do ventre da mãe pelo pai, o Adugoedu. Ao contrário do que acontece nas outras duas versões, em que o desenvolvimento intrauterino não é dado por completo, devendo o pai fechá-las numa caverna e esperar que acabassem seu desenvolvimento lá. Isto é uma coisa inconcebível para um ocidental letrado e penso que Tiago Marques – consciente ou inconscientemente – transformou esse trecho da versão tradicional por este motivo.

Apesar das reservas indispensáveis, parece que sua integração não era absoluta, que Tiago Marques agia como Bororo até onde sua mentalidade de cristão letrado o permitia. Havia uma série de fatores externos que o obrigavam a se conformar aos padrões tradicionais da tribo. Mas, ao mesmo tempo, as suas antigas experiências, os seus velhos conhecimentos e o senso de civilizado contrabalançavam essas imposições do grupo, provocando ajustamentos específicos e por assim dizer parciais às situações enfrentadas. Em algumas destas, a tendência para a conciliação de elementos culturalmente distintos – como nas lendas e em seu discurso – torna-se evidente.

Os dados de que disponho são pobres para aprofundar a análise. Todavia, parece-me que o seguinte trecho do seu discurso é bastante esclarecedor: "É para que eu disse assim a eles (os missionários), assim falasse a eles, para os meus chefes ou padres é que aquele que me olha, que me guia, o meu chefe do céu, o Deus, o que ele me fazia ensinar, ficava logo gravado nos meus olhos, nos meus ouvidos, na minha cabeça e por isso fiquei descansado assim de ver que eu lhes mostrei tudo o que diziam e faziam os Bororo".[27] Aí, o poder divino transforma as suas informações aos missionários em uma espécie de revelação. Há uma contradição, é claro, pois ficou visto que atribui, primeiramente, os seus conhecimentos à tradição tribal, enquanto depois, para os explicar, apela para uma força sobrenatural, o Deus dos cristãos. Mas essa é uma contradição resolvida, porque o choque entre a civilização cristã e a tradição tribal aparece sob a forma de sincretismo. É um efeito da catequese, da ação das missões e provavelmente muitos elementos culturais, relacionados ao cristianismo, foram integrados na cultura Bororo, provocando mudanças a que se referem A. Colbacchini e C. Albisetti. Por isso os padres podem ser apontados como chefes – e Tiago Marques reconhece como seus chefes o cacique e o bari – e

---

27 COLBACCHINI; ALBISETTI, op. cit., p. 28.

Deus pode entrar em competição com as divindades e forças das crenças tradicionais. Elementos culturais de origem diversa e de natureza diferente surgem ligados, superpostos, coordenados numa mesma exposição.

Apesar disso e por causa disso, talvez, Tiago Marques reage como um Bororo típico. Fala como um legítimo Bororo e liberta-se de ressentimentos e de recalques que são de toda a tribo. Verifica-se que é também capaz de sentir emotivamente os padrões tradicionais da tribo, o passado dos Bororo. É a memória coletiva que fala em Tiago Marques Aipobureu, quando diz "lembrei os meus velhos chefes. Lembrei aquele bendito e bondoso padre João Bálzola, aquele D. Antônio Malan, deles eu me lembrava. *Destes os Bororo nunca se esquecerão*. Eu desejaria que não houvesse fogo [inferno], que não existissem os diabos, que a gente corresse só para o céu e assim todos veriam a eles novamente".[28] Pode-se perceber, de novo, a interpretação das duas tradições bororo e cristã. O mais importante, contudo, é o ressentimento contra os brancos, referidos coletivamente em forma restrita.

Em síntese, Tiago Marques procurou, por todos os meios, tornar-se um verdadeiro Bororo. Abandonou-se completamente à tradição tribal, procurando ajustar-se à vida social dos seus. Aceitou os símbolos exteriores que evidenciariam diante do grupo, publicamente, a sua transformação definitiva de letrado cristão em Bororo. E, em diversas situações, o seu comportamento e as suas reações são os de um homem realmente integrado na cultura de sua tribo. Mas os conhecimentos e as experiências anteriores atuam, consciente ou inconscientemente, de modo ativo sobre sua decisão de se tornar um verdadeiro Bororo, projetando-se continuamente em seus atos, atitudes e pensamentos.

Ainda assim, poderia parecer que Tiago tinha conseguido adaptar-se, novamente, ao meio físico e se reajustado à vida tribal. A própria sociedade forneceria os moldes dentro dos quais poderia harmonizar as contradições das duas culturas em contato. Por isso a assimilação teria caminhado no sentido de recuperá-lo definitivamente para os Bororo, entre os quais voltou a viver, perdendo-o de uma vez para os brancos e para a civilização. Apenas certas sobrevivências do seu passado de cristão "culto" facilmente conciliáveis aos novos modos de ser, de pensar e de agir, apareceriam em sua conduta de Bororo. Mas não é isso que parece ter acontecido realmente. Os longos anos em

---

28 COLBACCHINI; ALBISETTI, op. cit.; grifo é nosso.

que viveu com os brancos, aqui no Brasil – nas missões e em Cuiabá – e na Europa, ainda muito jovem para reagir convenientemente, e as influências da educação sistemática, recebida dos representantes da "civilização", deixaram marcas profundas em sua personalidade. Tiago Marques está muito longe do homem ideal Bororo: não pode fazer tudo o que um Bororo verdadeiro é capaz de fazer e prega o abandono das crenças tradicionais pelo cristianismo, até diante dos seus: "E assim suas coisas, seus dizeres, suas palavras – dos missionários – passem sobre nós como o fogo que queima o mato, o campo, o grande capim, o capim-navalha, o taquaral, o cipó cascudo e nós os sigamos no caminho que nos ensinam e assim eles ficarão satisfeitos de ter-nos afastado do que nós pensávamos, do que nós entendíamos de nossa falsa vereda, do nosso falso caminho. Estarão satisfeitos de nos ter tirado de tudo isso".[29] Um indivíduo que pensa, que sente, que deseja e que diz isso, publicamente, não pode estar integrado à tradição do seu grupo, ajustado à sociedade em que vive, ainda que procure se comportar como tal, que se esforce por parecer conformado aos *mores* da comunidade. Em todo o caso, o que foi visto é suficiente para se constatar que ele não é um cristão letrado perfeito, tendo em relação aos valores essenciais do cristianismo uma atitude duvidosa de convertido pagão. Impregna-o de suas próprias concepções de Bororo, mistura-o às crenças tradicionais dos seus. As conciliações, pois, não chegam a constituir uma solução pessoal, sendo, no fundo, mais aparentes ou transitórias que reais e definidas. Tiago Marques vive o drama da escolha: é um homem marginal, localizado entre dois mundos mentais diversos.

5 – Conflitos com os brancos

É evidente que Tiago Marques foi educado para viver entre os brancos letrados, com os "civilizados". Sua educação, mesmo, foi coroada de uma forma só possível a um número muito restrito de indivíduos, de elevado *status* econômico. Mas, de volta ao Brasil, retornou aos seus, tornando-se bruscamente um simples Bororo das missões. Na verdade, o fato de ter constituído

---

29 Do discurso pronunciado em Sangradouro em 19/12/1939 para os seus companheiros, ao anoitecer; In: COLBACCHINI; ALBISETTI, op. cit.

família com uma mulher de sua tribo mostra que não estava completamente desligado das tradições tribais e sem dúvida deve ter facilitado bastante as suas diversas tentativas de reajustamento.

Mas, é lógico, a transição entre um estado e outro não poderia processar-se com a mesma rapidez. Entre os Bororo, Tiago Marques inevitavelmente se comportaria como um "branco", pelo menos em algumas situações.[30] E é aqui, exatamente, que está o ponto fundamental da questão: atitudes desse gênero não eram esperadas dele, nem pelos Bororo nem pelos próprios brancos. Daí uma série de conflitos entre Tiago Marques e os Bororo, de um lado, e com os brancos, doutro lado, os quais devem ser encarados como conflitos culturais. E que tiveram, na desorganização de sua personalidade e no desenvolvimento de sua crise psíquica, enorme importância.

Os conflitos tornaram-se tensos, agravados como foram pelas expectativas de comportamento diferentes em presença. Os missionários – que lá representavam os brancos e a "civilização" – esperavam encontrar um Tiago Marques passivo, trabalhador e obediente, franco colaborador e uma espécie de chave-mestra no trabalho de catequese, tanto impressionando e atraindo definitivamente os demais Bororo quanto servindo como um grande exemplo aos brasileiros, na marcha a seguir na conquista dos índios para a "civilização".

Mas o prestígio entre os Bororo não correspondeu às esperanças iniciais dos missionários: perdendo certas qualidades, que caracterizam um Bororo, em vez de subir, Tiago desceu na consideração dos seus e na hierarquia tribal. A sua preocupação imediata, como consequência, foi a de readquirir aquelas qualidades perdidas, que o obrigaram a afastar-se cada vez mais dos brancos e do seu estilo de vida, aproximando-se, inversamente, cada vez mais dos Bororo e dos seus padrões culturais. Doutro lado, adquirindo hábitos e atitudes de branco letrado, Tiago Marques não poderia pensar a mesma coisa que os missionários a respeito de suas atribuições e de seu papel. Os Bororo, conforme se verifica nos fragmentos de discurso de Ukeiuwaguúo,[31] estavam acostumados à retribuição pelos serviços prestados nas missões. Tiago tinha, entretanto, uma noção muito mais precisa de remuneração ao trabalho e do valor relativo

---

30 Em equipamento cultural era superior, mesmo, a outros brancos das missões: "Possuía muito mais da cultura europeia do que esse novo diretor de Meruri que, apesar do seu sacerdócio, não estava muito longe do analfabetismo" (BALDUS, op. cit. p. 169).
31 COLBACCHINI; ALBISETTI, op. cit., p. 349-350.

deste, aprendida no convívio com os brancos. Por isso, abandonou a direção do observatório meteorológico e, quando foi novamente solicitado pelos missionários, pediu um ordenado grande.[32] É provável que o ordenado não fosse compatível com o nível de vida da região, com os recursos econômicos das missões etc., mas o importante aqui não é isso: é o conflito das duas expectativas de comportamento, em virtude de Tiago agir como um "branco" autêntico. Os missionários, decerto, não estavam acostumados a exigências dessa natureza e não supunham possível essa atitude em seu pupilo Bororo. Tampouco perceberam que deviam tratá-lo como um branco letrado e esperar dele o tratamento dispensado aos seus por um branco letrado.

Em consequência, o desapontamento dos missionários foi duplo. Perderam o Akirio Bororo Keggeu e não encontraram em seu lugar um Tiago Marques Aipobureu conveniente. Nada lhes valeu como figura de proa, de propaganda das missões e na catequese dos índios; e como trabalhador revelou-se improdutivo, pelo menos por causa das exigências feitas. O caminho para o aparecimento de ressentimentos recíprocos estava, pois, aberto. E eles se manifestaram profundamente, principalmente do lado dos missionários, que o passaram a considerar como um simples *preguiçoso*, estendendo o atributo e a decepção até a seu filho.[33]

Quanto a Tiago, parece-me que o processo foi dos mais complicados, pois devem-se considerar as solicitações do grupo Bororo e a necessidade que ele sentiu de recuperar o *status* perdido de Bororo, concomitantemente com a experiência negativa, representada na repulsa dos brancos. Havia, pois, duas forças sociais centrípetas, da sociedade bororo, atraindo-o para a cultura bororo; uma força social centrífuga do grupo dos brancos, que o repelia do convívio dos "civilizados" e de sua cultura. Todas as forças, portanto, atuavam no mesmo sentido: desenvolver em Tiago Marques Aipobureu o Bororo, em prejuízo do "civilizado". Esse processo já se torna patente, quando Tiago abandonou o seu trabalho de professor, preferindo outras atividades, mais compatíveis com as necessidades e as ambições de um Bororo. Para os padres, pareceu "que ele não tinha as qualidades necessárias para ensinar, por não poder comunicar aos alunos o que havia aprendido".[34] "Mas, na realidade, aqui estão presentes

---

32 BALDUS, op. cit., p. 167.
33 Ibidem.
34 Ibidem.

os fatores apontados anteriormente e novamente um conflito cultural. Um professor tem prestígio nas "sociedades civilizadas", porque os conhecimentos adquiridos na escola são necessários. Ora, a função da escola das missões, por maior que seja a boa vontade dos missionários, não pode ser a mesma. A escrita e os conhecimentos correlatos, aprendidos na escola, não são indispensáveis para um Bororo, enquanto os conhecimentos relativos à caça, por exemplo, parecem-lhe fundamentais. A leitura e a escrita, mesmo, como acontece com a grande parte de nossas populações rurais, são uma espécie de luxo, porque não correspondem a uma necessidade de fato e não têm, por isso, uma função definida no sistema sociocultural da tribo. Tiago foi-se desinteressando, insensivelmente, da escola, voltando-se para atividades mais congruentes com os padrões culturais de sua tribo. O interesse pela lavoura, por sua casa e pela caça surgiram, levando-o ao abandono de suas atividades de mestre-escola. De qualquer forma, esse era um meio espontâneo de conseguir, por pouco que fosse, maior compreensão e mais prestígio entre os Bororo.

O conflito cultural, por sua vez, é evidente. Constitui outro exemplo da pouca disposição dos brancos em aceitar atitudes de cristão letrado da parte de Tiago Marques Aipobureu. Suas experiências de antigo aluno de colégios como o de Cuiabá faziam-no encarar a escola e os métodos de ensino de um ponto de vista bastante diferente dos missionários. Pareceu-lhe que com uma ou duas horas de aula, diariamente, nada se poderia conseguir das crianças – "e acrescentou que seria melhor adotar o horário da cidade".[35] E esse motivo – a duração das aulas –, é óbvio, está associado a todo um conjunto de fatores implícitos: organização escolar, equipamento educacional, distribuição de tarefas, hábitos escolares, *status* do professor etc., que dariam lugar a uma escola tal como Tiago conhecera entre os "civilizados".

Esses conflitos com os brancos, todavia, e a premência de tentar um reajustamento mais profundo à vida tribal – inibido até certo ponto pela presença dos brancos – desenvolveram em Tiago a consciência da necessidade de se afastar ainda mais da "civilização". Aí muda-se de Sangradouro para Meruri, onde vai conhecer decepções ainda maiores da parte dos brancos.

A princípio encontrou um ambiente respirável entre estes, graças à compreensão de um missionário-etnólogo, Antônio Colbacchini. Suas neces-

---

35 BALDUS, op. cit., p. 167.

sidades de convívio com os brancos eram satisfeitas, pois nos dias de festa era convidado para ir ao refeitório, tomando café com os missionários. Educado até os doze anos nas missões, amigo dos missionários (cf. o trecho de seu discurso, citado anteriormente), do padre Antônio Malan, de Colbacchini, tendo confiança e sentindo-se naturalmente igual a eles, agia como um íntimo. Era, aliás, aquele o único ambiente adequado aos seus refinamentos de Bororo civilizado. Procurava frequentemente o convívio dos missionários no refeitório, chegando a ir lá mesmo nos dias úteis. O novo diretor não compreendeu a conduta de Tiago, fechando-lhe a porta por assim dizer na cara. Ele, por seu lado, entrou por outra porta, não dando importância ao fato. Fechada também esta, quando se aproximava, "compreendeu que não o queriam mais no refeitório".[36]

Era a rejeição formal do grupo branco. O resultado de um processo de avaliação cujo mecanismo já foi analisado. Este, porém, foi o conflito mais violento, despertando em Tiago um rancor muito maior pelos brancos e sua cultura. O ressentimento chegou ao auge, envolvendo pessoas e valores, com a subsequente ruptura de laços anteriores. As suas intenções eram amigáveis e correspondiam às suas necessidades de "civilizado"; o missionário, entretanto, descobriu outro motivo para a sua conduta: o café que ele bebia no refeitório. As consequências da ruptura, por sua vez, foram imediatas, acentuando o processo de aproximação de Tiago às pessoas e aos padrões culturais de sua tribo. Tiago reagiu altivamente, passando a comportar-se abertamente como um Bororo autêntico. Até esse momento, conforme Herbert Baldus, aceitava os costumes dos Bororo de modo discreto e velado, "agindo exatamente como um branco de cultura e boa educação".[37] Certos índices revelam a extensão e a intensidade dessa mudança de atitudes: Tiago deixou crescer os cabelos e aceitou a religião de sua tribo. Ambos evidenciam, como sintomas de ressentimento, a violência da crise emotiva, provocada pelos conflitos culturais com os brancos.

Esse afastamento foi acompanhado por um processo inevitável de desnivelamento cultural. À medida que Tiago aceita novos elementos da cultura bororo, perde outros aprendidos com os brancos. Assim, esqueceu as línguas

---

36 BALDUS, op. cit., p. 168.
37 Ibidem.

europeias, com exceção da portuguesa, e desinteressou-se por leituras, por certos instrumentos musicais, como a flauta[38] etc. O importante, aqui, é a mudança de mentalidade que essas perdas e as novas aquisições compensadoras indicam. Ela é responsável, em grande parte, pela aceitação de outros traços da cultura bororo e pela consequente manifestação de formas novas de conduta. Mas, é claro, a perda não poderia ser total. E muitas necessidades de "civilizado" aparecem na conduta de Tiago. O convívio com os brancos e o café são bons exemplos. Além disso, pediu a Herbert Baldus um par de calças e um lenço, "manifestação de necessidades refinadas".[39] O mesmo autor notou que, ao contrário dos demais, interessava-se muito pelo emprego e mecanismo da máquina fotográfica.

Esses e outros traços, que definem a sua segunda natureza humana, caracterizando-o como um ocidental letrado, afloram continuamente em seu comportamento, determinando preferências, ações e atitudes, e solapando as suas intenções de voltar a ser um Bororo legítimo. E em consequência "hoje, de novo, aproxima-se do mundo dos brancos".[40] Isso, é óbvio, na medida do possível, pois queira ou não, agora está intimamente preso à sua tribo e por isso as possibilidades que tem de satisfazer suas necessidades de convívio com os brancos são muito restritas.

Perguntando-lhe Herbert Baldus se desejava voltar à Europa, respondeu: "Sim, mas não tenho dinheiro"; e se queria passar umas semanas em Cuiabá, em sua companhia, disse: "Sim, mas não posso deixar minha família".[41]

Imposições econômicas ou sociais reprimem seus desejos de participar outra vez, de um modo mais amplo, da "civilização". Isso, porém, indica duas coisas fundamentais: que as tentativas feitas por Tiago, visando ajustar-se definitivamente ao sistema sociocultural bororo, ainda não chegaram a resultados satisfatórios, deixando de constituir, por ora, uma solução; e que deverá resolver seu problema de reajustamento dentro de limites bastante estreitos e precisos: os brancos das missões e a sua tribo.

Todavia, como resultado de sua experiência negativa com os brancos, já não depositava neles a mesma confiança que antigamente. E os novos ele-

---

38 BALDUS, op. cit., p.171.
39 Ibidem.
40 Ibidem.
41 Ibidem.

mentos culturais, adquiridos na vida tribal, contribuem fortemente para diminuir ainda mais a sua crença em certos valores centrais da "civilização" (pelo menos do ponto de vista de sua formação educacional). Em todo caso, é provável que conflitos mais agudos com os Bororo tenham acentuado suas necessidades de retorno ao mundo dos brancos, determinando novas tentativas de reajustamento.

Mas uma coisa é certa: Tiago nunca mais poderá ser o Bororo letrado que fora, ao voltar da Europa, como também não poderá ser um Bororo autêntico no meio dos seus. Esses anos de participação ativa e intensa da cultura bororo deixaram sulcos profundos em sua personalidade e os ressentimentos de um e de outro lado vão pesar em suas futuras decisões e escolhas. Ainda assim, as diferenças são patentes: hoje, por exemplo, acredita *só um pouco* no que ensinam os padres. Antigamente, ele responderia de outra forma às pessoas e aos valores da "civilização". Todavia, parece-me que a reconciliação com os brancos e com os seus valores culturais processou-se rapidamente, pois em dezembro de 1939 exprimiu seu desejo de uma supressão total das crenças e religião bororo, em favor do cristianismo. Mas as suas concepções estavam, como foi visto, impregnadas de elementos estranhos ao cristianismo. É provável que no fundo se trate, nessa reaproximação, apenas de uma exacerbação de sua crise psíquica, fenômeno característico da marginalidade. Seria uma reconciliação momentânea, não significando por isso uma aceitação definitiva de pessoas e valores da "civilização". Mais tarde, faria outra vez o mesmo movimento, no sentido inverso, reaproximando-se das pessoas e valores que representam o sistema sociocultural bororo.

6 – Conflitos com os Bororo

O professor Tiago Marques Aipobureu, voltando para os seus, perdia-se irremediavelmente para a "civilização". Não seria possível, a ele e a ninguém, ser educado para um meio social e conservar, transferido para um meio social diverso, os mesmos traços de sua personalidade, com a correlata manutenção de habilidades, conhecimentos, técnicas, hábitos e atitudes aprendidos anteriormente. No seu caso, havia ainda um agravante: a maioria dos elementos adquiridos são verdadeiramente supérfluos, antes prejudiciais que úteis na vida tribal. Ora, Tiago viu-se completamente maduro e numa idade em que os homens já têm definida sua posição na hierarquia tribal, no lugar em que todos geralmente começam. Devia recomeçar o período de aprendizagem e suportar as consequências da sua imaturidade (relativamente ao meio tribal), da sua "incapacidade" manifesta.

A melhor solução para ele seria a de ter ficado num dos centros "civilizados" do litoral, casando-se com uma branca. Voltando para Sangradouro, como fez, tinha uma alternativa: ou ficar no grupo dos brancos, agindo como tal; ou reajustar-se à vida tribal. No primeiro caso, desenvolver-se-iam sérios conflitos com os Bororo, é certo, mas parece que facilmente achariam formas de acomodação. E Tiago se imporia à tribo como o "professor", um Bororo letrado e por assim dizer do grupo dos brancos. Mas é evidente que essa solução parecia-lhe impossível, pois logo se ligou definitivamente à tribo, casando-se com uma Bororo. E, de fato, devemos convir que estava certo – mostrou-o a análise dos dados disponíveis. As suas atitudes de letrado criou sérias incompreensões entre ele e os missionários, dando origem a conflitos culturais e a graves ressentimentos recíprocos.

Portanto, se Tiago Marques não encontrar uma conciliação satisfatória, provavelmente deverá ajustar-se à sua tribo. Aliás, como foi visto, nesse sentido atuaram inicialmente várias forças sociais. E apesar da instabilidade de suas preferências – afastou-se dos brancos e depois reaproximou-se deles –, característica de seu comportamento de marginal, a marcha de sua assimilação se faz em favor do sistema sociocultural bororo. Isso, contudo, não significa ausência de conflitos com os seus, muito ao contrário. Estes ocorreram e suas consequências sobre a personalidade de Tiago provocaram, talvez, ressentimentos muito mais graves, desenvolvendo nele um forte sentimento de inferioridade.

O abandono decidido das atividades de letrado corresponde à compreensão, consciente ou inconscientemente, de que seus conhecimentos e seu trabalho eram inúteis para a tribo, não favorecendo uma definição de *status* na hierarquia tribal e não lhe atribuindo nenhum prestígio. Por isso, voltando as costas aos brancos e à sua cultura, Tiago tinha em mente transformar-se num verdadeiro Bororo e conseguir uma posição na tribo. Ao fazer isso, não avaliou devidamente as dificuldades que deveria enfrentar. Porque, assim como para ser o "professor Tiago" precisou de um longo aprendizado entre os brancos, para ser um caçador deveria receber um treinamento prolongado – que desenvolvesse nele o vigor físico, a agilidade, certos conhecimentos sobre o mato e as caças, as técnicas etc., certas aptidões, como a astúcia, a destreza e a coragem – o qual recebe todo o caçador Bororo desde criança. Poderia ser um caçador, mas pouco ou talvez muito abaixo do ideal da tribo.

Recomeçando, valia tanto para esta quanto qualquer adolescente, embora as expectativas iniciais fossem a de que ele se comportasse e produzisse como um adulto qualquer. As decepções, é óbvio, desenvolveram um processo de avaliação pouco favorável ao Bororo Tiago Marques Aipobureu. Este nunca poderia atingir o *status* e adquirir o prestígio de um caçador educado na própria tribo. E os seus *fracassos* (do ponto de vista bororo) repetidos, ao contrário, em contraste com as expectativas de comportamento tradicionais, contribuíram para uma queda pronunciada no conceito dos demais membros da tribo. Tornou-se evidente que ele estava muito abaixo do ideal tribal de homem. De modo algum poderia, com os recursos habituais de um caçador Bororo, matar uma onça, por exemplo.

Daí, pois, o desprezo que Herbert Baldus notou na mulher, que lhe disse:[42] "Tiago não teria capacidade para isso" (matar uma onça). Assim desempenha um papel medíocre, de "fracassado" na comunidade. Em consequência, é subavaliado e rejeitado pelos companheiros, entre os quais é "malquisto ou desprezado".[43] A própria mulher o abandonou por outro, voltando apenas graças à intervenção de um terceiro.

É preciso que se compreenda isto à luz de sua educação de "civilizado". Do ponto de vista do seu horizonte cultural e da consciência de superioridade, que indubitavelmente deve ter em relação aos outros, sob este aspecto. Não disponho de dados para verificar, mas é provável que, como compensação, Tiago Marques tenha aceito essa superioridade, superavaliando-a diante dos seus companheiros.

Ora, tal estado de espírito, além do agravamento dos conflitos pelas atitudes que provoca, não é compatível com a resposta do grupo. E tampouco lhe favoreceria uma rápida e completa compreensão das próprias condições. Para a tribo vale o caçador perfeito, capaz de matar a onça no mato e de prover

---

42 BALDUS, op. cit., p. 170.
43 Ibidem.

suficientemente sua casa de mantimentos; para Tiago, além desses elementos, tem valor os seus conhecimentos e as suas experiências de "civilizado". A avaliação do indivíduo pelo grupo e a avaliação do grupo pelo indivíduo processaram-se sob critérios diferentes, conforme padrões conflitantes e mesmo exclusivos. Se Tiago "provasse" bem como "Bororo", sua situação seria boa, porque ele está em condições de prestar ao grupo, sob forma de compensação, outros serviços (*verbi gratia*, relatar nos discursos noturnos suas experiências na "civilização", as peripécias nas caçadas etc., cooperar no ensino das crianças que frequentam a escola das missões, facilitar os contatos com os brancos etc.). Isso aumentaria o seu prestígio.

Praticamente, porém, colocou-se abaixo do último grau tolerável, do ponto de vista do ideal da tribo. Em consequência, o que na primeira alternativa seriam qualidades, funcionando como formas de compensação e de aumento de prestígio, na segunda alternativa – que ocorreu de fato – pareceu uma ofensa ao grupo, tornando sua situação entre os Bororo ainda mais difícil. E a exaltação de pessoas e valores estranhos ao sistema tribal, à custa do menosprezo de pessoas e valores da própria tribo nas relações com os seus ou nos momentos da aproximação com os brancos (cf. trechos citados de seu discurso), deve não só ter provocado a desaprovação, mas também o ódio de alguns membros da tribo. Especialmente o de autoridades, como o bari, o médico-feiticeiro.

Além disso, nesse discurso infringiu um padrão tribal básico, porque se elevou acima de todos e da própria tradição tribal, estabelecendo comparação entre ela e a religião dos "civilizados" e formulando juízos de valor a seu respeito. Ora, um Bororo não pode fazer isso, porque "aquele que se levanta sobre o seu companheiro será envergonhado; aquele que se coloca abaixo de seu companheiro, este será exaltado", diz textualmente a tradição bororo.[44] Essas transgressões e infrações devem ter acentuado o desprezo que seus companheiros lhe votavam por suas "incapacidades manifestas". E o desprezo, como pena social, "é muito temido e em várias lendas encontram-se passagens que mostram o grande medo que os índios têm de tal castigo chegando até a mudar-se para outra aldeia".[45]

---

44 COLBACCHINI; ALBISETTI, op. cit., p. 165.
45 Ibidem, p. 135.

O processo negativo de avaliação tribal é, pois, extraordinariamente reforçado pela manifestação, por parte de Tiago, de ideias e atitudes desaprovadas. Por isso, consideram-no orgulhoso e "outros provavelmente detestam-lhe o saber adquirido nos meios civilizados".[46] Em síntese, o professor Tiago Marques Aipobureu foi duplamente rejeitado pelos membros da tribo, apesar de suas intenções de se tornar um Bororo. Primeiro, por não revelar as qualidades desejadas. Segundo, por possuir e manifestar, publicamente, atributos desconhecidos no grupo e considerados indesejáveis. Em vista disso, pode-se encarar o discurso de Sangradouro como um resultado extremo da reação provocada em Tiago pela repulsa da tribo. Chegou ao período de conflitos abertos, de grande tensão emocional, com as pessoas e valores do sistema sociocultural bororo. O sentimento inicial de inferioridade já se havia acentuado muito antes, entretanto, conforme sugere uma observação de Herbert Baldus:[47] "Assim tornou-se solitário, solitário entre os seus e estranho aos estranhos". Sentindo-se repelido pelos seus, respondeu com o isolamento. Mas, à medida que aumentavam os ressentimentos pela intensificação de conflitos, a situação tornou-se intolerável. Então passou lentamente do rancor surdo a conflitos abertos com os Bororo.

7 – Ambivalência de atitudes

Já foi visto como se processaram os primeiros contatos de Tiago Marques Aipobureu com os Bororo, os seus primeiros conflitos com os brancos e suas consequências e quais os resultados de suas tentativas de ajustamento ao sistema sociocultural bororo. Algumas indecisões também foram analisadas de passagem, ao descrever o seu comportamento e certas atitudes de marginal. Portanto, uma boa parte do material que evidencia o seu dualismo relativamente à cultura dos brancos e dos Bororo já foi apresentada. O importante, aqui, não é tanto o fato de Tiago aceitar e mais tarde repelir certas ideias e valores, mas a influência que isso tem sobre sua conduta e no desenvolvimento de sua crise psíquica. Porque, colocado entre duas formas de agir diversas, passa de uma a

---

46 BALDUS, op. cit., p. 171.
47 Ibidem.

outra, contudo, sem um ajustamento definitivo. Afasta-se dos brancos, procurando integrar-se no grupo dos Bororo, sem grandes sucessos; aproxima-se, por isso, outra vez dos primeiros. Isto indica que a crise está em pleno desenvolvimento e que é preciso uma análise mais minuciosa de suas ideias e atitudes.

Foi visto que, sob pressão do meio, a solução se desenvolveu, até certo ponto, em favor da cultura bororo. Tiago Marques aceitou práticas e crenças tradicionais e tudo mostra que essa aceitação não é simplesmente superficial. Parece que se estabeleceu uma relação emotiva entre Tiago e esses elementos da cultura bororo, pois interferiram em suas antigas ideias e crenças cristãs. Essa interferência culminou no aparecimento de dúvidas, em seu espírito, a respeito de pessoas e valores relacionados ao cristianismo e à civilização, apesar de ter sido educado para eles. Assim, acreditava apenas *um pouco* nos padres e nos seus ensinamentos, revelando também certos ressentimentos dirigidos contra ambos. Em determinado momento, chegou a abandoná-los completamente, entregando-se à religião de sua tribo, e "não olhou mais para os padres nem para os brancos".[48] Foi uma ruptura profunda com pessoas e valores da "civilização", expressa por conflitos abertos e marcada por sinais exteriores e correlatas manifestações subjetivas (crescimento dos cabelos, aceitação de certos hábitos de caçador, da religião bororo etc.) e pelo abandono da conduta de "branco educado". Mais tarde – e é evidente de modo agudo em seu discurso de dezembro de 1939 – volta para os brancos e reafirma, de modo violento, a crença em certos valores da civilização e, com restrições, nos seus portadores. Chega a exprimir a necessidade de uma recompensa ao trabalho destes, expressa em termos do aniquilamento da religião e crenças bororo.

Mas a sua mentalidade já é bastante diferente. Tiago não é mais o antigo discípulo dos salesianos. Em seu lugar reapareceu um homem diferente, que é capaz de refletir em suas palavras um ressentimento de natureza coletiva, que projeta no cristianismo ideias e valores Bororo e que (pelo menos é a sensação que sinto ao ler o fim do discurso) não está firmemente convicto do que diz nem muito entusiasmado com as perspectivas esboçadas. "Estarão [os padres] satisfeitos de nos ter tirado de tudo isto."[49] Um católico militante, interessado na conversão dos Bororo, pensaria de modo diferente.

---

48 BALDUS, op. cit., p. 169.
49 COLBACCHINI; ALBISETTI, loc. cit.

As mesmas dúvidas, contudo, Tiago revela a respeito da religião bororo. E estas são facilmente compreensíveis, pois ele foi educado e criado noutra religião, aprendendo inclusive a desprezar as crenças dos "índios". Por isso mesmo, a aceitação da religião e crenças dos Bororo não pode ainda ser considerada uma conversão profunda. "A religião cristã, disse, é melhor porque a nossa não tem raiz."[50] Não só concede em compará-la com a "religião cristã", como considera inferior a *religião* de sua tribo. A um Bororo integrado, deve parecer difícil a possibilidade de que exista outra religião além da sua. Muito mais ainda, parecer-lhe-ia impossível a existência de uma religião *melhor* que a sua. A ideia da falta de *raiz*, então, ser-lhe-ia inconcebível. São concepções sacrílegas e desaprovadas pelo grupo.

Tiago conseguiu adquirir conhecimentos e habilidades da cultura bororo. Conseguiu, mesmo, como notam Colbacchini e Albisetti,[51] "compenetrar-se da mentalidade e da vida dos Bororo". Mas é evidente que ainda não conseguiu ele próprio tornar-se um Bororo. Pode ter esquecido, por um processo de desnivelamento cultural, muitos elementos da cultura dos brancos; não ter mais uma concepção do deus dos cristãos e do destino destes após a morte; e, a respeito das almas, as concepções dos Bororo, acreditar no bari, nas forças mágicas do bari, que os bope – os demônios – vivem nos jatobás, nas pedras;[52] e conhecer profundamente as lendas e os costumes bororo, comportar-se publicamente como um Bororo; ele mesmo, porém, é um "branco" em grande parte. Um índio letrado capaz de ter diante de valores da cultura bororo uma atitude profana, independente – crítica em certas circunstâncias e noutras também valorativa. Servem-lhe de padrão comparativo os elementos adquiridos no convívio com os "civilizados". Mesmo quando se refere aos seus, relatando suas lendas, por exemplo, manifesta a sua segunda natureza ao dizer que não se devem atribuir modificações intencionais nas mesmas à sua condição de *Bororo civilizado*. No fundo Tiago Marques é um homem que nasceu e viveu alguns anos com os Bororo. Mais tarde voltou, mas como um "civilizado" – tal como ele se refere a si próprio – que precisa ser assimilado aos modos de ser, de pensar e de agir de sua tribo. As crises atuais apenas indicam a marcha desse processo de assimilação. Embora um reajustamento definitivo não tenha sido encontrado até agora.

---

50 BALDUS, op. cit., p. 173.
51 Loc. cit.
52 BALDUS, op. cit., p. 172-174.

Os dados apresentados revelam – de modo rudimentar é verdade – a intensidade dos conflitos travados em sua mente entre valores diversos e incompatíveis, permitindo-nos uma representação aproximada do seu drama psíquico. Por enquanto, Tiago se encontra diante de cada situação como se estivesse diante de um problema, podendo escolher entre duas formas de conduta diferentes – a de "civilizado" ou a de "Bororo". Durante certo tempo agiu como um branco educado; depois passou a agir como um "verdadeiro Bororo"; e é possível que agora ainda se esteja comportando mais ou menos como um "branco". E, numa mesma situação, mostra em suas atitudes esse choque de valores diferentes como no discurso de Sangradouro e nas respostas que deu a Herbert Baldus sobre as crenças dos Bororo e dos cristãos. No fundo, Tiago *acreditava em ambas*. Daí a labilidade de suas preferências, alguns lapsos e certas modificações apontadas nas duas lendas, e principalmente suas atitudes diante dos brancos e dos Bororo.

Respondendo a uma pergunta daquele etnólogo, Tiago fez, num melancólico resumo, uma exposição dos antigos atributos e costumes dos Bororo, irremediavelmente perdidos para ele. Essa evasão para o passado e concomitante análise do presente em termos do pretérito – quase sempre resulta numa superavaliação mística de certos valores tradicionais – é a característica dos marginais. É um tipo de compensação psíquica, encontrada no aguçamento da crítica às causas de certas formas de conduta e dos motivos que conduzem o homem à ação. Essa crítica tem, por sua vez, outros objetivos: a descoberta de uma saída para o indivíduo e uma explicação para sua situação singular na sociedade. Há uma saída, que se poderia chamar de solução passiva, em que o indivíduo se explica a si próprio o seu "fracasso" na vida social, evidenciando a impossibilidade de serem postas em prática certas formas tradicionais de conduta, possíveis só no passado, e porventura os ideais supremos da comunidade. Há outra saída que se poderia chamar de solução ativa, em que a generalização da crise – por causa da ação permanente das mesmas causas sobre vários indivíduos – torna possível uma luta libertária, a qual se inspira na consciência da necessidade social de determinados ideais e dá origem ao aparecimento de correntes sociais.

É óbvio que a situação de Tiago Marques corresponde ao primeiro caso. Ele constitui um fenômeno singular na sociedade tribal. As próprias condições desta não favorecem o aparecimento em massa de casos semelhantes ao seu, embora esteja em mudança. Isso parece-me importante, porque indica que não existem precedentes na vida tribal e porque dá algumas indicações sobre algumas predisposições psicológicas de Tiago Marques. A falta de precedentes torna o seu um caso único, que deve ser resolvido pessoalmente, com o risco de desaprovação por parte do grupo. As possibilidades de uma conciliação ou de uma solução intermediária, por isso, têm tanto valor e estão sujeitas às sanções da tribo quanto uma escolha definitiva. Para escapar à desaprovação desta é que Tiago, após alguns fracassos de tentativas de ajustamento, retornou aos brancos, manifestando até o desejo de desaparecimento da cultura bororo. Seria uma solução para o seu caso e assim poderia libertar-se da opressão do controle tribal.

Mas essa é uma atitude que suponho passageira, que aflorou num momento agudo de descontentamento contra o grupo que, sem lhe oferecer uma solução viável, reserva-se o direito de controlar os seus atos. Parece que desde o começo ele se tem esforçado por encontrar uma solução pacífica, submetendo-se passivamente a muitas imposições do grupo e aceitando publicamente os valores fundamentais da cultura bororo. Com exceção da manifestação verbal aludida anteriormente, tenho a impressão de que a crise de Tiago não provoca respostas exacerbadas e atitudes violentas. E as breves referências, feitas por Herbert Baldus, sobre sua conduta e modo de ser, coincidem com essas apreciações.[53]

Aqui se descobre um novo motivo e outra explicação para o seu retraimento, além dos ressentimentos recíprocos e da repulsa mais ou menos decidida por parte do grupo. A concepção de que é impossível pôr em prática certas formas fundamentais de conduta antigas dá um certo tom de desalento ao marginal "passivo". Atribui um forte sentimento de inutilidade aos seus atos e às suas tentativas de ajustamento, sempre encarados e analisados sob este prisma. Por isso, o isolamento e a ação restrita chegam a parecer-lhe desejáveis. Esse motivo interno, o desejo de isolamento, todavia, pode desempenhar uma função muito importante, pois cria uma explicação subjetiva para o próprio isolamento. Torna tolerável e até insensível o afastamento de certas pessoas e menos dolorosa a ruptura com o grupo, enquanto não surge uma compensação mais forte. Mas, é claro,

---

53 BALDUS, op. cit., p. 166-167; p. 171-172 e p. 185.

o indivíduo não pode viver sempre isolado! Tiago foi um solitário durante certo tempo, porém depois voltou ao convívio dos homens, tentando novos reajustamentos (reaproximação com os brancos etc.). Então se fazem sentir, com toda a sua força, as suas ideias sobre os atos humanos e sobre os seus próprios atos.

Esse processo é visível nas seguintes palavras de Tiago Marques:[54] "Antigamente, o homem agarrava com as mãos a onça pela boca, separando-lhe as queixadas. Hoje não é mais capaz. Antigamente homem e mulher jejuavam muito. Depois do nascimento de um filho jejuavam durante uma semana, trabalhando, apesar disto. Também em outro tempo jejuavam. Isto aguça os sentidos: a vista e o ouvido. Naquele tempo, o homem, apesar da caça e do trabalho, nunca ficava cansado. Às vezes, a gente comia e bebia durante o tempo de jejum, indo, porém, depois ao mato para vomitar o consumido. Também naquela época, o homem, só raramente, deitava-se junto à mulher porque tal união ataca muito o sangue. E, para não estragar os dentes, a gente tomava água morna e nunca fria e comia quando a comida não estava mais quente". A mudança, pois, aos seus olhos, afetou a cultura e a vida tribal dos Bororo de uma forma profunda, que os demais membros da tribo ignoravam. Ele observa e analisa sofregamente os padrões tradicionais de comportamento, porque procura uma solução, uma forma de ajustamento – ao contrário de seus companheiros da tribo, que perdem em perspectiva o que ganham em integração. Por isso, no fundo, além de encontrar uma explicação para a sua conduta de desajustado, descobre falhas nos outros que, sem perceberem as mudanças, não sabem que seu comportamento está bastante distanciado dos padrões tradicionais da tribo. As condições modificam-se, os homens não podem ser sempre os mesmos – uns em maior, outros em menor grau. É outra forma de compensação desenvolvida pelo marginal, que Tiago revela de modo acentuado.

Entretanto, na realidade, há entre os Bororo de ontem e os Bororo de hoje a mesma distância, que nas primeiras tentativas de ajustamento ele quis transpor, tornando-se um verdadeiro Bororo; "mas é bastante inteligente para compreender que agora não pode mais alcançar esse ideal."[55] Contudo,

---

54 BALDUS, op. cit., p. 85-186.
55 Ibidem, p. 171.

deve procurar uma forma de ajustamento e é na escolha de uma solução possível que vai revelar-se, então, o grau de labilidade de suas preferências e de ambivalência de suas atitudes. Perguntando-lhe Herbert Baldus se não preferia morar com os Bororo que vivem afastados das missões, longe de Sangradouro e Meruri, os quais provavelmente estão mais próximos dos antigos Bororo e dos seus antigos ideais de vida social, Tiago respondeu: "Não, lá eles tratam uns aos outros como os brancos se tratam entre si, matando-se reciprocamente. Em geral matam o outro com veneno. Tais coisas antigamente eram raras".[56] Portanto, as preocupações pelos padrões tribais dos antepassados Bororo, em Tiago, não têm um caráter prático. Elas visam mais fornecer-lhe uma racionalização para uso pessoal que encaminhá-la imediatamente no sentido de uma solução definitiva. Porque, se ele desejasse, de fato, ser novamente um verdadeiro Bororo e tivesse consciência de que isso seria possível, tentaria seu reajustamento aos outros, longe das missões e do mundo dos "civilizados". A solução, contudo, parece-lhe inaceitável, apesar do rancor, do ressentimento que revela na frase contra os brancos.

Além disso, pensa que aos Bororo é impossível voltar ao estado antigo: "Hoje a gente não pode mais andar como dantes enfeitado de penas".[57] O seu mundo mental é ainda o dos brancos. E os valores correspondentes insinuam-se em seus atos, ideias e atitudes, dando-lhes uma cor própria. As suas considerações sobre os Bororo são, de fato, as de um branco letrado. Mas, ao mesmo tempo, indicam uma aceitação e uma repulsa por valores de cultura dos brancos e por valores da cultura dos Bororo. A indicação mais importante de todos esses dados, entretanto, é que o seu propósito de ficar nas missões corresponde a uma necessidade de não se afastar demasiadamente – mais do que já se distanciou – da "civilização" e dos brancos. É patente que os laços que o prendem ao mundo destes são ainda muito fortes e que o próprio Tiago, até agora, não se mostrou disposto a rompê-los. Apesar dos conflitos com os brancos, dos ressentimentos recíprocos e dos avanços da cultura bororo, que fatalmente o ganhará para si.[58] E também é claro que, nas circunstâncias analisadas, deverá resolver o problema e encontrar uma solução em condições bem definidas: entre os Bororo e os brancos de Sangradouro e Meruri.

---

56 BALDUS, op. cit., p. 186.
57 Ibidem.
58 Mantendo-se, é óbvio, as mesmas condições.

8 – Conclusões

O material exposto é suficiente para que se verifique a natureza dos ajustamentos de Tiago Marques Aipobureu, evidenciando que se trata de um homem marginal. Foram analisados os principais aspectos de sua crise psíquica, as causas prováveis dela e o seu desenvolvimento. Se não foi possível fazer um estudo exaustivo, devido à limitação imposta pelos dados disponíveis, parece-me que quanto aos seguintes aspectos – ajustamento ao sistema sociocultural bororo, conflitos culturais com os brancos e com os Bororo, o aparecimento de ressentimentos recíprocos e de certas formas pessoais de compensação, a ambivalência de atitudes e o desenvolvimento geral do processo de marginalidade em seu caso, com as correspondentes tentativas de ajustamento ao grupo dos brancos e dos Bororo – a análise não deixou muito a desejar. É interessante, todavia, que se debatem ainda, como conclusões gerais, mais dois problemas: o primeiro diz respeito à própria caracterização do caso de Tiago, envolvendo uma reapreciação do processo estudado; o segundo chama a nossa atenção para os aspectos condicionantes, exteriores, dos contatos dele com os brancos e os Bororo.

Quanto ao primeiro, deve-se lembrar que a possibilidade de conciliação de padrões incongruentes sempre existe. O comportamento "é muito mais flexível que os padrões que o influenciam",[59] adaptando-se por isso a estes e às situações em que se encontram os próprios indivíduos. Os conflitos de padrões devem ser considerados como índices de desorganização da personalidade quando implicam conflitos emocionais, subjetivos, nos indivíduos, ou chocam o grupo, provocando nos demais membros da coletividade uma reação mais ou menos intensa e imediata de desaprovação. Geralmente, estes constituem dois aspectos de um mesmo fenômeno, um quanto ao indivíduo e outro quanto ao grupo.

Portanto, apenas pode-se falar em marginalidade desde o momento em que padrões novos, insinuando-se na vida afetiva do indivíduo, entram em choque com sentimentos e emoções anteriores.[60] A existência de crenças

---

59 LINTON, Ralph. *O homem*. São Paulo: Livraria Martins, 1943, p. 391.
60 WILLEMS, Emílio. *Assimilação e populações marginais no Brasil*. São Paulo: Companhia Editora Nacional, 1940, p. 108.

contraditórias, simplesmente, não significa marginalidade. Um homem normal revela, em seu comportamento, que se orienta por um número relativamente elevado de padrões incongruentes. Assim, em nossa sociedade, um indivíduo qualquer recebe na escola explicações científicas sobre a cura de moléstias, por exemplo, e, informalmente, adquire outros conhecimentos incompatíveis com os primeiros. Entretanto, acredita em ambos, podendo usá-los alternada e até concomitantemente, em certas ocasiões. Mas, quando os padrões, relacionados a determinadas crenças, entram em choque, a possibilidade de harmonização e de conciliação desaparece. A desorganização da personalidade torna-se inevitável, como consequência direta do desequilíbrio cultural.

Ora, tanto entre os Bororo como entre os brancos das missões, deve haver muitos casos de gênero apontado anteriormente.[61] Os Bororo recebem ideias, práticas e conhecimentos dos "civilizados" e estes, por sua vez, adquirem muitos elementos da cultura daqueles, no decorrer de um processo aculturativo que dura já alguns anos. Entretanto, poder-se-ia falar em marginalidade, relativamente a esses casos? É óbvio que não, embora os contatos tenham provocado mudanças sensíveis, que puderam ser apreciadas nas referências de Tiago Marques e na constatação de A. Colbacchini e C. Albisetti, citadas anteriormente. Os problemas de ajustamento e o desenvolvimento da crise de Tiago tornam patente a inexistência de precedentes no grupo e que as modificações, por profundas que sejam, não afetaram ainda os valores centrais do sistema sociocultural bororo. Os elementos aceitos porventura dos missionários foram integrados na cultura bororo. Por isso, torna-se possível a conciliação de padrões novos e padrões tradicionais no comportamento dos Bororo das missões, evitando os riscos dos conflitos emocionais profundos. Ao contrário, pois, do que aconteceu com Tiago, em que esse processo de conciliação não foi possível, devido ao fato de ser ele portador de uma cultura diferente da cultura dos Bororo.

O segundo problema coloca-se exatamente aqui. Os conflitos entre Tiago Marques Aipobureu com os brancos, de um lado, e com os Bororo, de outro lado, devem ser encarados como uma consequência direta do fato de ser ele portador da cultura dos "civilizados". Em todas as tentativas de ajustamento,

---

61 Sobre os resultados de contatos de sociedades culturais diferentes e a formação de culturas híbridas, ver GOLDBERG, Milton M. A qualification of the marginal man theory, *American Sociological Review*, v. 6, n. 1, p. 53, 1941.

ele foi prejudicado por causa desse fato. Para os brancos, manifestava atitudes e praticava atos que não eram esperados, pois viam nele apenas um Bororo, igual aos outros das missões. Para os Bororo, a mesma coisa, mas no sentido inverso, e mais as suas insuficiências em face dos padrões da tribo, em vista dos quais foi avaliado e provisoriamente rejeitado. No fundo, pois, por ser um *Bororo civilizado*, não "serve" para ambos os grupos. Pela análise evidencia-se que a crise ainda está em desenvolvimento. Tiago não conseguiu uma saída conveniente, ajustando-se a um dos grupos e encontrando uma fórmula intermediária e suasória de solução de conflito. O último período de sua crise (até dezembro de 1939, data do discurso de Sangradouro) caracterizou-se por uma reaproximação com os brancos e por uma reconciliação com os "civilizados" e os valores de sua cultura. Mas muitos valores da cultura bororo foram incorporados à sua personalidade e em consequência modificaram profundamente sua mentalidade. As tendências do processo indicam que, nas atuais condições (precisa encontrar uma solução entre os Bororo de Sangradouro e Meruri e os brancos das Missões), é bastante provável o seu reajustamento no sistema sociocultural dos seus antepassados com a correlata conservação de certas emoções, ideais e conhecimentos de "civilizado", integrados em sua personalidade.

A economia Tupinambá – Ensaio de interpretação sociológica do sistema econômico de uma sociedade tribal

Florestan Fernandes, Revista do Arquivo Municipal, São Paulo, n. 122, p. 7-77, fev. 1949

Introdução

Os Tupinambá eram povos tupi que viviam no litoral brasileiro na época da conquista, ocupando territórios hoje pertencentes aos estados de São Paulo-Rio de Janeiro e da Bahia-Sergipe. Provavelmente em consequência dos efeitos negativos dos contatos com os brancos, emigraram, juntamente com outros povos vizinhos, para o norte ou para o interior do Brasil. Entre os povos Tupi que emigraram para o norte, alguns se designavam como Tupinambá. Por isso, nos mapas sobre a distribuição dos povos Tupi no Brasil quinhentista, o Maranhão, o Pará e a ilha de Tupinambarana aparecem como hábitats dos Tupinambá.[1]

Os contatos dos aborígenes com os brancos foram abundantemente descritos pelos missionários, colonos ou aventureiros, que aqui estiveram no século XVI ou XVII. Tais descrições, apesar da procedência leiga, possuem reconhecido valor etnológico[2] e permitem reconstruir, com relativa precisão,

---

[1] O leitor encontrará uma descrição mais minuciosa da distribuição dos Tupinambá nos séculos XVI e XVII nos seguintes trabalhos: MÉTRAUX, Alfred. *La Civilisation Matérielle des Tribus Tupi-Guarani*. Paris: Lib. Orientaliste Paul Geuthner, 1928, p. 8ss.; Idem. *Migrations Historiques des Tupi-Guarani*. Paris: Lib. Orientale et Américaine, 1927; o primeiro capítulo de *A organização social dos Tupinambá*, de minha autoria, é exclusivamente dedicado ao problema da distribuição espacial dos Tupinambá.

[2] O leitor encontrará uma descriminação bibliográfica das obras e dos autores a que me refiro em: BALDUS, Herbert. *Fontes primárias para o estudo dos índios do Brasil quinhentista*. São Paulo: Instituto de Administração São Paulo, 1948. Publicação n. 28; ANDRADE, Almir de. *Formação da Sociologia Brasileira*. Rio de Janeiro: José Olympio, 1941. v. I. Terceira Parte. "Com exceção das tribus Incasicas", escreve Métraux, "não existe, acredito, nenhuma nação sul-americana atualmente extinta, sobre a qual tenham sido deixados tantos documentos

A economia Tupinambá – Ensaio de interpretação sociológica do sistema econômico de uma sociedade tribal

a vida social dos Tupinambá. Em particular, devo salientar que nos fornecem informações preciosas, embora sob certos aspectos incompletas e lacunosas, a respeito do sistema econômico dos Tupinambá. Tentei aproveitar as informações consistentes de modo sistemático, procurando obter assim um conhecimento tão completo quanto possível da economia tupinambá, quando encarada do ponto de vista sociológico.[3]

Penso que não seria de todo descabido chamar a atenção para a orientação metodológica adotada na análise da economia tupinambá. Para o antropólogo e para o sociólogo, a economia é acima de tudo uma realidade humana. Por isso, quando empregam o termo *sistema econômico* fazem-no tendo em mente designar a integração das atividades econômicas à estrutura social. Todas as atividades econômicas, sem nenhuma exceção possível, são realizadas por seres humanos que vivem em sociedade e se processam em conformidade com padrões de comportamento socialmente aprovados. Todas as ações econômicas, sem nenhuma exceção possível, têm por objetivo a satisfação de necessidades humanas fundamentais, culturalmente definidas sob a forma de valores sociais. As ações e as atividades econômicas constituem, pois, modalidades de manifestação do comportamento humano. Assumem a forma de relações inter-humanas, processando-se em condições determinadas material e socialmente. Assim, caem dentro do sistema econômico todas as atividades, ações e relações sociais que colocam os indivíduos uns diante dos outros como *homines economici*.

Essa maneira de situar o problema favorece sensivelmente a delimitação e a compreensão dos "quadros" materiais e sociais da atuação econômica. "A econo-

---

como os Tupinambá. As descrições de que esses índios foram objeto não só são numerosas, mas ainda devidas a observadores notáveis" (*La Civilisation Matérielle des Tribus Tupi-Guarani*, op. cit., p. 3). O mesmo autor aprecia o espírito positivo e observador dos primeiros cronistas: "É raro encontrar, mesmo em nossa época, homens capazes de apanhar com tanta exatidão a vida de uma tribo primitiva como fizeram Staden e Léry; Soares de Souza tem um espírito científico admirável para sua época" (Ibidem). Segundo Lowie, "a religião dos aborígines brasileiros emerge mais claramente dos relatórios dos antigos viajantes portugueses, franceses e alemães, do que das obras de reputados etnógrafos, como Karl von den Steinen e Fritz Krause" (LOWIE, Robert H. *The History of Etnological Theory*. London: George G. Harrap & Co., 1937, p. 6.).

3 Este trabalho constitui a última parte do segundo capítulo da monografia de minha autoria – *A organização social dos Tupinambá* – que foi apresentada como tese de mestrado em Ciências Sociais e Políticas à Escola Livre de Sociologia e Política e que está sendo editada pelo Instituto Progresso Editorial. Aos editores agradeço a autorização para a publicação desta parte da monografia.

mia", escreve Thurnwald, "é determinada por dois fatores principais: primeiro pela interação das condições geográficas e sociais, como a relação entre a população e a extensão do país, a repartição d'este; depois pelo número e a localização dos diversos grupos dos quais a sociedade se compõe e pela influência que eles exercem uns sobre os outros".[4] Parece-me desnecessário dizer que uma formulação desta natureza recoloca de uma perspectiva inteiramente diversa o velho problema: é a economia que determina a sociedade, ou é a sociedade que determina a economia? A peculiaridade na colocação do problema consiste, é óbvio, em considerar a economia como parte da sociedade. São amplas as pistas abertas, deste modo, à análise sociológica. Elas abrangem: as formas socioculturais de adaptação ao e de controle do meio físico; a organização social das atividades econômicas grupais e intergrupais; as relações tangenciais dos grupos sociais com o sistema econômico; a interferência dos fatores econômicos na cristalização e no ordenamento de determinados tipos de relações sociais (entre indivíduos ou grupos).

Apesar das lacunas inerentes aos trabalhos desta natureza, de investigação histórica, a tentativa de aplicação desse esquema teórico ao estudo da economia tupinambá foi relativamente bem-sucedida. Foram analisados os principais aspectos do sistema econômico tupinambá e ficaram satisfatoriamente esclarecidas as articulações que o prendiam à organização tribal. Parece-me mesmo que, pela primeira vez, obtém-se um conhecimento sistemático da economia de um povo aborígene brasileiro.

Isso compensa largamente uma falha teórica do trabalho. O conhecimento do funcionamento de um sistema econômico geralmente leva à discussão do grau de integração do mesmo à sociedade de que ele constitui uma parte. A análise desse problema é relativamente fácil, pois o ponto de referência através do qual ela se processa é bastante objetivo: "fundamentalmente, a função de um sistema econômico é a preservação de alguma espécie de equilíbrio entre as necessidades materiais e as potencialidades do meio".[5] Contudo, os dados básicos disponíveis não permitiam uma análise sistemática do problema; à medida do possível, procurei esclarecê-lo analisando desse ponto de vista aspectos parciais da economia tupinambá.

---

4 THURNWALD, Richard. *L'Economie Primitive*. Trad. Charles Mourey. Paris: Payot, 1937, p. 25.
5 BUNZEL, Ruth. "The Economic Organization of Primitive Peoples". In: BOAS, Franz (Ed.). *General Antropology*. New York: D. C. Heath and Co., 1938, p. 326.

A economia Tupinambá – Ensaio de interpretação sociológica do sistema econômico de uma sociedade tribal

No presente trabalho, restringi-me exclusivamente ao estudo do sistema econômico tupinambá. Os motivos que determinaram essa limitação são evidentes; as implicações da orientação metodológica adotada, e acima descrita, conduzem logicamente à impugnação do emprego indiscriminado do método comparativo. Alguns especialistas pensam que a simples comparação de situações distintas leva a um conhecimento mais profundo da realidade. Trata-se de um engano que se tem revelado muito danoso, tanto para a sociologia quanto para a etnologia. A utilização do método comparativo só se justifica em número reduzido de casos.[6] Isto é, quando as articulações funcionais das categorias da realidade apenas se revelam sob a condição da *variatio experimenti*. Com referência ao estudo da sociedade Tupinambá, entretanto, é de toda a conveniência que o emprego do método comparativo seja feito *a posteriori*. Caso contrário, o conhecimento das condições de existência social dos povos Tupi contemporâneos poderia interferir na reconstrução do sistema sociocultural Tupinambá. Esta precisa nascer dos dados fornecidos pelas próprias fontes quinhentistas e seiscentistas. Este estudo, na sua forma atual, comportaria uma análise comparativa, cujo objetivo poderia ser de crítica das informações consignadas pelas fontes e de revisão dos princípios que orientaram sua exploração teórica neste trabalho. Essa tarefa, porém, compete essencialmente aos etnólogos.

A tentativa de descrever e de explicar os sistemas econômicos de povos primitivos segundo categorias conceituais elaboradas no estudo da economia das sociedades ocidentais merece, sem dúvida alguma, um reparo prévio. Herskovits, que provavelmente é um dos especialistas contemporâneos mais autorizados, defende esta orientação, sustentando que "os princípios econômicos estabelecidos pelos economistas para a nossa economia manifestaram-se em toda parte".[7] Evidentemente, esta é uma questão aberta à crítica científica. No presente estudo verifiquei o seguinte: sempre que possível, a aplicação daquelas categorias produz uma apreciável clarificação dos problemas. É evidente que os riscos prováveis de uma violentação dos dados repousam menos no

---

6 Cf. SIMIAND, François. *Le Salaire, l'Évolution Sociale et la Monnaie. Essai de Théorie Experimentale du Salaire*. Paris: Lib. Félix Alcan, 1932, p. 586-588. v. II.
7 HERSKOVITS, Melville J. *Man and His Works. The Science of Cultural Anthropology*. New York: Alfred A. Knopf, 1948, p. 266. Sobre o problema cf. especialmente a obra do mesmo autor: *The Economic Life of Primitive Peoples*. New York: Alfred A. Knopf, 1940.

aparato conceitual empregado do que no método de investigação. Por isso, embora reconhecendo que a separação das duas coisas tem limites precisos, procurei contornar as dificuldades dando o maior relevo possível à própria "linguagem dos fatos". Isto é, esforcei-me por compreender os fenômenos econômicos sobre os quais existe documentação em termos de sua integração ao sistema econômico tupinambá e da função deste no sistema organizatório tribal. Aliás, o emprego de conceitos gerais, elaborados pelo pensamento científico, não determina necessariamente o contrário.

O sistema econômico tupinambá

De acordo com as informações de Staden, é provável que os grupos locais Tupinambá circunvizinhos distanciavam-se, em média, de nove a treze quilômetros uns dos outros. Assim, em toda a área ocupada pelos Tupinambá, de São Sebastião até Cabo Frio[8] e, em alguns trechos da costa, até 132 quilômetros para o interior,[9] estariam disseminados dessa forma numerosos grupos locais. Acredito, pelas informações de Gabriel Soares de Souza e dos jesuítas, especialmente Anchieta e Cardim, ser semelhante a situação dos Tupinambá localizados entre a Ponta do Padrão e o rio São Francisco, nas duas margens e ao longo de seu curso. Do Maranhão para o norte as condições alteram-se um pouco. Pois, pelo menos na ilha do Maranhão, ocorre sensível diminuição na área territorial ocupada por cada grupo local. Na ilha, cada unidade vicinal podia dominar em média 45 quilômetros quadrados. A distância média entre os grupos locais devia ser menor. Abbeville, por exemplo, informa que o grupo local Juniparã-Pequeno distava meia légua do grupo local Juniparã-Grande,[10] ou seja, aproximadamente, três quilômetros e meio.

---

8 ANCHIETA, José de, S.J. *Cartas, informações, fragmentos históricos e sermões do padre Joseph de Anchieta, S.J. (1554-1594)*. Publicação da Academia Brasileira de Letras. Rio de Janeiro: Livraria Civilização Brasileira, 1933, p. 246-252.
9 STADEN, Hans. *Duas viagens ao Brasil*. Arrojadas aventuras no século XVI entre os antropófagos do Novo Mundo. São Paulo: Sociedade Hans Staden, 1942, p. 154.
10 ABBEVILLE, Claude D'. *História da missão dos padres capuchinhos na Ilha do Maranhão e terras circunvizinhas; em que se trata das singularidades admiráveis e dos costumes estranhos dos índios habitantes do país*. Trad. Sérgio Milliet; intr. e notas Rodolfo Garcia. São Paulo: Livraria Martins, 1945, p. 108.

A economia Tupinambá – Ensaio de interpretação sociológica do sistema econômico de uma sociedade tribal

Esses dados não são, na verdade, totalmente significativos do ponto de vista econômico. O fato de se ter uma ideia aproximada da porção de territórios dominados por um grupo local não é, em si mesmo, de grande importância científica. No caso, acresce que os principais esclarecimentos que poderiam aumentar o seu valor científico, infelizmente, não são consignados. As fontes, com raras exceções, frisam a fertilidade da terra e a abundância de frutos naturais, de caças e de peixe. Algumas acentuam a ocorrência de certa desproporção entre as necessidades dos grupos locais e os recursos naturais de que dispunham. A superabundância de alimentos seria uma coisa bem definida e característica da vida dos Tupinambá. Outras fontes, provavelmente mais experimentadas, mostram o contrário: existência de escassez de alimentos, senão constante, pelo menos periodicamente. Em conjunto, não se pode extrair de nenhuma delas inferências positivas sobre as relações entre as áreas territoriais e o grau de disponibilidade de recursos naturais.

Doutro lado, as informações específicas sobre os espécimes vegetais e animais são mais valiosas do ponto de vista das ciências naturais do que do ponto de vista etnológico. Indubitavelmente, as zonas geográficas por que se distribuíam os Tupinambá, de norte a sul e do litoral para o interior, envolvem sérias diferenças. É sabido que elas dizem respeito tanto à temperatura e às variações climáticas como à qualidade de espécimes vegetais, às possibilidades de culturas agrícolas, à abundância e variedade de caças e pescados e à própria adaptação humana. Tais diferenças podem ser apreciadas em qualquer manual de geografia do Brasil. Nenhuma das zonas povoadas pelos Tupinambá poderia constituir, porém, um hábitat inadequado ou hostil. Todas elas apresentam as condições necessárias ao cultivo dos principais alimentos vegetais da dieta Tupinambá. E todas elas dispunham de extensas áreas férteis, dotadas de bosques extensos e de zonas piscosas. Os reflexos da diferenciação geográfica sobre os recursos naturais não implicavam problemas graves. Não chegaram a neutralizar a eficiência do equipamento adaptativo tribal ou a pôr em perigo a subsistência e sobrevivência dos Tupinambá. De acordo com a congruência dos dados disponíveis, provenientes de fontes diferentes, não determinaram sequer modificações regionais no sistema tecnológico. Este é fundamentalmente o mesmo de norte a sul; só sofreu alterações profundas após os contatos com os brancos. A existência de espécimes animais diferentes ou a abundância variável de outros podia afetar certas técnicas tribais. É o que aconteceu, por exemplo, com o aprovisionamento de tartarugas. Mas são casos esporádicos e de pouca importância analítica, não afetando o sistema tecnológico dos grupos locais.

Em vista disso, pode-se considerar a economia Tupinambá como uma unidade uniforme. Embora fosse uma economia estreitamente aderida ao meio físico e dele dependente, as variações regionais do meio natural circundante não provocaram mudanças cultural e socialmente significativas.[11] Exatamente por isso os dados expostos acima sobre a porção territorial controlada pelos grupos locais tornaram-se úteis, apesar de suas lacunas. Eles mostram que cada grupo local dispunha de uma área territorial mais ou menos determinada e outras infomações evidenciam a exclusividade desta área territorial.[12] Os componentes do grupo local deviam extrair, nela, os meios de subsistência de que precisavam. Deste ponto de vista, cada grupo local constituía uma unidade econômica independente e autossuficiente. Dispunha de recursos naturais limitados e contava com um raio de ação mais ou menos definido.

Uma economia deste tipo, capaz de satisfazer as necessidades dos membros de um grupo social sem nenhuma troca, pode ser designada como economia natural.[13] Do ponto de vista da ação econômica, porém, orientada no sentido de satisfazer as necessidades restritas do grupo local, pode ser designada como uma economia de subsistência.[14] Quando não estavam em guerra, escreve Abbeville, passavam boa parte do tempo em ócio; suas atividades econômicas limitavam-se à satisfação das necessidades imediatas.[15] Tais ativida-

---

11 Esta conclusão não é meramente especulativa. Ela é evidenciada objetivamente pela congruência dos dados disponíveis, fornecidos por fontes tão diferentes e relativas a regiões geograficamente distintas. Usando outro método, Métraux afirma a unidade cultural dos Tupi e tenta atuar mudanças culturais devidas a contatos intertribais prováveis. Ver *La Civilisation Materiélle des Tribus Tupi-Guarani*, p. 45 e passim (especialmente p. 305).
12 Cf. THEVET, André. *Singularidades da França Antarctica, a que outros chamam de América*. São Paulo: Companhia Editora Nacional, 1944, p. 320.
13 WEBER, Max. *Historia Económica General*. Trad. M. Sanches Sarto. México: Fondo de Cultura Económica, 1942, p. 11; Idem. *Economia y Sociedad*. Trad. José Medina Echavarria. México: Fondo de Cultura Económica, 1944, p. 98ss. 4v, v. I.
14 Cf. Idem, *Historia Económica General*, op. cit., p. 12.
15 ABBEVILLE, Claude D'. História da missão dos padres capuchinhos na Ilha do Maranhão e terras circunvizinhas; em que se trata das singularidades admiráveis e dos costumes estranhos dos índios habitantes do país. Trad. Sérgio Milliet; intr. e notas de Rodolfo Garcia. São Paulo: Livraria Martins, 1945, p. 236.

des, observa o capuchinho francês, na caça e na pesca, eram realizadas "mais para alimentar-se e distrair-se do que para juntar riquezas".[16]

A economia tupinambá era uma economia mista. Os meios de subsistência eram obtidos pela coleta ou através de trabalho agrícola organizado. A caça e a pesca desempenhavam um papel importante nessa economia, fornecendo os alimentos que deviam ser combinados às farinhas de raízes. Métraux afirma que "os Tupinambá eram um povo essencialmente agrícola, isto é, eles retiravam da terra a maior parte de sua subsistência".[17] Parece-me, entretanto, ser isso pouco provável. Os conhecimentos agrícolas dos Tupinambá limitavam-se à horticultura, e, como reconhece o próprio Métraux, a arboricultura estava pouco desenvolvida entre eles.[18] O aproveitamento extensivo de plantas nativas, em sua dieta, que poderia confirmar aquela explanação, cai também na esfera das atividades coletoras. Em síntese, não é possível determinar a importância relativa de cada uma dessas fontes de suprimento de recursos econômicos na economia tupinambá. Provavelmente, as três principais fontes de dieta Tupinambá se compensavam mutuamente, de acordo com as mudanças de estação e as variações do calendário agrícola. A avaliar pelas descrições dos períodos de crise de alimentos, deve-se admitir que dificilmente os Tupinambá poderiam sobreviver sem contar com estas três fontes principais, em que se desdobravam suas atividades agrícolas e coletoras.

Seria incorreto, contudo, restringir a economia tupinambá aos elementos relativos à subsistência. Uma série de objetos, naturais ou produzidos pelo homem, também eram dotados de valor econômico. De acordo com um relato de Léry, a consistência deste, em termos de associações emocionais, não era muito grande. Trinta tripulantes de uma canoa naufragaram, perdendo todo o

---

16 Ibidem.
17 MÉTRAUX, Alfred. *La Religion des Tupinambá et ses rapports avec celle des autres tribus Tupi--Guarani*. Paris: Lib. Ernest Lerou, 1928, p. 170.
18 Idem, *La Civilisation Matérielle des Tribus Tupi-Guarani*, op. cit., p. 66. Sobre as atividades econômicas dos Tupi, ver também PINTO, Estevão. *Os indígenas do Nordeste*. São Paulo: Companhia Editora Nacional, 1935 e 1938, p. 32-67. 2 v., v. II. Um texto de Thevet trata explicitamente da importância relativa da horticultura na economia tupinambá: "as suas plantações são de pouca monta, ou seja, algumas hortas afastadas das habitações ou aldeias, cerca de duas ou três léguas, nas quais semeiam quase que somente grãos de milho, ou nas quais plantam algumas raízes" (THEVET, op. cit., p. 342). Informações semelhantes são fornecidas em uma carta de VILLEGAGNON (In: LÉRY, Jean de. *Viagem à Terra do Brasil*. São Paulo: Livraria Martins, 1941, p. 32.).

equipamento: redes, víveres e outros objetos. Não se importam com isso, porém, dizendo a Léry que possuíam em terra outras coisas iguais.[19] Ainda assim, um certo número de objetos, de difícil obtenção ou considerados de estimação pessoal, eram altamente reputados. Entram nesta esfera os papagaios e os cães adestrados, e uma grande variedade de penas de pássaros raros e de pedras de certa qualidade, com que fabricavam tembetás. As penas e as pedras preciosas davam origem a permutas intra e intertribais. Quando as penas eram abundantes na região, como as do tucano no Rio de Janeiro, cediam-nas facilmente aos brancos.[20] Mas por um papagaio adestrado chegavam a pedir coisas que os brancos jamais lhes dariam: Léry cita o caso de uma velha que queria um "canhão grande", em troca de seu papagaio.[21] Por isso, escreve Staden, "seu tesouro são penas de pássaros. Quem as tem muitas, é rico, e quem tem cristais para os lábios e faces, é dos mais ricos".[22]

É óbvio que o presente trabalho não é dedicado ao estudo da economia tupinambá. Nesta somente interessa do ponto da vista da organização social a relação existente entre os recursos naturais, seu aproveitamento social e a ordenação das relações humanas daí resultante. As atividades que caem dentro destas esferas, em outras palavras, não são atividades irracionais, livres de toda a espécie de controle. Mas, ao contrário, submetem-se a regras precisas e estáveis. As relações do homem com a natureza e as relações dos homens entre si, afetadas por esta circunstância, constituem parte da *estrutura racionalizada* da sociedade.[23] Por isso, limitei esta parte do presente ensaio ao estudo de três problemas fundamentais. Em primeiro lugar, as conexões gerais do sistema econômico dos grupos locais com o conjunto de conhecimentos sobre os fenômenos naturais e de ordem tecnológica, enquanto vinculados a regulamenta-

---

19 LÉRY, op. cit., p. 149.
20 Ibidem, p. 139.
21 Ibidem, p. 137-138; ver também THEVET, op. cit., p. 293 e CARDIM, Fernão. *Tratados da terra e gente do Brasil*. 2. ed. São Paulo: Companhia Editora Nacional, 1939, p. 44ss. Cardim explica do seguinte modo a determinação do valor dos Ararauna: "São de grande estima, por sua formosura, por serem raros, por não criarem senão muito dentro pelo sertão, e de suas penas fazem seus diademas, e esmaltes" (p. 45).
22 STADEN, op. cit., p. 172.
23 Emprego os conceitos "racionalização" e "estrutura racionalizada" no sentido proposto por MANNHEIM, Karl. *Ideologia y Utopia*. México: Fondo de Cultura Económica, 1941, p. 101. Esta "consiste em procedimentos estabelecidos e rotineiros, cujo objeto é tratar situações que se repetem com regularidade".

ções específicas do comportamento. Em segundo lugar, as conexões gerais do sistema econômico dos grupos locais com as formas coletivas de aplicação das energias humanas, grupos locais com as formas coletivas de apropriação dos recursos naturais. A análise sistemática de cada problema, nas páginas seguintes, naturalmente, é proporcional às informações válidas de que disponho.

As informações relativas aos conhecimentos dos Tupinambá sobre o mundo natural circundante permitem inferir que eles desenvolveram respostas eficientes diante de muitos fenômenos naturais. Esses conhecimentos eram bastante extensos, indo da especificação dos fenômenos meteorológicos e de vários espécimes animais e vegetais e sua utilização até as tentativas de controle mágico da natureza.[24] Do ponto de vista aqui adotado, interessa principalmente saber qual era a ligação entre tais conhecimentos e a contagem tribal do tempo. Através destes dados, pode-se obter algumas indicações precisas sobre a ordenação das atividades sociais.

O sistema de contagem numérica dos Tupinambá era muito rudimentar. Todas as fontes são unânimes quanto a isso, frisando que só sabiam contar diretamente até cinco.[25] Além disso, precisavam concretizar a contagem, usando para isso os dedos, pedras e outros objetos.[26] Quando precisavam referir-se a um número maior, contavam pelos dedos das mãos e dos pés, e, se necessário, pelos de outras pessoas presentes.[27] Combinando estes conhecimentos com outros, porém, obtinham um sistema de referência suficientemente plástico e complexo, com o qual localizavam os acontecimentos e atividades sociais no tempo. Abbeville fornece indicações preciosas a este respeito, em grande parte confirmadas por outras fontes.

O que me levou a analisar este aspecto do problema em termos da economia é o fato de associarem, a tais conhecimentos, finalidades práticas. Assim, toda a importante cosmografia tupi[28] refere os fenômenos cosmológicos, conhecidos

---

24 A. Métraux estudou alguns processos mágicos usados pelos Tupinambá com essa finalidade. Ver *La Religion des Tupinambá et ses rapports avec celle des autres tribus Tupi-Guarani*, op. cit., p. 170ss.
25 THEVET, op. cit., p. 239; STADEN, op. cit., p. 185; LÉRY, op. cit., p. 251.
26 THEVET, op. cit., p. 314.
27 STADEN, op. cit., loc. cit.; LÉRY, op. cit., loc. cit.; ÉVREUX, Yves D'. *Viagem ao Norte do Brasil, feita nos anos de 1613 e 1614*. Leipzig; Paris: Librairie A. Franck, 1864, p. 121.
28 Ver a descriminação de ABBEVILLE, op. cit., p. 246-250. "Poucos entre eles desconhecem a maioria dos astros e estrelas de seu hemisfério" (p. 246); ver também ÉVREUX, op. cit., p. 121.

empiricamente através de sua regularidade, a variações de estação e da cultura agrícola, aos ventos, à chegada das chuvas etc. As estrelas *Urubu, Suanrã, Iapuicã* e as constelações *Simbiare-rajeiboare e Seichujurá*, por exemplo, indicavam a vinda das chuvas.[29] Abbeville confirma que, em meados de janeiro, quando esta última se tornava visível, chovia de fato.[30] Em conjunto, escreve Ives d'Évreux, os Tupinambá "calculavam pouco mais ou menos a vinda" das chuvas e as outras estações dos anos.[31] Quanto à navegação, à pesca e à agricultura, ainda tiravam proveito dos seus conhecimentos sobre os movimentos da Lua e do Sol. Eles desconheciam as fases da Lua e só conseguiam acompanhar a rota do Sol até os dois Trópicos.[32] Mas, "em virtude de longa prática", conheciam: a época do nascente, do minguante, do plenilúnio e da lua nova, ligando às duas últimas épocas as duas "marés cheias";[33] o fluxo e o refluxo da maré, ligados ao eclipse da Lua, ao qual chamavam *jacei-puiton*.[34] O Sol, quando vinha do Polo Ártico, levava-lhes ventos e brisas; quando vinha no sentido contrário, levava-lhes ventos e chuvas.[35]

A época das chuvas era aguardada com grande ansiedade, não só por causa das atividades agrícolas. Anchieta afirma que na ocasião das enchentes e inundações ocorria a piracema [desova de peixe].[36] Isso duas vezes por ano: quase sempre em setembro e dezembro, sendo recebidas "com avidez, como alívio da passada carestia".[37] As secas eram causadoras de grandes privações nos grupos locais. Podiam durar bastante tempo; Pigafetta refere-se a uma, que afetou os Tupinambá do Rio de Janeiro durante dois meses.[38] Por isso, a chegada das chuvas constitui um ponto de referência bastante importante.

A principal unidade de tempo dos Tupinambá são as lunações.[39] Por meio da lunação conseguiam uma unidade de tempo correspondente ao nosso mês.

---

29 ABBEVILLE, op. cit., p. 246-248.
30 Ibidem, p. 247.
31 ÉVREUX, op. cit., p. 121.
32 ABBEVILLE, op. cit., p. 250.
33 Ibidem, p. 249-250.
34 Ibidem.
35 Ibidem.
36 ANCHIETA, op. cit., p. 106-107; carta escrita de São Vicente, 1560. Hans Staden localiza a piracema nesta região em agosto (p. 77).
37 Ibidem, p. 106-107.
38 PIGAFETTA, Antonio. *Primer Viaje en Torno del Globo*. Buenos Aires: Espasa-Calpe, 1941, p. 62.
39 THEVET, op. cit., p. 314; LÉRY, op. cit., p. 99 e 187; ABBEVILLE, op. cit., p. 251.

A economia Tupinambá – Ensaio de interpretação sociológica do sistema econômico de uma sociedade tribal

Thevet informa que as perguntas sobre a idade, os acontecimentos tribais, eram respondidas por seu intermédio: "há tantas luas que nasci", "há tantas luas houve este dilúvio" etc.[40] A eficiência do sistema total de demarcação de tempo tupinambá pode ser apreciada em comparação com o nosso. Abbeville, que fez tais comparações, chegou a conclusões interessantes: 1) o movimento do Sol de um Trópico ao outro, e vice-versa, dava-lhes uma noção de tempo correspondente ao ano europeu; 2) a delimitação das épocas das chuvas e de ventos, ou do tempo dos cajus, dava-lhes uma noção de tempo correspondente ao mês europeu; 3) os movimentos da estrela *seichu*, que aparecia antes das chuvas para desaparecer em seguida, davam-lhes um conhecimento empírico do interstício, ou seja, do tempo decorrido de um ano a outro; 4) pela correlação entre as fases da Lua e os movimentos das águas, obtinham uma nova noção de tempo.[41]

Entre os dados disponíveis, escolhi o sacrifício ritual e a guerra para mostrar como o conhecimento da regularidade dos fenômenos naturais era utilizado com fins sociais. O prisioneiro podia ser conservado com vida durante algum tempo. Neste caso, precisavam determinar a data em que devia ser executado: quatro ou cinco luas, *verbi gratia*. Colocavam em seu pescoço um colar constituído com um número correspondente de certos "frutos redondos". Outras vezes, o número de luas era computado por meio de pequenos colares, também colocados no pescoço do prisioneiro. Cada lua que passava tiravam uma conta do colar ou um pequeno colar do seu pescoço. Quando chegavam à última unidade, o prisioneiro devia ser executado e todos os preparativos fundamentais para as festas e cerimônias se achavam prontos.[42] A guerra contra os inimigos sempre era marcada com antecedência regular, por causa dos preparativos. O conselho de chefes determinava em que condições deviam atacar o inimigo e em que época. Neste caso, podiam se referir a certo número de luas. Mas usavam com frequência outro processo. Como era conhecida a época da colheita de certos produtos agrícolas ou a época da desova dos peixes, escolhiam uma delas como ponto de referência.[43] Para esse fim, escolhiam o

---

40 THEVET, op. cit., p. 314.
41 ABBEVILLE, op. cit., p. 260-251.
42 THEVET, op. cit., p. 239.
43 STADEN, op. cit., p. 77 e p. 177; ÉVREUX, op. cit., p. 180-181; THEVET, op. cit., p. 341-342; SOUZA, Gabriel Soares de. *Tratado descriptivo do Brasil em 1587*. 3. ed. São Paulo: Companhia Editora Nacional, 1938, p. 389; ABBEVILLE, op. cit., p. 250.

milho, por exemplo, ou então o caju. Na época do amadurecimento do milho ("abati", cf. Staden) ou no "tempo do caju" realizavam o ataque.

O texto de Évreux mostra, mais claramente que o de Staden, que a escolha da época do ataque não se relacionava apenas com a luta pela posse de recursos naturais. O exercício de uma atividade comum em geral reunia um número considerável de indivíduos em pequenas áreas (pesca, colheita etc.). Isso do ponto de vista estratégico era altamente vantajoso; assim, a expedição dos Tupinambá contra os Tupiniquim, descrita por Staden, tinha este objetivo: surpreender os inimigos em atividades. E foi o que aconteceu. É provável que o grupo vitorioso preservasse para si maior abastecimento. Isto, porém, não é esclarecido pelas fontes. No Maranhão, de acordo com as informações de Ives d'Évreux, os Tremembé usavam como "ratoeira" um lugar chamado *Areias Brancas*. Os Tupinambá organizavam expedições periódicas de coleta, indo a esse lugar para pescar, prover-se de ovos e filhotes de um pássaro vermelho, e colher âmbar-gris. Nessas ocasiões e com bastante frequência, os Tupinambá eram surpreendidos pelos Tremembé e muitos deles tornavam-se seus prisioneiros.

Os dois exemplos escolhidos ainda evidenciam outro tipo de conexão entre os fenômenos naturais e os fenômenos sociais. A escolha da época de colheita da mandioca, do milho ou do caju, como ponto de referência para a guerra, liga-se a outras preocupações. Os sacrifícios rituais não poderiam ser realizados sem cauinagens.[44] E estas, é óbvio, dependiam da existência da bebida, isto é, do *cauim*. Realizando o ataque em épocas de abundância das matérias-primas do cauim, os grupos locais asseguravam a realização próxima ou concomitante do sacrifício ritual dos prisioneiros.

De modo geral, tanto a realização como a duração das festas e cerimônias tribais estavam associadas a esses fatores. A reunião do conselho de chefes ou a resolução de qualquer "negócio sério", tanto quanto os sacrifícios rituais, só se efetuavam coma realização de *cauinagens*. Caso contrário, nunca seriam bem-sucedidas.[45] A variedade de tipos de raízes e de frutos, conforme observa argutamente Léry,[46] assegurava a produção contínua de cauim e a realização

---

44 ABBEVILLE, op. cit., p. 237.
45 Ibidem.
46 LÉRY, op. cit., p. 118.

A economia Tupinambá – Ensaio de interpretação sociológica do sistema econômico de uma sociedade tribal

de tais festas e cerimônias em muitas épocas do ano. A duração das próprias festas e cerimônias tribais variava de acordo com aqueles fatores. Em geral, prolongavam-se de um a três dias, de acordo com a quantidade de *cauim* fabricado. O fim da *cauinagem* correspondia, automaticamente, ao fim da festa ou cerimônia tribal.[47]

O segundo aspecto do problema fundamental aqui discutido (cf. acima, p. 9) diz respeito aos conhecimentos de ordem tecnológica[48] e sua conexão com as atividades sociais. A contribuição desta parte ao estudo da organização social, contudo, é mais indireta. O material disponível apenas permite aprofundar a investigação da estreita dependência do homem tupinambá em relação ao mundo natural circundante. Em outras palavras, a análise fornece uma ilustração concreta do funcionamento da solidariedade nos grupos locais e suas causas materiais.

A economia tupinambá, conforme foi visto acima, é uma economia de subsistência. As estruturas fundamentais de atividades econômicas, que a caracterizam como uma economia mista, são a caça, a pesca, a coleta de plantas e frutos nativos, de ovos e filhotes de pássaros, a horticultura e o aprovisionamento limitado de algumas pedras e cristais. O sistema tecnológico que suportava estas atividades, e através do qual os Tupinambá procuravam ajustar o meio externo às suas necessidades, era muito rudimentar. Em direção de todas essas atividades, o sistema de técnicas de produção apenas previa a extração dos recursos naturais. O equipamento cultural de caça e pesca, nesse conjunto, entretanto, era bastante complexo e diferenciado. Os Tupinambá conheciam e usavam uma grande variedade de flechas e de técnicas de pescar. Os dois principais instrumentos hortícolas de que dispunham eram a estaca de cavar e o machado de pedra. Combinados com a prática da queimada constituíam os recursos instrumentais dos Tupinambá na preparação e exploração do solo. Eis como Thevet descreve tais operações: "a lavoura é fruto apenas do suor e esforço puramente humano. O processo agrário dos selvagens é o seguinte:

---

47 Ibidem, p. 119; esta é uma informação unanimemente confirmada.
48 Neste trabalho adotei o conceito de técnica e de sistema tecnológico de LUNT, P. S.; WARNER, W. Lloyd; *The Social Life of a Modern Community*. New Haven: Yale University Press, 1941, p. 17. O leitor poderá encontrar uma descrição mais completa do sistema tecnológico tupinambá nos citados trabalhos de A. Métraux e de Estevão Pinto.

primeiro cortam sete ou oito jeiras de mato[49] ficando em pé apenas os troncos à altura de um homem; depois[50] ateiam fogo ao mato, deixando tudo raso; em seguida, vem o trabalho de esgaravatar o solo com estacas de pau (ou com instrumentos de ferro, quando deles tiveram conhecimento),[51] no qual as mulheres plantam o milho e as tais raízes, chamadas de *hetich* – batata-doce – fazendo um sulco na terra com os dedos,[52] como aqui se faz ao plantarem-se ervilhas ou favas".[53] A lista dos produtos cultivados é mais extensa do que sugere Thevet. Conforme Abbeville, no centro do terreno já preparado, plantavam mandioca, batatas, ervilhas, milho e várias espécies de raízes, legumes e ervas.[54]

A domesticação era pouco significativa, do ponto de vista econômico. Não abrangia animais utilizáveis nos trabalhos agrícolas e tinha pouco valor como suprimento de reservas alimentares. Em geral, as fontes mencionam como animais domésticos o macaco, o cachorro, o porco, o tatu, os papagaios, os patos e as galinhas (após os contatos com os brancos).[55] Desses animais, apenas os cachorros eram usados pelos caçadores, eventualmente.[56] Parece que os animais domésticos tornavam-se tabus alimentares.[57] Assim, não comiam, por

---

49 Cada jeira corresponde a 400 braças quadradas; seriam, pelos dados de Thevet, roças de treze a quinze mil metros quadrados; é preciso encarar com reservas estes dados (cf. adiante, p. 163, nota 330).
50 Após doze ou quinze dias, cf. ABBEVILLE, op. cit., p. 226.
51 Isso somente depois dos contatos e intercâmbio com os broncos.
52 Outras fontes indicam que os sulcos, nos quais colocavam sementes ou talos, eram feitos pelas estacas de cavar: LÉRY, op. cit., p. 114-115; ABBEVILLE, op. cit., p. 242; SOUZA, op. cit., p. 411; sobre o uso do machado de pedra, ver: HERIARTE, Mauricio de. "Descrição do estado do Maranhão, Pará, Corupi e Rio das Amazonas". In: VARNHAGEN, F. A. (Visconde de Porto Seguro). *História geral do Brasil, antes de sua separação e independência de Portugal*. 3. ed. integral. São Paulo: Melhoramentos, [s.d.], p. 211-237. Tomo III, p. 216; STADEN, op. cit., p. 161; SOUZA, op. cit., p. 411.
53 THEVET, op. cit., p. 341-342.
54 ABBEVILLE, op. cit., p. 226 e 241.
55 LÉRY, op. cit., p. 130 e p. 137-138; THEVET, op. cit., p. 293; CARDIM, op. cit., p. 35 e p. 44-45; SOUZA, op. cit., p. 376-379; ABBEVILLE, op. cit., p. 241.
56 ABBEVILLE, op. cit., p. 241; SOUZA, op. cit., p. 379.
57 Os tabus e as proibições alimentares não são também economicamente significativos. O papel de ambos na dieta Tupinambá era pouco importante, a julgar pelos relatos dos autores europeus. Assim, o uso do sal estava sujeito a certas prescrições (LÉRY, op. cit., p. 165; STADEN, op. cit., p. 163-164; THEVET, op. cit., p. 198). Além dos animais domésticos, abstinham-se de comer animais, pássaros e peixes considerados vagarosos, como o quati, o pato e a arraia (THEVET, op. cit., p. 186-187; LÉRY, op. cit., p. 134; etc.), e as aves de

exemplo, as galinhas brancas e os porcos domésticos, enquanto se alimentavam também de porcos do mato.[58] Desconheciam os galinheiros e das galinhas brancas queriam as penas, as quais tingiam e usavam com fins ornamentais.[59] Doutro lado, consideravam os ovos de galinha venenosos.[60] Criticam os franceses por comerem os ovos de galinha, pois, "por falta de experiência para deixá-los chocar, praticávamos a gulodice de comer uma galinha inteira num ovo".[61] Verdadeiramente importante era, no norte, o aprisionamento de tartarugas. Acuña informa que possuíam currais de tartarugas, de modo a poderem dispor, à vontade, de cem tartarugas para cima.[62] Em resumo, deve-se concluir que a domesticação não fornecia elementos excepcionais na exploração dos recursos materiais ou como fonte de alimentos.

Alguns desses exemplos mostram como eram rudimentares as técnicas de conservação de alimentos. As principais técnicas desenvolvidas neste sentido são a moqueação da carne de animais, pássaros e peixes, conservados na forma de farinha, e a transformação das raízes colhidas em farinha. Léry relata como procediam quando as caçadas ou pescarias eram bem-sucedidas; numa ocasião, em que os Tupinambá apanharam trinta animais, por exemplo, moquearam-nos a todos, reduzindo a carne à farinha.[63] Estas duas técnicas eram bastante vantajosas para o grupo. De acordo com Staden, isso tornava os alimentos facilmente transportáveis e muito mais duráveis; certa farinha de mandioca chegava a durar até um ano, sem se estragar. Do ponto de vista do consumo, simplificava a combinação com as farinhas de raízes, produzindo fa-

---

rapina ou animais cuja alimentação era considerada impure (THEVET, op. cit., p. 299). Ao contrário, os animais, pássaros e peixes considerados rápidos, ferozes ou fortes eram desejados e comidos. Esta alimentação lhes comunicaria tais qualidades. O matintapereira, como enviado dos antepassados e um sinal suspeitoso, constituía tabu alimentar (THEVET, op. cit., p. 261-295). Em conexão com outras atividades sociais deviam observar certas abstenções. Quando despojavam a casca das árvores, com cuja madeira fariam a canoa, por exemplo, os homens deviam guardar completa abstinência (THEVET, op. cit., p. 235).

58 Cf. LÉRY, op. cit., p. 133; SOUZA, op. cit., p. 376.
59 LÉRY, op. cit., p. 103-134.
60 Ibidem, p. 133-134.
61 Ibidem.
62 ACUÑA, Cristóbal de; CARVAJAL, Gaspar de; ROJAS, Alonso de. *Descobrimento do Rio das Amazonas*. Traduzidos e anotados por C. de Mello Leitão. São Paulo: Companhia Editora Nacional, 1941, p. 181-182.
63 LÉRY, op. cit., p. 124-125; STADEN, op. cit., p. 159; etc.

cilmente pratos apreciados na dieta tupinambá.⁶⁴ Quanto às frutas. Thevet informa que mantinham estoques regulares de bananas, conservadas em cachos nas malocas.⁶⁵ Alimentavam-se com elas durante muito tempo, sendo particularmente importante na dieta das crianças.⁶⁶ Para a conservação de outros valores econômicos, dispunham de técnicas especiais. Assim, para preservar de certas borboletas os seus ornamentos de penas, encerravam-nos em canudos, fechados hermeticamente com cera de abelha.⁶⁷

Em conjunto, porém, essas técnicas não traduzem aquisição de grande autonomia dos grupos locais em face do meio externo. O princípio fundamental da economia tupinambá consistia na produção do estritamente necessário ao consumo imediato. A acumulação de utilidades como técnica de racionalização dos meios de produção e de coleta era completamente desconhecida. Um velho Tupinambá, em um interessante diálogo travado com Léry, revela as suas atitudes a este respeito. "Uma vez um velho perguntou-me: por que vindes vós outros, *mairs* e *perôs* (franceses e portugueses), buscar lenha de tão longe para vos aquecer? Não tendes madeira em vossa terra? Respondi que tínhamos muita, mas não daquela qualidade, e que não a queimávamos, como ele supunha, mas dela extraíamos tinta para tingir, tal qual o faziam eles com os seus cordões de algodão e suas plumas".

"Retrucou o velho imediatamente: e por ventura precisais de muito? – Sim, respondi-lhe, pois no nosso país existem negociantes que possuem mais panos, facas, tesouras, espelhos e outras mercadorias do que podeis imaginar e um só deles compra todo o pau-brasil com que muitos navios voltam carregados. – Ah! retrucou o selvagem, tu me contas maravilhas, acrescentando depois de bem compreender o que eu lhe dissera: Mas esse homem tão rico de que me falas não morre? – Sim, disse eu, morre como os outros.

"Mas os selvagens são grandes discursadores e costumam ir em qualquer assunto até o fim, por isso perguntou-me de novo: e quando morre para quem fica o que deixa? – Para seus filhos se os tem, respondi, na falta deste para os irmãos ou parentes mais próximos. – Na verdade continuou o velho, que, como vereis, não era nenhum tolo, agora vejo que vós *mairs* sois grandes loucos,

---

64 STADEN, op. cit., p. 159 e 163.
65 THEVET, op. cit., p. 202-203.
66 Ibidem.
67 LÉRY, op. cit., p. 142.

pois atravessais o mar e sofreis grandes incômodos, como dizeis quando aqui chegais, e trabalhais tanto para amontoar riquezas para vossos filhos ou para aqueles que vos sobrevivem! Não será a terra que vos nutriu suficiente para alimentá-los também? Temos pais, mães e filhos a quem amamos; mas estamos certos de que depois da nossa morte a terra que nos nutriu também os nutrirá, por isso descansamos sem maiores cuidados."[68]

Esse princípio, segundo o qual a terra sempre fornece tudo para todos, explica a causa de escassez de alimentos em certos períodos.[69] As variações meteorológicas e as mudanças de estação só podiam ser enfrentadas com o aproveitamento extensivo e intensivo das oportunidades econômicas criadas por suas próprias condições. Quando as oportunidades econômicas diminuíam ou anulavam-se, a fome tornava-se inevitável. Em função das privações e dos sofrimentos criados por estas circunstâncias, a utopia dos Tupinambá continha elementos especiais. Assim, por exemplo, esperavam da intervenção mágica dos pajés-açu: a neutralização das condições normais do ambiente natural circundante, com incremento sobrenatural da fertilidade da terra, de abundância das chuvas, de caça; ou a revelação do lugar em que se situava o "paraíso terrestre".[70]

Essas condições afetavam diretamente as relações recíprocas dos membros dos grupos locais e as relações intra e intertribais. A dependência direta do meio ambiente traduz-se socialmente em maior interdependência humana. São muito numerosos e variados os exemplos fornecidos sobre a repercussão destes fatores na intensificação dos laços sociais que uniam reciprocamente os componentes dos grupos locais. Seja-me permitido tomar apenas um (nesta

---

68 LÉRY, op. cit., p. 124-125; STADEN, op. cit., p. 150; etc.
69 Cf., por exemplo, ANCHIETA, op. cit., p. 106-107, e STADEN, op. cit., p. 136.
70 O abundante material existente a respeito nas fontes compulsadas já foi elaborado teoricamente por A. Métraux. Ver especialmente *La Religion des Tupinambá et ses rapports avec celle des autres tribus Tupi-Guarani*, op. cit., p. 170-179, e o que escreve sobre o mito da "terra sem Males" na mesma obra (p. 200-224) e em *Migrations Historiques des Tupi--Guarani*. Paris: Lib. Orientale et Américaine, 1927, art. cit., p. 35-36. O pajé-açu, nessas des Tupinambá. p. 217: cf. também com "Les Hommmes-Dieux chez les Chiriguano et dans l'Amérique du Sud", p. 62-64). Os poderes atribuídos ao pajé-açu podem ser encarados em termos da crença na reencarnação do herói mítico naquele. Ver SCHADEN, Egon. Ensaio etnossociológico sobre a mitologia heroica de algumas tribos indígenas do Brasil. *Revista de Sociologia*, São Paulo, v. 7, n. 4, p. 39, [s.n.], 1945. A este respeito, escreve Egon Schaden: "o pajé é um pequeno herói, como o herói é um grande pajé" (loc. cit.).

parte do trabalho), que considero representativo. Trata-se de uma cena descrita por Ives d'Évreux:[71] "um dia na aldeia de Januaram só tinham farinha para comer. Apareceu um rapaz trazendo uma perdiz morta há pouco; sua mãe depenou-a ao fogo, cozinhou-a, deitou-a num pilão, reduziu-a a pó, e juntando-lhes folhas de mandioca, cujo gosto é semelhante ao da chicória selvagem, fez ferver tudo, e depois de bem picado ou cortado em pedaços, desta mistura fez pequenos bolos, do tamanho de uma bala, e mandou distribuí-los pela aldeia um para cada choupana". A veracidade da descrição é revelada por outras fontes que mencionam casos do mesmo teor. O próprio Évreux viu um grupo de doze ou treze Tupinambá assar, repartir e comer o produto de sua pescaria: um caranguejo![72]

Do mesmo modo aqueles fatores podiam provocar contatos entre membros de grupos locais distintos da mesma tribo. O exemplo mais interessante, neste sentido, refere-se à hospitalidade. O hóspede, em geral, era bem recebido.[73] Até o estranho era inicialmente tratado de acordo com as regras do cerimonial de recepção do hóspede.[74] Durante três dias o hóspede recebia o que havia de melhor na maloca de seu *mussucá*.[75] Somente após este período de tempo recebia o tratamento do "uso comum e trivial". Aquilo de que o hóspede precisasse, alimentos, pássaros e penas, artefatos, como arcos e flechas etc., sem se obrigar a nenhuma espécie de compensação imediata.[76] O que nos interessa aqui, porém, é a instituição de um comportamento recíproco intratribal. Quando um Tupinambá sentia-se demasiado enfraquecido e magro, realizava uma peregrinação pelos grupos locais circunvizinhos. O objetivo expresso e conhecido desta peregrinação consistia no restauramento de suas forças. Os índios da ilha do Maranhão percorriam os grupos locais nela existentes e depois visitavam os Tapuitapera e Cumã. O peregrino era submetido a tratamento especial, sendo-lhe destinado tudo o que havia de bom nos grupos locais visitados. Évreux informa que os franceses hospedados nestes lugares passavam

---

71 ÉVREUX, op. cit., p. 125.
72 Ibidem.
73 THEVET, op. cit., p. 190-268-269; ABBEVILLE, op. cit., p. 78 e 227; LÉRY, op. cit., p. 214; CARDIM, op. cit., p. 151; SOUZA, op. cit., p. 384-385; ÉVREUX, op. cit., p. 126 e 153.
74 SOUZA, op. cit., p. 384-385.
75 ÉVREUX, op. cit., p. 153.
76 CARDIM, op. cit., p. 151; ABBEVILLE, op. cit., p. 228.

muito mal em tais ocasiões.⁷⁷ Os grupos locais compensavam-se combinando os seus recursos no restabelecimento da saúde dos esgotados e conservando-os em ócio.

Quanto às relações intertribais, é fácil compreender as consequências de um sistema econômico semelhante ao dos Tupinambá sobre o intercâmbio com outros grupos tribais. As técnicas tribais de acumulação de utilidades não previam o suprimento de reservas destinadas à troca, mas ao consumo interno. Dentro do mesmo grupo tribal, a troca não tinha razão de existir. Quando um Tupinambá desejava alguma coisa que pertencia a um vizinho, dizia-lhe francamente. "É preciso que o objeto seja muito estimado para não ser dado logo."⁷⁸ O beneficiado devia retribuir mais tarde o presente recebido.⁷⁹ Contudo, é óbvio que os Tupinambá, como qualquer outro povo, não dispunham de todos os recursos de que necessitavam. Assim, muitas vezes não encontravam em seus territórios, em quantidade suficiente, certos tipos de penas ou de cristais. Nestes casos, o "comércio" constituía a técnica tribal de aprovisionamento daquelas utilidades. Os Tupinambá do Rio de Janeiro mantinham relações desta espécie com os Maracajá, os Carajá e os Guaitacaz.⁸⁰ No norte, obtinham cristais verdes de tribos do interior⁸¹ e negociavam frequentemente com uma tribo Tapuia do Gurupi.⁸² Na ilha de Tupinambarana, os Tupinambá obtinham sal das tribos vizinhas, por meio do qual traficavam com os brancos.⁸³ Tais relações econômicas assumiam a forma de *trocas ocasionais*.⁸⁴ Embora algumas fontes seiscentistas, como Acuña e Évreux, procurem insinuar a existência de permutas contínuas, tenho a impressão de que as trocas intertribais assumiam a forma indicada. Um exemplo mostrará até que ponto era inconsistente o sistema intertribal de regulamentações do comportamento recíproco nessas situações. Os Tupinambá atraíam, por esses meios, índios de outras tribos. Quando aqueles se distraíam no exame das utilidades propostas

---

77 ÉVREUX, op. cit., p. 153.
78 Ibidem, p. 125.
79 Ibidem, p. 126.
80 LÉRY, op. cit., p. 171.
81 ÉVREUX, op. cit., p. 95.
82 Ibidem, p. 184.
83 ACUÑA; CARVAJAL; ROJAS, op. cit., p. 264.
84 Com este conceito Weber designa os intercâmbios ocorridos eventualmente entre grupos sociais distintos, cf. *Historia Económica General*, op. cit., p. 9.

à troca, eram surpreendidos e aprisionados.[85] Uma descrição de Léry esclarece suficientemente a natureza destas trocas, acentuando o seu caráter ocasional e a qualidade dos compromissos assumidos pelas duas partes. O Tupinambá, sem confiar no Guaitacaz, "mostra-lhe de longe o que tem a mostrar-lhe, foice, faca, pente, espelho ou qualquer outra bugiganga e pergunta-lhe por sinais se quer efetuar a troca. Em concordando, o convidado exibe, por sua vez, plumas, pedras verdes que colocam nos lábios, ou outros produtos de seu território. Combinam então o lugar da troca, a 300 ou 400 pés[86] de distância; aí o ofertante deposita o objeto da permuta em cima de uma pedra ou pedaço de pau e afasta-se. O Guaitacaz vai buscar o objeto e deixa no mesmo lugar a coisa que mostrara, arredando-se igualmente a fim de que o Macacajá ou quem quer que seja venha procurá-la. Enquanto isso se passa são mantidos os compromissos assumidos. Feita porém a troca, rompe-se a trégua e apenas ultrapassados os limites do lugar fixado para a permuta, procura cada qual alcançar o outro a fim de arrebatar-lhe a mercadoria".[87]

Isso significa, em outras palavras, que o centro de gravidade do sistema econômico tupinambá repousava quase literalmente na autoprodução. A troca ocasional determinava contatos especiais com indivíduos pertencentes a outras tribos e previa a existência de um certo número de expectativas de comportamento recíproco. Mas, dentro da tecnologia tupinambá, o seu papel era pouco significativo. Não constituía principalmente uma fonte de reservas e de recursos capaz de aumentar a autonomia ou o poder do homem em face do meio natural circundante.

Em síntese, a explanação precedente permite duas conclusões. Em primeiro lugar, o tipo de ajustamento do meio externo às necessidades humanas, assegurado pelo sistema tecnológico tupinambá, colocava-os na estreita dependência do meio natural circundante. Em segundo lugar, este fato traduzia-se socialmente na intensificação dos laços de solidariedade intragrupal e tribal. A primeira conclusão, parece-me, já está suficientemente demonstrada neste ponto do trabalho. A discussão da segunda, entretanto, ainda pode ser aprofundada pela análise dos movimentos migratórios e da guerra.

---

85 ÉVREUX, op. cit., p. 79.
86 O que corresponde a 99 e a 132 metros.
87 LÉRY, op. cit., p. 71-72.

As migrações estão diretamente relacionadas às atividades extrativas dos recursos naturais. O meio natural circundante, através da aplicação do sistema tecnológico descrito, deve ser visto como um meio socialmente domesticado. Em toda a parte, a adaptação do homem é ativa, implicando um conjunto de transformações do meio externo, sem as quais a sobrevivência e a subsistência dos indivíduos seriam comprometidas.[88] A adaptação dos Tupinambá e as atividades dela resultantes, entretanto, assumem aspectos peculiares. A localização relativa da área povoada dentro da totalidade de territórios dominados por um grupo local constituía um problema estratégico na luta entre o homem e a natureza. Por meio dela, o grupo local assegurava-se especificamente: a) provimento fácil e contínuo de água potável; b) ventilação abundante, que varria a maloca e arejava seu ambiente interno, carregado de fumaça; c) abundância de certas qualidades de lenha para combustão, coisa muito importante;[89] d) proximidade de zona aquática piscosa (costa do mar ou rios); e) proximidade de terras férteis e cultiváveis; f) bosques circundantes providos de bastante caça.[90] Tudo isso, em última análise, indica uma coisa: a preocupação pelo aproveitamento máximo das próprias condições regulares, empiricamente visíveis, da natureza. Esse é o aspecto fundamental do problema. Um conjunto restrito de fatores era colocado no campo de observação direta e racional: os comprovadamente constantes nas situações enfrentadas usualmente. As aplicações deste conhecimento, todavia, não visavam estender o controle do homem aos fenômenos naturais cuja regularidade era imperceptível empiricamente ou cujas vantagens eram imprevisíveis. Assim, por exemplo, saíam completamente fora da esfera de ação dos Tupinambá as atividades compensatórias relacionadas com a regeneração do meio externo. O homem não intervinha no restabelecimento do equilíbrio biótico por ele destruído. A exaustão de um nicho era compensada pela busca de outro.

Esse tipo de exploração dos recursos naturais, que não prevê nenhuma espécie de restituição, é geralmente definido pelo termo "ocupação

---

88 BRUNHES, Jean. *La Geographie Humaine*. Édition Abrégée da sra. Jean Brunhes Delamare e Pierre Deffontaines. Paris: Presses Universitaires de France, 1942, p. 2ss. e p. 301ss.
89 Escrevia Cardim: "o fogo é sua roupa, e eles são muito coitados sem fogo". Por isso, "costumam ter fogo de dia e de noite, verão e inverno" (op. cit., p. 272).
90 Ver, particularmente, STADEN, op. cit., p. 155-156; SOUZA, op. cit., p. 365-366; LÉRY, op. cit., p. 206; SALVADOR, Vicente do. *História do Brasil*. Nova edição revista por Capistrano de Abreu. São Paulo: Weiszflog Irmãos, 1918, p. 56; ABBEVILLE, op. cit., p. 222.

destrutiva".[91] No caso dos Tupinambá, é óbvio, ela apenas nos interessa à medida que se liga a fenômenos migratórios. O esgotamento relativo dos recursos naturais, em virtude da ocupação destrutiva, constituía um dos principais fatores do nomadismo tupinambá. A superabundância de terras e de recursos naturais[92] tornava-o uma solução satisfatória das sucessivas rupturas do equilíbrio biótico. Os fenômenos ecológicos de dispersão, contudo, assumiam entre os Tupinambá duas formas distintas. Em primeiro lugar, deve-se considerar as migrações e a fixação em novas áreas situadas dentro da mesma porção de territórios sujeitos ao domínio do grupo local ou do grupo tribal. Em segundo lugar, deve-se considerar a invasão de territórios pertencentes a outras tribos. Nestes casos, à invasão podiam se suceder fenômenos de sucessão, com o deslocamento parcial ou total dos primitivos grupos de população.

Os dois tipos de movimentos migratórios encontravam forte apoio no equipamento cultural adaptativo e no sistema de sanções morais. Quanto ao primeiro deve ser considerado particularmente significativo o fato de terem um conhecimento profundo e extenso do meio externo, de conhecerem técnicas eficazes de orientação e de disporem de técnicas adequadas de deslocamento no espaço. Todas as fontes são unânimes em ressaltar os seus conhecimentos sobre a terra em geral. O mais importante aqui, todavia, é a utilização destes conhecimentos, combinados com outras técnicas do equipamento adaptativo. Nesse sentido são muito úteis as informações de Gabriel Soares. Este autor assevera que a principal técnica de orientação dos Tupinambá tomava o Sol como ponto de referência. Por meio do Sol eram capazes de encontrar a direção certa até em desertos desconhecidos.[93] Gabriel Soares dá uma ilustração muito interessante. Dois índios Tupinambá da Bahia foram degredados para o Rio de Janeiro pelos brancos. Ambos conseguiram voltar, cada um por sua vez, para os seus grupos locais baianos.[94] Como era importante reconhecer a exis-

---

91 BRUNHES, op. cit., p. 190; sobre as conexões da ocupação destrutiva com as migrações, ver p. 191-204. O conceito "ocupação destrutiva" parece-me mais apropriado para designar esses fenômenos do que o conceito de "devastação", empregado por muitos antropólogos. Ver especialmente MYRES, John L. Devastation. *The Journal of The Royal Anthropological Institute of Great Britain and Ireland*, v. LXXIII, parts I and II, p. 17-23, 1943.
92 Cf. GANDAVO, Pero de Magalhães. *História da Província de Santa Cruz*. Lisboa: Tip. Antonio Gonçalves, 1576, p. 143.
93 SOUZA, op. cit., p. 388.
94 Ibidem.

tência de povoadores humanos nas regiões percorridas, os Tupinambá também desenvolveram técnicas especiais com esta finalidade. Para isso, deitavam-se no chão e cheiravam o ar.[95] Assim podiam orientar suas jornadas, evitando, surpreendendo, visitando os grupos locais descobertos.[96] Todas estas técnicas se baseiam no refinamento de certos sentidos (auditivo, visão e olfato) e sua eficácia repousa na utilização deles, culturalmente orientada.[97]

Realizavam caminhadas julgadas verdadeiramente fantásticas pelos brancos. Évreux afirmava enfaticamente que não existia no mundo gente mais inclinada a viagens e exemplificava: percorriam facilmente 400 ou 500 léguas para atacar os seus inimigos.[98] Quando as expedições assumiam caráter guerreiro, o exército chegava a reunir doze mil homens com suas mulheres.[99] Nesse caso, compreende-se que a organização informal da expedição devia ser particularmente eficiente. Realizavam as marchas em fila por um, "porque não sabem andar de outra maneira".[100] Na frente iam os batedores, moços ligeiros e adestrados como espias.[101] Quando penetravam em territórios inimigos tomavam severos cuidados. Andavam somente de uma e meia a duas léguas diariamente, isto é, o percurso que podiam realizar até as nove horas da manhã.[102] A certa distância dos inimigos construíam um acampamento, que devia ficar perto da água doce e que era disposto de forma a deixar um caminho entre dois corredores de cabanas.[103] Só faziam fogo dentro das cabanas e quando se encontravam a três ou quatro léguas dos inimigos, deixavam de fazê-lo.[104] A expedição era organizada de tal modo, em relação ao tempo, que a véspera do ataque coincidia com a lua cheia.[105] Assim, percorriam a última etapa durante a noite, podendo surpreender o inimigo pela madrugada.

---

95 Ibidem, p. 389.
96 Ibidem.
97 Ibidem.
98 ÉVREUX, op. cit., p. 79.
99 THEVET, André. *La Cosmographie Universelle D'André Thevet Cosmographe du Roy*. Illustrée de Diverses Figures de choses plus remarquables veues par l'Auteur, & incogneues de nos Anciens & Modernes. Paris: Pierre l'Huillier, 1575, p. 941. 4 tomos, 2 v.; LÉRY, op. cit., p. 171.
100 SOUZA, op. cit., p. 390.
101 Ibidem.
102 Ibidem.
103 Ibidem, p. 391; ver também STADEN, op. cit., p. 126 e 129.
104 SOUZA, op. cit., p. 391.
105 Ibidem.

As técnicas de navegação eram igualmente eficientes. Os Tupinambá, dentro dos limites impostos por seu equipamento material, foram grandes navegantes. Métraux considera-os como os mais hábeis da América do Sul.[106] De fato, conheciam bem a arte da navegação e dispunham de excelente equipamento material. Usavam canoas e jangadas. Estas eram usadas somente na pesca, transportando apenas um homem. Aquelas eram verdadeiramente importantes, comportando grande número de tripulantes.[107] Segundo Staden, mediam quatro pés de largura e quarenta pés de comprimento.[108] Os dados disponíveis sobre o número de tripulantes não são uniformes, variando de 20 a 50 pessoas, com mantimentos, armas e outros objetos. Staden informa que na viagem à Bertioga iam dezoito guerreiros em cada canoa.[109] Anchieta por sua vez escreve que iam vinte pessoas na barca em que voltou a Bertioga.[110] Todavia, ambos sugerem que a canoa tinha capacidade maior, comportando de vinte e cinco a trinta e até mais de trinta pessoas.[111] Mas Pigafetta aumenta o total extremo para quarenta, enquanto Thevet, Léry e Pero Lopes de Sousa oscilam entre quarenta e cinquenta.[112] Métraux considera, talvez com razão, os últimos totais exagerados[113]. Entretanto, não podemos duvidar das informações indicadas e em primeiro lugar, de Staden e Anchieta, frutos de experiência pessoal e direta. Tão pouco temos dúvidas sobre os números de canoas agregados em frotas, fornecidos por Anchieta, Thevet e Léry.[114] Segundo estes autores, uma frota Tupinambá podia abranger de 60 a 200 canoas, aproximadamente. Na expedição guerreira descrita por Staden, a frota compunha-se de trinta e oito canoas, transportando mais ou menos 684 guerreiros.[115]

---

106 MÉTRAUX, La Civilisation Matérielle des Tribus Tupi-Guarani, op. cit., p. 207.
107 LÉRY, op. cit., p. 150.
108 Aproximadamente um metro e trinta e dois de largura, por treze metros e vinte de comprimento. Sobre a distinção entre ubás e igaras, ver PINTO, op. cit., p. 179-181. v. II.
109 STADEN, op. cit., p. 124.
110 ANCHIETA, op. cit., p. 232.
111 STADEN, op. cit., p. 176; ANCHIETA, op. cit., p. 203; Esses totais são confirmados por SOUZA (op. cit., p. 380) e por GANDAVO (op. cit., p. 125).
112 PIGAFETTA, op. cit., p. 59; THEVET, André. Singularidades da França Antarctica, a que outros chamam de América, op. cit., p. 235; LÉRY, op. cit., p. 172; SOUSA, Pero Lopes de. Diário da navegação de Pero Lopes de Sousa (de 1530 a 1532). Rio de Janeiro: Typographia Leuzinger, 1927. 2 v., p. 281; ver também ÉVREUX, op. cit., p. 80.
113 MÉTRAUX, La Civilisation Matérielle des Tribus Tupi-Guarani, op. cit., p. 209.
114 ANCHIETA, op. cit., p. 203; THEVET, Singularidades da França Antarctica, a que outros chamam de América, op. cit., loc. cit.; LÉRY, op. cit., p. 172.
115 STADEN, op. cit., p. 124.

Os dados acima expostos, parece-me, dão em conjunto uma ideia precisa dos conhecimentos dos Tupinambá sobre o meio e seu aproveitamento deles, em concomitância com técnicas de orientação e deslocamento no espaço. A eficiência de um complexo sistema guerreiro ofensivo e defensivo assegurava, quando necessário, o bom êxito das tentativas de migração. A principal fonte de êxito destas empresas, contudo, parece residir nas sanções morais que as sublinhavam. Nos movimentos demográficos realizados nos limites dos territórios controlados pelo grupo local ou pela tribo é evidente a inconsciência dos fatores reais das migrações. Em compensação, era muito viva a consciência de que deviam mudar-se periodicamente, perpetuando uma solução tradicional e eficiente. "Se lhes perguntamos porque mudavam tão frequentemente, respondem apenas que passam melhor trocando de ares e que se fizessem o contrário de seus avós morreriam depressa."[116] Na observação estrita do comportamento dos antepassados achavam, pois, a sanção moral e a explicação racional de seus atos. A ela ligavam um estado de eunomia bem definido, evidenciando a importância atribuída pelo grupo tribal à observância das soluções tradicionais.[117]

Os movimentos migratórios extensos, que envolviam a conquista de territórios pertencentes a outras tribos, implicam uma análise mais complicada. Parece-me que o êxito destas migrações dependia estreitamente de sua conexão com fatores religiosos. Contudo, o mecanismo de atuação destes fatores não é muito simples, pois eles próprios emergiam em condições especiais, cuja reconstrução não pode ser feita com o material disponível. As investigações sobre os movimentos migratórios dos Apapokuva-Guarani, realizadas por Curt Nimuendajú,[118] esclarecem alguns pontos obscuros. Conforme explica Nimuendajú, os Apapokuva acreditavam que podiam alcançar o paraíso de duas formas. Por meio da dança, aligeirando o corpo a ponto de poder subir ao Zênite através da porta do céu. Ou procurando a "terra sem

---

116 LÉRY, op. cit., p. 101; cf. também ABBEVILLE, op. cit., p. 222.
117 Emprego o termo eunomia no sentido conceitual definido por RADCLIFFE-BROWN, A. R. On The Concept of Function in Social Science. *American Anthropologist*, v. 37, n. 3, part 1, p. 394-402, 1935 (art. cit. p. 397-398).
118 NIMUENDAJÚ, Curt Unkel. *Leyenda de la Creación y Juicio Final del Mundo como Fundamento de la Religion de los Apapokuva-Guarani*. Trad. Juan Francisco Recalde. Carta-prefácio de Herbert Baldus. São Paulo: [s.n.], 1944. Cap VII. Mimeo.; ver também SCHADEN, op. cit., loc. cit.

males", que estaria situada no centro da superfície terrestre. Além do referido mito, desempenharam papel importante nas migrações dos Apapokuva outras crenças ligadas à cataclismologia e à intervenção dos pajés, "através de visões e sonhos, alguns pajés inspirados, fizeram a profecia da próxima destruição da terra e, reunindo prosélitos, marcharam, entre cantos e danças religiosas, em busca da *terra sem males*. Segundo essa tradição, esta devia ficar no centro da terra e segundo outras, ao nascente, mais além dos grandes mares. Só assim pensavam escapar à perdição".[119] À luz da contribuição de Nimuendajú, pode-se interpretar os dois movimentos migratórios descritos por Gandavo e Abbeville, como já o fez A. Métraux.[120]

Gandavo referia-se a um movimento migratório que, de acordo com informações colhidas em outras fontes, por Métraux, abrangia 12.000 indivíduos, chefiados pelo cacique Viarazu. Partindo em 1539 do litoral brasileiro, após uma série de acidentes, alguns membros da expedição atingiram o Peru. Gandavo, contudo, limita-se a uma referência superficial, acentuando entretanto o aspecto que aqui nos interessa: "como não tenham fazendas que os detenham em suas pátrias, e seu intento não seja outro senão buscar sempre terras novas, *a fim de lhes parecer que acharão nelas imortalidade e descanso perpétuo*, aconteceu levantarem-se uns poucos de suas terras, e meterem-se pelo sertão a dentro...".[121] O texto de Abbeville, sobre o movimento migratório por ele descrito,[122] é mais minucioso. Após o contato com os brancos, apareceu um espírito maligno àqueles índios, "encarnado num de seus antepassados e discorreu acerca de suas misérias e dos meios de se libertarem. Disse-lhes que fora como eles, mas que agora era puro espírito e que, se quisessem acreditar nele e segui-lo, iriam todos para o paraíso terrestre dos caraíbas e profetas".[123] A migração coletiva realizou-se, então, assumindo a forma de movimento mes-

---

119 NIMUENDAJÚ, op. cit, cap. I, p. 3.
120 MÉTRAUX, *Migrations Historiques des Tupi-Guarani*, op. cit., p. 12-15 e p. 21-22; Idem, *La Civilisation Matérielle des Tribus Tupi-Guarani*, op. cit., p. 291-293; Idem, *La Religion des Tupinambá et ses rapports avec celle des autres tribus Tupi-Guarani*, op. cit., p. 200ss.
121 GANDAVO, op. cit., p. 143; o grifo é meu.
122 Refere-se a índios considerados Potiguar por A. Métraux (cf. art. cit., p. 12); mas também poderiam ser Tupinambá da zona pernambucana do São Francisco (cf. ABBEVILLE, op. cit., p. 208-209 e p. 252-253).
123 ABBEVILLE, op. cit., p. 252.

siânico. Abrangia mais de 60.000 pessoas.[124] Todavia, o movimento fora concebido para sua danação. Na primeira travessia de rio que fizeram perderam muita gente. Outros morreram atacados pelos inimigos. Os sobreviventes foram conduzidos pelo espírito maligno para o deserto, "onde deviam continuamente dançar em homenagem a Jurupari".[125] O espírito mandava semear muita coisa; eles, porém, nada colhiam. Nem sequer sabiam em que lugar estavam. Mais tarde foram encontrados pelo sr. de la Ravardière, e este "os trouxe consigo para junto de seus companheiros da mesma nação".[126]

Os dois textos sugerem que os movimentos migratórios descritos estavam de fato ligados à crença no mito da "terra sem males". O segundo texto ainda evidencia outros elementos da tradição mítica: a crença na reencarnação do pajé, a dança como meio de aquisição de poderes mágicos e o papel do pajé, pois o espírito encarnado tornou-se um pajé e desempenhou as atividades deste, como líder carismático. Além disso, indica consciência clara das condições insatisfatórias de vida; o movimento messiânico emergiu destas condições, e contra elas, como um meio de redenção coletiva. Parece-me ser desnecessário insistir na função dos mitos tribais e do pajé nos movimentos migratórios que assumiam esta feição. Doutro lado, as condições de *deprivation*,[127] criadas pelos contatos com os brancos, apenas explicam o aparecimento de conflitos em torno de problemas vitais. Pelo menos o movimento descrito por Abbeville, com seu caráter mágico-religioso, constitui uma resposta autenticamente aborígene à situação.[128] Em última análise, ele não representa somente uma resposta ao branco; mas, primariamente, às próprias condições insuportáveis de vida. Deve-se, admitir, em vista disto, que aconteceria a mesma coisa em outras situações da vida trivial, sem intervenção do branco; por exemplo, quando o equilíbrio biótico se rompesse de modo muito desfavorável.

---

124 Ibidem.
125 Ibidem, p. 253.
126 Ibidem.
127 Cf. para o emprego do termo, NASH, Phileo. "The Place of Religious Revivalism in The Formations of the Intercultural Community on Klamath Reservation". In: EGGAN, Fred (Ed.). *Social Anthropology of North American Tribes*. Chicago: The University of Chicago Press, 1937, p. 441ss.
128 Ver também SCHADEN, op. cit., p. 39ss.

Penso que ainda se pode aprofundar esta análise, situando os fatores religiosos e as sanções morais correspondentes como fonte de uma forma específica de controle do comportamento. Recebendo um caráter religioso, o movimento comunicava aos indivíduos um estado de tensão emocional permanente e dava-lhes uma crença profunda nos poderes mágicos pessoais, adquiridos por meio de cerimônias mágico-religiosas. A aplicação das forças daí resultantes e a direção coletiva que esta aplicação devia receber dependiam em parte do líder carismático.[129] É fácil compreender que tais movimentos, do ponto de vista da ação coletiva e da consecução dos fins visados, adquiriam uma força especial. Transformavam-se em irresistíveis avalanches humanas capazes de destruir ou neutralizar os obstáculos mais sérios, colocados entre eles e os objetivos comuns, pela natureza ou por grupos tribais inimigos. Isso talvez explique a formidável força de expansão dos Tupinambá, ainda durante os princípios dos quinhentos, admirada com espanto até em nossos dias.

Em síntese, os movimentos migratórios dos Tupinambá podem ser descriminados em vista de suas finalidades e proporções.[130] Os dois tipos de movimentos migratórios são compreensíveis em termos de um sistema tecnológico, algo complexo e eficaz, e emergiam em consequência de perturbações ocorridas nas condições normais de vida. A consciência das causas imediatas das migrações não é a mesma nos dois casos. Mas, em ambos, um conjunto de sanções e de controles sociais atuava especificamente sobre o comportamento dos indivíduos, garantindo unanimidade de atitudes e coesão interna. O alvo porventura mais essencial dos dois tipos de movimentos migratórios, de modo diverso em cada um, é óbvio, residia na consecução das condições que tendiam a garantir o estado de euforia socialmente desejado. Após a apreciação desses aspectos, envolvidos pela discussão geral do problema, penso que posso considerar separadamente outras informações consignadas sobre tais movimentos migratórios.

É claro que o esgotamento do solo ou dos recursos naturais constituía uma das causas das migrações periódicas, dentro da porção de territórios sujeitos ao domínio tribal. Pela insistência de algumas fontes era, provavelmente,

---

129 Ver especialmente MÉTRAUX, *La Religion des Tupinambá et ses rapports avec celle des autres tribus Tupi-Guarani*, op. cit., p. 200; NIMUENDAJÚ, op. cit., p. 3ss. e p. 55ss.
130 Na presente análise, por falta de dados, não foram estudados os movimentos migratórios dos Tupinambá, provocados pela expansão de outras tribos.

a causa mais importante. Assim, escrevia Staden: "se uma região se exaure, transferem seu lugar de moradia para outra".[131] Esta explanação abrange todos os recursos naturais de uma região. Outros autores, entretanto, referem-se especificamente ao esgotamento do solo. Évreux, por exemplo, faz uma descrição dramática dos efeitos das técnicas agrícolas tupinambá e de seu sistema de exploração extensiva do solo. Referindo-se às terras ocupadas pelos Tupinambá, escreve "que a cultivaram a seu modo, ou para melhor dizer a esterilizaram, visto que depois de três anos faltam-lhe forças para produzir coisa alguma, além do mato agreste, sendo necessário descansar muitos anos".[132] Combinando-se este texto com outro de Abbeville, fica-se sabendo que os Tupinambá controlavam as variações de fertilidade do solo através do rendimento da produção agrícola. Por isso, provavelmente dentro do período de tempo mencionado acima, viam-se na contingência de procurar novo nicho. "Por outro lado, alegam que a mandioca e a batata com que se alimentam e comprazem, em terras novas, produzem mais".[133] Aliás, a necessidade de terras virgens tornava-se, em vista disto, o critério seletivo do novo nicho. Em outras palavras, parece provável que a seleção das terras tinha primazia sobre os demais elementos de segurança, que deviam ser cobertos pela área povoada era grupo local, em relação aos territórios por ele (cf. acima, p. 20-21). É o que se pode inferir das informações bastante objetivas de frei Vicente do Salvador. Assim, "terra fértil" consistia na "que eles dizem ser e que não foi ainda cultivada".[134] Pois, explica, "tem por menos trabalho cortar árvores que mondar ervas".[135] Mas, ao lado desses motivos, é possível situar outros, de caráter ocasional ou concomitantes.

O envelhecimento das palmas de pindoba, entre os segundos, neutralizava a eficiência das malocas. Deixava então passar abundantemente as águas da chuva. Nada menos que quatro fontes distintas[136] informam que as malocas

---

131 STADEN, op. cit., p. 155.
132 ÉVREUX, op. cit., p. 71-72; ver também SAINT-ADOLPHE, J. C. R. Milliet de. *Diccionário Geográfico, Histórico e Descritivo do Império do Brasil*. Paris: J. P. Aillaud, 1845, p. 732-733. 2 v., vol. II.
133 ABBEVILLE, op. cit., p. 222.
134 SALVADOR, op. cit., p. 56.
135 Ibidem.
136 GRÃ, Luiz da. *Novas cartas jesuíticas*. Organização de Serafim Leite. São Paulo: Companhia Editora Nacional, 1940, p. 182; SOUZA, op. cit., p. 366; CARDIM, op. cit., p. 271; SALVADOR, op. cit., p. 56.

duravam em média de três a quatro anos. A mudança de uma região para outra correspondia ao tempo compreendido entre a construção das malocas e a sua inutilização. De qualquer forma, isto não exclui a concomitância com outros fatores, relacionados à ocupação destrutiva do meio externo. Um fato relativamente comum, mas que provocava a reconstrução do grupo local, era o incêndio. Durante as cauinagens, um comparsa embriagado e irritado podia pôr fogo em todas as malocas do grupo local. Bastava, para isso, que o atenuasse ao próprio *rancho*. Logo depois, todas as malocas ficavam reduzidas a cinzas.[137] Nada podia ser feito em represália do ato, pois consideravam-no legítimo: o autor pusera fogo naquilo que lhe pertencia. Nestas situações, entretanto, eram tomadas medidas preventivas especiais. Se os ânimos se exaltavam, as mulheres escondiam as armas e apagavam os tições.[138] A guerra também podia provocar o incêndio das malocas e a reconstrução do grupo local noutro lugar. Isto acontecia quando os próprios componentes do grupo local incendiavam suas malocas[139] ou quando o fogo era causado pelos inimigos.[140] Aliás, as malocas deviam ser destruídas pelo fogo de qualquer modo. Ao abandonar um lugar, incendiavam primeiro suas malocas.[141]

Os dados relativos à periodicidade destas migrações não são absolutamente consistentes entre si. Se admitíssemos a frequência como critério seletivo, o período mais indicado seria o compreendido entre três e quatro anos. É o que se pode verificar na seguinte relação:

1) de cinco a seis meses (Léry, p. 209);

2) de ano a ano (Pe. Navarro, *Cartas Avulsas*, p. 50-51);

3) de três em três anos (Évreux, p. 71-72);

4) de três a quatro anos (Luiz da Grã, *Novas cartas*, p. 182; Gabriel Soares, p. 366; Cardim, p. 271; Salvador, p. 56);

5) de quatro a cinco anos (Nóbrega, *Novas cartas*, p. 105);

6) de cinco a seis anos (Abbeville, p. 222).

---

137 NAVARRO, A. *Cartas avulsas.* (1550-1568). Rio de Janeiro: Academia Brasileira de Letras, 1932, p. 51; Pe. GRÃ, Luiz da. *Novas cartas*, p. 165.
138 ANCHIETA, op. cit., p. 330.
139 THEVET, *Singularidades da França Antarctica, a que outros chamam de América*, op. cit., p. 228.
140 STADEN, op. cit., p. 74 e 104.
141 LÉRY, op. cit., p. 209; ABBEVILLE, op. cit., p. 222.

Os dois extremos estão compreendidos entre cinco e seis meses e cinco a seis anos. No caso é preciso notar que as fontes mais credenciadas pela longa permanência no país e pelo contato íntimo com os nativos oscilam de três a cinco anos. Provavelmente, a discrepância das duas primeiras fontes explica-se pela observação de mudanças ocorridas em função de fatores ocasionais.

Sobre a distância que devia haver entre o primitivo nicho e o novo são muito limitadas as informações existentes. Contudo, dão uma ideia da distância percorrida nessas migrações. Léry, por exemplo, informa que reconstruíam o grupo local a meio ou a uma légua do antigo lugar.[142] Ou seja, aproximadamente, a uma distância variável entre três e seis quilômetros. Abbeville confirma o primeiro total.[143] Não disponho de descrições completas sobre a realização das mudanças para o novo nicho. De uma referência de Grã, infere-se que nessas ocasiões podiam ocorrer divisões internas.[144] Provavelmente, em virtude do crescimento vegetativo da população, do aumento do poder de novos chefes ou por causa do grau de disponibilidade dos recursos naturais, surgiam novas malocas ou mesmo novos grupos locais.

Os movimentos migratórios de conquista deviam ter assumido amplas proporções. Não só antes da chegada dos brancos, como depois, e em virtude de sua presença. Quando os brancos chegaram, os movimentos de expansão dos Tupinambá estavam em pleno processo de desenvolvimento. Depois do contato com os brancos esses movimentos foram sustados. Staden refere-se à construção do forte da Bertioga, por exemplo, como um meio para impedir a progressão dos Tupinambá, em direção ao Sul.[145] Mas as próprias condições de contato provocaram, tanto na Bahia como no Rio de Janeiro, no Maranhão e no Pará, a emergência de "revivals" religiosos e de movimentos messiânicos.

Esses movimentos levaram à invasão de áreas territoriais ocupadas por outros grupos tribais. A documentação histórica não faz jus, entretanto, à riqueza das ocorrências e dos acontecimentos. Existem apenas dados esparsos, não suscetíveis de aproveitamento sistemático.

A melhor descrição de um dos movimentos migratórios de conquista, dos Tupinambá, é feita por Gabriel Soares, referindo-se aos que se fixa-

---

142 LÉRY, op. cit., p. 209.
143 ABBEVILLE, op. cit., p. 222.
144 GRÃ, Luiz da. *Novas cartas*, p. 182.
145 STADEN, op. cit., p. 74.

ram na Bahia. Segundo Soares e Vasconcellos, a fertilidade e a abundância das terras adjacentes ao rio São Francisco e do litoral baiano atraíram vários grupos tribais diferentes.[146] Estes disputavam entre si o domínio e a exclusividade sobre os mesmos. Os Tupi foram os primeiros senhores daquelas terras.[147] Posteriormente, atraídos pela "fama da fartura da terra e mar desta província",[148] os Tupina, provenientes do sertão, invadiram o litoral baiano e expulsaram os Tapuia da região costeira. Durante "muitos anos" conseguiram manter a integridade dos territórios conquistados, apesar das contínuas guerras em que se viam envolvidos com os Tapuia.[149] A "grossura e fertilidade desta terra" também atraiu os Tupinambá, que atravessaram o São Francisco, vindos do sertão.[150] Após alguns anos de lutas conseguiram conquistar os territórios dos Tupina: "destruindo-lhes suas aldeias e roças, matando os que lhe faziam rosto, sem perdoarem a ninguém, até que os lançaram fora da vizinhança do mar".[151] Os Tupina emigraram para o sertão, expulsando os Tapuia ainda mais para o interior. Durante muitos anos os Tupinambá conseguiram manter sob seu domínio aqueles territórios da Bahia, compreendidos entre a ponta do Padrão e o rio São Francisco. Os Tupina ficaram distribuídos no sertão por "uma corda de terra de mais de 200 léguas".[152]

Outro exemplo consiste na imigração dos Tupinambá para o Amazonas. Todas as fontes indicam que os Tupinambá que povoaram a ilha de Tupinambarana emigraram do *Brasil*, fugindo aos portugueses de Pernambuco, Maranhão e Pará. Os que chegaram ao Amazonas invadiram os territórios dos antigos povoadores. Os que se opuseram aos objetivos dos Tupinambá foram mortos:

---

146 SOUZA, op. cit., p. 37, p. 360-361; VASCONCELLOS, Simão de. *Notícias curiosas e necessárias sobre o Brasil*. Rio de Janeiro: Imprensa Nacional, 1824, p. 31; sobre esta parte do trabalho, ver MÉTRAUX, A. *Migrations Historiques des Tupi-Guarani*, op. cit., art. cit., p. 4-6.
147 SOUZA, op. cit., p. 360-361; JABOATÃO, Antonio de Santa Maria. *Novo orbe seráfico brasílico ou crônica dos Frades Menores da Província do Brasil*. Rio de Janeiro: Ed. do Instituto Histórico e Geográfico Brasileiro, 1858-1859, p. 9-10. 2 tomos. v. I; cf. também ANCHIETA, op. cit., p. 302.
148 SOUZA, op. cit., p. 360.
149 Ibidem, p. 361.
150 Ibidem.
151 Ibidem.
152 Ibidem, p. 407.

os demais, subjugados.[153] Graças a uma referência de Heriarte, fica-se sabendo que aquelas migrações assumiram a forma de movimento messiânico.[154]

Sobre as ocorrências posteriores à fixação nas novas áreas territoriais nada se sabe de positivo. Apenas Gabriel Soares e Claude d'Abbeville indicam o desenvolvimento de crises intestinas. Todavia, as causas apontadas pelos Tupinambá não se referem explicitamente à ocupação da terra. Na Bahia, teria sido o rapto de uma jovem;[155] no Maranhão, um conflito durante certa cauinagem muito importante, ocorrido entre um homem e uma mulher.[156] Nos dois casos processou-se redistribuição no espaço e segregação dos Tupinambá em dois grupos tribais antagônicos.

Como última etapa da análise do problema fundamental aqui investigado, cumpre-me apreciar agora a importância da guerra no sistema tecnológico Tupinambá e sua conexão com os padrões tribais de comportamento recíproco. Certas fontes dão uma visão exagerada da função social da guerra e dos valores guerreiros no sistema sociocultural Tupinambá. De fato, não se pode subestimar a importância do complexo guerreiro em um povo tão belicoso, em virtude das próprias condições de sua existência social, como os Tupinambá. Contudo, é preciso encarar tais aspectos da cultura tribal em conexão com o todo que ela mesma representa. Este ponto de vista torna possível a compreensão da guerra em termos de suas funções específicas no sistema sociocultural tupinambá. E permite, ao mesmo tempo, situar suas consequências sociais mais extremas.

Antes, porém, julgo-me no dever de explicar o motivo do que me parece uma limitação. Na tecnologia tupinambá, o sistema guerreiro constituía parte de um conjunto de técnicas destinadas à conservação ou ao aumento dos recursos naturais sujeitos a controle tribal. Em termos de defesa, elas visavam subtrair as fontes de subsistência de perturbações, oriundas da intervenção de outros homens ou de certos animais. A importância deste fato para os Tupinambá pode ser avaliada, por exemplo, através das cerimônias de renomação. O caçador que matava uma onça devia se submeter às regras e abstenções

---

153 ACUÑA; CARVAJAL; ROJAS, op. cit., p. 262; HERIARTE, op. cit., p. 224-225.
154 HERIARTE, op. cit., p. 225: "Dizem que, no ano de 1600, saíram seus antepassados do Brasil em três tropas, em busca do Paraíso Terreal (coisa de bárbaros), rompendo e conquistando terras e havendo caminhado um certo tempo chegaram àquele sítio, que acharam abundante...".
155 SOUZA, op. cit., p. 363.
156 ABBEVILLE, op. cit., p. 209.

observadas por um guerreiro, quando matava um inimigo. E recebia honras equivalentes.[157] Aliás, a própria descriminação de guerreiro e caçador corre por conta de nossas categorias de pensamento. Se um guerreiro tinha maior importância na hierarquia tribal, e se um Tupinambá se tornava primeiro um bom caçador, para depois ser um bom guerreiro, são coisas pouco significativas em si mesmas. "Para onde quer que vão, seja no mato ou na água, sempre levam consigo arco e flechas."[158] O pescador, o caçador e o guerreiro coexistiam na mesma pessoa. Como estrutura da personalidade, emergiam naturalmente das situações que um indivíduo devia enfrentar durante o curso de sua vida. Neste trabalho, entretanto, foi-me impossível apreciar os dois aspectos do sistema tecnológico tupinambá, considerado do ponto de vista da conservação ou ampliação das fontes de subsistência. Os dados disponíveis só apresentam suficiente consistência quanto às atividades relacionadas às tentativas de interferência humana (guerra). Todavia, lamento esta lacuna. Ela nos impede de verificar em que medida a interdependência dos Tupinambá, em face de perigos naturais comuns, deu origem a atividades socialmente regulamentadas. E, em segundo lugar, como estas repercutiam na intensificação dos laços de solidariedade intragrupal e, provavelmente, intratribal.

A questão capital, aqui, consiste portanto no significado econômico da guerra na cultura tupinambá. Por isso, não me interesso, no momento, pelo estudo extensivo do sistema de técnicas guerreiras nem por todos os problemas suscitados pela guerra, como fenômeno social no sistema sociocultural tupinambá.[159] Todavia, devo pelo menos mencionar a congruência da organização guerreira em relação ao ambiente natural circundante. Os Tupinambá primavam pelo aproveitamento mais refinado, sutil e engenhoso dos recursos naturais. O mais interessante, porém, é que esses recursos não eram apenas usados como meios de defesa. Transformavam-se em eficientes meios de ataque. Com o auxílio das árvores, por exemplo, obstruíam facilmente um canal, procurando encurralar o inimigo; ou faziam com os troncos mais grossos maças destinadas ao esmagamento dos inimigos. Todo acidente natural podia ter um valor tático, e era então aproveitado.

---

157 Veja-se, por exemplo, MÉTRAUX, *La Religion des Tupinambá et ses rapports avec celle des autres tribus Tupi-Guarani*, op. cit., p. 174-175.
158 STADEN, op. cit., p. 159.
159 Isso será objeto de um estudo especial, em elaboração.

A economia Tupinambá – Ensaio de interpretação sociológica do sistema econômico de uma sociedade tribal

Os dados acima expostos, em vários itens, dão uma ideia aproximada dos fatores subjacentes às guerras intertribais. Em conjunto, mostram como a exclusividade sobre uma porção de territórios era mantida e como novas áreas territoriais eram conquistadas, evidenciando os móveis materiais da guerra. Falta, entretanto, apreciar o papel representado pelas incursões guerreiras na conservação de territórios. Por meio destas, compreende-se, é que podia ser preservada aquela exclusividade e o padrão de dominância a ela associado.[160]

As incursões guerreiras ocorriam em geral entre as comunidades inimigas que competiam dentro de áreas territoriais contíguas. Elas eram mais frequentes entre grupos locais situados nas zonas lindeiras.[161] Referindo-se ao grupo local de Cunhambebe, Thevet explica por estes motivos o estado de tensão guerreira em que viviam: "as populações dessa região são mais belicosas do que quaisquer outras da América, uma vez que a vizinhança dos inimigos os constrange a um contínuo estado de guerra".[162] Gabriel Soares também dá informações a este respeito, tratando mesmo das longas expedições marítimas dos Caeté. Estes atravessavam o São Francisco e desciam até cinquenta léguas pela costa, indo aprisionar os Tupinambá em seus grupos locais.[163] Contudo, afirma que a iniciativa nos ataques, em geral, cabia aos Tupinambá.[164]

A amplitude das incursões, é óbvio, dependia estreitamente do grau de dispersão dos grupos locais nos territórios ocupados. Tratando dos Tupi da costa – Tupinambá inclusive – Anchieta informa que chegavam a realizar expedições de 300 milhas,[165] ou seja, aproximadamente, 660 quilômetros. Évreux refere-se

---

160 Emprego o termo dominância para designar o resultado da competição entre os grupos locais da mesma tribo ou de tribos diferentes, localizadas em áreas espaciais contíguas (Cf. DARWIN, Charles. *The Origin of Species by means of Natural Selection*. 6. ed. London: Watts and Co., 1945, p. 41ss.). Ou seja, neste caso, para designar a configuração geodemográfica produzida pela ocupação destrutiva do mesmo hábitat por diversos grupos tribais (Tupinambá, Tupina, Tapula etc.; Tupinambá, Tupiniquim, Maracajá, Carajá etc.; Tupinambá, Tabajara, Tapuia etc.). Com o termo padrão de dominância procuro exprimir esta configuração em função da parte desempenhada pelos Tupinambá no estabelecimento do equilíbrio biótico intercomunitário.
161 Cf. LÉRY, op. cit., p. 172-173.
162 THEVET, *Singularidades da França Antarctica, a que outros chamam de América*, op. cit., p. 318; ver também LÉRY, op. cit., p. 168 e 175.
163 SOUZA, op. cit., p. 34.
164 Ibidem, p. 393.
165 *Cartas*, p. 45.

a distâncias quatro e cinco vezes superiores a esta,[166] mas devemos nos lembrar o estado de extrema dispersão em que se encontravam os Tupinambá naquelas regiões. Em média, as distâncias eram muito menores. Assim, na expedição descrita por Staden, os Tupinambá percorreram 30 milhas,[167] aproximadamente 66 quilômetros. Léry informa que atacavam grupos locais a uma distância variável de 25 a 30 léguas.[168] Quanto aos Tupinambá da Bahia, Nóbrega escreve que se guerreavam grupos locais distantes 10, 15 e 20 léguas uns dos outros;[169] isto é, aproximadamente, a 60, 90 e 120 quilômetros de distância.

Os constantes ataques dos grupos locais inimigos aos dos vizinhos contribuíam fortemente para manter o equilíbrio biótico intercomunitário. Embora seu objetivo expresso não fosse este, tais eram os resultados das incursões guerreiras. Pelas descrições de Staden e Anchieta pode-se verificar como este sistema de relações bióticas intertribais tendia à preservação do *statu quo* ecológico. Cada grupo local assegurava-se, desta forma, a exclusividade sobre o conjunto de territórios sujeitos ao seu domínio. Por isso não procuravam, com estas incursões guerreiras, aumentar seus territórios e os recursos naturais correspondentes.[170] Os Tupinambá faziam incursões constantes nos territórios de seus vizinhos do sul[171] e do norte.[172] Assim, atacavam os Tupiniquim, em um lado; e os Maracaiguaçu, em outro (na capitania de Espírito Santo). Consumado o ataque, retornavam com presteza ao ponto de partida. Esta foi uma das principais razões do desenvolvimento de técnicas especiais de retirada[173] e de padrões de comportamento guerreiro nessas situações.[174] As guerras pelo domínio exclusivas de territórios e fontes de subsistência ocorriam nos movimentos de expansão, como os descritos acima, quando vários grupos locais

---

166 ÉVREUX, op. cit., p. 79.
167 STADEN, op. cit., p. 87 e 133.
168 LÉRY, op. cit., p. 172.
169 NÓBREGA, Manoel de. *Cartas do Brasil, 1549-1560*. Rio de Janeiro: Academia Brasileira de Letras, 1931, p. 90.
170 Cf. LÉRY, op. cit., p. 167; THEVET, p. 232; ABBEVILLE, op. cit., p. 229; NÓBREGA, op. cit., p. 90.
171 STADEN, op. cit., p. 74-78 e p. 124ss.; ANCHIETA, op. cit., p. 307; THEVET, *Singularidades da França Antarctica, a que outros chamam de América*, op. cit., p. 235.
172 ANCHIETA, op. cit., p. 178.
173 SOUZA, op. cit., p. 392ss.
174 Ibidem, p. 392; BRANDÃO, Ambrósio Fernandes. *Diálogos das grandezas do Brasil*. 2. ed. Rio de Janeiro: Dois Mundos Editora, 1943, p. 284.

solidários se deslocavam de um nicho para outro. Ou então surgiam como consequência da alteração de uma determinada ordem biótica. É o caso dos Tupina e dos Tapuia, na Bahia, já conhecido. A invasão dos Tupinambá destruiu os sistemas de acomodações recíprocas desenvolvidas por estes dois grupos tribais,[175] em face do meio externo. Por isso, os Tupina precisaram desalojar os Tapuia das antigas posições. Devia haver, contudo, uma relação entre a manutenção do padrão de dominância, através das incursões guerreiras, e a iniciativa nos novos movimentos de expansão. De acordo com as informações de Staden, deve-se admitir que os Tupinambá vinham do norte e tendiam a continuar suas migrações para o sul.[176] Coube aos brancos a tarefa de levantar barreiras àquela expansão.

Mas não era somente através da conservação de posições na biosfera que as incursões guerreiras intervinham no equilíbrio biótico intertribal ou intercomunitário. A guerra constituía, a julgar por certas fontes, o mais importante fator de mortalidade, antes da chegada dos portugueses. Abbeville informa especificamente que a taxa de natalidade era muito alta; as crianças eram muito numerosas, principalmente até a idade de oito anos. Por isso, concluía que se não fosse a guerra o país seria muito povoado.[177] Referindo-se aos efeitos gerais das guerras intertribais, escrevia Acuña: "a guerra é o desaguadeiro ordinário de tanta multidão, sem a qual já não caberiam naquela terra".[178] Todavia, não existem dados concretos, que permitam fiscalizar estas duas fontes. Apenas conheço um exemplo fornecido por Knivet, relativo a um grupo local Tapuia não especificado. Knivet esteve neste grupo local, situado na região do rio Paraíba, e constatou a predominância excessiva de mulheres. Elas lhe explicaram que seus maridos tinham organizado uma incursão guerreira contra os Tupinambá e foram mortos.[179] Em média, porém, a longevidade dos sobreviventes é admirável. Quase todos os cronistas conheceram macróbios de 100, 120, 140 e até 180 anos![180] A seleção dos guerreiros processava-se

---

175 SOUZA, op. cit., p. 361.
176 STADEN, op. cit., p. 73-76.
177 ABBEVILLE, op. cit., p. 224.
178 ACUÑA; CARVAJAL; ROJAS, op. cit., p. 199.
179 KNIVET, A. Narração da viagem que, nos anos de 1591 e seguintes, fez Antonio Knivet, da Inglaterra ao Mar do Sul, em companhia de Thomaz Cavendish. *Revista Trimestral do Instituto Histórico e Geográfico e Etnográfico do Brasil*, Rio de Janeiro, tomo XI, p. 229, 1878.
180 PIGAFETTA, op. cit., p. 59; LÉRY, op. cit., p. 99; VASCONCELLOS, op. cit., p. 86. ABBEVILLE, op. cit., p. 211-212.

entre os adultos, de 25 e 30 a 70 anos,[181] pertenciam às categorias *Aua* ou *Thuyaue*.[182] Um membro da terceira categoria de idade masculina, com menos de 25 anos – um *Kunumy-uaçu* – podia, entretanto, participar da expedição guerreira, na qualidade de remador.[183]

Tais incursões provocavam mudanças profundas no ritmo cotidiano da vida social, nos grupos locais Tupinambá. Elas eram realizadas em "períodos propícios", como escreve Thevet; isto é, conforme foi visto acima, quando os trabalhos agrícolas já estavam prontos ou em conexão com os movimentos de estação.[184] As atividades sociais concentravam-se, então, nos preparativos da guerra. Pode-se avaliar a intensidade destas atividades, atentando-se para o número de pessoas que constituíam o em geral, de 2.000 a 12.000 indivíduos.[185] Mas, às vezes, como observa Thevet,[186] podia abranger sete ou oito grupos locais, elevando enormemente o número de participantes. Além disso, podia durar muito tempo; Staden descreve uma que durou 11 dias;[187] porém, Thevet informa que essas incursões podiam durar até cinco ou seis meses.[188] Além disso, Évreux explica que os Tupinambá equipavam-se para a guerra tendo em vista as atribuições específicas do guerreiro, durante o seu desenvolvimento. Por isso, deviam alimentar bem o guerreiro e acumular um estoque suficiente de víveres; durante a expedição o guerreiro não devia subtrair-se às suas atividades específicas, dedicando-se à procura de alimentos.[189]

A intensificação das atividades produtivas seguia orientações diversas, de acordo com a divisão sexual do trabalho, conforme se tratasse dos homens ou das mulheres. Os homens deviam se dedicar especialmente à fabricação

---

181 ÉVREUX, op. cit., p. 131; ACUÑA; CARVAJAL; ROJAS, p. 37.
182 ÉVREUX, op. cit., p. 131 e p. 133.
183 Ibidem, p. 131.
184 THEVET, *Singularidades da França Antarctica, a que outros chamam de América*, op. cit., p. 341.
185 LÉRY, op. cit., p. 174; THEVET, *La Cosmographie Universelle D'André Thevet Cosmographe du Roy*, op. cit., p. 941; GANDAVO, op. cit., p. 125.
186 THEVET. *La Cosmographie Universelle D'André Thevet Cosmographe du Roy*, op. cit., p. 941.
187 STADEN, op. cit., p. 133.
188 THEVET, *Singularidades da França Antarctica, a que outros chamam de América*, op. cit., p. 228; Idem, *La Cosmographie Universelle D'André Thevet Cosmographe du Roy*, op. cit., p. 941; ver também SOUZA, op. cit., p. 390.
189 ÉVREUX, op. cit., p. 80.

de arcos, flechas e paveses.[190] Também construíam canoas ou consertavam as canoas usadas.[191] Preparavam cuidadosamente os ornamentos de penas, para a cabeça, tronco e membros, e para suas armas. Tais ornamentos tinham significado simbólico e eram indispensáveis.[192] As mulheres, por sua vez, tratavam dos víveres. Fabricavam especialmente grandes quantidades de farinha.[193] Outros aspectos do ritmo usual da vida social eram transtornados pelas cerimônias religiosas e pelas exortações dos velhos ou chefes.[194] Em cada grupo local, pois, a guerra envolvia a todos, tornando-se um empreendimento comum.

Falta discutir, ainda, o objetivo expresso da guerra. A exposição anterior já pôs em evidência que, no nível ecológico, a função da guerra consistia em preservar ou restabelecer o equilíbrio biótico. Isso através da conservação dos territórios e da regulamentação restritiva do crescimento demográfico, ou pela conquista de novas posições na biosfera. Foi visto também que a guerra entre comunidades que competiam em áreas espaciais contíguas não visava fontes suplementares de recursos naturais. Como complemento disto, é preciso analisar as informações relativas à apropriação dos bens pertencentes aos vencidos. Algumas fontes parecem dar, à primeira vista, a sugestão de que o saque poderia constituir o móvel constante das guerras. Assim, Gabriel Soares de Souza escreve que após a vitória, "cada um leva o que pode apanhar".[195] Informa ainda que o cacique não tinha "coisa certa" nos despojos.[196] Anchieta também diz que em seus ataques às povoações, eles *roubavam o que podiam*.[197] Contudo, a maioria das fontes exclui explicitamente tal objetivo da motivação real da guerra. Eventualmente, o prisioneiro era alienado de seus bens e de sua própria pessoa. O direito sobre ambas as coisas transferia-se para o senhor ou senhores, isto é, para aquele ou aqueles que tivessem praticado o toque simbólico nas espáduas do vencido.[198]

---

190 SOUZA, op. cit., p. 390; STADEN, op. cit., p. 177.
191 ÉVREUX, op. cit., p. 80.
192 Ibidem.
193 SOUZA, op. cit., loc. cit.; STADEN, op. cit., loc. cit.; ÉVREUX, op. cit., p. 79.
194 Ver, por exemplo, STADEN, op. cit., p. 124; LÉRY, op. cit., p. 168-169.
195 SOUZA, op. cit., p. 392.
196 Ibidem.
197 ANCHIETA, op. cit., p. 373; ver também THEVET, *Singularidades da França Antarctica, a que outros chamam de América*, op. cit., p. 236.
198 ÉVREUX, op. cit., p. 90-100.

Deve-se reconhecer que os proventos adquiridos desta forma não eram particularmente importantes. Nos casos de encontros ocasionais ou em que praticavam a atalaia, longe das moradias dos inimigos, eram-no ainda menos. Os objetos que poderiam obter nestas ocasiões caem dentro do gênero daqueles a que se referiam ao dizer a Léry que "em terra tinham outras coisas iguais".[199] Além disso, nenhum autor conhecido faz menção ou descreve expedições de pilhagem dos Tupinambá ou de outros grupos Tupi. As poucas informações disponíveis sobre apropriações de bens de outros grupos locais sublinham exatamente o caráter ocasional das mesmas. Os Tupi que atacaram os Tupinambá do Rio de Janeiro fizeram-no com o fito de assaltar suas plantações; mas foram premidos pela fome e pela necessidade de obterem mudas e sementes para suas hortas.[200] Évreux dá outro exemplo. Os Tapuia fizeram uma incursão guerreira nas terras dos Tupinambá do rio Mearim. Como tiveram receio de atacá-los, contentaram-se com o saque das plantações, levando consigo todo o milho e raízes dos Tupinambá.[201] Nos dois exemplos o saque surge em consequência de fatores eventuais. As privações inesperadas, durante a campanha, em um caso; incapacidade de consumar o objetivo primordial, em outro. Em resumo, pode-se concluir que a guerra, como fonte de suprimentos regulares de utilidades econômicas, revela-se pouco significativa. Isto permite apresentar sob nova forma a conclusão elaborada anteriormente. A guerra entre comunidades que competiam em áreas espaciais contíguas não visava fontes suplementares permanentes de recursos naturais ou elaborados pelo homem.

Qual era, pois, o objetivo manifesto da guerra? Em geral, os textos utilizados consideram a *vendetta* como causa da guerra; e o aprisionamento de inimigos para o sacrifício ritual e a antropofagia cerimonial a sua finalidade.[202] Ao apreciarem o problema são unânimes em indicar que eram estes, pelo menos, os motivos apresentados pelos Tupinambá. Resumindo suas investigações a este respeito, escreve

---

199 LÉRY, op. cit., p. 149.
200 ANCHIETA, op. cit., p. 247 e 253.
201 ÉVREUX, op. cit., p. 312.
202 STADEN, op. cit., p. 181-182; LÉRY, op. cit., p. 167-168; THEVET, *Singularidades da França Antarctica, a que outros chamam de América*, op. cit., p. 222, p. 232 e p. 218; Idem, *La Cosmographie Universelle D'André Thevet Cosmographe du Roy*, op. cit., p. 909; NÓBREGA, op. cit., p. 90; GANDAVO, op. cit., p. 124-125; ABBEVILLE, op. cit., p. 229; ÉVREUX, op. cit., p. 178-181; Carnaval, op. cit., p. 114; HERIARTE, op. cit., p. 215; VASCONCELLOS, op. cit., p. 78; BRANDÃO, op. cit., p. 284; ver também MÉTRAUX, *La Religion des Tupinambá et ses rapports avec celle des autres tribus Tupi-Guarani*, op. cit., p. 124-125.

A. Métraux: "o fim visado pelos Tupinambá durante a batalha consistia em fazer prisioneiros; eles testemunhavam antecipadamente esta intenção levando consigo as cordas enroladas em torno de seus corpos".[203] Podia-se ajuntar, ainda, o fato das incursões guerreiras se interromperem, quaisquer que fossem os objetivos antecipados, com a consecução de prisioneiros ocasionais dos inimigos visados.[204]

Em relação aos Tupinambá, entretanto, tenho a impressão de que se tem exagerado os problemas envolvidos pelo sacrifício ritual e pela antropofagia cerimonial, em detrimento da própria forma assumida pela revindita no sistema sociocultural. Por isso, adotando-se a mesma atitude revelada já nos textos dos primeiros cronistas, tem-se acentuado a importância da captura em relação à guerra. As consequências teóricas deste ponto de vista não são erradas. Apenas deixa de apreciar devidamente os aspectos envolvidos pela noção tribal de eunomia e as conexões do sacrifício ritual e da antropofagia cerimonial com a guerra. A captura constituía a finalidade da guerra somente à medida que os prisioneiros significavam ou proporcionavam a solução de distúrbios do equilíbrio social.

Em significativa coerência com sua função ecológica, a guerra constituía na sociedade Tupinambá uma condição de equilíbrio social. Esta condição deve ser analisada em termos do complexo conjunto de articulações sociais, que punham os membros de um grupo local em contato recíproco e em relação com outros membros da tribo e com os inimigos. Quando alguma ocorrência afetava um destes sistemas de relações, o grupo devia pôr em prática uma série de técnicas operativas; tais técnicas visavam estritamente corrigir os distúrbios ocasionados pelos fatores de perturbação. Uma das principais fontes de perturbação do equilíbrio social era o "derramamento de sangue com êxito fatal"[205] de um membro do grupo local, em virtude de combates singulares, das incursões guerreiras ou das guerras de invasão. Qualquer que fosse a situação,[206] a responsabilidade pela

---

203 MÉTRAUX, op. cit., loc. cit.
204 BRANDÃO, op. cit., p. 284; cf. também descrição da expedição à Bertioga, de STADEN, op. cit., p. 128ss.
205 THURNWALD, Richard. Origem, formação e transformação do direito à luz das pesquisas etnológicas. Trad. Emilio Willems. *Sociologia*, v. IV, n. 1, p. 76.
206 Um texto de Thevet indica que a morte em combate, sem ocorrência do massacre do crânio e a infamação daí resultante, implicava do mesmo modo a revindita: "...ou bem por vingança de seu sogro, ou de qualquer dos tios ou irmãos dela, mortos na guerra, ou comidos por seus adversários" (THEVET, *La Cosmographie Universelle D'André Thevet Cosmographe du Roy*, op. cit., p. 932.).

ocorrência era atribuída ao grupo local a que pertencia o autor (ou os autores) da morte. A revindita tornava-se inevitável e devia ser dirigida contra os responsáveis pelo ato (*inimigos*). Somente a consumação da revindita podia restabelecer o estado de euforia social e a normalidade da vida tribal.

A revindita abrangia três coisas distintas, colocadas aos olhos dos indivíduos como objetivos supremos de suas atividades, nessas ocasiões. Em primeiro lugar, o grupo precisava redefinir suas relações com o morto, atribuindo-lhe a posição compatível com seu novo *status*. Isto, contudo, não podia ser realizado através das cerimônias funerárias comuns. Existia entre o morto e a posição que lhe devia ser atribuída culturalmente um agente perturbador: Uma ofensa cruel.[207] O grupo tinha que neutralizá-lo, destruindo o motivo da ofensa. Somente assim podiam assegurar relações normais com o morto, tão importantes para os Tupinambá. Ele era um emissário que partia para junto dos ancestrais e além disso a sua permanência na terra representava sérios perigos para os seus.[208] A retaliação não precisava ser, entretanto, necessariamente vicária. Quando havia possibilidades, o próprio culpado pagava com a vida o derramamento de sangue. Gandavo descreve uma situação muito ilustrativa, em que se envolveram os Tupiniquim de São Vicente contra os Tupinambá seus vizinhos.[209] Os segundos atacaram um grupo local da ilha e conseguiram matar um filho do cacique. O pai interceptou as cerimônias de pranteamento do morto, julgando-se afrontado enquanto não praticasse a revindita. Três ou quatro meses depois, atacaram o grupo local Tupinambá, em que moravam os autores da façanha. O cacique aproximou-se da maloca em que dormia o assassino, acompanhado de dez ou doze guerreiros. Penetrou sozinho na maloca, surpreendeu o antagonista dormindo e decepou-lhe a cabeça, levando-a consigo. Os inimigos acordaram e o perseguiram, mas foram por sua vez surpreendidos pelos guerreiros que o aguardavam do lado de fora. A cabeça do inimigo foi posta na ponta de um pau e fixada no grupo local Tupiniquim. O cacique deu, então, ordem para que realizassem as cerimônias mortuárias de pranteamento do morto. Se as realizassem antes, como disse, "com mais razão

---

207 Cf. THEVET, *Singularidades da França Antarctica, a que outros chamam de América*, op. cit., p., 233.
208 ÉVREUX, op. cit., p. 167.
209 GANDAVO, op. cit., p. 128-129.

poderíeis a mim chorar",²¹⁰ Contudo, a julgar pela ausência de descriminação nos abundantes relatos, é provável que a retaliação vicária fosse praticada em maiores proporções. Parece-me, mesmo, que esta era a expectativa dos prisioneiros destinados ao sacrifício ritual. Os membros do grupo local responsável e dos outros grupos locais a ele solidários deviam pagar, indistintamente, pelo derramamento de sangue.²¹¹

Em segundo lugar, o grupo devia renovar as anormalidades acarretadas pelo desaparecimento de um membro. Também aqui persistia um agente perturbador, que impedia os reajustamentos automáticos comuns. O morto devia ser substituído e o seu grupo social compensado pela perda de um membro. As viúvas dos guerreiros mortos pelos inimigos só podiam contrair novas núpcias após a consumação da revindita. O prisioneiro, logo que chegava ao grupo, era conduzido à maloca do seu senhor (o que praticava nele o toque de mão ou então o que o recebera deste como presente) e nesta ao lanço do morto cuja sepultura devia ser renovada.²¹² O prisioneiro recebia os objetos que pertenceram em vida ao dito personagem, como arco, flechas, ornamentos etc., livrando-os com o uso pessoal de suas impurezas. A importância desta cerimônia deriva de sua associação com o fato apontado acima. "Porque se os irmãos, filhos ou outros membros da parentela do dito defunto, cuja sepultura era renovada, tivessem sido mortos em guerra, suas mulheres não podiam se unir em segundas núpcias, enquanto seu marido morto não fosse vingado pelo massacre de um de seus inimigos."²¹³ Assim, os prisioneiros eram adotados socialmente pelo grupo, após certas cerimônias,²¹⁴ sendo-lhes dadas as

---

210 Ibidem, p. 129.
211 Ver, por exemplo, STADEN, op. cit., p. 132-133; THEVET, *Singularidades da França Antarctica, a que outros chamam de América*, op. cit., p. 240; ANCHIETA, op. cit., p. 45; SOUZA, op. cit., p. 397; LÉRY, op. cit., p. 177; ABBEVILLE, op. cit., p. 232; eis um exemplo tirado de Staden: Maracajá – "Sim, partimos, como fazem os homens corajosos, a fim de a vós, nosso inimigo, aprisionar e comer. Mas então tiveste a supremacia e nos capturastes. Isso não nos importa. Guerreiros valorosos morrem na terra de seus inimigos. E a nossa terra ainda é grande. Os nossos logo nos vingarão em vós". Tupinambá: – "Vós já exterminastes muitos dos nossos. Tal queremos vingar em vós". (STADEN, op. cit., p. 132-133; ver também p. 182).
212 THEVET, *La Cosmographie Universelle D'André Thevet Cosmographe du Roy*, op. cit., p. 944.
213 Ibidem.
214 Sobre outros aspectos da adoção, ver MÉTRAUX, *La Religion des Tupinambá et ses rapports avec celle des autres tribus Tupi-Guarani*, op. cit., p. 129-130.

viúvas intangíveis. "E elas os consideravam associados, dizendo que elas são recompensadas do desfalque de seus primeiros maridos."[215] Portanto, encarada do ponto de vista do restabelecimento do equilíbrio intratribal, a revindita assumia a forma de compensação.

Em terceiro lugar, tornava-se necessário restabelecer os laços intragrupais e intratribais de compromissos recíprocos e de solidariedade social. Isso era obtido removendo a comoção social causada pela perda sangrenta de um membro. O mecanismo de solidariedade tribal estendia a injúria e a responsabilidade, de modo positivo, a todos os membros dos grupos locais solidários. Por isso, não era apenas o sistema restrito de relações do grupo local que se ressentia com a ocorrência. O reatamento dos laços de confiança recíproca, através das práticas antropofágicas, contribuía para restaurar o moral coletivo e a segurança psíquica dos indivíduos. Já foram descritas acima as grandes distâncias que os Tupinambá percorriam, para participar das cerimônias do sacrifício e do repasto coletivo do prisioneiro. Os cronistas são unânimes, entretanto, em afirmar a concorrência destas cerimônias. Léry, por exemplo, reputava em três ou quatro mil o número de participantes das festas de execução que assistiu.[216] Contudo, outros autores, como Thevet, apontam totais mais elevados: daquelas cerimônias participariam dez e até doze mil pessoas.[217] É preciso frisar que o número de pessoas não alterava o desenvolvimento dos rituais. Cada participante tinha assegurado o seu pedaço de carne moqueada.[218] Quando regressavam aos seus próprios grupos locais, repetiam as cerimônias com aqueles pedaços.[219] No grupo local em que se consumava o sacrifício ritual também podiam ser conservadas algumas partes do corpo; posteriormente

---

215 THEVET, *La Cosmographie Universelle D'André Thevet Cosmographe du Roy*, op. cit., p. 244.
216 LÉRY, op. cit., p. 178.
217 THEVET, *Singularidades da França Antarctica, a que outros chamam de América*, op. cit., p. 244.
218 STADEN, op. cit., p. 113-114; CARDIM, op. cit., p. 168; SOUZA, op. cit., p. 400; LÉRY, op. cit., p. 181; ABBEVILLE, op. cit., p. 233.
219 GANDAVO, op. cit., p. 135; CARDIM, op. cit., p. 118; eis como Gabriel Soares se refere a estas cerimônias: os visitantes levavam consigo o seu quinhão e, em seus grupos locais, "fazem grandes vinhos para com grandes festas, segundo sua gentilidade, os beberem sobre esta carne humana que levam, a qual repartem por todos da aldeia, para a provarem e se alegrarem em vingança de seu contrário" (SOUZA, op. cit., p. 400-401.).

o seu consumo dava origem a novas cerimônias.[220] Compreende-se, em vista deste sistema de repartição, o significado simbólico do ato antropofágico.[221]

Quanto aos padrões de solidariedade tribal e suas consequências psíquicas, é preciso descriminar três aspectos distintos. O mais evidente, porém não o mais importante, estava relacionado com a intimidação dos inimigos e a autoafirmação do poderio dos grupos locais solidários. Nesse sentido escrevia Léry que "seu principal intuito é causar temor aos vivos".[222] Outro diz respeito à observância dos compromissos recíprocos de assistência mútua. Entrosa-se com os deveres em relação ao morto, mas como polarização da responsabilidade coletiva. Deste ponto de vista, a revindita assume a forma de punição das profanações ao caráter sagrado do *Nós* coletivo.[223] As práticas antropofágicas constituíam o ato final da punição. Mas do ponto de vista da solidariedade intergrupal, o fato mais significativo repousa nas consequências da observância das regras de solidariedade coletiva. Todos os participantes do sacrifício ritual e das cerimônias antropofágicas colocavam-se no campo de revindita compulsória dos inimigos.

A consciência desta possibilidade aumentava os laços de coesão tribal. A seguinte apreciação do cacique *Farinha Grossa*, grande chefe Tabajara dos grupos locais situados no Mearim, evidencia-o muito bem. "Se eu quisesse comer os inimigos, não ficaria um só, porém conservei-os para satisfazer minha vontade, uns após outros, entreter meu apetite, e exercitar diariamente minha gente na guerra; e de que serviria matá-los todos de uma só vez quando não havia quem os comesse? Além disto não tendo minha gente com quem bater-se, se desuniriam e separar-se-iam como aconteceu a Tion."[224] Os sacrifícios

---

220 SOUZA, op. cit., p. 400; GANDAVO, op. cit., p. 135.
221 É óbvio que o conteúdo mágico e religioso do sacrifício ritual constitui outro aspecto do problema, que não precisa ser abordado aqui (ver KRICKEBERG, Walter. *Etnología de América*. Trad. P. Hendrich. México: Fondo de Cultura Económica, 1946, p. 219; MÉTRAUX, *La Religion des Tupinambá et ses rapports avec celle des autres tribus Tupi-Guarani*, op. cit., p. 117ss.).
222 LÉRY, op. cit., p. 181; ABBEVILLE, op. cit., p. 229.
223 Sobre o caráter expiatório das punições aos atos que afetam estados de consciência coletiva, cf. DURKHEIM, Emile. *La division del Trabajo Social*. Trad. Carlos G. Posada. Madrid: Daniel Jorro, 1928, p. 114-129; e sobre a noção de sagrado: cf. Idem, *Les Formes Élémentaires de la Vie Religieuse. Le Système Totémique en Australie*. 3. ed. Paris: Lib. Félix Alcan, 1937, p. 50-51.
224 ÉVREUX, op. cit., p. 93. Tion era outro cacique dos Tabajara.

rituais e as práticas antropofágicas galvanizavam os laços intratribais de solidariedade e fixavam de modo permanente a posição relativa recíproca dos grupos locais estranhos.[225]

Em resumo, a análise precedente mostra que a revindita abrangia uma forma de retaliação – derramamento de sangue contra derramamento de sangue; uma forma de compensação – substituição de uma pessoa por outra no sistema de relações sociais; e dava oportunidade à manifestação e à intensificação dos laços de solidariedade tribal, preservando concomitantemente a consciência do caráter sagrado da comunhão intergrupal. O rápido escorço aqui tentado evidencia que a revindita não se confunde com a guerra e que esta por sua vez não consiste exclusivamente na matriz de prisioneiros destinados à execução. Isso seria provável se a situação envolvesse apenas casos singulares de grupos em conflito. Todavia, como foi descrito, os conflitos intertribais eram expressão de um amplo e complexo contexto de relações intragrupais, tribais e intertribais. A guerra só pode ser encarada exclusivamente como meio de captura quando ocorre em sociedades que praticam o "canibalismo real".[226] Nestes casos, as conexões sociais não implicam, como acontecia com os Tupinambá, discriminações dos alvos diretamente visados pelas expedições guerreiras. Enfim, pode-se dizer que a revindita, no sistema sociocultural Tupinambá, compreendia uma cadeia de atividades sociais interdependentes, mas polarizadas em torno de grupos fundamentais de interesses. Num determinado momento, o aprisionamento de certos inimigos constituía o objetivo das atividades grupais; noutro, tratava-se da atribuição de um *status* na comunidade ao inimigo capturado, e assim por diante. Contudo, a separação dos momentos, através do desdobramento das atividades grupais no tempo, é um artifício analítico pouco recomendável. Ninguém pode dizer com exatidão, atualmente, até onde se estendia a "guerra ao inimigo", nessa seriação de atividades e de acordo com a concepção de beligerância dos

---

225 Eis o que Gandavo escreve a respeito: "Depois que assim chegam a comer a carne de seus contrários, ficam os ódios confirmados perpetuamente, porque sentem muito esta injúria, e por isso andam sempre a vingar-se uns dos outros". (GANDAVO, op. cit., p. 131.).
226 Hobhouse, Wheeler e Ginsberg distinguem o "canibalismo real" do "canibalismo cerimonial" pelo fato de, naquele, o repasto coletivo ser um fim em si mesmo (cf. GINSBERG, M.; HOBHOUSE, L. T.; WHEELER, G. C. *The Material Culture and Social Institution of The Simpler Peoples: an Essay in Correlations*. London: Chapman and Hall's, 1930, p. 240.).

A economia Tupinambá – Ensaio de interpretação sociológica do sistema econômico de uma sociedade tribal

Tupinambá. O massacre do crânio do inimigo no próprio campo de batalha[227] ou o massacre de caveiras dos mesmos[228] atraíam para os protagonistas honras semelhantes e abstenções idênticas àquelas provocadas pelo sacrifício ritual. Isso, em concomitância com a recorrência das represálias intertribais, sugere que a concepção de beligerância dos Tupinambá não se distinguia da noção de estado de guerra permanente. Uma coisa, porém, é claramente perceptível, não constituindo artifício lógico. É o fato mesmo dessas séries de atividades formarem um todo orgânico indecomponível. A guerra, a atribuição de um status ao prisioneiro, o sacrifício ritual, a antropofagia cerimonial e as cerimônias de renomação constituíam variáveis de uma mesma função.

Isso também revela, em conjunto, que a guerra era uma condição normal do sistema sociocultural Tupinambá. À medida que ela representava um meio operativo eficiente na conservação do estado de equilíbrio social, contribuía para construir o arcabouço básico da organização social Tupinambá. Em conexão com ela realizavam-se muitas coisas importantes, do ponto de vista da preservação da eunomia tribal. Entre elas, deve-se mencionar a sua relação com a determinação do *status* no sistema de relações intergrupal e tribal: o papel do adestramento guerreiro das novas gerações na continuidade do sistema de categorias de idade; a atualização dos valores tribais associados ao complexo guerreiro; a perpetuação e intensificação dos laços de solidariedade intragrupal e tribal; e, por fim, a própria conservação de um estado de equilíbrio intragrupal, intercomunitário e intertribal, considerado ideal ou eunômico pelos Tupinambá.

Conforme escrevi acima, a análise das migrações e da guerra, em termos do sistema tecnológico tupinambá, permite aprofundar, de fato, a compreensão da solidariedade intragrupal e tribal. As formas assumidas pelas migrações dos Tupinambá asseguravam amplamente unanimidade de atitudes e forte coesão social. Todavia, como foi visto, a possibilidade de conservar posições vantajosas na biosfera e a de ter a iniciativa nos movimentos migratórios de conquista de novos nichos dependiam da preservação do padrão de dominância desenvolvido. Agora pode-se dizer que, de acordo com o sistema tecnológico Tupinambá, o padrão de dominância era mantido através da guerra. Aliás, a função

---

227 BRANDÃO, op. cit., p. 286.
228 SOUZA, op. cit., p. 383-384.

ecológica da guerra era uma consequência da função por ela desempenhada no sistema total de relações sociais dos Tupinambá. Este sistema abrangia o conjunto de relações tribais, e o conjunto de articulações intercomunitárias e de relações tribais, e o conjunto de relações intertribais. O sistema total tinha, por sua vez, uma expressão espacial bastante definida. Quaisquer distúrbios, provenientes do meio natural circundante ou do ambiente humano, repercutiam profundamente no sistema total de relações sociais. Resguardando ou contribuindo para o restabelecimento do equilíbrio social deste sistema, a guerra assegurava o próprio equilíbrio ecológico e o padrão de dominância a ele correspondente. Em outras palavras, os Tupinambá estavam em condições de garantir posições vantajosas na biosfera, pela conservação de nichos ou pela conquista de outros.

O segundo problema fundamental envolve a análise das formas coletivas de aplicação das energias humanas, em conexão com as regulamentações do comportamento recíproco a que dão origem. Por isso, o sistema Tupinambá de divisão do trabalho constitui o principal objeto deste item. Em segundo lugar, deverá ser apreciado o significado da escravidão no sistema econômico tribal.

A distribuição das ocupações nos grupos locais processava-se em estrita coerência com o sistema de adaptações e de controles sociais do meio externo e constituía ao mesmo tempo uma parte importante deste sistema. O desenvolvimento rudimentar do equipamento tecnológico, através do qual o homem extraía do meio os recursos naturais, restringia o alcance dos principais processos operativos aos limites do próprio trabalho humano. A apreciação de Thevet, segundo a qual a lavoura era produto "apenas do suor e do esforço puramente humano",[229] pode ser estendida a todas as atividades econômicas dos Tupinambá. Não se trata, porém, somente da aplicação extensiva do trabalho; mas também de sua aplicação intensiva. A correlação entre as atividades agrícolas e as variações de estação, por exemplo, compelia-os à aplicação maciça de energia, em certos períodos, à plantação e à colheita.[230] Brandão observa que por causa disto entregavam-se vários dias seguidos aos trabalhos agrícolas. Só os interrompiam quando já tinham plantado as sementes e as mudas em

---

229 THEVET, *Singularidades da França Antarctica, a que outros chamam de América*, op. cit., p. 341.
230 Ibidem; ABBEVILLE, op. cit., p. 241-242; BRANDÃO, op. cit., p. 280.

quantidades suficientes.²³¹ Doutro lado, a inexistência de outras defesas, senão as orgânicas, contra o calor excessivo, determinou a adoção de uma distribuição especial dos períodos diários de trabalho. O trabalho agrícola era realizado pela manhã.²³² Évreux e Laet informam que trabalhavam até 10 horas; mas, compreende-se, em função das diferenças regionais, tal regime não devia ser uniforme. Assim, Gabriel Soares observa que na Bahia os Tupinambá trabalhavam até ao meio-dia, enquanto os mais diligentes iam "até horas de véspera" (duas ou três horas da tarde aproximadamente).

No Maranhão provavelmente faziam um segundo turno, pois Évreux escreve que regressavam às roças após o declínio do sol. Antes de partirem para estas, situadas a duas ou três léguas²³³ ou a meio quarto ou um quarto de légua²³⁴ do grupo local, tomavam a primeira refeição pela manhã.²³⁵ Durante o trabalho guardavam completa abstenção alimentar; a próxima refeição era tomada quando de regresso ao grupo local.²³⁶ A regulamentação das outras atividades em relação ao tempo era diferente. Assim, podiam se dedicar o dia inteiro à caça, saindo pela manhã e voltando somente à noite.²³⁷ Um dos obstáculos encontrados pelos jesuítas, quanto ao desenvolvimento de hábitos cristãos, consistia no fato de não terem horas certas para caçar e pescar. Saindo muito cedo e voltando muito tarde, não podiam assistir os ofícios religiosos.

Quando se dedicavam às atividades agrícolas ou não precisavam caçar ou pescar, entretanto, dispunham de bastante ócio. Isso provocou nos cronistas uma reação etnocêntrica. Tal comportamento foi menosprezado como altamente revelador das tendências "inatas" dos índios ao "dolce far niente". Contudo, aquele ócio era empregado no fabrico de arcos, flechas, ornamen-

---

231 BRANDÃO, op. cit., p. 280.
232 LÉRY, op. cit., p. 204; SOUZA, op. cit., p. 377; ABBEVILLE, op. cit., p. 241; ÉVREUX, op. cit., p. 96; LAET, Jean de. *L'Histoire du Nouveau Monde ou Description des Indes Occidentales*.[S.l.]: Leyde, Bonaventure & Abreham Elfeuiers Impressores, 1640, p. 476.
233 THEVET, *Singularidades da França Antarctica, a que outros chamam de América*, op. cit., p. 342.
234 ABBEVILLE, op. cit., p. 226.
235 SOUZA, op. cit., p. 377; ÉVREUX, op. cit., p. 96.
236 SOUZA, op. cit., loc. cit.
237 VASCONCELLOS, Simão de. *Chronica da Companhia de Jesus do Estado do Brasil e dos que obraram seus filhos nesta Parte do Novo Mundo*. Lisboa: Casa do Editor A. J. Fernandes Lopes, MDCCCLXV, p. 55. 2 v. Atividades masculinas: pesca à flecha, com redes e barragem. (STADEN, op. cit., p. 137.).

tos etc.; ou no próprio restabelecimento das energias despendidas. O trabalho agrícola intensivo, por exemplo, devia ser muito extenuante. Herbert Baldus estudou este problema, em relação aos Tapirapé. Chegou à conclusão de que aquele emprego do ócio, visando à restauração das energias, de um modo que parece exorbitante aos brancos, é fisiologicamente vital.[238] As formas de aplicação das energias assumiam, pois, um caráter bastante doloroso e cansativo.

As oportunidades de ócio asseguradas pela cultura, todavia, eram muito desiguais. Nesse sentido, as vantagens cabiam aos homens. Entretanto, o trabalho era igualmente árduo para todos; o envelhecimento prematuro da mulher deve ser atribuído à falta de cuidados especiais de regeneração do organismo. Apesar disso, o caráter penoso do trabalho não é acentuado no conceito aborígene do mesmo. Abbeville, por exemplo, afirma que consideravam a caça e a pesca um ótimo passatempo.[239] Seria fastidioso percorrer as observações feitas neste sentido. Seja-me permitido dizer apenas que vários cronistas escrevem a mesma coisa, enquanto outros o fazem em relação à guerra.

Os dois princípios de diferenciação das atividades e da distribuição das ocupações consistiam nas implicações do sexo ou da idade. O princípio básico estava de fato na dicotomia sexual. Até certo ponto, mesmo as regulamentações devidas à idade constituíam uma consequência das aplicações do primeiro princípio, encaradas do ponto de vista da idade dos comparsas. As transgressões às obrigações especificadas por estes dois princípios eram impedidas por meio de regras especiais. Assim, a salivação do *cauim* competia às donzelas. Os homens não se envolviam nessas atividades, mantendo "a firme opinião de que se eles mastigarem as raízes ou o milho a bebida não sairá boa".[240] Do mesmo modo, as mulheres casadas não deviam participar daqueles misteres.

Quando tal coisa se fazia necessária, precisavam guardar abstinência durante alguns dias, para não alterarem a perfeição das bebidas.[241] Algumas regras também compeliam os indivíduos a realizarem suas tarefas de modo completo. A mesma velha que modelasse uma vasilha de barro, por exemplo,

---

238 BALDUS, Herbert. *Ensaios de etnologia brasileira*, São Paulo: Companhia Editora Nacional, 1937, p. 100-101, especialmente.
239 ABBEVILLE, op. cit., p. 241.
240 LÉRY, op. cit., p. 117.
241 THEVET, *La Cosmographie Universelle D'André Thevet Cosmographe du Roy*, op. cit., p. 916.

devia tratar de sua cocção. Caso contrário, o objeto arrebentaria no fogo.[242] Os efeitos destas regulamentações, é óbvio, traduziam-se no aumento da dependência recíproca dos diversos membros dos grupos locais.

De acordo com uma observação de Montoya, as mulheres deviam prover por si mesmas, entre os Tupi-Guarani, as coisas necessárias aos serviços domésticos. Para isso eram especialmente adestradas após as cerimônias de iniciação, na puberdade.[243] Por isso, cabiam-lhes os trabalhos mais penosos[244] e empenhavam-se em maior número de ocupações do que os homens.[245] Todas as comparações feitas pelos nossos cronistas tendem a pôr em evidência estes dois fatos. "A falar verdade, trabalham elas comparativamente muito mais, a saber: colhem raízes, fabricam farinhas e bebidas, recolhem as frutas, lavram os campos – fora os outros misteres relativos à economia doméstica; ao passo que o homem somente, em determinados tempos, pescam, ou apanham caças no mato, para a sua alimentação, quando não se encontram ocupados na fabricação de arcos e flechas. Tudo o mais é feito por suas mulheres."[246] "Na verdade, as mulheres dos nossos Tupinambá trabalhavam muito mais do que os homens, pois estes, à exceção de roçar o mato para as suas culturas, o que fazem sempre de manhã, exclusivamente, nada mais lhes importa a não ser a guerra, a caça e a pesca e a fabricação de tacapes, arcos, flechas e adornos de penas para enfeites."[247] Essa desproporção é inegável. Contudo, acredito que ela deve ser encarada do ponto de vista das compensações recíprocas garantidas pelo sistema de distribuição de ocupações. Entre elas ressalta a proteção permanente assegurada à mulher pelo homem. Isso tanto na maloca e no grupo local, contra os ataques inimigos, como nas viagens, contra animais ferozes ou ainda os inimigos. Essas atividades protetoras desenvolveram até uma ordem definida durante a marcha. Quando saíam do grupo local, o marido sempre andava na

---

242 SOUZA, op. cit., p. 379.
243 MONTOYA, Antonio Ruiz de. "Primeva catechese dos indios selvagens, feita pelos padres da Companhia de Jesus". In: *Manuscrito Guarani da Biblioteca Nacional do Rio de Janeiro sobre a primitiva catechese dos indios das Missões*. Rio de Janeiro: [s.n.], 1879, p. 112.
244 PIGAFETTA, op. cit., p. 61-62.
245 ABBEVILLE, op. cit., p. 242.
246 THEVET, *Singularidades da França Antarctica, a que outros chamam de América*, op. cit., p. 253; ver também p. 342 e Idem, *La Cosmographie Universelle D'André Thevet Cosmographe du Roy*, op. cit., p. 933.
247 LÉRY, op. cit., p. 204.

frente, enquanto a mulher ficava atrás. Se acontecesse alguma coisa, a mulher poderia retroceder com menores riscos, enquanto o marido enfrentava o perigo. Na jornada de retorno, a mulher caminhava na frente e o homem na retaguarda, pelos mesmos motivos. Dentro do grupo local ou em "terra segura" a mulher sempre caminhava na frente.[248] Além disso, o homem realizava a parte mais árdua do trabalho agrícola: a derrubada e a queimada. Quanto à parte feminina, escreve Abbeville: "é verdade que seu trabalho não é grande, pois sendo os galhos dessa planta (a mandioca) muito tenros basta-lhes quebrá-los e fincá-los na terra".[249] A ele também competia prover a casa de carnes e os peixes, em grande proporção, constituíam produtos de seu trabalho. Em conjunto, tais compensações definem o caráter da interdependência dos membros de uma comunidade. As mulheres poderiam passar grandes privações sem o apoio dos homens. As fontes em geral indicam a situação precária em que ficavam os homens Tupinambá que não dispunham de mulheres (mãe, irmã ou esposa) que cuidassem deles.[250]

Com auxílio das informações fornecidas pelas diversas fontes, pude organizar uma lista da distribuição das principais ocupações, segundo o sexo. Atividades femininas: todos os trabalhos hortícolas, desde o plantio e a semeadura[251] até a conservação das roças;[252] coleta das raízes, frutas e algodão;[253] as mulheres nadavam como os homens,[254] por isso participavam da pesca,

---

248 CARDIM, op. cit., p. 154; PIGAFETTA, op. cit., p. 62.
249 ABBEVILLE, op. cit., p. 242.
250 Ver especialmente ANCHIETA, op. cit., p. 453.
251 LÉRY, op. cit., p. 114-115, p. 164-165; STADEN, op. cit., p. 135; THEVET, *Singularidades da França Antarctica, a que outros chamam de América*, op. cit., p. 240-342, e Idem, *La Cosmographie Universelle D'André Thevet Cosmographe du Roy*, op. cit., p. 933; VALE, Leonardo do. *Cartas avulsas*, p. 383; SOUZA, op. cit., p. 377; SALVADOR, op. cit., p. 59; ABBEVILLE, op. cit., p. 242.
252 LÉRY, op. cit., p. 203; THEVET, *Singularidades da França Antarctica, a que outros chamam de América*, op. cit., p. 253; Idem, *La Cosmographie Universelle D'André Thevet Cosmographe du Roy*, op. cit., loc. cit. VALE, Leonardo do. *Cartas avulsas*, p. 383; SOUZA, op. cit., p. 377; SALVADOR, op. cit., p. 58; ABBEVILLE, op. cit., p. 242; BRANDÃO, op. cit., p. 280.
253 LÉRY, op. cit., p. 280; THEVET, *Singularidades da França Antarctica, a que outros chamam de América*, op. cit., loc. cit., e Idem, *La Cosmographie Universelle D'André Thevet Cosmographe du Roy*, op. cit., loc. cit.; Pe. VALE, Leonardo do. *Cartas avulsas*, 383; SALVADOR, op. cit., loc. cit.; ABBEVILLE, op. cit., p. 238 e p. 242; BRANDÃO, op. cit., loc. cit.
254 CARDIM, op. cit., p. 275.

mergulhando para apanhar os peixes flechados por aqueles;[255] competia-lhes também apanhar ostras;[256] participavam dos trabalhos náuticos, esvaziando o fundo da canoa com uma cuja;[257] alguns caçadores levavam consigo suas mulheres. Estas desviam transportar o produto das caçadas;[258] tomavam parte da caça às formigas voadoras, atividade que absorvia todos os membros do grupo local;[259] as moças e mulheres também se dedicavam ao aprisionamento de formigas. Cantavam na beira da caverna: "vinde, minhas amigas, vinde ver a mulher famosa, ela vos dará avelãs" (sic). À medida que saíam, agarravam-nas e tiravam-lhes seus pés e asas. Quando eram duas mulheres, cada uma cantava por sua vez. As formigas aprisionadas pertenciam à cantora.[260] Todas as operações da fabricação das farinhas deviam ser realizadas pelas mulheres.[261] A preparação das raízes e do milho para fazer bebida e a salivação (esta feita por donzelas, talvez de dez a doze anos, cf. Thevet), eram obra das mulheres.[262] A fabricação do azeite do coco;[263] a fiação do algodão, a tecelagem das redes simples, das fitas de enastrar os cabelos e as faixas de amarrar as crianças;[264] os cestos trançados de junco e de vime;[265] também participavam da construção da maloca, pois este trabalho estendia-se a todos.[266] A preparação do barro, a factura dos vasilhames (panelas, alguidares, grandes potes para cauim etc.),

---

255 LÉRY, op. cit., p. 148.
256 Ibidem, p. 176; THEVET, *Singularidades da França Antarctica, a que outros chamam de América*, op. cit., p. 240.
257 THEVET, *Singularidades da França Antarctica, a que outros chamam de América*, op. cit., p. 235.
258 MARGGRAF, J. *História Natural do Brasil*. São Paulo: Imprensa Oficial do Estado, 1942, p. 272.
259 ÉVREUX, op. cit., p. 206.
260 Ibidem.
261 LÉRY, op. cit., p. 112-113; THEVET, *Singularidades da França Antarctica, a que outros chamam de América*, op. cit., p. 253 e p. 246; e Idem, *La Cosmographie Universelle D'André Thevet Cosmographe du Roy*, op. cit., p. 933; VALE, Leonardo do. *Cartas Avulsas*, p. 383; SOUZA, op. cit., p. 378-379.
262 LÉRY, op. cit., p. 116; THEVET, *Singularidades da França Antarctica, a que outros chamam de América*, op. cit., p. 155, p. 217, p. 263 e 340; STADEN, op. cit., p. 165 e p. 166; ABBEVILLE, op. cit., p. 238 e 242.
263 ABBEVILLE, op. cit., p. 242.
264 LÉRY, op. cit., p. 203, p. 209 e p. 210; THEVET, *La Cosmographie Universelle D'André Thevet Cosmographe du Roy*, op. cit., loc. cit.; SOUZA, op. cit., p. 378; ABBEVILLE, op. cit., p. 242.
265 LÉRY, op. cit., p. 211.
266 STADEN, op. cit., p. 155.

a ornamentação, o envidramento e a cocção, tudo era mister feminino.[267] A domesticação de aves, cachorros, galinhas, bem como o adestramento de papagaios, constituíam atividades femininas.[268] Os serviços domésticos cabiam exclusivamente às mulheres: deviam cuidar do arranjo do seu lar, o que consistia, segundo alguns cronistas, em fazer comida, manter aceso os dois fogos que ficavam ao lado da rede do chefe da família, e tratar de abastecimento de água.[269] Nas cauinagens, ultimavam a preparação das bebidas, aquecendo-as ao fogo, e serviam-nas em pequenas cuias de coco.[270] Entre os trabalhos domésticos, também estaria a lavagem das redes.[271] Todavia, Gabriel Soares afirma que isso era feito pelos próprios homens.[272] Como padrão higiênico, deve ser mencionado o catamento de piolhos, que faziam nos homens e nas outras mulheres.[273] No parto, as mulheres entreajudavam-se.[274] Todos os serviços relativos aos transportes eram feitos pelas mulheres. Elas carregavam os filhos e todo o equipamento, pois os homens precisavam ficar livres para se defenderem a si próprios e às famílias. Somente no período de gravidez evitavam os fardos muito pesados e as atividades árduas.[275] A depilação e a tatuagem dos homens pertencentes ao próprio lar cabiam às mulheres que o constituíam. As companheiras ou parentes faziam-nas reciprocamente umas as outras.[276] Participavam das expedições guerreiras, ajuntando-se em grande número aos guerreiros. Transportavam

---

267 LÉRY, op. cit., p. 113 e 211; STADEN, op. cit., p. 107 e 165; THEVET, *La Cosmographie Universelle D'André Thevet Cosmographe du Roy*, op. cit., loc. cit.; SOUZA, op. cit., p. 378--379; ABBEVILLE, op. cit., p. 237-238 e 242.
268 SOUZA, op. cit., p. 379; THEVET, *Singularidades da França Antarctica, a que outros chamam de América*, op. cit., p. 293.
269 THEVET, *Singularidades da França Antarctica, a que outros chamam de América*, op. cit., p. 265 e Idem, *La Cosmographie Universelle D'André Thevet Cosmographe du Roy*, op. cit., loc. cit.; LÉRY, op. cit., p. 203-211; LEONARDI, *Cartas Avulsas*, p. 383; SOUZA, op. cit., p. 377; ABBEVILLE, op. cit., p. 242; BRANDÃO, op. cit., p. 280.
270 LÉRY, op. cit., p. 119; THEVET, *Singularidades da França Antarctica, a que outros chamam de América*, op. cit., p. 262; SOUZA, op. cit., p. 376-377.
271 LÉRY, op. cit., p. 210.
272 SOUZA, op. cit., p. 377.
273 STADEN, op. cit., p. 170; SOUZA, op. cit., p. 379.
274 STADEN, op. cit., loc. cit.
275 LÉRY, op. cit., p. 204 e 225; THEVET, *Singularidades da França Antarctica, a que outros chamam de América*, op. cit., p. 155 e 255; SALVADOR, op. cit., p. 58; PIGAFETTA, op. cit., p. 61-62.
276 THEVET, *Singularidades da França Antarctica, a que outros chamam de América*, op. cit., p. 192, p. 208-209; SOUZA, op. cit., p. 369; ABBEVILLE, op. cit., p. 217.

as redes e os víveres, preparavam as refeições, tratavam do abastecimento de água, e armavam as redes.[277] Nas festas de execução, cabia-lhes a limpeza do corpo com água fervendo. As velhas além disso tratavam da moqueação da carne e aparavam a gordura em uma cuia.[278] Corriam também em torno das malocas, mostrando os primeiros pedaços da vítima.[279] Atividades masculinas: Os homens entregavam as terras para lavoura completamente preparadas – encarregando-se da derrubada, da queima e da primeira limpa.[280] A caça era uma atividade exclusivamente masculina.[281] A morte de certos animais, como a onça, atraía para o guerreiro honras especiais e a aquisição de um novo nome.[282] Os homens também participavam da caça às formigas voadoras.[283] A pescaria também constituía atividade masculina; a mulher, quando dela participava, exercia funções secundárias. Os homens ainda pescavam polvos e lagostins à noite.[284] Os homens fabricavam canoas, arcos, flechas, tacapes e os seus adornos;[285] fabricavam também pequenos bancos de madeira, de acordo com Abbeville;[286] tratavam da obtenção do fogo[287] e desempenhavam papel importante na construção da maloca.[288] O corte da lenha necessária

---

277 LÉRY, op. cit., p. 171; THEVET, *Singularidades da França Antarctica, a que outros chamam de América*, op. cit., p. 228; SOUZA, op. cit., p. 390; ÉVREUX, op. cit., p. 178.
278 LÉRY, op. cit., p. 180.
279 STADEN, op. cit., p. 183.
280 LÉRY, op. cit., p. 204; THEVET, *La Cosmographie Universelle D'André Thevet Cosmographe du Roy*, op. cit., p. 933; VALE, Leonardo do. *Cartas avulsas*, p. 383; SOUZA, op. cit., p. 377; SALVADOR, op. cit., p. 58; ABBEVILLE, op. cit., p. 241.
281 LÉRY, op. cit., p. 204; THEVET, *Singularidades da França Antarctica, a que outros chamam de América*, op. cit., p. 253; Idem, *La Cosmographie Universelle D'André Thevet Cosmographe du Roy*, op. cit., p. 533; CARDIM, op. cit., p. 34; SOUZA, op. cit., p. 379--380; VASCONCELLOS, *Chronica da Companhia de Jesus do Estado do Brasil e do que obraram seus filhos nesta Parte do Novo Mundo*, op. cit., p. 55; ABBEVILLE, op. cit., p. 241.
282 CARDIM, op. cit., p. 34.
283 ÉVREUX, op. cit., p. 206.
284 LÉRY, op. cit., p. 204; THEVET, *La Cosmographie Universelle D'André Thevet Cosmographe du Roy*, op. cit., p. 933; SOUZA, op. cit, p. 380-381: ABBEVILLE, op. cit., p. 241.
285 LÉRY, op. cit., loc. cit.; THEVET, *Singularidades da França Antarctica, a que outros chamam de América*, op. cit., p. 253: SOUZA, op. cit, p. 380; ABBEVILLE, op. cit., loc. cit.
286 ABBEVILLE, op. cit., p. 241-242.
287 THEVET, *Singularidades da França Antarctica, a que outros chamam de América*, op. cit., p. 199.
288 STADEN, op. cit., p. 155.

nos serviços domésticos era feito pelos homens.²⁸⁹ Estes também retinham os conhecimentos sobre a fabricação das redes lavradas; os principais guerreiros dedicavam-se a este mister.²⁹⁰ Teciam cestos com folhas de palmeira e com caniços sem nós.²⁹¹ Eventualmente, os homens auxiliavam as mulheres nos partos.²⁹² No período de compromisso de noivado, o pretendente transportava lenha para a maloca do pai da noiva.²⁹³ Em manifestação de carinho, o marido podia tatuar a esposa.²⁹⁴ É óbvio que todas as fontes ressaltam a importância das atividades guerreiras no comportamento do homem no sistema tribal. O mesmo acontece com relação ao sacrifício ritual. Ainda se deve notar o papel dos velhos nas festas de execução: cabia-lhes o retalhamento e o esquartejamento dos sacrificados.²⁹⁵ Além disso, os homens protegiam suas mulheres de modo permanente, como foi visto acima.

De acordo com as informações deixadas por Ives d'Évreux, o sistema de categorias de idade Tupinambá compunha-se de seis grupos divididos dicotomicamente segundo o princípio do sexo. Nas duas primeiras categorias a dependência dos imaturos em relação aos pais era completa. A partir da terceira categoria, entretanto, o indivíduo transformava-se em uma unidade econômica, mas no seio da família. Como se verá, grande parte das regulamentações das atividades econômicas, envolvidas pelo sistema de categorias de idade Tupinambá, estavam associadas aos padrões familiares de cooperação e de entreajuda econômica.

Quanto aos homens, o indivíduo começava a produzir quando pertencia à categoria dos *Kunumy*, tendo uma idade variável entre oito e quinze anos. Dedicava-se especialmente à pesca com linhas e com flechas, à coleta de ostras e mariscos, e à caça de aves. O produto de tais atividades pertencia à família.²⁹⁶ Quando passava para a categoria imediata, tornava-se um *Kunumy-uaçu*, devendo ter uma idade variável entre quinze a vinte e cinco anos. Nesta fase, "entregam-se com todo o esforço ao trabalho".²⁹⁷

---

289 THEVET, *Singularidades da França Antarctica, a que outros chamam de América*, op. cit., p. 351; SOUZA, op. cit, p. 377.
290 SOUZA, op. cit. p. 378.
291 ABBEVILLE, op. cit., loc. cit.
292 STADEN, op. cit., p. 170.
293 SOUZA, op. cit., p. 368.
294 Ibidem, p. 369.
295 LÉRY, op. cit., p. 180; SOUZA, op. cit. p. 400.
296 ÉVREUX, op. cit., p. 130; ver também ABBEVILLE, op. cit., p. 241.
297 ÉVREUX, op. cit., p. 131.

Participavam das derrubadas e do arroteamento das terras.[298] Fabricavam arcos, flechas, caçavam com cães e na pesca flechavam peixes de grande porte. Quando eram suficientemente fortes e destros, também tripulavam as canoas nas expedições guerreiras. Neste período é que os homens mais auxiliavam seus pais na sociedade Tupinambá.[299] Depois, tornava-se um *Aua*, variando sua idade dos vinte e cinco aos quarenta anos. O homem dedicava-se à guerra, mas ainda estava obrigado à prestação de serviços e à proteção dos pais. Em geral contraíam matrimônio nesta época. Neste caso, precisava cuidar de sua própria família. Se morasse na maloca dos pais da esposa, as obrigações de cooperação e de entreajuda econômica transferiam-se para os sogros.[300] Por fim, o indivíduo tornava-se um *Thuyae*. Esta categoria abrangia os indivíduos que tinham mais de quarenta anos. A ela pertenciam os grandes guerreiros e os chefes eventuais das expedições guerreiras. Cabia-lhes o esquartejamento e o retalhamento dos inimigos sacrificados.[301] Conforme a idade, não eram tão assíduos ao trabalho; mas, ainda assim, trabalhavam com os demais. De acordo com a tradição, estavam obrigados a dar o exemplo à mocidade.[302] Acredito que não se deve, pois, interpretar o maior ou o menor grau de assiduidade como um aumento do ócio, proveniente da elevação progressiva da idade. Abbeville observa explicitamente que isto não ocorria, referindo-se aos macróbios Tupinambá: "jamais desistem de trabalhar naquilo a que estão habituados", entregando-se às tarefas mais penosas e difíceis "como se estivessem na flor dos anos".[303] Pelo que se pode inferir de uma descrição do transporte de terra, feita por Évreux, o princípio fundamental de trabalho na cultura Tupinambá pode ser traduzido: cada um trabalha segundo suas forças. Naquela situação, todos se dedicavam ao carregamento de terra, homens, mulheres e crianças. Apenas o cesto de terra que cada um transportava era proporcional às próprias forças.[304] As crianças quase nada faziam de construtivo. Mas os pais desejavam comunicar-lhes desse modo as ocorrências diárias da vida tribal.[305] É bastante provável, portanto, que alguns *Thuyae* trabalhassem menos que os demais. Os motivos disso, contudo, estavam excluídos do conjunto de direitos dos membros da categoria social.

---

298 ABBEVILLE, op. cit., loc. cit.
299 ÉVREUX, op. cit., loc. cit.
300 Ibidem, p. 132.
301 SOUZA, op. cit., p. 400.
302 ÉVREUX, op. cit., p. 133.
303 ABBEVILLE, op. cit., p. 133.
304 ÉVREUX, op. cit., p. 75.
305 Ibidem.

Quanto às mulheres, pode-se admitir a existência de uma pequena parcela de produção relativamente aos membros da segunda categoria. Uma *Kugnatim-miry*, cuja idade não ultrapassava os sete anos, era adestrada nos serviços de tecelagem e amassava o barro.³⁰⁶ De sete a quinze anos, ficando uma *Kugnatim*, aprendia a fazer tudo o que uma mulher deve saber, após as cerimônias de iniciação.³⁰⁷ Fiava algodão, tecia redes, trabalhava em embiras, participava dos trabalhos agrícolas, semeando e plantando, participava da fabricação de farinhas e dos diversos tipos de cauim e preparava os alimentos.³⁰⁸ Depois, tornando-se uma *Kugnammuçu*, de quinze a vinte e cinco anos, assumia maiores obrigações nos serviços domésticos e no auxílio da mãe. Casava-se neste período e então passava a cuidar do marido.³⁰⁹ Nas viagens, devia transportar todo o equipamento da família e os filhos.³¹⁰ Dos vinte e cinco aos quarenta anos transformava-se em uma mulher completa, sendo tratada como uma *Kugnam*. Arcava com todas as obrigações culturalmente definidas como femininas.³¹¹ Quando passava de quarenta anos, ficava uma *Uainuy*. Como tal, presidia à fabricação das farinhas e dedicava-se à cerâmica;³¹² também presidia à fabricação do cauim³¹³ e preparava a carne dos sacrificados.³¹⁴

A aplicação coletiva de energias humanas assumia a forma de entreajuda econômica dos vizinhos. Brandão informa que as plantações eram coletivas, mas não ocorriam conflitos na apropriação dos produtos agrícolas. Porque, explica, cada um consome de acordo com suas necessidades.³¹⁵ Contudo, existiam apenas plantações em comum, feitas em uma única área arroteada e cultivada. Cada chefe de família escolhia nesta área comum algumas jeiras de terra, onde era feita a horta da família.³¹⁶

Nestas jeiras de terra, por sua vez, cada esposa da família polígena tinha a sua horta particular.³¹⁷ Quando se tornava necessário fazer a derrubada e arrotear

---

306 ÉVREUX, op. cit., p. 135.
307 Ibidem; ver também MONTOYA, op. cit., p. 112.
308 ÉVREUX, op. cit., p. 136.
309 Ibidem.
310 Ibidem, p. 136-137.
311 Ibidem, p. 137.
312 SOUZA, op. cit., p. 378-379.
313 ÉVREUX, op. cit., p. 138.
314 Ibidem; STADEN, op. cit., p. 183; LÉRY, op. cit., p. 180.
315 BRANDÃO, op. cit., p. 280.
316 LÉRY, op. cit., p. 209; ver também ÉVREUX, op. cit., p. 227.
317 STADEN, op. cit., p. 171-172.

as terras, os homens do grupo local constituíam uma associação cooperativa. Também eram convocados para realizar outras tarefas, que o chefe de família não podia fazer sem auxílio.[318] Então, primeiro preparava bastante cauim. Depois convidava os vizinhos para o ajudarem. Laet observa que a recusa de prestação de serviços seria considerada uma desonra. Trabalhavam até as dez horas e depois regressavam para o grupo local. Dedicavam o restante do dia à *cauinagem*. Assim procediam dias seguidos, até que dessem a tarefa por terminada.[319] Eis como Cardim descreve o mutirão: "assim quando hão de fazer algumas coisas, fazem vinhos e avisando os vizinhos, e apelidando toda a povoação lhes rogam que queiram ajudar em suas roças, o que fazem de boa vontade, e trabalhando até as 10 horas tornam para as suas casas a beber os vinhos, e se aquele dia se não acabam as roçarias, fazem outros vinhos e vão outro dia até 10 horas acabar seu serviço".[320] Évreux dá as mesmas informações: "todos trabalhavam cooperativamente nas roças de um *Thuyae* durante uma ou duas manhãs. Levantavam-se ao romper do dia e almoçavam. Os diversos grupos familiais partiam cantando para o serviço. Quando o sol ficava muito causticante, mais ou menos pelas 10 horas, interrompiam os trabalhos. Depois, *cauinavam* na maloca do dono das roças".[321]

É óbvio que a *cauinagem* não era uma remuneração pelos serviços prestados, como pensaram Cardim, Laet e os colonos em geral. O mutirão constituía uma solução racional dos problemas suscitados pela produção agrícola ou outras empresas complexas (pescarias e provavelmente certas caçadas). Ou seja, aplicavam-se àquelas atividades em que os esforços conjuntos dos membros da família, da família grande e da maloca revelavam-se pouco satisfatórios. A compensação propriamente dita assumia a forma de prestação recíproca de serviços; por isso, teria ocorrido antes ou se processaria posteriormente. É provável, pois, que a *cauinagem* consistisse em uma mera manifestação de agradecimento.

Quanto ao significado econômico da escravidão,[322] acredito que tenho pouco que escrever. A escravidão, entre os Tupinambá, não chegou a desen-

---

318 LAET, op. cit., p. 476.
319 Ibidem.
320 CARDIM, op. cit., p. 152.
321 ÉVREUX, op. cit., p. 96.
322 Emprego o conceito de escravidão, neste trabalho, no sentido lato que é atribuído ao termo por Hobhouse, Wheeler e Ginsberg. Neste sentido o conceito abrange também os casos em que o prisioneiro não toma parte ativa na vida econômica da comunidade e é destinado ao sacrifício ritual, à concubinagem ou à troca (cf. GINSBERG; HOBHOUSE; WHEELER, op. cit., p. 234).

volver novas camadas sociais, baseadas em especialização econômica e segregação étnica. Doutro lado, antes da chegada dos brancos, o resgate dos prisioneiros não era praticado; ao contrário, como disseram a Léry, constituía um absurdo deixar um inimigo aprisionado com vida.[323] Os prisioneiros, como foi visto, eram destinados ao sacrifício ritual, mas assumiam um *status* na comunidade. As obrigações econômicas determinadas pela atribuição do *status* não divergiam significativamente, entretanto, das obrigações usuais dos membros dos grupos locais Tupinambá.[324] Os prisioneiros, homens ou mulheres, após os rituais de adoção social, ficavam morando na maloca dos seus senhores. As ocupações em que se entretinham eram as mesmas a que se dedicavam os outros membros da comunidade, de acordo com as regulamentações estipuladas pelos princípios de sexo e de idade. Apenas algumas regras, de caráter restritivo, compelia-os a comportamentos específicos. Assim, por exemplo, deviam colocar o produto do seu trabalho aos pés do senhor ou dos de sua esposa; só podiam prestar serviços a outras pessoas com autorização expressa do senhor; e só podiam dar de presente os objetos recebidos do senhor, após obterem seu consentimento.[325]

Staden faz menção à existência de outra fonte de escravidão: os refugiados.[326] Estes eram conservados com vida até que cometessem um ato grave ou adoecessem. Então, também eram sacrificados.[327] A situação deles, a julgar pelo relato de Staden, era semelhante à dos demais. Talvez o aspecto da escravidão, economicamente significativo, esteja relacionado unicamente com a instituição da concubinagem. Quando a escrava conseguia ingressar no grupo de mulheres do senhor, obtinha uma séria dilatação das cerimônias do sacrifício ritual. Assim, tornava-se uma unidade econômica produtiva, de caráter permanente. Todavia, também realizava somente os trabalhos culturalmente definidos como femininos. Se por acaso chegasse a morrer de morte natural, os membros da comunidade realizavam do mesmo modo as cerimônias do massacre do crânio. Évreux descreve o caso de uma escrava dos Tupinambá que

---

323 LÉRY, op. cit., p. 168; ver também THEVET, *La Cosmographie Universelle D'André Thevet Cosmographe du Roy*, op. cit., p. 909.
324 Principalmente, STADEN, op. cit., p. 118, 128, 133-134 e 176; SOARES, op. cit., p. 362 e 397; ABBEVILLE, op. cit., p. 224-225; ÉVREUX, op. cit., p. 100-106.
325 ÉVREUX, op. cit., p. 106.
326 STADEN, op. cit., p. 119.
327 Ibidem, p. 119-121.

fora batizada pelos brancos e enterrada. No dia seguinte, apesar das proibições, encontraram o corpo desenterrado com a cabeça massacrada, segundo os rituais de sacrifício.[328]

Em resumo, o sistema de divisão do trabalho Tupinambá põe ênfase especial na dicotomia sexual e, em segundo lugar, no princípio da diferenciação por idade. A dependência dos homens em relação à mulher era muito grande, acontecendo o mesmo no caso inverso. As ocupações apresentam-se à análise como reciprocamente complementares, altamente interdependentes e bastante integradas quanto à exploração dos recursos naturais. A interdependência dos vizinhos, nas tentativas de ajustamento do meio externo às necessidades humanas, provocou o aparecimento de formas cooperativas de produção. A escravidão não constituía uma fonte significativa de especialização ocupacional e de exploração econômica. Tomava um aspecto mais considerável quanto às atividades das escravas transformadas em parceiras sexuais aos senhores.

O terceiro problema fundamental envolve a análise das formas coletivas de apropriação dos recursos naturais, em conexão com as regulamentações do comportamento recíproco a elas associados.[329] Conforme já foi exposto, cada grupo local possuía exclusividade sobre uma extensa área territorial e sobre as fontes de subsistências nela existentes. Parece-me que a apropriação de recursos naturais como a caça, os frutos e raízes silvestres não estava sujeita a nenhuma espécie de regulamentação. As fontes, pelo menos, deixam de mencionar este fato importante, o que é por si mesmo bastante significativo. Ao contrário, afirmam a existência de regulamentações especiais quanto à propriedade agrícola. Cada chefe de família possuía um lote exclusivo de algumas jeiras de terras nas plantações feitas em comum, no mesmo conjunto de terras cultiváveis; e cada uma das esposas tinha sua horta particular.[330]

---

328 ÉVREUX, op. cit., p. 259.
329 Entendo por apropriação o "ordenamento e forma da propriedade" (cf. WEBER, op. cit., p. 18). Como se sabe, esta constitui uma relação dependente ou uma função do sistema total de relações sociais existente em uma sociedade determinada (cf. MARX, Karl. *El capital*. Trad. Manuel Pedroso. México: Ediciones Fuente Cultural, [s.d.], p. 264. 5 v, v. I.). Neste trabalho, contudo, não me pareceu necessário ultrapassar as conexões estabelecidas pela parte já escrita do sistema de relações sociais da sociedade Tupinambá. Ou seja, o conjunto de relações sociais daquele sistema de relações que se referem à ocupação destrutiva do meio externo e à divisão do trabalho.
330 Cf. STADEN, op. cit., p. 171-172; LÉRY, op. cit., p. 209; ÉVREUX, op. cit., p. 227. Esse sistema de subdivisão das terras cultiváveis e o elevado número de habitantes dos grupos

O proauto de cada horta devia ser consumido, em condições normais, pelo grupo restrito dos membros de cada lar polígeno. A mesma coisa acontecia com relação à caça e à pesca. "Criam elas (as mães) os filhos que tem; se são meninos, quando crescidos educam-nos para a caça. Cada filho entrega tudo o que traz da caça à sua mãe que coze a dádiva e a reparte com os outros."[331] Isto, porém, só acontecia enquanto o indivíduo fosse um *Kunumy-uaçú*. Com o matrimônio, que ocorria ao passar para a categoria imediata (*Aua*), o indivíduo tornava-se um *Mendar-amo*. Então devia entregar o produto de seu trabalho à esposa.[332] De acordo com a observância da patrilocalidade ou da matrilocalidade, continuava a ajudar os próprios pais ou transferia estas obrigações para os pais da esposa. Em conjunto, isso mostra que havia um forte acento em direção à economia doméstica dentro do sistema econômico comunitário. E também evidencia que a repartição e o consumo dos recursos alimentares, em condições normais, processavam-se em estreita coerência com os princípios econômicos da produção.

    O estoque de alimentos existente no grupo familial estava sempre à disposição dos membros do mesmo, de acordo com suas necessidades. As refeições mais importantes eram tomadas em comum. O chefe de família sentava-se ou deitava-se em uma rede, enquanto os demais, inclusive os escravos, ficavam de cócoras em torno do alguidar. A comida era assim tirada diretamente da vasilha comum. De acordo com as observações de Léry, revelavam-se bastante sóbrios. Mas só deixavam de participar do repasto quando se consideravam saciados. Do mesmo modo, qualquer membro da família, e a qualquer hora do dia ou da noite, podia tomar a iniciativa de satisfazer à vontade o seu apetite. Se houvesse escassez de gêneros, porém, adotavam medidas especiais. O próprio chefe da família podia proceder à repartição do alimento disponível, em

---

    locais explicam a grande extensão das plantações indicada por Thevet – de 7 a 8 jeiras de terra ou seja, aproximadamente, de 13 a 15 mil metros quadrados (THEVET, *Singularidades da França Antarctica, a que outros chamam de América*, op. cit., p. 341-342.), adotando--se a tradução de "arpent", dada por Estevão Pinto (cf. Ibidem, p. 342.). A conversão é problemática e é difícil controlá-la pelas informações fornecidas por antropólogos contemporâneos. Herbert Baldus, respondendo a uma consulta do autor, afirmou que entre os Tupinambá a lavoura é praticada segundo um sistema diferente: cada família dispõe de trechos cultivados de mil metros quadrados (aproximadamente 20 por 50) no máximo, distribuídos na mata.

331 STADEN, op. cit., p. 171; GANDAVO, op. cit., p. 121.
332 ÉVREUX, op. cit., p. 131-132; SOUZA, op. cit., p. 380.

porções rigorosamente idênticas. As diferenças para menos geralmente ocorria em sua própria ração, como observa Gabriel Soares. Nos períodos de penúria ainda revelam grande resistência, passando "dois a três dias sem comer".[333]

Nestes períodos, entretanto, os laços de solidariedade funcionavam com grande eficiência nos grupos locais, envolvendo cooperação íntima e entreajuda econômica entre os vizinhos. Eis o que Léry escreve a tal respeito: "mostram os selvagens sua caridade natural presenteando-se diariamente uns aos outros com veações, peixes, frutas e outros bens do país; *e prezam de tal forma essa virtude que morreriam de vergonha se vissem o vizinho sofrer falta do que possuem*".[334] Esta expectativa de comportamento provocava fortes associações emocionais, a ponto de polarizar atitudes específicas com relação ao padrão descrito. Assim, a liberalidade constitui a o polo positivo, capaz de atribuir grande prestígio aos indivíduos, mesmo fora do círculo restrito do grupo local.[335] Cardim afirma que estimavam altamente a liberalidade, através da qual "cobram muita fama e honra".[336] A avareza constituía o polo negativo, sendo fortemente repelida como vergonhosa e desmoralizadora. O trecho de Léry é muito expressivo nesse sentido (ver especialmente as palavras grifadas). O mesmo Cardim também descreveu este fato, indicando que a "pior injúria que se podia fazer a um Tupinambá consistia em considerá-lo ou em designá-lo aos outros como avarento".[337] Parece-me que isso torna razoavelmente claro o que foi escrito acima sobre a repartição de uma perdiz entre todos os membros de um grupo local. Aliás, o padrão era observado em qualquer circunstância, mesmo que o produto obtido tivesse proporções mais exíguas.[338] "Se um deles mata um peixe, todos comem deste e assim de qualquer animal."[339]

---

333 SOUZA, op. cit., p. 376; sobre esta parte do trabalho: Ibidem, p. 375-376; THEVET, *Singularidades da França Antarctica, a que outros chamam de América*, op. cit., p. 187-188 e 345; ÉVREUX, op. cit., p. 155; LÉRY, op. cit., p. 114 e 119; CARDIM, op. cit., p. 145.
334 LÉRY, op. cit., p. 217.
335 ÉVREUX, op. cit., p. 126.
336 CARDIM, op. cit., loc. cit.; THEVET, *Singularidades da França Antarctica, a que outros chamam de América*, op. cit., p. 268; ÉVREUX, op. cit., loc. cit.
337 CARDIM, op. cit., loc. cit.; isto é unanimemente confirmado, e com grande abundância pelas fontes utilizadas.
338 NÓBREGA, op. cit., loc. cit.; CARDIM, op. cit., loc. cit.; ABBEVILLE, op. cit., p. 227.
339 NÓBREGA, op. cit., loc. cit.

Além disso, esses padrões de cooperação e entreajuda econômica davam origem a um sistema intragrupal de equilíbrio econômico, através do qual se processava uma redistribuição das utilidades econômicas. Assim, "aquele que apanha muito peixe reparte com os outros que pescam pouco".[340] O mesmo informante traduz esse princípio em linguagem geral, afirmando: "o que um tem em maior quantidade para comer do que outro, cede-lhe".[341] Quando as atividades a que se entregavam eram muito rendosas, procediam a uma primeira repartição do produto do trabalho no próprio ato. No caso da pesca ou da caça ser muito grande, por exemplo, dividiam-na imediatamente entre as pessoas presentes.[342] No seio do grupo local, porém, as redistribuições não assumiam um aspecto estritamente igualitário. Cada grupo familial recebia uma porção que devia ser proporcional às necessidades ocasionais.[343]

Esses padrões de cooperação social e de entreajuda econômica constituem os exemplos citados pelos cronistas como manifestações do comunismo tupinambá. Cardim concluía que os Tupinambá "vivem *commutatione rerum*".[344] A mesma coisa nos é asseverada por Nóbrega, ainda que com maior gasto de latim: "entre eles, os que são amigos vivem em grande concórdia e amor, observando bem aquilo que se diz: '*Amicorum ommia sunt communia*'".[345] O capuchinho Claude d'Abbeville é, porém, mais preciso, escrevendo que "embora possuam alguns objetos e roças particulares, não têm o espírito da propriedade particular e qualquer um pode aproveitar-se de seus haveres livremente".[346] Interpretando-se os comportamentos do tipo descrito em termos da estrutura comunitária dos grupos locais, verifica-se que eles constituíam uma necessidade imposta pela própria natureza do sistema econômico. O fato de a economia tupinambá ser uma economia de subsistência compelia os membros dos grupos locais a desenvolverem técnicas especiais de entreajuda econômica e de cooperação social. Se nenhuma família dispunha de estoques suplementares de alimentos e ocasionalmente os seus membros eram malsucedidos na caça e na

---

340 STADEN, op. cit., p. 159.
341 Ibidem, p. 167.
342 THEVET, *Singularidades da França Antarctica, a que outros chamam de América*, op. cit., p. 190.
343 Além dos trechos citados, ver especialmente ABBEVILLE, op. cit., p. 227.
344 CARDIM, op. cit., p. 152; ver também STADEN, op. cit., p. 172.
345 NÓBREGA, op. cit., p. 91.
346 ABBEVILLE, op. cit., p. 227.

pesca, por força tinham de esperar auxílio dos parentes e vizinhos. A racionalização da técnica desenvolveu padrões especiais de comportamento recíproco. Isso torna-se evidente quando se apreciam as relações de reciprocidade associadas àqueles atos. A compensação pelos serviços ou auxílios recebidos um dia, devia ser feita posteriormente, sob a forma de retribuição equivalente. Abbeville ressalta com muita argúcia a ênfase posta pelos Tupinambá na expectativa de um tratamento recíproco equitativo.[347] Penso que esta interpretação é legítima. Ela permite compreender claramente o tipo de cooperação desenvolvido pelos grupos domésticos interdependentes no interior do sistema econômico comunitário.

Devo tratar agora de um problema bastante árduo: quais eram, nessas condições, os limites entre a propriedade privada e a propriedade coletiva? Em primeiro lugar, todo um conjunto de territórios e os recursos naturais neles existentes pertenciam com exclusividade e em comum aos membros de um grupo local determinado. Mas é evidente que as formas de apropriação dos produtos agrícolas e dos demais produtos naturais acima descritos indicam, pelo menos, uma séria restrição à ideia de propriedade coletiva. Esta circunscrever-se-ia ao grupo de indivíduos associados em torno do chefe de uma família polígena. Assim se definia, por exemplo, a noção de exclusividade sobre os produtos de uma área determinada das roças em comum ou sobre os produtos obtidos na caça ou pesca por indivíduos pertencentes a distintos grupos familiais. A possibilidade de uma repartição equitativa destes recursos, como foi visto, existia de fato, repousando no princípio de retribuição equivalente e adiada. Mas, eis o problema, ocorreria a mesma coisa com os objetos de uso pessoal?

O seguinte trecho de Staden é bastante significativo: "seus tesouros são penas. Quem as tem muitas, é rico e quem tem cristais para os lábios e faces, é dos mais ricos".[348] Ele indica a existência de um conceito mais ou menos definido de posse pessoal, em relação aos objetos mencionados. Do mesmo modo pode-se interpretar outra informação de Salvador: "são tão fiéis uns aos outros que não há quem tome ou bula em coisa alguma sem licença de seu dono".[349] Entretanto, outras fontes importantes repetem aqui a mesma expli-

---

347 Ibidem, p. 95.
348 STADEN, op. cit., p. 172.
349 SALVADOR, op. cit., p. 56; ver também THEVET, *Singularidades da França Antarctica, a que outros chamam de América*, op. cit., p. 184 e p. 250, passim.

cação, em termos do comunismo tribal. Gabriel Soares, por exemplo, escreve incisivamente: "... o seu fato, e quanto tem, é comum a todos os da sua casa que querem usar dele; assim das ferramentas, que é o que mais estimam, como de suas roupas, se as tem, e do seu mantimento".[350] A citação é precisa. Entre os elementos especificados, *in genero*, estão incluídos os objetos de uso pessoal.

As outras fontes sugerem, com a mesma clareza, porém, a existência de um conceito de propriedade privada em relação aos objetos de uso pessoal. Esse conceito pode ser evidenciado, ainda com maior nitidez, quando se considera alguns ritos funerários.

Todos os objetos que pertenciam ao morto eram enterrados com ele.[351] E "todo aquele, que possui um dado objeto pertencente ao morto, evita retê-lo antes devolvendo-o publicamente".[352] Do mesmo modo, os que tinham presenteado o morto, apropriavam-se novamente dos objetos, "porque dizem que como um morre perde todo o direito do que lhe tinham dado".[353] Tudo isso evidencia a existência de uma noção de propriedade mais ou menos definida, na cultura Tupinambá, com relação aos objetos de uso pessoal. Além disso, é possível que esta noção de propriedade não estava completamente isenta de um conteúdo mágico e religioso. O contato daqueles objetos com o corpo de seu possuidor podia atribuir-lhes qualidades especiais, utilizáveis inclusive contra o próprio dono.[354] Thevet informa, por exemplo, que existem pajés feiticeiros. Quando alguém tinha um desentendimento grave com outra pessoa procurava-os. Todavia, a referência explícita exclui – o que é irrelevante em si mesmo – o emprego da magia contagiosa: "o fim é conseguir que o feiticeiro promova, por meio de venenos, a morte daqueles a quem se deseja mal".[355] O

---

350 SOUZA, op. cit., p. 380.
351 CARDIM, op. cit., p. 156; SOUZA, op. cit., p. 402; THEVET, *Singularidades da França Antarctica, a que outros chamam de América*, op. cit., p. 223; LÉRY, op. cit., p. 223; ÉVREUX, op. cit., p. 167; ABBEVILLE, op. cit., p. 256.
352 THEVET, *Singularidades da França Antarctica, a que outros chamam de América*, op. cit., p. 223.
353 CARDIM, op. cit., p. 156.
354 Cf. "Magia contagiosa". In: *Sir* FRAZER, James George. *The Golden Bough. A Study in Magics and Religion*. New York: The Macmillan Co., 1945, p. 37-45 (especialmente, p. 43--44); BASTIDE, Roger. *Éléments de Sociologie Religieuse*. Paris: Lib. Armand Colin, 1935, p. 18-20.
355 THEVET, *Singularidades da França Antarctica, a que outros chamam de América*, op. cit., p. 215.

aspecto religioso, envolvido pelo enterramento dos objetos com o seu dono, é indicado pela mesma fonte. "O objeto deve ser enterrado com o defunto, porquanto, não sendo restituído, acreditariam que a alma os viesse molestar."[356] Se por acaso alguém retinha um objeto pertencente ao morto, todo o grupo se reunia, indo enterrar o dito objeto, junto ao túmulo.[357] O morto devia iniciar uma grande viagem e para isso precisava de todo o seu equipamento; retendo-se os objetos, ele não podia partir, e tornava-se perigoso para a comunidade.[358] Combinando estas informações com outras, relativas à alienação dos bens do matador e do sacrificado, a mais modesta conclusão revela a existência de um elo profundo entre os objetos e a pessoa do possuidor. A consciência deste elo e sua objetivação cultural revelam uma noção precisa da posse exclusiva dos objetos de uso pessoal.

Parece-me, mesmo, que não existem incongruências reais entre as diversas fontes. As informações de Gabriel Soares, por exemplo, não contradizem as de Frei Vicente Salvador. O princípio de compensação equivalente e adiada esclarece de modo satisfatório esse fato. De acordo com observações de Ives d'Évreux, quando um Tupinambá desejava alguma coisa pertencente a um companheiro, pedia-a francamente, O pedido era sempre satisfeito, dependendo da presteza do grau de valor atribuído pelo dono à coisa possuída.[359] O beneficiado, contudo, ficava "na obrigação de dar ao outro também o que ele desejar".[360] Isto é, assumia o compromisso de retribuir-lhe posteriormente e de forma equitativa. Verifica-se, pois, que não ocorria interferência de padrões: um, entendido como "uma condição muito boa para frade franciscano",[361] e outro interpretado como "uma simples comutação de uma coisa por outra".[362] Mas, ao contrário, existiam na cultura tupinambá dois valores mutuamente complementares. Em primeiro lugar, uma noção relativa à posse exclusiva dos objetos de uso pessoal. Em segundo lugar, um princípio de compensação que

---

356 Ibidem, p. 223.
357 Idem, *La Cosmographie Universelle D'André Thevet Cosmographe du Roy*, op. cit., p. 923-925.
358 ÉVREUX, op. cit., p. 167-169; THEVET, *La Cosmographie Universelle D'André Thevet Cosmographe du Roy*, op. cit., p. 925.
359 ÉVREUX, op. cit., p. 125.
360 Ibidem, p. 126.
361 SOUZA, op. cit., p. 380.
362 SALVADOR, op. cit., p. 59.

tornava estes objetos: a) facilmente acessíveis a outras pessoas, aparentadas ou amigas; b) facilmente transmissíveis a estas mesmas pessoas. Doutro lado, é preciso dizer que nenhuma das partes perdia os seus direitos sobre os objetos de modo absoluto. A morte de um dos comparsas, *verbi gratia*, implicava em anulação recíproca dos compromissos. Ocorria então a restituição ou a reapropriação. Staden fornece um ótimo exemplo, entre vivos, da conservação virtual de direito de posse sobre as coisas doadas. Os seus senhores, *Nhaêpepo-oaçú*, o "Grande Caldeirão", e *Alkiudar-miri*, o "Pequeno Alguidar", deram-no de presente a *Ipirú-guaçu*, o "Grande Tubarão".[363] Apesar disso, escreve Staden, "*Nhaêpepo-oaçu* podia dispor de mim livremente e fez me sofrer muito. Quando se foi,[364] recomendou a *Ipirú-guaçu*, a quem me havia mandado de presente, que devia vigiar-me bem".[365]

Sobre o problema da alienação de bens, na sociedade tupinambá, só conheço duas alternativas. Ambas se relacionavam com os sacrifícios rituais. Mas, enquanto uma dizia respeito ao matador, a outra envolvia as cerimônias de renovamento da sepultura.

Após os rituais de execução, quando o matador ia entrando em sua maloca, os companheiros arremessavam-se aos objetos de seu uso pessoal.[366] Se tinha "alguma coisa boa, quem primeiro anda lhe toma até ficar sem nada".[367] Ele, por sua vez, nada devia fazer, deixando que levassem "tudo sem falar palavra".[368] As ligações destes comportamentos com ritos de morte e de nascimento são evidentes, pois mais tarde o matador adquiria um novo nome e outra personalidade. O outro exemplo é relatado por Thevet, e tem grande valor, porque nos informa sobre a única situação em que os objetos pertencentes a um morto podiam ser alienados de sua pessoa. No outro caso, assim que os Tupinambá entravam no grupo local, conduzindo um prisioneiro, levavam-no

---

363 STADEN, op. cit., p. 89.
364 Nhaêpepo-oaçu ausentou-se durante catorze dias da aldeia Ubatuba, onde também morava Ipiru-guaçu.
365 STADEN, op. cit., p. 104; ver também p. 106-108.
366 SOUZA, op. cit., p. 394; CARDIM, op. cit., p. 168; em seu manuscrito inédito Thevet também observa o comportamento do tipo descrito acima, em conexão com as cerimônias de renomação (ver MÉTRAUX, *La Religion des Tupinambá et ses rapports avec celle des autres tribus Tupi-Guarani*, op. cit., p. 125).
367 CARDIM, op. cit., loc. cit.
368 SOUZA, op. cit., loc. cit.

A economia Tupinambá – Ensaio de interpretação sociológica do sistema econômico de uma sociedade tribal

à maloca do defunto cuja sepultura devia ser renovada. Diante do escravo punham o arco, as flechas, a rede etc., objetos que tinham pertencido em vida ao defunto. Ele devia servir-se destes objetos enquanto vivesse. "Quanto ao arco e flechas ele lhes precisava lavar e limpar, porque não era permitido a nenhum deles se utilizar do bem de algum morto, até que aquele fosse visto por seus inimigos, por eles usado e liberado da corrupção, que eles pensavam existir".[369] Por meio do escravo, pois, levantavam a interdição que incidia sobre tais objetos. Estes podiam cair novamente em circulação. Mas, em resumo, a alienação dos bens ocorria, nas duas alternativas, após a destruição da pessoa do primitivo dono e de acordo com rituais estabelecidos. Acredito que o material exposto é também significativo para a discussão do problema da herança. Conforme um princípio tupinambá, básico em sua economia, a terra sempre produz tudo para todos.[370] Recapitulo aqui o fim do diálogo de Léry com o velho Tupinambá: "temos pais, mães e filhos a quem amamos, mas estamos certos de que depois da nossa morte a terra que nos nutriu também os nutrirá, por isso descansamos sem maiores cuidados". Nessa economia, em que a extração dos recursos naturais e a produção agrícola baseavam-se no consumo imediato e em que, normalmente, os objetos de uso pessoal eram enterrados com o seu possuidor, a herança de bens econômicos constitui um mau problema etnológico. Contudo, o levantamento da interdição dos objetos, acima descrito, pode ser encarado como uma forma de propriedade. Do mesmo modo, o controle sobre os territórios ocupados eventualmente por cada grupo local passava de modo ininterrupto de uma geração para outra.

Em resumo, constata-se o desenvolvimento de profundos laços de interdependência dos grupos familiais e de solidariedade intragrupal, em virtude da complementaridade econômica daquelas subunidades vicinais. Esses laços exprimiam-se concretamente na obrigação de entreajuda econômica e de cooperação social, nos casos de insucesso de alguns grupos familiais ou de crises circunstanciais no abastecimento da comunidade. O principal fator de equilíbrio no sistema econômico tupinambá consistia na observância de um comportamento recíproco, que pode ser traduzido em termos do princípio de retribuição equivalente e adiada. A forma característica de apropriação dos

---

369 SOUZA, op. cit., loc. cit.
370 LÉRY, op. cit., p. 154-155 e 209, e GANDAVO, op. cit., p. 121-122.

recursos naturais e agrícolas era coletiva. Mas restringia-se aos membros do grupo familial polígeno e da família grande, graças ao acento da economia doméstica no sistema econômico tupinambá. Em relação aos objetos de uso pessoal existia uma noção específica de posse exclusiva, que não eliminava a transferência temporária ou definitiva dos direitos de posse. Tal transferência envolvia a existência de laços íntimos de confiança e de amizade recíprocas e conduzia à intensificação dos mesmos. A alienação de bens econômicos só ocorria em concomitância com alterações na personalidade dos indivíduos (renascimento ou morte), de acordo porém com prescrições específicas. E a herança do patrimônio econômico reduzia-se essencialmente à conservação e usufruto de uma posição na biosfera.

Bibliografia

1 – Fontes teóricas:

BASTIDE, Roger. *Éléments de Sociologie Religieuse*. Paris: Lib. Armand Colin, 1935.

BRUNHES, Jean. *Geographie Humaine*. Ed. cond. por Pierre Deffontaines e Jean Brunhes Delamare. Paris: Presses Universitaires de France, 1942.

BUNZEL, Ruth. "The Economic Organization of Primitive Peoples". In: BOAS, Franz (Ed.). *General Anthropology*. New York: D. C. Heath and Co., 1938, p. 327-408.

DARWIN, Charles. *The Origin of Species by means of Natural Selection*. 6. ed. London: Watts and Co., 1945.

DAVIE, Mauricer R. *La Guerre dans les Sociétés Primitives. Son Rôle et son Évolution*. Trad. Maurice Gerin. Paris: Payot, 1931. caps. V, VI e VIII.

DURKHEIM, Emile. *La division del Trabajo Social*. Trad. Carlos G. Posada. Madrid: Daniel Jorro, 1928.

_____. *Les Formes Élémentaires de la Vie Religieuse. Le Système Totémique en Australie*. 3. ed. Paris: Lib. Felix Alcan, 1937.

EVANS-PRITCHARD, E. E. *The Nuer. A description of the modes of livelihood and political institutions of a Nilotic people*. Oxford: At the Clarendon Press, 1940.

FAUCONNET, Paul. *La Responsabilité. Étude Sociologigue*. 2. ed. Paris: Lib. Félix Alcan, 1928.

FRAZER, James George. *The Golden Bough. A Study in Magics and Religion*. New York: The Macmillan Co., 1945.

GINSBERG, Morris; HOBHOUSE, L.T.; WHEELER, G. C. *The Material Culture and Social Institution of The Simpler Peoples: an Essay in Correlations*. London: Chapman and Hall's, 1930.

HALBWACHS, Maurice. *Morfologia social*. Trad. Fernando de Miranda. São Paulo: Saraiva & Cia., 1941.

HERSKOVITS, Melville J. *Man and His Works. The Science of Cultural Anthropology*. New York: Alfred A. Knopf, 1948, p. 266.

_____. *The Economic Life of Primitive Peoples*. New York: Alfred. A. Knopf, 1940.

HOLLINGSHEAD, A. B. "Human Ecology". In: PARK, Robert E. (Ed.). *An Outline of the Principles of Sociology*. New York: Barnes & Noble Inc., 1943, p. 63-168.

HUBERT, Henri; MAUSS, Marcel. Essai sur la Nature et la Fonction du Sacrifice. *L'Année Sociologique*, Paris, Lib. Félix Alcan, v. II, p. 29-138, 1899.

LESSER, Alexander. Functionalism in Social Anthropology. *American Anthropologist*, v. 37, n. 3, parte 1, p. 386-393, 1935.

LUNT, P. S.; WARNER, W. Lloyd. *The Social Life of a Modern Community*. New Haven: Yale University Press, 1941.

MACKENZIE, R. D. "The Scope of Human Ecology". In: BURGESS, Ernest W. (Ed.). *The Urban Community*. Chicago: The University of Chicago Press, 1927, p. 167-182.

MANNHEIM, Karl. *Ideologia y Utopia*. Trad. S. Echavarria; intr. Louís Wirth. México: Fondo de Cultura Económica, 1941.

MARX, Karl. *El Capital*. Trad. Manuel Pedroso. México: Ediciones Fuente Cultural, [s.d.]. 5 v., v. I.

MYRES, John L. Devastation. *The Journal of The Royal Anthropological Institute of Great Britain and Ireland*, v. LXXIII, parts I and II, p. 17-23, 1943.

NASH, Phileo. "The Place of Religious Revivalism in the Formations of the Intercultural Community on Klamath Reservation". In: EGGAN, Fred (Ed.). *Social Anthropology of North American Tribes*. Chicago: The University of Chicago Press, 1937, p. 372-442.

RADCLIFFE-BROWN, A. R. On The Concept of Function in Social Science. *American Anthropologist*, v. 37, n. 3, part 1, p. 394-402, 1935.

SIMIAND, François. *Le Salaire, l'Évolution Sociale et la Monnaie. Essai de Théorie Experimental du Salaire*. Paris: Lib. Félix Alcan, 1932. 3 v., v. II.

THURNWALD, Richard. *L'Economie Primitive*. Trad. Charles Mourey. Paris: Payot, 1937.

WEBER, Max. *Economia y Sociedad*. Trad. J. Medina Echavarria. México: Fondo de Cultura Económica, 1944. 4 v., v. I.

_____. *Historia Económica General*. Trad. M. Sanches Sarto. México: Fondo de Cultura Económica, 1942.

2 – Fontes de elaboração etnológica sobre os Tupinambá:

BALDUS, Herbert. *Fontes primárias para o estudo dos índios do Brasil quinhentista*. São Paulo: Instituto de Administração São Paulo, 1948. Publicação n. 28.

_____. *Ensaios de etnologia brasileira*. São Paulo: Companhia Editora Nacional, 1937.

KRICKEBERG, Walter. *Etnología de América*. Trad. P. Hendrich. México: Fondo de Cultura Económica, 1946.

LOWIE, Robert H. *The History of Ethnological Theory*. London: George G. Harrap & Co., 1937.

MÉTRAUX, Alfred. *La Civilisation Matérielle des Tribus Tupi-Guarani*. Paris: Lib. Orientaliste Paul Geuthner, 1928.

_____. *La Religion des Tupinambá et ses rapports avec celle des autres tribus Tupi-Guarani*. Paris: Lib. Ernest Lerou, 1928.

_____. *Migrations Historiques des Tupi-Guarani*. Paris: Lib. Orientale et Américaine, 1927.

_____. Les Hommes-Dieux chez les Chiriguano et dans l'Amérique du Sud. *Revista del Instituto de Etnología de la Universidad Nacional de Tucumán*, Museo de História Natural de la UNT, Argentina, tomo II, p. 61-91, 1931.

NIMUENDAJÚ, Curt Unkel. *Leyenda de la Creación y Juicio Final del Mundo como Fundamento de la Religion de los Apapokuva-Guarani*. Trad. Juan Francisco Recalde. Carta-prefácio de Herbert Baldus. São Paulo: [s.n.], 1944. Cap VII. Mimeo.

PINTO, Estevão. *Os indígenas do Nordeste*. São Paulo: Companhia Editora Nacional, 1935 e 1938. 2 v.

SAINT-ADOLPHE, J. C. R. Milliet de. *Dicionário Geográfico, Histórico e Descritivo do Império do Brasil*. Paris: J. P. Aillaud, 1845. 2 v.

SCHADEN, Egon. Ensaio etnossociológico sobre a mitologia heroica de algumas tribos indígenas do Brasil. *Revista de Sociologia*, São Paulo, v. 7, n. 4, p. 5-172, 1945.

3 – Descriminação das fontes primárias:[1]

ABBEVILLE, Claude D'. *História da missão dos padres capuchinhos na Ilha do Maranhão e terras circunvizinhas; em que se trata das singularidades admiráveis e dos costumes estranhos dos índios habitantes do país*. Trad. Sérgio Milliet; intr. e notas Rodolfo Garcia. São Paulo: Livraria Martins, 1945. Texto original: *Histoire de la Mission des Pères Capucins en L' Isle de Maragnan et Terres Circonuoisines ou est traicte des singularitez admirables & des Moeurs merveilleuses des Indiens habitans de ce pays avec les missiues et aduis qui ont este enuoyes de nouue*. Paris: Imprimerie de François Hvby, 1614.

---

1   Sempre que foi possível, lancei mão das traduções e das edições acessíveis (quando recomendáveis e fidedignas). Procurei fazê-lo pensando na necessidade de multiplicar as possibilidades de controle, por parte dos leitores, dos resultados aqui expostos. As edições originais indicadas serviram como fonte de controle das traduções; doutro lado, delas extraí a documentação iconográfica, que ilustra o presente trabalho.

ACUÑA, Cristóbal de; CARVAJAL, Gaspar de; ROJAS, Alonso de. *Descobrimento do Rio das Amazonas*. Traduzidos e anotados por C. de Mello Leitão. São Paulo: Companhia Editora Nacional, 1941. Contém: "Descobrimento do Rio Orellana" (Fr. Gaspar de Carvajal); "Descobrimento do Rio Amazonas e suas Dilatadas Províncias" (notas de Pedro Teixeira; supõe-se que este documento foi escrito por Alonso de Rojas); "Novo Descobrimento do Grande Rio das Amazonas" (Cristóbal de Acuña).

ANCHIETA, José de, S.J. *Cartas, informações, fragmentos históricos e sermões do padre Joseph de Anchieta, S.J. (1554-1594)*. Publicação da Academia Brasileira de Letras. Rio de Janeiro: Livraria Civilização Brasileira, 1933. Nota preliminar de Afrânio Peixoto; transcrição de um estudo de Capistrano de Abreu sobre a "Obra de Anchieta no Brasil"; introdução de Afrânio Peixoto e bibliografia de padre José de Anchieta; anotações e prefácio de Antonio de Alcântara Machado.

BRANDÃO, Ambrósio Fernandes. *Diálogos das grandezas do Brasil*. 2. ed. pela Academia Brasileira de Letras, corrigida e aumentada com numerosas notas de Rodolfo Garcia. Introdução de Jayme Cortesão e transcrição da introdução de Capistrano de Abreu. Rio de Janeiro: Dois Mundos Editora, 1943.

CARDIM, Fernão. *Tratados da terra e gente do Brasil*. 2. ed. Introdução e notas de Batista Caetano, Capistrano de Abreu e Rodolfo Garcia. São Paulo: Companhia Editora Nacional, 1939.

CARTAS JESUÍTICAS: Cartas Avulsas (1550-1568). Rio de Janeiro: Academia Brasileira de Letras, 1931. Nota preliminar, introdução "Sinopse da história do Brasil e da missão dos padres jesuítas, de 1549 a 1568", "Missão jesuítica ao Brasil de 1549-1568", de Afrânio Peixoto; notas de Alfredo do Vale Gabral.

CARTAS JESUÍTICAS: Novas Cartas Jesuíticas (de Nóbrega a Vieira). Organização de Serafim Leite, S.J. São Paulo: Companhia Editora Nacional, 1940. Prefácio de Afrânio Peixoto, introdução de Serafim Leite.

ÉVREUX, Yves D'. *Viagem ao Norte do Brasil, feita nos anos de 1613 a 1614*. Introdução e notas de Ferdinand Denis; tradução de Cesar Augusto Marques. Maranhão: [Typ. de Frias], 1874; Edição francesa: *Voyage dans le nord du Brésil fait durant les années 1613 et 1614 par le père Yves d'Évreux... avec une introduction et des notes par M. Ferdinand Denis....* Publié d'après l'Exemplaire Unique Conservé à la Bibliothèque Impériale de Paris, avec une introduction et des notes par M. Ferdinand Denis. Leipzig; Paris: Librairie A. Franck, 1864.

GANDAVO, Pero de Magalhães. *História da Província de Santa Cruz*. Lisboa: Tip. Antonio Gonçalves, 1576. Edição brasileira utilizada neste trabalho: CINTRA, Assis. *Nossa primeira história*. São Paulo: Melhoramentos, 1922.

HERIARTE, Mauricio de. "Descrição do estado do Maranhão, Pará, Corupi e Rio das Amazonas". In: VARNHAGEN, F. A. (Visconde de Porto Seguro). *História geral do Brasil, antes de sua separação e independência de Portugal*. 3. ed. integral. São Paulo: Melhoramentos, [s.d.], p. 211-237. Tomo III.

JABOATÃO, Antonio de Santa Maria. *Novo orbe seráfico brasílico ou crônica dos Frades Menores da Província do Brasil*. Rio de Janeiro: Ed. do Instituto Histórico e Geográfico Brasileiro, 1858-1859. 2 tomos.

KNIVET, Antonio. Narração da viagem que, nos anos de 1591 e seguintes, fez Antonio Knivet, da Inglaterra ao Mar do Sul, em companhia de Thomaz Cavendish. Tradução do holandês por J. H. Duarte Pereira (a edição original é em inglês, mas o tradutor utilizou-se da edição holandesa de Pieter, Van der Aa, Leyde, 1707). *Revista Trimestral do Instituto Histórico e Geográfico e Etnográfico do Brasil*, Rio de Janeiro, tomo XI, p. 183-272, 1878.

LAET, Jean de. *L'Histoire du Nouveau Monde ou Description des Indes Occidentales*. Contenant dix-huit livres, Enrichi de nouvelles Tables Geographiques & Figures des Animaux, Plants & Fruicts. [S.l.]: Leyde, Bonaventure & Abreham Elfeuiers Impressores, 1640.

LEITE, Serafim, S.J., (Ed.). *Cartas jesuíticas: Novas Cartas Jesuíticas (De Nóbrega a Vieira)*. Prefácio de Afrânio Peixoto; introdução de Serafim Leite. São Paulo: Companhia Editora Nacional, 1940.

LÉRY, Jean de. *Viagem à Terra do Brasil*. Tradução integral e notas de Sérgio Milliet, segundo a edição de Paul Gaffarel, com o colóquio na língua brasílica e notas tupinológicas de Plínio Ayrosa. São Paulo: Livraria Martins, 1941. Original francês: *Histoire d'un voyage fait en la Terre du Brésil, autrement dite Amérique. Contenant la navigation, choses remarquables, veues sur mer par l'aucteur: Le comportement de Villegagnon, en ce pays là. Les moeurs et façons de vivre estranges des Sauvages Ameriquains: avec un colloque de leur Langage. Ensemble la description de plasieurs Animaux, Arbres, Herbes, autres choses singulières, du tout inconnues par deçà, dont on verra les sommaires des chapitres au commencement du livre. Non encores mis en lumière, pour les causes contenues en la préface. Le tout recueilli sur les lieux par Jean de Léry natif de la Margelle, terre de sainct Sene au Duché de Bourgongne. Seigneur, et je te celebreray entre les peuples, et te diray Pseaumes entre les nations. Revu, corrigée & bien augmentée de discours notables, en cette troisième édition.* Paris: Antoine Chuppin, M. D. LXXXV.

MARGGRAF, J. *História Natural do Brasil*. Tradução de mons. José Procópio de Magalhães. São Paulo: Imprensa Oficial do Estado (edição comemorativa do Centenário da Imprensa Oficial do Estado de São Paulo), 1942. O livro VIII, "que trata da própria religião e dos indígenas" (p. 260-292), foi traduzido por Nadir Raja Gabaglia, sendo comentado por Heloisa Alberto Torres e Plínio Ayrosa.

MONTOYA, Antonio Ruiz de. "Primeva catechese dos indios selvagens, feita pelos padres da Companhia de Jesus". In: *Manuscrito Guarani da Biblioteca Nacional do Rio de Janeiro sobre a primitiva catechese dos indios das Missões*. Tradução portuguesa, notas e um esboço gramatical do Abáñee por Batista Caetano de Almeida Nogueira; a edição foi dirigida por Benjamin Franklin Ramiz Galvão, que fez o confronto com os originais da "Conquista Espiritual". Rio de Janeiro: [s.n.], 1879.

NÓBREGA, Manoel de. *Cartas do Brasil, 1549-1560*. Rio de Janeiro: Academia Brasileira de Letras, 1931. Nota preliminar de Afrânio Peixoto, prefácio de Valle Cabral, notas deste e de Rodolfo Garcia; contém ainda: FRANCO, Antonio. "Vida do Padre Manoel da Nóbrega" (p. 21-69).

PIGAFETTA, Antonio. *Primer Viaje en Torno del Globo*. Tradução de F. Ruiz Morcuende. Buenos Aires: Espasa-Calpe, S. A., 1941.

SALVADOR, Vicente do. *História do Brasil*. Nova edição revista por Capistrano de Abreu. São Paulo: Weiszflog Irmãos, 1918.

SOUSA, Pero Lopes de. *Diário da navegação de Pero Lopes de Sousa (1530-1532)*. Edição de Paulo Prado. Prefácio de J. Capistrano de Abreu e comentários de Eugênio de Castro. Rio de Janeiro: Typographia Leuzinger, 1927. 2 v.

SOUZA, Gabriel Soares de. *Tratado descriptivo do Brasil em 1587*. Edição corrigida e notas de Francisco Adolfo de Varnhagen. 3. ed. São Paulo: Companhia Editora Nacional, 1938.

STADEN, Hans. *Duas viagens ao Brasil. Arrojadas aventuras no século XVI entre os antropófagos do Novo Mundo*. Livro Primeiro: *As viagens*. Livro Segundo: *A terra e seus habitantes*, transcrito ao alemão moderno por Carlos Fouquet e traduzido deste para o português por Guiomar de Carvalho Franco. Introdução e notas de Francisco de Assis Carvalho Franco e mapas de Wilhelm Kloster. São Paulo: Sociedade Hans Staden, 1942.

THEVET, André. *Singularidades da França Antarctica, a que outros chamam de América*. Prefácio, tradução e notas de Estevão Pinto. São Paulo: Companhia Editora Nacional, 1944. Original francês: *Les Singularitez de la France Antarctique, Autrement nommée Amerique; & de plusieurs Terres & isles decouvertes de nostre Temps*. Paris: Les heritiers de Maurice de la Porte, au Clos Bruneau, à l'enseigne S. Claude, 1558.

_____. *La Cosmographie Universelle D'André Thevet Cosmographe du Roy*. Illustrée de Diverses Figres des choses plus remarquables veues par l'auteur, & incogneues de nos Anciens & Modernes. Paris: Pierre l'Huillier, 1575. 4 tomos, 2 v.; o material sobre o Brasil e os Tupinambá está no v. II do tomo IV, p. 908ss.

VASCONCELLOS, Simão de. *Notícias curiosas e necessárias sobre o Brasil*. Rio de Janeiro: Imprensa Nacional, 1824.

_____. *Chronica da Companhia de Jesus do Estado do Brasil e do que obraram seus filhos nesta Parte do Novo Mundo*. Em que trata da Entrada da Companhia de Jesus nas partes do Brasil, nos Fundamentos que N'ella lançaram e Continuaram seus Religiosos, e Algumas Notícias Antecedentes, Curiosas e Necessárias das Cousas d'aquelle Estado. 2. ed., corrigida e aumentada. Lisboa: Casa do Editor A. J. Fernandes Lopes, MDCCCLXV, 2 v.

A Revolução Constitucionalista e o estudo sociológico da guerra

Florestan Fernandes, Revista do Arquivo Municipal, São Paulo, n. 123, p. 23-35, mar. 1949.

A guerra, como fenômeno social, tem preocupado singularmente os psicólogos, antropólogos e sociólogos contemporâneos. Para isso, muito contribuíram os acontecimentos que envolveram o mundo ocidental na Segunda Grande Guerra e as controvérsias provocadas pela aplicação bélica da energia atômica. Depois de terríveis experiências históricas, o homem ocidental procura descobrir, através das ciências humanas, o que alguns psicólogos chamam de *sucedâneos* da guerra, e o que certos antropólogos preferem designar como *equivalente cultural* da guerra. Os sociólogos, provavelmente por questões de modéstia, têm-se limitado a proposições menos ambiciosas, satisfazendo-se com tentativas de explicação da função social da guerra nas diferentes sociedades humanas. Acreditam que poderão, assim, conhecer cientificamente os fatores que determinam a integração da guerra em sistemas sociais tão diversos, como seria por exemplo a sociedade Tupinambá comparada com a sociedade em que vivemos, e indicar, na base de tal conhecimento, técnicas sociais de tratamento da guerra. Admitindo que um problema social só pode ser resolvido por meios sociais, os sociólogos não se iludem com as perspectivas exageradamente otimistas dos psicólogos e antropólogos. Por isso interrogam com tanto interesse a organização social dos diferentes povos, visando extrair dela, senão a eliminação das estruturas guerreiras da sociedade, da cultura e do comportamento humano, pelo menos um saber positivo sobre as formas sociais de controle da guerra.

Nem todas as sociedades dispõem, entretanto, de fontes históricas capazes de oferecer à investigação sociológica uma documentação suficientemente rica e completa. Com relação aos povos primitivos, *verbi gratia*, os sociólogos precisam se contentar com os dados que eles próprios conseguem recolher através da observação direta e com as indicações, nem sempre claras, dos fatos conservados pela tradição tribal. No caso dos povos primitivos que entraram em contato com os brancos a documentação, em geral, é a mais variada. Assim, pode-se estudar, com relativa profundidade, a função ecológica e social da guerra na sociedade Tupinambá, aproveitando-se os Léry, Gabriel Soares, Cardim, Knivet, Abbeville, Évreux etc. Mas é nos povos que dispõem da escrita, como as sociedades ocidentais, que a análise sociológica da guerra encontra um terreno suficientemente sólido. Em tais sociedades, um complexo conjunto de fontes históricas transmite para a posteridade fatos significativos para a explicação da emergência de guerras em determinadas conjunturas sociais e descrições mais ou menos satisfatórias sobre o desenrolar das mesmas. Diários de campanhas, memórias, autobiografias e correspondência de militares, descrições de ex-combatente, romances, ensaios históricos, documentos e mapas oficiais etc. fornecem à sociologia uma base empírica tão consistente quanto a que se poderia conseguir pela observação direta. A leitura das penetrantes páginas de Simmel sobre a guerra como fenômeno social dá uma ideia do que se poderá obter, quando se tentar a exploração sistemática dessas fontes.

Entre os livros por mim recebidos ultimamente, encontra-se o diário de um ex-combatente da "Revolução Constitucionalista", o qual comporta um aproveitamento desse gênero. Trata-se de *Palmares pelo avesso* (Ipê, São Paulo, 1947), em que o autor, Paulo Duarte, nos oferece uma descrição viva e dramática da sua participação nos combates do *Destacamento Leste*. Por meio desse relatório, pode-se acompanhar, *pari passu*, as sucessivas retiradas das tropas constitucionalistas, de Cachoeira até Aparecida, e as batalhas travadas entre elas e as tropas federais. Na qualidade de *diário de campanha*, o livro contém dados suscetíveis de utilização sociológica. Em primeiro lugar fornece uma base empírica suficientemente sólida para permitir a reconstrução histórica das operações dos exércitos insurreto e legalista na referida frente de batalha. Em segundo lugar, a documentação apresentada descreve situações em que o autor se viu envolvido com os seus companheiros de armas. Por isso, pode ser aproveitada em duas direções. Na parte propriamente autobiográfica, dá abundante material para um "estudo de caso", em que o problema central seria de mudança de personalidade: como as condições de existência social nas trincheiras transformam a mentalidade de um *civil*, provocando lentamente a emergência de sentimentos, emoções e atitudes característicos do *soldado*. Na parte narrativa, reúne informações sobre a vida na frente de combate e descrições de cenas cotidianas ou de atividades rotineiras, bastante significativas para a análise das atitudes e do comportamento dos soldados, das relações dos soldados nas trincheiras, bem como do aparecimento e das manifestações de ideais coletivos.

Alguns exemplos poderão sugerir ao leitor a variedade e o tipo de documentação contida no livro. Seria interessante tomar-se, *verbi gratia*, as autoanálises de emoções e sentimentos contidas nas p. 25, 31, 33, 153 e 268-269. As autoexposições citadas não guardam entre si uma ordem de sequência lógica, mas constituem índices expressivos de mudanças de atitudes, relacionadas com a interferência de novos fatores sociais. São, em particular, evidências de mudanças de comportamento, motivadas pelo *status* de soldado e exercício dos papéis correspondentes. Assim, o autor viu-se envolvido, ainda calouro, em uma situação crítica: a insegurança de um tenente pôs em risco, em um momento difícil, a posse de um setor. Sua incapacidade de controlar as emoções, levou-o a desmaiar diante dos soldados e estes esboçaram um movimento de recuo. "Tive ímpeto de matá-lo, mas faltou coragem. Alguns dias depois, com mais algumas semanas na frente, quando o respeito pela vida humana deixa completamente o espírito dos mais tímidos e escrupulosos, te-lo-ia matado. Porém nesse dia de estreia sem querer, ainda não dominavam em mim as virtudes da guerra. Ao contrário, o medo da morte e a covardia em matar – os vícios da paz – é que nem sofreava direito para aparentar, àquele instante, a atitude que devia manter quem os soldados chamavam de capitão" (DUARTE, p. 24-25). Mas, pouco a pouco, o autor conseguiu despojar-se dos "vícios da paz", incorporando à sua personalidade valores que lhe permitiam compreender os "encantos da guerra". O processo pode ser descrito, utilizando-se o material do livro, em diversas direções. Neste comentário me limitarei à apresentação de alguns tópicos sobre a modificação de atitudes diante dos cadáveres, a capacidade de autodomínio e as representações sobre a morte. Os contatos com os cadáveres suscitavam, a princípio, reações subordinadas a padrões de comportamento inadequados. "Eram os primeiros cadáveres que eu via na frente. Senti repugnância em tocá-los. Enquanto os olhava, à beira da linha, esperando a gôndola, dançava no meu espírito tudo quanto pode pensar quem ainda não está adaptado à carnificina" (Ibidem, p. 31). Lentamente, as reações foram ajustadas à nova situação, de acordo com as expectativas e os padrões de comportamento vigentes nas trincheiras. Acompanha-se assim o processo através

A Revolução Constitucionalista e o estudo sociológico da guerra

do qual a cultura promove a racionalização das manifestações emocionais dos indivíduos, abrigando-os de si próprios, isto é, protegendo-os contra os resultados fatais a que estariam expostos se ficassem abandonados às contraditórias manifestações dos sentimentos pessoais. Encarando-se o processo do ângulo antropológico, pode-se compreender a progressiva "insensibilização" dos soldados como consequência da vigência de novos valores sociais. Portanto, a *insensibilidade* revelada pelos soldados, depois de ajustamentos bem-sucedidos, nem sempre pode ser encarada como perda de "qualidades" pessoais e de potencialidades emocionais. Constituem, apenas, expressões de tipos de racionalização e de controles sociais dos sentimentos e das emoções individuais, através de mecanismos culturais. Eis como se poderia ilustrar, com poucos trechos, esta explanação: "Aos poucos nos acostumamos com os encantos da guerra. Fizemos intimidade com o sangue e a morte. Já não olhávamos os cadáveres com a mesma repugnância. Nem pelo cérebro dançava agora, ao vê-los, qualquer comentário. Tocava-os sem pensar em lavar as mãos depois. Via-os sem atenção. Eram coisa inútil. Mandava-se um morto para trás, da mesma forma que as marmitas vazias ou as armas quebradas" (Ibidem, p. 33). "Esgotaram-me as reservas sentimentais. Acabara já de consolidar em mim a mentalidade de combatente. Sentia mortos todos os meus preconceitos, todas as superstições. Estou perfeitamente à vontade até para matar. Um dia destes, na frente, foi que descobri a morte de todos os meus escrúpulos. Uma granada derrubara vários soldados. Casualmente eu vinha chegando. Um médico socorria os feridos. Um destes fora largado atrás de uma moita junto a um cadáver ali oculto das vistas dos que ainda gemiam. Aproximei-me deste ferido que respirava uma espuma sangrenta. Uma bala no crânio, outra no peito. Estranhei que socorressem outros antes dos mais graves. Quando os padioleiros partiram com o último mutilado, o médico justificou. Nem bem despachara o meu sapador, ecoou um tiro atrás de mim.

Com a pistola na mão o médico explicou:
– Para limpar o cano, estava muito sujo...
Aproximei. O agonizante estremecia levemente. Acho que em qualquer outra eventualidade, teria tido qualquer impressão. Ali não senti nada. Até, nos rápidos momentos em que o caso me dançou na memória, achei razoável aquele método de dar uma solução rápida a uma situação irremediável..." (Ibidem, p. 152-153). "Coisa curiosa: há três dias senti remorso por haver matado

um porco. E hoje não senti nada ao matar um homem... Nunca tivera tido até agora a certeza de haver sequer atingido alguém. Neste momento tinha a convicção, todas as provas ali estavam. Certeza absoluta não de o haver ferido, mas de o ter matado, porque não o atingi com um fuzil, o que poderia fazer admitir a hipótese de um ferimento apenas. Mas de uma rajada em cheio, ninguém escapa! E depois eu o vi por algum tempo após a queda. Lembrei-me quando se alçou, depois da rajada, tão perto que cheguei a ver-lhe as feições. Os olhos esbugalhados, abandonando o fuzil com o qual vinha de atirar. Uma rajada era uma rajada. Fosse onde fosse, o fato é que eu tinha matado um homem. E eu não sentira a menor impressão" (Ibidem, p. 268-269).

Os textos citados mostram que o abandono de certas convenções e atitudes prende-se ao fato de determinados padrões de comportamento deixarem de ter vigê*f*ncia nas situações enfrentadas pelos soldados na guerra. O *status* de guerreiro está polarizado em torno de padrões de comportamento cuja observância desenvolve qualidades especiais e modifica profundamente a perspectiva social dos indivíduos. Entre outras, as representações sobre a vida e a morte adquirem outro significado e função. Atitudes que em situações anteriores acentuavam o valor da vida humana, assumem um sentido específico: com referência ao "nosso grupo", conservam todo o conteúdo positivo; em relação ao inimigo, porém, exprimem-se de modo negativo: o sucesso e a preservação de um grupo dependem estreitamente do aniquilamento total ou parcial do grupo antagônico. As *atitudes humanitárias* são assim restringidas e suas manifestações concretas convertem-se em um mecanismo de proteção dos que lutam de um mesmo lado ou por uma mesma causa. Contudo, as representações sobre a morte sofrem redefinições mais radicais. Pois aqui torna-se necessário integrar o guerreiro em um duplo sistema de ajustamentos. De um lado, ele precisa reelaborar suas concepções sobre o significado da morte. Esta cai de chofre dentro da esfera da consciência como uma ameaça permanente. Por isso, a ideia de que a morte é uma probabilidade constante e talvez um prêmio certo sublinha todas as atividades rotineiras, das mais simples às mais complexas. A noção de *perigo* acaba recebendo nova interpretação, e o clima de heroísmo emerge dentro de uma configuração cultural em que os atos deixam de ter, em si mesmos, um caráter excepcional ou dramático. Tornam-se exigências da situação e a consciência do alcance dos mesmos nem sempre nasce de um ímpeto heroico. De outro lado, o guerreiro precisa, como em relação à ideia de vida, integrar suas atitudes em duas categorias culturais discrepantes: uma, que se associa a manifestações emocionais positivas, relativamente fortes, quanto às perdas do "nosso grupo"; outra, que traduz polarizações negativas das emoções individuais, nos casos de insucessos fatais para os inimigos. O grau de regulamentação ou de controle sociais de ambos os tipos de emoções é que determina a intensidade das ações agressivas e retaliadoras nas operações coletivas. Em grande parte, a integração do "nosso grupo" flutua em função dos mecanismos sociais de sublimação das emoções pessoais em atos construtivos, propostos em termos de objetivos do grupo. Por meio desses mecanismos, as emoções pessoais positivas são canalizadas para os alvos do "nosso grupo" e as emoções pessoais negativas são contidas, nas exteriorizações objetivas, dentro dos limites de represália estabelecidos pelo "nosso grupo". Quando esses mecanismos sociais não se ajustam equilibradamente uns aos outros e à situação total enfrentada pelo grupo, a ação dos guerreiros fica entregue às flutuações dos sentimentos e emoções pessoais; a integração ao "nosso grupo" das atividades de cada um, considerado individualmente, e a coordenação das atividades propriamente grupais processam-se com dificuldades. Surge então um ambiente propício à desorganização da personalidade e da ação coletiva. Manifestações desarticuladas de bravura e de desespero pessoais, bem como de pusilanimidade e covardia individuais, tornam-se frequentes, interferindo seriamente no equilíbrio do sistema organizatório do "nosso grupo". O livro comentado oferece ampla base empírica (além dos trechos já citados) para uma análise deste tipo, permitindo a evidência de que o fracasso da "Revolução Constitucionalista" se deve, em parte, ao funcionamento inadequado dos referidos mecanismos grupais de regulamentação do comportamento e de organização das atividades coletivas (cf. Ibidem, p. 15-329).

A documentação fornecida pelo livro permite lidar, porém, com problemas menos gerais. Assim, é interessante acompanhar a mudança de atitudes diante dos objetos desejados (cf. Ibidem, p. 130-133). "O soldado em campanha, com a maior naturalidade deste mundo, tenha sido ele na vida normal o homem mais honesto da terra, vai se apossando de tudo quanto lhe caia debaixo dos olhos. A desapertação faz parte dos usos e costumes militares. Desapertar tudo quanto encontra é o pensamento mais comum que viaja debaixo de uma farda combatente" (Ibidem, p. 130). O autor descreve as próprias indecisões, quando precisou "desapertar" um binóculo; mas, através de uma série de racionalizações, chegou à conclusão de que o binóculo estaria servindo melhor em suas mãos e conseguiu ganhá-lo de "presente". Outra sugestão de interesse sociológico refere-se ao emprego sincrônico das metralhadoras. Os soldados obtinham certos efeitos sônicos, como o zé-pereira, combinando as rajadas com perícia. Com isso animavam os companheiros e quebravam parte da monotonia das perigosas atividades rotineiras. Do mesmo gênero são as atitudes de réplica: "O Felício comentou: – Vamos repicar o jogo do inimigo: os seus 120 mais 30!..." (Ibidem, p. 203). Essas seriam, para os sociólogos e antropólogos que veem na guerra uma espécie de jogo, ilustrações significativas. Há também o registro de várias cenas da vida dos soldados nas trincheiras, através das quais o sociólogo pode ter conhecimento dos assuntos prediletos nas conversações e dos valores sociais básicos que as informam. Apesar dos efeitos literários que o autor procura tirar, pode-se avaliar o teor analítico de tais descrições pelo seguinte excerto:

"Um mulato claro contava um montão de inimigos que, na frente sul, varrera com a metralhadora. Os companheiros aparteavam, cada um memorando também uma valentia.

– Não se lembra, naquele dia, perto de Faxina? Ô! dia feio! Nunca fabriquei tanto morto, na minha vida! De noite, o batalhão inteiro estava de capote novo oferecido pelos defuntos.

– Agora, um bicho foi ali o André! Hein? André! Abriu o peito dum capitão mineiro com a granada de mão!

O André, sorrindo, veio contar a sua história. Quase um adolescente. Fora no Túnel. De madrugada, o inimigo assaltou as trincheiras. O pessoal plantou firme. Mas, depois, acabou a munição e o apertado mandou lembrança! Aí o comandante disse para escorar com a granada de mão. O inimigo, quando viu a trincheira quieta, avançou, pensando que tudo tinha fugido. Foram chegando de vagar. Bem pertinho, êta Nossa Senhora! Quanta porrada! Os abacaxizinhos fizeram uma limpeza! Era pedaço de mineiro pra toda banda! A mineirada, que ainda pôde, desandou pelo morro abaixo que parecia pedra rolando!

E prosseguiu:

Foi aí que eu vi um capitão deles procurando animar o pessoal. Não tive dúvida, pulei pra fora da trincheira, já com o tatuzinho sem colchete pronto para arrebentar. O capitão, quando me viu, virou o revólver, mas já a granada arrebentava mesmo em riba do peito dele! Eh! rapaz, só ficou a casca! Abriu desde o peito até detrás da bunda. (O pequeno ilustrava com o gesto, indicando o próprio corpo). Espirrou tripa e bofe pra todo lado! concluiu, cuspindo de esguicho.

Uma risada de aplauso cobriu a descrição. O fato foi confirmado por companheiros. Olhares de admiração, de inveja, cercaram o heroizinho, que estava de verve:

— Nesse dia, eu ganhei a divisa de cabo e um capacete novo.

— A divisa, o meu capitão. O capacete, o defunto.

O aplauso geral traduziu o sonho de cada um por oportunidade igual. Nem sempre vinham, ao mesmo tempo, o par de preciosidades, capacete e divisas" (Ibidem, p. 22-23). Esse trecho também descreve as formas aprovadas de obtenção de prestígio. Aliás, este é um tema que merece menção especial, em virtude da abundante documentação fornecida pelo livro. A referência mais explícita à correlação de prestígio e *curriculum* guerreiro é a seguinte: "A metralhadora de cá, a do Barros, conhecia-se pela variante musical dos tiros. Um dos bons soldados, o Barros. Adaptou-se à guerra com a maior facilidade. Hoje, uma espécie de líder dos companheiros. Ganhou prestígio pela maneira única porque na guerra se ganha prestígio: matando" (Ibidem, p. 69).

Entre outros problemas sociológicos da guerra o leitor encontrará ainda, no relatório de Paulo Duarte, dados de fato para a análise da reação circular, das relações de companheirismo, da ética militar e da função de liderança nos grupos guerreiros. Quanto ao primeiro problema, é preciso esclarecer que o principal atrativo do material recolhido está no fato de se referir a uma situação social específica, na qual são visíveis as manifestações de desequilíbrio do sistema organizatório do exército constitucionalista. Por isso, como se constata por meio de diversas descrições, o "medo" eclodia com relativa frequência, substituindo por emoções desintegradoras o inaproveitamento cultural das aptidões e qualidades pessoais dos combatentes. Ao sociólogo interessam, especialmente, as observações sobre os processos de propagação e de retenção do medo. "Às vezes, só uma reação hercúlea pode evitar o domínio do medo. Em especial quando se manifesta coletivamente. Um nada pode provocá-lo. Vi tropa bater-se de dia e de noite, tesa, fria ao pior dos riscos. Passado o perigo, tudo calmo, sem a menor causa: rato que correu, o estalido de um galho seco, uma arma que disparou, é o pânico!" (Ibidem, p. 99). O autocontrole, em tais condições, é resultado de uma concepção de segurança profundamente penetrada pelas expectativas de perigo e pelas representações sobre a morte, desenvolvidas nas trincheiras, e depende em larga escala da capacidade grupal de ação e de ajustamento à situação crítica. "O segredo do domínio é não perder o raciocínio. Basta pensar que no mais das vezes a segurança está no lugar mais perigoso e a morte numa retaguarda, num ponto abrigado. Qualquer sobressalto é inútil. Aquele soldadinho assassinado, à nossa vista, no vagão, dias e dias andou pela frente de Bianor, fez a retirada de Queluz no próprio carro em que muitos foram atingidos pelas primeiras balas dos invasores. Foi morrer quando já não havia o menor perigo... A morte não veio do inimigo. Estava a meio metro, no fuzil do companheiro..." (Ibidem, p. 99). "No ambiente especial das linhas de fogo, essas coisas e mais o hábito vão pondo a gente indiferente e apático. Mas, apesar disso, é preciso um alerta contínuo, porque o medo é o melhor cúmplice do inimigo – cai de improviso. É preciso habituar-se a ter medo para dominá-lo bem" (Ibidem, p. 99). Em trecho anterior, encontra-se um bom exemplo de como se processava a retenção de um movimento incipiente de pânico e recuo: "O bombardeio, geralmente, começava às dez horas. Desde a véspera o rancho não chegava na trincheira. Um grupo do Piratininga distraía-se da fome, respondendo aos tiros inimigos. O Fernando, que trabalhava numa F. M., reclamava munição. O Pereira, que os comandava (o Piratininga quase nunca teve um oficial na trincheira), esperava o bombardeio da maneira por que numa trincheira se espera um bombardeio certo. Entremeadas com os tiros, as pilhérias nervosas cruzavam-se. O Fernando, que esvaziava outro pente, susteve uma frase ao meio, encostou a cabeça à beira da vala e, devagarinho, como um corpo cansado que se entrega aos poucos, foi escorregando para o fundo da trincheira. O companheiro que lhe passava a munição viu um fio vermelho na fronte do outro. Como uma criança que se assusta e chama pela mãe, o companheiro do Fernando chamou também:

– Pe-rei-ra!

O comandante do grupo fez estender o cadáver sobre uma lona. Escalou dois para levá-lo e mandou que se prosseguisse o fogo.

Como um grupo de crianças que se tivesse contagiado do susto da primeira criança, os rapazes cheios de comoção não sabiam obedecer. Um deles, chorando, declarou que não podia mais ficar ali. Outros fizeram coro com o primeiro. O choro já amolgava as feições de mais um. O Pereira, quase contagiado, pensou no pânico. Pensou no bombardeio que deveria iniciar. Pensou no provável ataque depois do bombardeio. Pensou na trincheira vazia ocupada pelo inimigo. Pálido, sibilino, malcriado, as palavras ricocheteando pelos dentes concordou com eles:

– Vocês têm razão! Vão embora depressa, porque agora vai começar o bombardeio!

O pranto estancou-se, as feições recompuseram-se. Dois minutos de silêncio e estourou a primeira granada. Durante uma hora duas baterias martelaram o Morro Verde.

Os meninos tinham virado homens" (Ibidem, p. 96-97).

Do mesmo modo, ocorrências insignificantes podem provocar uma debandada: "...Fizemos uma longa fileira, o tenente à frente, seguido dos homens e eu à retaguarda. Quase transpúnhamos o perigo, quando subitamente, em disparada, volta o tenente, para trás. A soldadesca apavorada debandou pela encosta abaixo.

– É a mim que eles estão visando! exclamava o tenente de olhos esbulhados. Por causa dos galões! continuou. Arranquei as platinas para desviar a atenção dos inimigos.

E mostrava os ombros rasgados pela violência com que arrebatara os galões.

– Ora, tenente, o inimigo está a oitocentos metros e a essa distância não se vê nem cara, quanto mais galões!

E ante o espetáculo dos homens rolando os barrancos, as armas atiradas fora, no pânico provocado pelo covardia de um oficial, roeu-me um desespero doloroso" (Ibidem, p. 57).

Na base de suas experiências, o autor oferece-nos uma representação vívida da influência da guerra na supressão das barreiras sociais: "Quase de manhã, uma sede horrível me torturava. Embora molhado completamente, tinha a garganta ressequida pelos gases da pólvora.

– Ninguém tem água, aí?

Aqui, tem um pouco, seu capitão.

Era um preto fantasticamente feio. Beiços inchados e feridos, dentes podres, gengivas escuras abertas num sorriso para me agradar. Eu testemunhara já a sua bravura e destemor. Mas tinha nojo da figura mulambenta que lembrava os morféticos de estrada. Agarrei-o (o cantil) rápido e emborquei, bebendo de um só trago o resto da água que continha, um líquido salobro com gosto de terra. Ao devolver o cantil ao dono, esse também tomava água. Ele também tinha sede. Estava bebendo numa poça suja à borda da trincheira. Toda a ternura que pode ter um homem que passou a noite combatendo, pus no meu agradecimento. *A trincheira nivela e acaba com os escrúpulos*" (Ibidem, p. 37-38; o grifo é meu).

A documentação sobre as relações sociais dos soldados entre si e com os oficiais é bastante rica. Mais do que estes aspectos da vida social nas trincheiras, porém, atraem a atenção do sociólogo no livro as consequências da composição heterogênea do exército constitucionalista. O ajustamento recíproco dos componentes do exército, principalmente os oficiais, foi perturbado pelos atritos devidos a sua extração de camadas sociais diversas: uns eram oriundos de corporações militares, outros da população civil. O autor nota "um orgulho tolo de quase toda a oficialidade de carreira, desprezando os civis que se tornaram oficiais, na linha de frente; pela gente do Exército não receber com boa cara o comando de superiores da polícia. Indivíduos incapazes de compreender que ali não existia mais nem esta nem aquela corporação, mas um exército novo, que deveria permanecer unido e forte contra um inimigo unido e forte!" (Ibidem, p. 58). Graças a essa situação, ocorriam interferências graves no sistema organizatório do exército constitucionalista. Tais antagonismos constituíam fatores de perturbação das atividades militares e muitas vezes provocavam resultados desastrosos... Eis um exemplo esclarecedor: "Este, uma noite, narrou-me o incidente da Vala Suja, no qual tomara parte. Tudo culpa exclusiva do tenente que comandava o Blindado. Ao atacar, por engano, a nossa trincheira, o próprio tenente, que não quisera ouvir o Nino sobre a sua localização, assumira uma das metralhadoras pesadas. O sargento Benjamin chamara-lhe a atenção sobre a possibilidade de um erro. Insensatamente e de má cara como fizera ao Nino, cortara a observação do sargento com um gesto brusco. E uma dezena de soldados nossos foram assassinados" (Ibidem, p. 281).

Quanto à ética militar, gostaria de indicar aqui apenas duas ocorrências. Uma, diz respeito às atitudes de honra: o trem Blindado caiu em uma tocaia. "A ordem de recuo foi dada, rápido. Vagarosamente, o trem principiava a rodar. Mais dois tiros seguidos e as granadas assoviavam arrebentando no flanco esquerdo" (Ibidem, p. 286). Nessa circunstância, o maquinista do trem pretendia guardar certas conveniências da ética militar: "a máquina chamou-me ao telefone. O Silva, maquinista, consultava se não seria melhor afastarmos vagarosamente para que o inimigo não pensasse que estivéssemos com medo..." (Ibidem, p. 286). A outra, refere-se à resposta que o capitão Saldanha deu a outro oficial: "[...] o militar não se deve julgar abandonado e sim honrado quando lhe dão um posto de sacrifício" (Ibidem, p. 237).

De toda a documentação exposta no livro, a mais rica e sólida corresponde às atividades e comportamento dos oficiais. O material contido nos quatro primeiros capítulos apresentam, pois, ampla consistência para uma análise sociológica da liderança nos grupos guerreiros. Mas a excelência da documentação não repousa no acúmulo de dados. Ao contrário, ela nasce da própria situação social criada pela revolução constitucionalista. Graças ao desequilíbrio patente do sistema organizatório das forças militares de São Paulo, dificilmente se encontrará melhor campo para a investigação sociológica da função social da liderança nos grupos guerreiros. A desorganização das atividades militares – dentro de toda a frente do Destacamento Leste em determinados setores da mesma frente, ou em certas posições, mantidas por forças voluntárias, da polícia ou do exército – permite estabelecer uma relação funcional entre o comportamento do líder e a ação da tropa. Embora outros fatores estivessem envolvidos, além das relações do tipo líder-e-soldado e soldado-e-líder, as descrições evidenciam que o exercício inadequado das funções de liderança foi uma das principais causas do fracasso militar da revolução constitucionalista. Poderia fazer várias citações, mas limito-me a algumas mais significativas: "O capitão Arcy aprovou com a cabeça e reforçou que o lugar do oficial é junto da tropa. O oficial é o primeiro que avança e o último que abandona as posições" (Ibidem, p. 21); "[...] a constituição, pela qual guerreávamos, tinha soldados. Mas faltavam oficiais" (Ibidem, p. 59); "por isso, não me revolto contra o soldado, mas contra o oficial que corre. Este tem obrigação de dominar-se" (Ibidem, p. 99); "sem repressão violenta contra os maus comandos, principalmente os pequenos comandos, o melhor soldado, o de moral mais firme, tem que correr para trás. Só um bom oficial é capaz de ensinar a um soldado correr para a frente..." (Ibidem, p. 188); "[...] no início, era evidente a má vontade dessa tropa. Efeito da má vontade dos oficiais, porque o soldado está sempre com a disposição do oficial. Mas os dormentes com que o trem Blindado os presenteou, o trabalho que íamos tentando junto aos mais fracos, iam mostrando-nos resultados animadores" (Ibidem, p. 275). A preocupação pelo assunto por parte dos oficiais manifesta-se, inclusive, nas conversações e no desejo de punir as contravenções à ética militar: "[...] o malogro destes batalhões de voluntários mais do que à fraqueza da mocidade, se devia aos maus comandos. Geralmente, os comandantes não iam às frentes, onde lutavam e caíam os seus soldados, nem por mera curiosidade... A única maneira de devolver a uma tropa a eficiência que deve ter, quando falta valor nos comandantes respectivos, é a sanção violenta contra os responsáveis. O capitão Saldanha pensava como eu: no dia que se encostar numa parede à frente de um pelotão um sargento ou um tenente cuja trincheira debandou, nunca mais nenhum soldado correrá. Porque os soldados até agora tinham corrido atrás do tenente ou do sargento..." (Ibidem, p. 162). No caso do exército paulista, as desaprovações ao comportamento dos oficiais atingiu a tropa; um sargento, por exemplo, protestou contra a avaliação negativa da unidade a que pertencia, atribuindo ao capitão o fracasso dos companheiros. "Não senhor. A tropa é boa. É só dar um comandante que ela vai para a frente!" (Ibidem, p. 151). Em resumo esses dados indicam precisamente a função do líder nos grupos guerreiros. A consecução dos objetivos grupais, nos campos de batalhas, depende em grande parte do comportamento do líder do grupo. Manifestações de indecisão ou de covardia, no comportamento do líder, podem provocar desorganização das atividades militares e quebra na unidade de ação do grupo.

Na realidade, a situação total era mais complexa. Deve-se considerar, especialmente, as diferenças de comportamento dos oficiais "militares" e "voluntários" – distinguindo-se ainda, entre os segundos, os que eram "constitucionalistas" dos que apenas participavam da "revolução constitucionalista". É evidente, à análise sociológica, que os ideais da *Revolução Constitucionalista* não conseguiram empolgar grande parte da oficialidade, oriunda das corporações militares ou da população civil, nem a maioria da tropa. Essa é uma das fontes de explicação da desorganização das atividades militares no Destacamento Leste. A falta de comunhão dos valores da revolução constitucionalista impediu o funcionamento dos mecanismos de ação recíproca do líder sobre a massa e da massa sobre o líder. Parece que a revolução constitucionalista fracassou seja na criação dos ideais políticos, que deveriam orientar a opinião pública, canalizar suas manifestações e coordenar as disposições inconformistas do povo, seja na propagação daqueles ideais. O clima de exaltação política

A Revolução Constitucionalista e o estudo sociológico da guerra

confinava-se aos núcleos urbanos mais densos, e a consistência dos valores que deviam presidir a "ação revolucionária" era pequena, em comparação com as consideráveis proporções do movimento. Os reflexos dessa situação nos setores militares foram apreciados acima: falta de coordenação das atividades militares, exercício inadequado das funções de liderança guerreira e passividade da tropa, que passou a depender da iniciativa e do comportamento dos oficiais. Se por acaso os ideais da revolução constitucionalista representassem valores sociais para a maioria da oficialidade, esta teria comunicado outros sentimentos e emoções aos soldados, obtendo da tropa uma ação mais decisiva e produtiva. Do mesmo modo, se os ideais da revolução constitucionalista fossem partilhados efetivamente pela maioria da tropa, esta teria agido sobre o ânimo dos oficiais: quer comunicando-lhes maior ardor combativo, quer promovendo a substituição dos recalcitrantes ou desajustados, processos normais em situações desta natureza.

Aliás, parte dos desentendimentos e conflitos dos oficiais "revolucionários" – principalmente "voluntários", mas havia também "militares" – com os demais oficiais "militares" e "voluntários" pode ser atribuída ao grau desigual de participação desses valores. Os primeiros encaravam os objetivos da guerra e as tarefas que deviam realizar, à custa de quaisquer sacrifícios, de uma perspectiva "revolucionária". Os segundos, ao contrário, julgavam-se livres de toda a espécie de compromissos ideológicos, apreciando as obrigações impostas pela revolução constitucionalista como parte de uma situação de fato. Os "militares", principalmente, tanto do Exército como da Polícia Estadual, tinham poucos motivos para se prenderem ao movimento, em particular depois que as possibilidades de fracasso se tornaram evidentes. Descarregaram a carga mais pesada nos ombros dos companheiros e dos oficiais "voluntários" reconhecidamente constitucionalistas e exerciam um tipo de sabotagem que se poderia qualificar de passiva; mas, assim que puderam, passaram à oposição aberta e sistemática.

É óbvio que as relações dos "revolucionários" com os demais componentes do exército constitucionalista traduzem tais antagonismos. O presente livro é uma transposição do "gradient" de desenvolvimento das relações entre as duas camadas do exército constitucionalista. No início, os elementos não revolucionários deram uma colaboração discreta, malgrado as manifestações de imperícia ou de intolerância; depois, em consonância com os progressos das tropas legalistas, procuraram agir sobre os próprios companheiros e subordinados, visando promover a cessação rápida da luta. Paulo Duarte exprime com ressentimento, como "revolucionário" que era, o desenvolvimento do "gradient" de relações sociais. De acordo com a análise precedente, tal ressentimento deve ser compreendido como consequência de conflitos motivados por antagonismos sociais e por diferenças ideológicas. Graças a ele, porém, o autor registrou muitos acontecimentos e fatos significativos, que provavelmente teriam passado despercebidos a um observador "desinteressado". Em primeiro lugar, vejamos o retrato do oficial "não revolucionário": "... a coisa mais inútil deste mundo é um tenente de retaguarda. A mais enquizilante também. Aparecem por minutos, numa elegância e numa prosápia ostensiva, para depois contar coisas lá atrás. Foi um destes que veio, um dia, aqui. Parecia cavalo de cabloco rico. Completamente arreado. Tinha tudo. Revólver, binóculo, canivete com serrinha, sacarrolhas, abridor de cerveja, furador, um canivete tipo caixa de ferramenta; e ainda uma combinação admirável de correias cruzando no peito, cruzando nas costas; um capacete de aço com as armas da República, esporas de metal branco, botas de verniz; culote com reforço de camurça..." (Ibidem, p. 133). Na frente, esses oficiais esforçavam-se para manter o mesmo tipo de vida a que estavam habituados. O autor encontrou "Cachoeira transformada num grande acampamento de ciganos. Ciganos elegantes. Automóveis entupindo as ruas. Moços elegantes da cidade transformaram o lugar numa sociedade elegante, mais ou menos com as mesmas pândegas e diversões. Ontem, vagabundos na paz, hoje vagabundos na guerra ..." (Ibidem, p. 15). E mesmo em situações criticas procuravam afastar dos ombros as cargas mais pesadas. Dois praças, por exemplo, recusaram-se a obedecer determinada ordem: "o primeiro retrucou. Ficássemos sabendo que eles tinham posição social" (Ibidem, p. 63). Mas as restrições voltam-se severas para os soldados das corporações militares: "Que ideia os cândidos cabloclinhos da Força Pública ou do Exército fariam de uma Constituição pela qual combatiam? Que ideia faziam dos malefícios da ditadura? Que ideia faziam da Lei, quando repetiam tantas vezes que combatiam pela Lei?..." (Ibidem, p. 30). E para os oficiais das mesmas corporações: "É verdade que não eram só oficiais da Força que, desde o início, vinham falhando. Muitos do Exército persistiam em dar a mais triste impressão de si. A maior parte, gente que acorreu, na certeza de uma vitória fácil nos primeiros momentos e, agora, com o prolongamento da luta vinha mostrando o que realmente era" (Ibidem, p. 238). O interesse deles pela revolução constitucionalista era tão pequeno, que nem lhes importava o aperfeiçoamento dos conhecimentos técnicos. "A Vala Suja fora o meu curso especializado e o meu curso de Estado-Maior, como estava sendo de outros como eu. E, no entanto, esses oficiais que com todas as facilidades contavam; que, quando nada, ao menos tinham ali campo de aperfeiçoamento num curso prático, na escola da guerra verdadeira; esses miseráveis nem ânimo de aprender possuíam! Não pensavam nem em melhorar no ofício, já que lhes faltava a dedicação pela causa!" (Ibidem, p. 58-59). O trecho mais expressivo, como índice de conflito ideológico, é o seguinte: "Em termos firmes, o Saldanha estranhou a atitude do alto-comando, assumida sem a menor consulta aos comandantes das frentes. A revolução não fora feita pelo G. Q. G. Não tinha este, pois, o direito de encerrá-la sem consultar aos seus camaradas. Assim, como a disciplina militar nos obrigava a obedecer de baixo para cima, a disciplina revolucionária obrigava o alto-comando a obedecer, até certo ponto, de cima para baixo. Tanto que, como general, o supremo comando não seguira a vontade expressa dos seus soldados que combatiam e do povo que dava alento ao exército paulista. Era assim um desertor do seu posto" (Ibidem, p. 314-315). A partir de certo momento em diante, entretanto, "a revolução constitucionalista principiava a ter, à sua frente, a ditadura, e, às suas costas, a traição"; "à frente e à retaguarda, palmares pelo avesso!..." (Ibidem, p. 240). Como se tratava de um conflito ideológico, é duvidoso que os oficiais assim descritos pensassem a mesma coisa sobre o próprio comportamento; ao contrário, os argumentos que usavam para convencer os companheiros e atrair a tropa equivalem, em sentido inverso, ao que os "revolucionários" sentiam a seu respeito. (O leitor interessado pelo desenvolvimento das negociações entre o comando do exército constitucionalista e as forças federais, encontrará indicações nas p. 233-238 e 304-318.)

Em resumo, o presente diário de um ex-combatente da revolução constitucionalista representa, sob vários aspectos, uma fonte primária rica de dados de fato para a análise sociológica da guerra. Como sugestão de aproveitamento do referido tipo de material – desta fonte e de outras, da mesma natureza – procurei indicar uma forma de discussão sociológica dos seguintes problemas: relações de personalidade e cultura; tipos de ajustamentos e controles sociais; reação circular; relações de companheirismo; ética militar; função da liderança; e, como extensão da apreciação deste problema, repercussões de interesses sociais antagônicos e de diferenças ideológicas no sistema organizatório do exército constitucionalista.

Contribuição para o estudo de um líder carismático

Florestan Fernandes, Revista do Arquivo Municipal, São Paulo, n. 138, p. 107-164, jan./fev./mar./1951.

I – Introdução

O presente trabalho, como indica o próprio título, constitui uma simples contribuição para o estudo do culto criado por e desenvolvido em torno de João de Camargo,[1] em Sorocaba. Os dados expostos foram recolhidos *in loco*, durante o mês de julho de 1943. Os resultados da pesquisa não foram publicados naquela época em virtude do meu interesse pelo problema. Pretendia realizar novas pesquisas e elaborar um estudo sistemático a respeito das atividades de João de Camargo, a organização da Igreja Nosso Senhor Bom Jesus da Água Vermelha e a integração do "culto" ao sistema sociocultural de Sorocaba. Contudo, outros trabalhos atraíram minha atenção, e os dados recolhidos conservaram-se inúteis, perdidos no meu fichário.[2] Pensando no interesse que eles poderiam ter para os especialistas, resolvi publicá-los, mesmo em uma forma sociográfica.

Na coleta dos dados, feita evidentemente depois da morte de João de Camargo, fui auxiliado e esclarecido por Natalino e Antônio Cirino, dois discípulos dele, e principais zeladores da Igreja no período em que a visitei. Outras informações foram obtidas de moradores da cidade ou extraídas de escritos sobre João de Camargo. Durante minha permanência em Sorocaba, fui tam-

---

[1] João de Camargo (1858-1942) veio a ser o personagem inspirador do filme de Paulo Betti, *Cafundó*, de 2006. (NE)
[2] Os dados recolhidos foram parcialmente aproveitados por Roger Bastide, que estuda em seu trabalho, além das atividades de João de Camargo, a de outros que se dedicaram também ao curamento e ao "profetismo religioso" (Cf. BASTIDE, Roger. A Macumba Paulista. *Sociologia*, São Paulo, Faculdade de Filosofia, Ciências e Letras da Universidade de São Paulo, n. 1, Boletim LIX, p. 51-112, 1950; sobre João de Camargo, p. 91-94 e p. 105).

bém muito auxiliado por Luís Castanho de Almeida, competente historiador e folclorista conhecido de sobejo, a quem aproveito o ensejo para agradecer algumas informações, aproveitadas neste trabalho.

II – Dados biográficos

João de Camargo nasceu em Sarapuí, bairro dos Cocais, onde foi cativo dos Camargo de Barros. Em julho de 1858 foi batizado, tendo como madrinha Nossa Senhora das Dores. Sua mãe era uma negra cativa, um pouco desvairada, chamada Francisca, mas conhecida por "nhá Chica" e "Tia Chica", que também fazia algumas práticas de curandeirismo (informações obtidas de dona Eugênia Marília de Barros, descendente dos Camargo de Barros, que vive em uma casa, perto da igreja, mandada construir por seu primo João de Camargo). Por intermédio de sua "sinhá", dona Ana Tereza de Camargo, católica praticante e muito devota, foi João iniciado no catolicismo. Trabalhou nos serviços da casa e depois na lavoura, como cativo, tendo com certeza recebido influências de sua mãe, e doutros escravos, nesta época. Depois da libertação, até 1893, quando fez parte do batalhão de voluntários paulistas, que formou ao lado do governo, em Itararé, trabalhou como doméstico em várias famílias. Casou-se, nesta época, com uma mulher branca, do Pilar, e continuou na mesma vida até 1905. Nesta data passou a trabalhar numa olaria, de onde passou, em 1906, a trabalhar como camarada num sítio do bairro do Cerrado. Em 1906, já "profetizado", como diz o povo, construiu a pequena capela em frente à estrada da "Água Vermelha". Daí em diante, dedicou-se exclusivamente à sua "missão". Todavia, em contraste com a versão oficial, que circula entre os crentes, soube o seguinte por seu primo, o "nhô Dito": "João de Camargo curava antes de ser 'profetizado', desde muito, mas só aqui e ali". Isto confirma a hipótese da influência de sua mãe e de algum companheiro negro, cativo como ele.

III – A carreira de João de Camargo e o desenvolvimento do culto

A versão oficial da carreira de João de Camargo é um pouco diferente, pelo menos no que toca à revelação e à aplicação dos seus poderes sobrenaturais. Ela está difundida tanto no círculo dos crentes quanto entre os simples admiradores – isto é, pessoas que não acreditavam nos seus dotes extranaturais, mas o admiravam, em virtude da bondade que revelava no trato com os necessitados ou com os doentes.

a) Antecedentes da "profetização" e do culto

Em 1859, Alfredo, um menino de 8 anos, filho de um comerciante português chamado João Buava, foi levar ao pasto um cavalo, o qual servia para a entrega de encomendas, na padaria de seu pai. Amarrou a rédea em sua cinta e foi pela estrada a fora, montado em pelo no animal. No caminho começou a caçar com um bodoque. Ao fazer os movimentos para matar um pássaro, perdeu o equilíbrio e caiu do cavalo, espantando-o. Como estava preso pela cintura às rédeas, foi esfacelado contra o chão, na disparada do animal, o qual só parou perto do córrego das "Águas Vermelhas", onde havia uma porteira. Ali acharam o que restava do corpo do infeliz menino e ergueram uma cruz em sua memória.

b) A "profetização" e o culto

Era devoção de João de Camargo acender uma vela ao pé daquela cruz, coisa que ele fazia toda vez que tinha oportunidade. Aí ele inicia uma nova fase de sua vida, passando de curandeiro sem "ponto" fixo a curandeiro "instalado". Nesse lugar, o primeiro passo para essa transformação foi a "profetização". Dizem os informantes que, em 1906, quando foi fazer sua devoção diante da "cruz de Alfredinho", cansado depois de um dia de trabalho intenso, deitou-se à sombra de uma árvore, após ter acendido a vela, e adormeceu. Então o espírito do menino Alfredo teria apresentado toda a cena de sua morte, revelando-lhe, também, a "sua missão", dizendo-lhe que seria o "guia" e "protetor" de João de Camargo.

> Ouvia a voz que dizia;
> Nascestes de novo, João;
> Por seres tu tão humilde,
> Vou te dar a proteção.[3]

---

[3] Da "Vida do Servo João de Camargo, Humilde Missionário da Fé", em verso, de autoria de PRADO, José Barbosa. Sorocaba: [s.n.], 1941, p. 27.

Nessa ocasião já aparece a obstinação de João de Camargo pelos números, particularmente o número cinco, pois o espírito manda-o acender cinco velas e ordena-lhe a construção de uma capela, consagrada ao culto de Nosso Senhor Bom Jesus do Bonfim. Ao mesmo tempo, teria visto também o espírito de monsenhor João Soares do Amaral, falecido em 21 de fevereiro de 1900, na terrível febre amarela que assolou Sorocaba e na qual aquele sacerdote demonstrou um desvelo caritativo e único para com os doentes.

Dando cumprimento à inspiração recebida, João de Camargo mandou erigir, em 1907, uma capelinha no lugar indicado e no altar colocou a imagem de N. S. Bom Jesus do Bonfim, em cujas mãos amarrou uma fita vermelha, a qual caía até o chão. A princípio, para "ouvir a voz oculta" (parte dos seus processos de cura), ajoelhava-se, segurando a fita entre as mãos, assumindo um aspecto concentrado e imponente.

O desenvolvimento do culto, a partir de tão modesto começo, foi rápido. João de Camargo achava que tinha fundado uma igreja, "apartada com água, pedra e verdade".[4] Tinha consciência de uma missão exclusivamente dedicada ao bem, e por isso criou adeptos. A sua igreja, para ele, acabou sendo a Igreja. Ao lado de suas práticas de curandeirismo, desenvolveu o culto católico às imagens dos santos, e, mesmo, organizou procissões, como se faz comumente nas igrejas romanas, conservando também traços da cultura africana, fundidos ao espiritismo.

Ao voltar da primeira procissão, em louvor de N. S. B. Jesus do Bonfim, fez a sua primeira pregação, em que se dirige aos crentes como "Irmãos de crença da igreja negra e misteriosa da Água Vermelha". Fala também de sua "profetização" e diz ser encomendado ao Espírito Santo, e que não sabe se é através do espírito de Alfredinho ou de monsenhor João Soares que opera as curas: "só Deus sabe", afirma.

Na mesma oração prega o fatalismo e a submissão a Deus: "Não podemos dizer nem certificar; só podemos pensar e em Deus esperar".[5] Termina desejando que as "forças benéficas do Divino Mestre dê a todos saúde e prosperidade".

Apesar de seu passado de cativo e alcoólatra, sob este aspecto por todos conhecido, o número de crentes cresceu com pasmosa rapidez. É verdade

---

4 GASPAR, Antônio Francisco. *O mistério da Água Vermelha*. Sorocaba: [s.n.], 1925, p. 39.
5 Apud GASPAR, op. cit., p. 39.

que seus discípulos que continuam a zelar pela igreja negam o seu passado de alcoólatra. Mas ele mesmo disse, na sua pregação, ter recebido ordem para não beber mais, "para ser percebido e conhecer a Deus", sendo esta uma das causas de sua fobia contra o álcool, o qual combatia com todas as forças e em todas as oportunidades, amparando-se na fé. Aos crentes proibia toda espécie de bebida.

O seguinte "viso", escrito à tinta e em letra maiúscula, emoldurado e colocado no interior da igreja, pode esclarecer melhor a sua posição em relação ao culto e aos crentes:

"Crendo no que eu creio seremos irmãos e descrendo no que eu creio nem parentes seremos, nem com este nem com aquele posso ter amizade. Principia do mindinho até o porte maior. De Deus não sou amigo. Só humilde empregado a onde Deus me pois.

Ora, pro nobis, mizerere nobis, Dominus o bispo. E o padre e o amor a igreja me declarou: – eu não sou padre e nem nada com ele tenho, cada qual em suas obrigações quem arreçebe e Deus e nada mais podemos saber".

Soube que ele costumava chamar os santos católicos pelo nome comum, quando diante de crentes. Mas que entre os iniciados chamava-os por nomes diferentes. Esforcei-me por conseguir alguns, mas não foi possível. Um de seus mais fiéis discípulos, o sr. Natalino (branco), sem querer, disse-me um: o de São Benedito, o qual João de Camargo chamava de Rongondongo.

Além do culto católico, aos santos, feito normalmente, embora sem a intervenção do padre e ofício da missa, João de Camargo atribuía, e com ele, os crentes, poderes sobrenaturais aos números. Os seus números prediletos eram o 3 e o 5, mas dava maior importância ao segundo.

Como foi indicado acima, sobre três coisas fundou sua igreja: "água pedra e verdade". Conforme informações obtidas de crentes, ele teria, mesmo, empregado os números, depois de certo tempo, nas "guias". Esse fato é confirmado pelo seguinte cartão, estampado por Francisco Gaspar na primeira página de seu citado livro:

N. 3
A casa da verdade diz:
A numeração do século
E dos seus princípios

foi demarcada e sempre
seja feita, ou, que torne a
remarcar o N. 3.
João de Camargo.

Mas é o número cinco o "número" por excelência para ele. Era o número da igreja e o da banda de música. Isso explicou-me outro discípulo, dos mais amados e fiéis, o sr. Antônio Cirino, do seguinte modo: "Todas as igrejas têm grau dez. A que João de Camargo construiu tem grau quinze. São cinco graus mais forte que as outras". Acreditam, os seus crentes, que é a igreja mais "forte" do mundo. O próprio João de Camargo dizia que, por isso, a igreja era viva e que as estátuas eram de barro, mas tinham mais força, porque também eram vivas. Cirino afirmou-me que João de Camargo lhe asseverara: "as imagens são de barro, mas eu falo com elas, e logo têm uma voz que me responde".

Outra coisa interessante na igreja de João de Camargo é uma reminiscência da cultura africana: um culto litolátrico. Um dos três fundamentos da sua igreja, como foi visto, é a pedra. Mas isso não o é apenas de um modo simbólico: João de Camargo estava de fato interessado em reunir certo número de pedras, necessário para fazer o "culto das pedras". As pedras para este culto fetichista ele as procurava em Santos e em Campo Grande. Algumas têm o aspecto de cascalho polido, na parte superior, que é branca, enquanto a inferior é negra. Há, também, lascas de pedras, das quais obtive uma amostra. Quando começou o culto das pedras, colocou-as no altar de Nosso Senhor Bom Jesus do Bonfim; depois criou um altar ao lado direito do "trado" (cf. adiante), onde ali colocou. Posteriormente, dedicou o culto das pedras a S. Pedro, mas deixou--as no mesmo lugar. Cirino e Natalino me informaram que o culto iria ser solene, quando ele tivesse conseguido o número suficiente de pedras.

Constantemente, disse-me Natalino, João de Camargo ía a Santos por "ordem da Igreja", onde aprendia todos os "segredos do mundo e da Igreja". Mas, continuou o informante, "tiravam-lhe tudo"; quando subia a serra um espírito lhe dizia: "sabias tudo e agora não sabes mais nada", mas "ele não sabia só para contar aos outros". Pareceu-me que sua ida a Santos se prendia a um culto particular, a Calunga. Como Natalino se recusou a dar outras informações, não consegui elementos para confirmar a hipótese. Em síntese, os dados expostos evidenciam um amplo sincretismo, em que se pode constatar a existência de elementos da religião católica, do espiritismo e do fetichismo africano.

A Igreja Nosso Senhor Bom Jesus da Água Vermelha, como o povo chama a primitiva Igreja Nosso Senhor Bom Jesus do Bonfim, registrada como associação espírita, conserva usos do culto católico: culto às imagens dos santos, as mesmas rosas, genuflexão diante das imagens, altar-mor, procissões, pregações etc. Ao mesmo tempo, notam-se elementos da cultura africana na fusão processada: o culto das pedras, por exemplo. A litografia, cultura africana, tanto pode ser um traço do culto fetichista sudanês a Xangô, como um traço de religião banto. No primeiro caso, a pedra adotada seria "a pedra do raio", conforme Artur Ramos;[6] mas a segunda hipótese parece-me ser a mais provável, por causa da predominância do elemento banto nessa região, e porque as pedras não são "pedras de raio". Luciano Gallet já observara que os cabindas adoravam "as pedras, os paralelepípedos e as lascas de pedra".[7] A pedra que trouxemos ainda dá mais consistência à hipótese. Além disso, há outros elementos, como os nomes africanos com que designava os santos, quando entre os iniciados, como acontece com São Benedito, o qual ele chamava de Rongondongo. Até agora, este santo era conhecido apenas por Lindongo, conforme registra João do Rio.

Também na ordem do culto dos santos cristãos, como se verá adiante, ao estudarmos as "guias", pode-se fazer aproximações às práticas gegê-nagô, nos candomblés, com a seguinte ressalva: na igreja católica não é usual fazer-se o culto a determinado santo, em um predeterminado dia da semana, como a quinta-feira, por exemplo. Fazendo-se as necessárias transposições, obtém-se estas correspondências:

Gegê-nagô – João de Camargo
Sexta-feira – Obatalá – Sagrado Coração de Jesus
Sábado – Iemanjá – Nossa Senhora das Dores
Domingo – Todos os Orixás,[8] Todos os Santos

---

6 RAMOS, Artur. *O negro brasileiro*. 2. ed. São Paulo: Companhia Editora Nacional, 1940, p. 45.
7 GALLET, Luciano. *O negro na música brasileira*. [S.l.: s.n., s.d.], p. 58 apud RAMOS, op. cit. p. 101.
8 RAMOS, op. cit., p. 74.

Considerando-se o que foi indicado acima, a coincidência com o culto católico é apenas aparente, como, por exemplo, o culto das almas às segundas-feiras.

Doutro lado, deve-se considerar, como observa A. Ramos, que o preto banto já tinha em sua cultura traços que muito se aproximavam do espiritismo, como o culto Orodére, em Benguela. Por isso é facilmente explicável a quase predominância de traços de espiritismo, misturados no culto criado por João de Camargo. Além disso, a influência do espiritismo tende a aumentar, graças ao grande número de "centros" existentes em Sorocaba, e também porque muitos dos seus discípulos eram espíritas, frequentadores assíduos de tais "centros".

Outro traço, que, segundo me parece, ele herdou de seus companheiros escravos, é o "quarto dos milagres", em que, à maneira do que se faz na Bahia, na Igreja de Nosso Senhor de Bonfim, na capela dos ex-votos, e em Aparecida, no estado de São Paulo, ele acumulou centenas de fotografias, algumas fundas, muletas, braços e mãos de cera etc.

Como João de Camargo se utilizou de "guias", traços da cultura africana dos malés, como se verá adiante, parece evidente que a fusão foi ampla incluindo elementos de culto católico, espírita e banto, predominantemente, e das culturas africanas gegê-nagô e musulmi.

IV – Evolução da igreja atual e o "quarto de milagres"

Acompanhando o desenvolvimento da crença e o concomitante aumento de adeptos, João de Camargo foi ampliando suas instalações. Desse modo contribuiu, inconscientemente, para tornar bizarro o culto e a estética da igreja. Da capelinha de 1906, passamos, lentamente, às atuais dependências da igreja. Depois da construção da capelinha, João de Camargo mandou construir uma casa pequena, para servir de cobertura a um poço, que fora aberto por sua ordem, no lugar. Deste poço tirava, a princípio, a "água milagrosa", utilizada com finalidades curativas.

Mas, já no ano imediato, a capela não comportava o número de fiéis e crentes. João de Camargo precisou ordenar nova construção criando uma capela maior em frente da outra. Ficava no sentido da estrada, dando a frente para quem vinha da cidade e a parede lateral esquerda para a capelinha. Em 1908, vê-se a fotografia desta nova capela, encimada por uma cruz.

Em consequência do contínuo aumento de prestígio, e do extraordinário afluxo de romeiro, João de Camargo teve necessidade de ordenar novas reformas. A respeito destas não consegui datas exatas. Mas sei, de fontes fidedignas, que são posteriores a 1910 e conheço a ordem segundo a qual foram realizadas.

Na última fase da sua evolução a igreja apresenta duas cruzes, tem sinos, à maneira das igrejas católicas, um dístico em que se lê – "Oremos A Deus", abaixo do qual está um coração de reboque, pintado de vermelho. Tem um terraço gradeado, onde tocava a corporação musical número cinco, aos domingos e feriados.

É preciso notar que as reformas feitas depois de 1908 não eliminavam as antigas dependências. Estas eram aproveitadas, derrubando-se apenas as paredes internas, estabelecendo-se assim a comunicação, entre a nova e a antiga "capela". O desenvolvimento desta igreja tem qualquer coisa da evolução das nossas ruas antigas, fazendo-se ao sabor das necessidades. Por isso, a igreja de João de Camargo apresenta um quê de bizarro, em sua arquitetura; das três salas principais, destinadas ao culto dos santos, por exemplo, apenas a primeira, logo na entrada, estaria regularmente situada. Nesta localiza-se o altar-mor, em que colocaram N. S. Bom Jesus do Bonfim. Ao lado desta primeira sala, está outra sala mais espaçosa, também destinada ao culto. A terceira sala fica atrás da primeira, dando acesso a uma espécie de corredor, onde há um presepe que nunca se desarma, e há uma saleta, onde se amontoam várias estátuas sobre um altar, também destinado ao culto, e onde está um Senhor exposto de modo permanente. Da segunda sala, passa-se a outras duas saletas, onde se cultua uma infinidade de santos e também Sacco e Vanzetti etc.

Ao lado direito da igreja está o "quarto dos milagres", que é o maior de todos. Como as paredes da igreja, as deste quarto aparecem forradas de fotografias, algumas com "antes" e "depois".

A fotografia em que se vê os senhores Cirino e Natalino dá uma visão nítida da porta de entrada, onde se pode ler: "Deus abençoa quem entra" e "Jesus encaminhe quem sai". Em cima, no vidro semicircular da bandeira, João de Camargo mandou escrever a ordem em que dava consultas, durante a semana: "Consulta desde terça, quarta, quinta, sexta, das 7 horas até 1 hora e meia". Ao redor da igreja, João de Camargo fez construir, com os recursos conseguidos através das esmolas e dádivas dos romeiros, 18 casas, as quais deu à gente pobre para morar (alguns parentes de cor e várias pessoas amigas ou conhecidas, que precisavam do seu auxílio), reservando-se ainda alguns alojamentos para peregrinos pobres.

Na porta da igreja estavam afixados dois avisos, em letra comercial, escritos, um com tinta vermelha e outro com tinta azul. Apenas o primeiro era inteligível. Vejamo-lo:

> Quem fala aqui na Igreja é João de Camargo. Em nome do senhor bom Jesus da verdade, não se venda mais azeite.
> Nosso Senhor não faz negócio.
> Está escrito com vermelho na porta para todos ler, entender e na Igreja crer"
> As ordens são estas, que sou obrigado cumprir.
> São Salvador.
> Cópia 29-1-42

Esse azeite era vendido por "ordem" do espírito de monsenhor João Soares. Como alguns vendedores fizeram trapaça, João de Camargo proibiu a sua venda.

A igreja está legalizada como "Associação Espírita CAPELA NOSSO SENHOR DO BONFIM", tendo como finalidade "praticar o espiritismo sob o ponto de vista religioso, teórica e praticamente". Isto em tese. De fato, realizavam o culto segundo a forma descrita acima. Muita gente já diz somente "Igreja Bom Jesus da Água Vermelha".

Além dos retratos das pessoas, e de algumas cartas recebidas da Europa, do sul e do norte do Brasil, e da Argentina, guardadas num quadro, João de Camargo tinha pelas paredes retratos de pessoas gratas, como Getúlio Vargas, João Pessoa, Afonso Pena, Pinheiro Machado, Carlos Gomes, monsenhor João Soares, papa Pio X, cardeal Arco-Verde, dele mesmo etc.; possuía, também, imagens várias, como a do papa Pio X, a de Sacco e Vanzetti etc. Para enfeitar um pouco mais a igreja, internamente, colocava entre os santos serviços para licores, aparelhos de chá, pratos para doces etc., tudo misturado com os ditos santos, velas e lâmpadas elétricas. É preciso discernir: esses objetos não se destinavam ao culto, constituíam simples enfeites.

Acredito que João de Camargo reuniu em sua igreja quase todos os santos do hagiológio cristão. Em alguns altares há imagens de 15 a 20 santos, quando não mais. Algumas foram feitas por ele mesmo, quando no começo de sua carreira, de barro (padre Mestre, um velhote de barro, parecendo um padre rezando missa e assim aparatado, com uma coroa de enfeite na cabeça e um par de óculos sobre os olhos; N. S. Jesus dos Aflitos; N. S. das Dores). Santos pretos tinha uma porção: São Bom Jesus dos Pretos; Santa Ifigênia, São Elesbão, N. S. Aparecida, São Benedito etc. Prediletos dos negros, São Jorge e São Miguel também fazem parte do culto. De seu culto particular era Santa Quitéria, que mandou desenhar à tinta preta, de escrever, na parede de um quarto contíguo ao seu dormitório. Da sua cama João de Camargo a via, vestida de vermelho, como a ornamentou, e "conversava com ela".

No interior da nova igreja vê-se o altar-mor e João de Camargo. A parte anterior foi pouco ou quase nada modificada. Mas o lugar em que ele se encontra encostado está bem diferente, porque mandou construir um tapume grande de madeira; ao recinto entre o tapume e o altar-mor, em que dava consulta por uma pequena abertura, chamava de "trado"...

V – Os processos de cura e os poderes sobrenaturais

João de Camargo tratava seus doentes com "água milagrosa" e com "óleo santo", nos quais mergulhava uma "guia". Essa água, na época da capelinha, ele tirava do poço, aberto ao lado da mesma. Depois mandou abrir um poço dentro da igreja nova, usando sua água durante algum tempo. Por fim, mandou fazer um encanamento, para água do rio São José, o qual chegava aos fundos da igreja. Essa era a água milagrosa, utilizada com finalidades curativas.

O óleo podia ser de qualquer procedência ou tipo, de oliva ou de algodão, de acordo com os recursos do crente que o levava. Durante muito tempo vendeu-se óleo na porta da igreja; como houve "explorações", João de Camargo acabou proibindo a venda.

Também fazia curas com raízes e, mesmo, ainda se conservavam na igreja muitas raízes que não foram usadas; mas este não era o seu processo predileto de cura. Mais que as raízes, usava ervas em muitas curas, por meio de chás etc. Neste caso, geralmente combinava três qualidades de ervas, ou mandava tomar chás, feitos de três ervas diferentes, cada uma empregada isoladamente, durante uma semana.

As "guias", a princípio, consistiam num retângulo de papel onde João de Camargo escrevia "letras enigmáticas", no dizer do novelista Antônio Francisco Gaspar,[9] que as viu nessa época. Depois passou dos "papéisinhos" para os "cartõezinhos"; costumava numerar as "guias" ou então a pôr nelas o nome do santo do dia. Este era o seu processo de cura predileto, pois chegou a mandar fazer carimbos com o nome dos santos; bastava-lhe carimbar o cartão e mergulhá-lo na "água milagrosa" ou no "óleo bento" (que ele próprio benzia). A ordem do culto dos santos, durante a semana, era a seguinte:

Segunda-feira – Dia das Almas Benditas (não dava "guias");
Terça-feira – Dia de São Miguel – Dava "guias";
Quarta-feira – Dia de Nossa Senhora do Carmo – idem;
Quinta-feira – Dia do Santíssimo Sacramento – idem;
Sexta-feira – Dia do Sagrado Coração de Jesus – idem;
Sábado – Dia de N. S. das Dores – idem;
Domingo – Dia de Todos os Santos, não dava "guias", nem consultas. Só permitia visitas à igreja.

O santo do dia era o patrono do trabalho e da cura, na última fase deste desenvolvimento, levando o cartão, isto é, a "guia", as suas propriedades benéficas à água ou ao óleo, atuando, desse modo, diretamente sobre o crente. Usualmente, o "óleo bento" escapava a essa ordem, porque a pessoa já o trazia com o nome de São Roque, como o determinava João de Camargo. O "tratamento" repousava essencialmente na crença dos fiéis e dos romeiros. João de Camargo insistia nisto, afirmando aos seus fiéis que era através da fé deles mesmos que ele poderia curar.

Pelos "remédios" indicados, João de Camargo nada cobrava, pois, segundo seu lema: "na minha casa santa e misteriosa, o remédio é feito e será dado de graça", segundo uma informação de Francisco Gaspar (*O mistério da água vermelha*, p. 64).

Como indiquei acima, penso que essas "guias" são uma sobrevivência da cultura africana dos malês, pois, conforme Artur Ramos,[10] os malês "não

---

9 GASPAR, op. cit., p. 39.
10 RAMOS, op. cit., p. 83.

se separavam de seus talismãs ou mandingas" os quais eram "fragmentos ou versetos de Alcorões, escritos em caracteres árabes, num pedaço de papel, pequenas tábuas, ou em outros objetos que eles guardavam como gris-gris". Na mesma página, pouco mais adiante, Artur Ramos esclarece ainda mais o referido comportamento, pondo em evidência a função mágica desses gris-gris. Os musulmis, "nas suas feitiçarias costumavam escrever numa tábua de madeira, lavando-a depois com água que infundia virtudes poderosas em quem a bebesse". Talvez fossem deste tipo as "letras enigmáticas" que Francisco Gaspar assinalou.

João de Camargo também gostava de impressionar os crentes, mormente os mais chegados, procurando revelar os poderes sobrenaturais de que estaria dotado. Antônio Cirino relatou-me uma destas passagens, que ele assistiu, mas de modo obscuro. Por isso gostaria de transcrever a descrição feita por Genésio Machado,[11] da "cerimônia de Cocais", feita numa manhã chuvosa no cemitério desta cidade: "João de Camargo prepara-se para a solenidade mandando distender nos braços da cruz maior uma toalha comprida, que tinha escrito a pontos de linha vermelha 25 versos referentes ao bem-aventurado Espírito Santo, trazendo a sua cabeça envolta em uma toalha branca. Daí vai até a parede do lado direito da capelinha, e com mão espalmada, três vezes dá três pancadas, espaçadas, formando um triângulo, e risca três vezes com lápis roxo, depois torna ao pé da cruz e já atuado dita-me o seguinte: "(o resto é uma *mensagem* "recebida" por João de Camargo, que nada tem de interessante).

A título de exemplificação, registrei algumas versões de curas, feitas por João de Camargo, correntes no lugar:

I) "Havia uma preta limpa que trabalhava de lavadeira na casa de uma família rica. Tinha gente que queria fazer mal para ela. Convidaram ela para ir almoçar um dia na casa deles e ela foi. No dia seguinte, ela estava com dores de garganta, mas assim mesmo foi trabalhar. Na hora do almoço, estava que nem engolia um tico de água. Ela ficou uns dias assim doente. Não havia remédio de doutor que a curasse. Então mandou alguém pedir a João de Camargo que tivesse dó dela e desse um jeito naquilo. Ele mandou um 'guia' e um pouco de 'água milagrosa', que a água passava. Mas ela estava quase morrendo de fra-

---

11 MACHADO, Genésio. *João de Camargo e seus milagres*. São Paulo: [s.n.], 1928, p. 88 e p. 89.

queza, por isso foi procurar 'nhô' João. Então João de Camargo deu um copo de água, que ele tinha numa moringuinha, para ela. Ela bebeu e daí a pouco cuspiu um osso com duas cabeças, que estava entalado na garganta. Isso eu vi com meu próprios olhos e vi o filho dela entregar o tal osso para João de Camargo" (contado por Antônio Cirino).

2) De uma pessoa de Bauru, em visita à igreja, ouvi a seguinte: "Minha mulher estava doente de erisipela e não havia cura com os médicos. Corremos tudo: os de lá de S. Paulo, e quando já estava desanimado me contaram que em Sorocaba tinha um homem que curava todas as doenças. Tomei um automóvel e trouxe minha mulher para cá. Ele disse que nós podíamos voltar para Bauru, que ele mandava o remédio. Que de três vezes ela ficava boa. Ele mandou primeiro um chá, para ela tomar, com um 'guia'; depois de uma semana, mandou outro. Na outra semana mandou outro chá, com o seu 'guia'. Ela já estava quase curada, quando chegou o terceiro chá. Agora ela já está completamente boa". (A pessoa não me quis contar que chá era; disse-me que era uma "porção de ervas").

Exemplo de cura através de "óleo bento" é o da menina cuja fotografia se encontra neste trabalho. Disseram-me que a mãe dela friccionou óleo bento na parte inchada do rosto e que lhe deu "água milagrosa" para beber: "pronto, em três meses estava boa".

João de Camargo também era tido, pelos crentes, como um grande médium, capaz de se entender com forças sobrenaturais e de saber tudo o que acontece ou está por acontecer. Era tal a certeza e a convicção dos crentes, a este respeito, que conforme me disseram várias pessoas nem pensar mal dele elas podiam, pois ele logo sabia quem era e o que pensara dele. Natalino disse-me que ele "recebia tudo do além, de monsenhor João Soares e de outros espíritos protetores". A princípio ele "recebia" apenas da alma de Alfredinho. Já na sua primeira pregação, porém, diz não saber quem lhe "enviava" as "mensagens", se a alma da criança, ou se o espírito de monsenhor João Soares. Somente Deus, na sua opinião, sabia quem era. Nesta época ainda se ajoelhava diante da imagem de N. S. Bom Jesus do Bonfim, segurando na fita escarlate que pendia de suas mãos, para "receber". Com o incremento da própria influência passou a receber as "ordens" de espíritos mais "elevados", como os santos. No auge de sua importância e influência, já recebia em qualquer lugar, não precisando se ajoelhar para "falar" com os santos. Poderia, e chegava, mesmo, a "recebê-los" na sua cama. Mais tarde passa a "receber ordens" também do Espírito Santo, e quase no fim, até de Deus. Este mesmo foi suplantado, pois, já no fim e no apogeu de sua carreira, considerado "taumaturgo", "missionário da fé" etc., recebe as "ordens" da Igreja, uma entidade ampla e abstrata, que, segundo me parece, para ele e para os crentes iniciados, está acima do próprio Deus. Foi, por assim dizer, uma totalização das entidades sobrenaturais. Talvez isto se explique pelo fato de se encontrarem na igreja as imagens dos santos, do Espírito Santo, quadros das Almas e do próprio Deus, passando o termo a designar, em uma síntese *sui generis*, o conjunto de forças divinas, atribuídas aos Santos e a Deus: a Igreja.

A "Igreja mandou", costumava dizer ele aos discípulos, quando queria fazer uma novidade ou fazer uma cura. Também por "ordem da Igreja", disse-me o sr. Natalino, ele costumava ir a Santos. Lá aprendia "todos os segredos do mundo e da igreja", mas, quando subia a serra, "tiravam tudo", dizendo-lhe um espírito: "sabias tudo e agora não sabes mais nada". Mas ele "não sabia só para contar aos outros", concluiu Natalino.

Quando dava consultas entrava no trado para receber o sírio de Deus. O "trado" estava sob o altar-mor de Jesus do Bonfim, e era todo fechado, tendo só uma pequena abertura, à maneira da janela, por onde ele respondia. Foi construído de madeira e está envernizado com uma tinta escura. É ao seu lado esquerdo que está o "culto das pedras". Designava o recinto desse modo (trado) porque lá ele traduzia a palavra divina em palavra mortal". "Sírio" era a "palavra de Deus, que só ele escutava". Havia duas entradas para o "trado": uma para quem viesse de seu quarto; outra, para quem estivesse na sala contígua à principal. Lá havia tudo. "Papéis de pedido" jogados pelo chão, imagens, crucifixos, terços, retratos, santinhos, raízes, fitas, objetos de enfeite, um pombo grande, feito de madeira, e um pequeno, talvez simbolizando o Espírito Santo, aquele prateado e este pintado de amarelo e verde, com uma fita branca amarrada ao pescoço etc.

Ao contrário dos espíritas, não dava "sessão de mesa", disse-me Natalino. Mas "ele conhecia todos os poderes espirituais e materiais, pois o seu lema era que 'Não digo sem que me digam'". Pelo menos assim o entendiam os seus seguidores. Também não ultrapassava os limites "da lei", fazendo só o que a "Igreja mandava" e "não dava ordem", sem a ter recebido, pois afirmava: "Deus ainda não me disse".

Sobre os seus poderes de vidência e mediúnicos conheço descrições interessantes:

1) "Uma vez cheguei na igreja de João de Camargo e vi as músicas da banda se queimando. Eu fui correndo falar para ele, mas ele me disse: 'Foi eu quem pus fogo nas músicas. Me mandaram queimar, eu queimei'. E então? Agora o que os músicos vão tocar? Ele me respondeu: 'Isso eu não sei. Mas se me mandaram queimar as músicas é porque me vão mandar outras'. 'Na verdade mandaram outras, porque todos os dobrados da banda quem escrevia era ele'. (A. Cirino).

2) "Ele sabia tudo. A pessoa nem precisava de falar nada. Uma vez foi uma preta, que veio de fora, procurar o João de Camargo. Assim que ele viu a preta mandou que ela se sumisse dali. 'O que você quer fazer aqui não faz', disse ele à preta. Ela foi saindo. Ele adivinhou que ela queria que ele fizesse bruxedo para alguém, mas ele não fazia isso". (Idem).

3) "Uma ocasião o meu cunhado esqueceu de prender um papagaio que ele tinha, de estimação. O papagaio desapareceu. Ele ficou aflito e procurou-o por todo o lado. Quando já estava desanimado, foi procurar o João de Camargo. Contou o caso para ele. João de Camargo disse-lhe para não ficar aflito, porque o papagaio estava numa árvore alta, no seu próprio quintal. O meu cunhado voltou para casa, foi correndo no quintal, pegou uma escada e subiu na árvore. O papagaio lá estava, entalado". (De uma pessoa que não acredita em João de Camargo). Casos assim são inúmeros, correndo por toda a cidade, e constituem uma espécie de lendário, em torno de sua figura e de suas atividades curativas e religiosas.

Procurei descobrir, para completar as informações, as músicas que ele "recebia". O maestro disse-me que elas não tinham letras e eram todas dobradas. Eis os nomes de alguns destes dobrados: "Padre João Soares", "Santo Patrocínio", "Nosso Novo Deputado", "Amoroso Maracara". Eram tocados pela banda, quando saíam em procissão, ou nas festas, em domingos e dias santos, perto da igreja. A banda chamou-se durante muito tempo "Banda Número Cinco". Ultimamente chamava-se "Banda São Luís".

VI – O líder carismático e a sociedade

Como acentuei na introdução, o presente trabalho tem um caráter sociográfico: seu objetivo exclusivo consiste em pôr ao alcance dos especialistas e dos interessados as informações que consegui recolher a respeito de João de Camargo e do culto por ele organizado. As descrições mostram como suas atividades de curandeiro transformaram-se e ampliaram-se, e como lentamente se modifica, através da criação e do desenvolvimento do culto, a própria personalidade do chefe religioso negro. João de Camargo tornou-se líder carismático, apoiando-se em numerosos sectários e dirigindo pessoalmente o culto religioso dentro da igreja por ele fundada. Além disso, ficou evidenciado o processo de formação do culto, constituído de valores procedentes de religiões negras, do catolicismo e do espiritismo. Contudo, há algumas ligações entre as atividades de João de Camargo e o meio social em que ele vivia que merecem ser indicadas explicitamente aqui. Não creio que tais indicações exorbitem o propósito meramente documentativo que anima este ensaio. De acordo com os materiais já expostos, acho que seria suficiente tratar de três problemas básicos: 1) as sobrevivências africanas em Sorocaba; 2) a ação recíproca de João de Camargo sobre o meio social e deste sobre ele; 3) evidências de um "culto *post mortem*".

Como se sabe, a população negra de Sorocaba chegou a ser bastante elevada no passado, graças à importância daquela zona, como centro de produção agrícola e de troca. Aluísio de Almeida extraiu de um livro da Cúria Diocesana interessantes indicações a respeito: em 1840, em 3.428 habitantes da vila, existiam 1.181 escravos; e dos 8.053 habitantes dos bairros, 2.010 eram escravos.[12] Portanto, os negros escravos constituíam 34% da população da vila e 25% das populações dos bairros. De acordo com as informações, fornecidas no referido trabalho pelo mesmo autor, a escravaria de alguns proprietários que tinham casa na vila era grande. Um deles possuía 65 escravos, "quase todos moços de 30 anos, sendo 19 crianças", e outro, escravos. A escravaria de outras famílias mencionadas era menor (39 escravos e dois agregados; 29 escravos; 17 escravos e um agregado).[13] Esses escravos provinham do Congo, Angola, Benguela e Moçambique (entre 1720 e 1820, pouco mais ou menos); depois de 1820, até o término do tráfico, são indica-

---

12 Cf. ALMEIDA, Aluísio de. *Sorocaba, 1842. Documentação Social*. São Paulo: Tip. Cupolo, 1938, p. 59.
13 Cf. Ibidem, p. 60-63.

dos como "gentios da costa da Guiné".[14] Aliás, os pretos com que conversei, que trabalharam como escravos, consideram-se gentio da Guiné. Contudo, é difícil determinar com precisão a origem das populações negras de Sorocaba, pois durante o século XIX entraram muitos escravos na região, provenientes da Bahia e do Rio de Janeiro. Os trabalhos de mineração atraíram, também, quando da Guerra do Paraguai, escravos procedentes do Piauí, os quais pertenciam ao Estado.

Atualmente, a proporção de cor na população de Sorocaba é diferente. Em virtude das lacunas da documentação estatística oficial (fornecida pela Prefeitura ou obtida pelo censo estadual), tentei aplicar uma técnica de observação direta. Contei a frequência de uma igreja e do cinema, no domingo, e fiz outras contagens em zonas centrais e em horas de maior movimento (antes das oito e depois das 17 e 13 horas). O resultado médio geral foi 14,7%, ou seja, aproximadamente 15% de pretos e pardos na população da cidade.

Esses dados fornecem, é óbvio, uma boa pista para o sociólogo. O fato de os negros de procedência banto terem constituído, no passado, uma porção tão importante da população de Sorocaba é, em si mesmo, muito significativo. Os indivíduos levam consigo, para onde se deslocam, os valores sociais que estão incorporados à própria personalidade. Por isso, a primeira hipótese sugerida ao especialista pelo confronto dos dados históricos à situação atual consiste em admitir a possibilidade de preservação de "sobrevivências africanas". Infelizmente, as condições em que realizei a pesquisa não favoreceram – ao contrário, prejudicaram – a exploração sistemática desta pista. Consegui, apenas, colher alguns dados a respeito da macumba, das congadas e dos batuques em Sorocaba.[15] A presente discussão permite, no entanto, situar de modo conveniente os dados expostos noutra parte deste artigo. A origem africana de certos traços do culto religioso "criado" por João de Camargo é bastante provável. De acordo com semelhante ponto de vista, ele não só incorporou tais

---

14 Dados fornecidos pelo sr. cônego Luís Castanho de Almeida, historiador e folclorista de Sorocaba, muito conhecido por seus excelentes ensaios, sob o pseudônimo de Aluísio de Almeida. Os dados foram conseguidos através de uma pesquisa nos Arquivos da Cúria Diocesana, gentilmente feita a meu pedido pelo ilustre historiador.

15 Os dados sobre a macumba em Sorocaba serão indicados adiante; quanto às congadas e ao batuque, cf. o meu artigo Congadas e Batuques em Sorocaba. *Sociologia*, São Paulo, Faculdade de Filosofia, Ciências e Letras da Universidade de São Paulo, v. V, n. 3, p. 242--254,1943.

sobrevivências à sua "religião" como ainda se beneficiou do prestígio conferido por elas. Em outras palavras, é bastante provável que João de Camargo tenha encontrado, no conhecimento de valores de origem africana e na observância dos mesmos no culto religioso que desenvolveu, um ponto de apoio inicial extraordinariamente forte, capaz de atrair por si mesmo um número relativamente grande de seguidores. Esta hipótese não implica, necessariamente, a exclusão da possibilidade de reconhecimento inicial dos dotes e poderes carismáticos de João de Camargo, por parte dos seguidores; apenas insinua que tal reconhecimento provavelmente foi menos claro e decisivo no começo do que posteriormente, quando a personalidade do antigo escravo já era aceita e se impunha como a de um líder religioso.

Percebe-se, aqui, como a personalidade de João de Camargo reflete o meio social em que viveu e foi educado. Do ponto de vista técnico, porém, esta proposição do problema tem pouco alcance. Estabelece, na verdade, uma conexão entre a formação e o desenvolvimento da personalidade de João de Camargo e as situações sociais por ele enfrentadas, típicas de uma sociedade culturalmente heterogênea e em mudança. Mas conexões desta espécie podem ser encontradas na vida de outros indivíduos de cor preta, radicados em Sorocaba; elas são normais, no sentido de resultarem de condições de existência social em uma sociedade estratificada e de passado escravocrata. O problema específico diz respeito à sensibilidade às solicitações do meio social, revelada por João de Camargo. É nisto que ele se distingue profundamente dos antigos companheiros e dos demais indivíduos, que ocupavam na estrutura social de Sorocaba uma posição idêntica ou paralela à sua, conservando-se, porém, mais ou menos "cegos" às mesmas solicitações.

A interpretação esbarra, no entanto, com uma dificuldade intransponível. Faltam-nos dados, brutos ou explorados cientificamente, sobre o tipo psicológico de João de Camargo. Contudo, os acontecimentos e sucessos significativos em sua vida, relatados por seus biógrafos, esclarecem parte do problema. É evidente a existência de uma ligação bastante estreita entre os desajustamentos sociais e a revivescência de valores mágicos e religiosos tradicionais no comportamento de João de Camargo. Parece-me provável que as situações críticas por ele enfrentadas encaminharam-no para a experiência religiosa e mística, abrindo-lhe o caminho para a autoconsciência dos próprios dotes sobrenaturais e para a sua qualidade de "eleito" e de "predestinado". Não é difícil, doutro lado, compreender o sentido dos ajustamentos desenvolvidos através da experiência religiosa. Esta aparece nitidamente como uma técnica de solução de desajustamentos pessoais e de conflitos, com base e apoio na tradição. Por isso, aplicando-a com sucesso, João de Camargo obteve uma autêntica reabilitação pessoal; em outras palavras, conseguiu uma nova avaliação de sua pessoa e de sua conduta, por meio da qual se modificaram as atitudes negativas existentes a seu respeito.

A carreira de João de Camargo é um interessante exemplo, além disso, das formas assumidas pela transformação da personalidade sob o influxo da vida grupal. Depois que se alteraram os critérios de avaliação e reconhecimento sociais de suas aptidões e capacidades pessoais, João de Camargo colocou-se sucessivamente em novas categorias de atuação social, conforme foi visto acima, ampliando e transformando, assim, seja o próprio círculo de relações sociais, seja a natureza mesma destas relações. À medida que passava de uma categoria social para outra, modificavam-se também os quadros sociais dentro dos quais agia e pensava. Com o incremento do prestígio e da influência pessoal, como líder carismático, ampliava paralelamente o edifício da Igreja e passava a "receber" espíritos mais "fortes" – transição do espírito de Alfredinho para o de monsenhor João Soares, deste para os santos, para o Espírito Santo, depois para Deus e finalmente para a Igreja. O processo psíquico liga-se, pois, intimamente às alterações sofridas na forma de atuação social de João de Camargo, refletindo tanto a elevação de *status* dentro da estrutura social de Sorocaba quanto a situação criada por atribuições especiais, definidas em termos de dominação carismática.

Na relação indivíduo-sociedade há outro aspecto que cumpre ser analisado aqui. Trata-se dos resultados sociais da atuação de João de Camargo. Em primeiro lugar, os indivíduos que se dedicavam ao curandeirismo e à macumba viram-se apanhados em uma nova rede de relações competitivas. João de Camargo iniciou um combate sem tréguas a semelhantes competidores, procurando desacreditá-los aos olhos dos crentes e seguidores, e estabelecendo uma distinção bastante nítida entre o que ele próprio fazia e as atividades dos curandeiros e macumbeiros. Como se sabe, a macumba desenvolvera-se seriamente em Sorocaba. O primeiro "feitiço" registrado na história local ocorreu na fazenda de dona Gertrudes, progenitora de Rafael Tobias de Aguiar, em 1841. A fazenda chamava-se Passa Três, lugar que hoje se chama estação Brigadeiro Tobias, e os protagonistas da "mandinga" foram dois pretos, escravos e africanos. Eis como me relatou o fato o sr. cônego Luís Castanho de Almeida, que encontrou uma descrição do acontecimento nos Arquivos da Câmara Municipal: "Dois escravos, os quais vieram de Moçambique e foram batizados em Sorocaba, passando a chamar-se Calixto e Alexandre, desavieram-se com o feitor da fazenda e por isso resolveram matá-lo. Os dois cativos reuniram-se a outros e fizeram o 'feitiço' diante de uma imagem de Cristo, a cujos pés puseram pinga e mandioca.

Entrementes, o feitor, que estava na cidade festejando o Natal, voltou e deu com eles fazendo a coisa. Os dois escravos, então, avançaram sobre o feitor, matando-o a golpes de enxada". Posteriormente, o recurso à macumba não só se conservou como tomou proporções aparentemente sérias. Segundo os "falatórios" dos moradores da cidade, alguns curandeiros aproveitavam-se frequentemente da credulidade dos clientes. Contaram-me, entre outros, o caso de uma jovem de 14 anos, violada por um curandeiro que lhe deveria "fechar o corpo" com azeite. Parece que a proliferação de curandeiros e macumbeiros foi responsável pela severa campanha de repressão ao curandeirismo e à macumba, organizada pela polícia de Sorocaba. Em todo caso, é evidente que João de Camargo desempenhou uma função muito mais relevante neste sentido. Praticamente, o exercício de curas sobrenaturais foi monopolizado por ele; doutro lado, combatia a "macumba" abertamente, impedindo que os seus crentes e seguidores se utilizassem dos processos da "magia negra" e da "macumba". Soube que expulsava facilmente os frequentadores de sua igreja: era suficiente que desconfiasse dos intuitos da pessoa em questão. O seu secretário afirmou quer João de Camargo era inimigo irreconciliável dos "feiticeiros", "gente ruim, que só quer o mal dos outros". Propagando diretamente as suas ideias, conseguia criar nos crentes e seguidores atitudes semelhantes. Além disso, pregava contra o alcoolismo, o roubo etc., exercendo certo controle no comportamento dos fiéis. Ele próprio citava-se como exemplo dos males do alcoolismo e da possibilidade de supressão do vício. No âmbito ecológico, são notáveis as consequências da construção da capela (e depois da igreja) e da criação do culto. Os informantes me asseveraram que "ele deu vida ao bairro da Água Vermelha". Este bairro situa-se a dois quilômetros da cidade e conheceu de fato uma época de floração de construções, devido à Igreja de João de Camargo. Ainda agora se vê um bom número de casas, construídas nas imediações da igreja por sua iniciativa. Apareceram pensões destinadas aos crentes, "por ordem de João de Camargo", bem como restaurantes. Mandou abrir uma escola, ABC, subvencionada por ele próprio, para as crianças do lugar. E fazia outras obras humanitárias, pois dispunha de muitos recursos. Informações absolutamente fidedignas revelam que recebia diariamente de 300 a 400 consulentes, de Sorocaba e arredores ou ainda de outras regiões do estado de São Paulo e do Brasil, e uma média de 50 a 100 cartas. Por isso, podia mandar recolher nas pensões das redondezas ou da cidade os peregrinos paupérrimos e dar habitação, roupa e comida a vários pobres. Nesta categoria de beneficiados, quase todos pretos, entravam os seus parentes; subvencionava também o estudo de algumas pessoas na Escola Normal de Sorocaba, no ginásio etc. Alguns destes protegidos eram pretos, sendo alguns deles seus afilhados. Informaram-me que o número de pretos do lugar aumentou: chegavam da cidade ou de municípios circunvizinhos, atraídos pela fama e pelo prestígio de João de Camargo. Por isso, quando realizava festas ou procissões, contava com um bom número de seguidores em disponibilidade.

Parece que a ligação do "povo" com João de Camargo não acabou com sua morte. No dia do seu enterro, dizem os moradores do lugar, havia umas quatro mil pessoas acompanhando o féretro. Foi, no entender destes informantes, "o enterro mais acompanhado em Sorocaba".

É corrente entre os crentes que se pode alcançar "graças", rezando diante do seu túmulo. Dizem, mesmo, que muitos já têm obtido verdadeiros milagres por esse meio. Constatei apenas a existência de romarias ao seu túmulo. Vi muita gente em volta dele, no cemitério; e verifiquei que o número de velas acendidas também é grande, pois havia uma verdadeira pasta de cera no chão. Todavia, não se restringe ao túmulo a crença de que João de Camargo continua a curar, a "fazer milagres", mesmo depois de morto. Prova é o seguinte "caso", que uma pessoa (Natalino) me contou: "Havia uma moça na cidade que tinha perseguições espirituais, por espíritos pesados. Um dia acordou e surpreendeu-se fazendo o pelo-sinal. Então apareceu 'nhô' João que disse que ela se livraria da perseguição, se continuasse a fazer sua fé religiosa. A moça não o conhecia e veio me pedir uma descrição dele e disse que era a mesma aparição que ela teve, acordada, quase ao amanhecer. Ela continuou a fazer a sua fé, acendeu algumas velas a João de Camargo, pouco depois estava completamente curada".

A aculturação dos sírios e libaneses em São Paulo

Conferência de Florestan Fernandes no Clube Alepo e publicada pela revista Etapas *de São Paulo, n. 11, 1956.*

Na presente exposição, não pretendo examinar os resultados de uma pesquisa que ainda se acha em andamento. Aliás, isso seria pouco recomendável, pois certas interpretações só poderão ser formuladas de modo sistemático e comprovadas empiricamente no período final da investigação.

Se aceitei o convite para realizar esta exposição isso se deve menos ao fato de me encontrar em condições de debater o assunto, do que pela significação que o convite do sr. Jorge Safady, para falar em uma reunião promovida pelo Clube Alepo, possui para mim. Na verdade, não poderia faltar a esse convite. Muitos dos que aqui se acham presentes devem estar lembrados da colaboração, tão generosa quão eficiente, que sempre recebi do prof. Jamil Safady. Vi nesta oportunidade uma ocasião propícia para prestar homenagem à memória daquele inesquecível companheiro. Foi ele quem me entusiasmou e me levou a escolher os sírios e libaneses como objeto das pesquisas de aculturação, que eu pretendia encetar, sob inspiração do dr. Emilio Willems, por volta de 1944. E foi ele, também, que me proporcionou a ampla cooperação que permitiu o início das pesquisas e garantiu o pequeno sucesso por elas alcançado até o momento. Nada mais justo, portanto, que pretendesse homenagear a sua memória, aproveitando-me de uma circunstância tão feliz, como esta que o Clube Alepo me oferece.

O objeto da pesquisa

Dito isso, vejamos o que é *aculturação*. Esta palavra está se difundindo fora dos círculos científicos. No entanto, gostaria de lhes dar uma ideia do que se entende por aculturação, nas investigações etnológicas e sociológicas. Para simplificar a discussão, poderíamos partir de um trabalho, publicado em português, pelo dr. Emilio Willems, A *aculturação dos alemães no Brasil*

(Companhia Editora Nacional, São Paulo, 1946). Nesse livro, o dr. Willems demonstra que os imigrantes alemães, como sempre ocorre nessas condições, precisaram adaptar-se a situações de existência que não tinham de enfrentar no país de origem. Suas descrições permitem acompanhar as transformações que se operaram na estrutura da personalidade, na configuração da cultura e na organização da sociedade, que se produziram graças às novas condições materiais e morais de existência, associadas à imigração e à colonização de determinadas regiões do Brasil meridional. Elas demonstram, doutro lado, que as modificações ocorridas no grupo cultural imigrante se refletem no meio social ambiente. Em consequência, não foi apenas a herança cultural transplantada da Alemanha que se transformou. A própria sociedade brasileira se alterou, ao receber e assimilar essa herança cultural, com os seus portadores humanos.

A definição, por assim dizer clássica desse fenômeno, é oferecida no "Memorandum on the Study of Acculturation" (*American Anthropologist*, v. XXXVIII, p. 293-308), de M. J. Herskovits, R. Linton e R. Redfield: "A aculturação compreende os fenômenos que se produzem quando grupos de indivíduos possuidores de culturas diferentes entram em contato direto com mudanças subsequentes nos padrões originais de cultura de um ou de ambos os grupos". Essa definição tem recebido algumas críticas e foi, praticamente, reelaborada pelos três colaboradores. Ela é, no entanto, bastante clara para servir aos nossos propósitos, pois retém aspectos que são essenciais para a definição do fenômeno: *contato direto* de *grupos de indivíduos* que *são portadores de culturas diferentes* as quais se *modificam graças às influências mútuas* provocadas pela *situação de contato*. Só lhes deveria lembrar que a definição não retém um elemento essencial, o tempo do contato (seria preciso entender: contato direto e permanente); e negligencia a importância dinâmica da "natureza" da situação de contato (à situação de contato podem ser inerentes certos estímulos ou pressões que dificultam ou aceleram a marcha da aculturação).

É claro que a aculturação pode ser descrita de forma diferente pelo psicólogo social, pelo etnólogo, pelo sociólogo ou pelo historiador da cultura. O primeiro se interessa mais pela natureza e grau de influência dinâmica de estímulos e reações psicológicas subjacentes às transformações da cultura nas condições de contato assinaladas; o segundo, volta-se de preferência para os fenômenos de alteração parcial ou total da configuração da cultura e seus efeitos na vida humana; o terceiro, prefere concentrar a análise nos fatores que explicam as alterações da organização social das ações, relações e atividades humanas; o último, focaliza o mesmo processo de um ângulo dramático, o da significação que os efeitos e as tendências da aculturação possuem para os diferentes grupos culturais em contato e a sua repercussão nas atividades grupais condicionadas pela consciência social da situação. Como sociólogo, tentei, naturalmente, encarar a aculturação da vida social – como, por exemplo, as novas condições de existência se refletiram na estrutura e nas funções sociais da família, do sistema econômico, do sistema religioso etc. – e das consequências produzidas pela mudança dos tipos de controle social – como, por exemplo, a substituição da dominação tradicional por outras formas de liderança ou a perda contínua de poder de mando do chefe da família e a diminuição de autoridade do líder religioso. É óbvio que a perpetuação de padrões de comportamento ou de formas de organização ou de controle das ações e relações sociais se processou mediante a transformação da estrutura e das funções de instituições sociais, transplantadas das comunidades de origem. Doutro lado, é evidente que a herança cultural transplantada teve imensa importância no ajustamento dos imigrantes sírios e libaneses às novas situações de existência e exerceu influência prática em sua reação seletiva à cultura luso-brasileira. Por essas razões, a análise sociológica da incorporação dos sírios e libaneses, dos seus descendentes e das normas ou instituições sociais, por eles transplantadas, à sociedade brasileira, deve partir, necessariamente, do estudo das condições, efeitos e tendências sociais dos processos aculturativos.

Aos que me ouvem deverá ter ocorrido a seguinte pergunta: que interesse científico possui uma investigação desse gênero? A questão é pacífica do ponto de vista empírico. Os resultados da investigação permitirão descrever uma situação do contato, que ainda é desconhecida na bibliografia sociológica. Do ponto de vista teórico, seria possível enumerar duas contribuições essenciais. Primeiro, a investigação possibilitará a verificação da hipótese, formulada sinteticamente por Malinowski, de que a transplantação de instituições sociais se processa de modo global – ou seja: não através de instituições sociais isoladas, mas de todo o sistema de instituições sociais do grupo imigrante. Segundo, a investigação também permite observar, descrever e interpretar, em um caso concreto e em condições histórico-culturais bem determinadas, os mesmos processos de mudança por que passaram comunidades rurais europeias ou por que vêm passando a sociedade brasileira, graças ao crescimento das cidades, à formação de um sistema capitalista de produção e de troca, e ao desenvolvimento do regime de classes sociais. Este aspecto da contribuição teórica da investigação é altamente relevante, por que os sociólogos estão muito interessados, atualmente, na descrição empírica de fenômenos que só foram caracterizados formalmente no passado, como os processos de secularização da cultura, de urbanização e de industrialização, com os seus diversos efeitos socioculturais.

Contudo, os meus ouvintes poderão indagar se semelhante investigação contém, porventura, algum interesse prático. A esse respeito, parece conveniente lembrar que a análise sociológica preenche uma função deveras importante no mundo moderno. Ela contribui para criar uma consciência mais completa e porfunda (sic) das condições de existência humana. Com referência ao nosso tema, é claro que os resultados daquela investigação podem contribuir para uma melhor compreensão da situação dos sírios e libaneses, com seus descendentes, dentro da sociedade brasileira. Em segundo lugar, como atestam recentes publicações da Unesco, o que se poderia chamar de *efeitos positivos da imigração* só é suscetível de conhecimento objetivo e preciso mediante a análise sociológica. No caso, essa análise poderá evidenciar alguns dos efeitos daquele tipo, tendo-se em mira a atuação dos sírios, libaneses e seus descendentes em São Paulo. Por último, é preciso não esquecer a importância dos conhecimentos sociológicos no tratamento prático de problemas sociais. A transplantação de grupos de pessoas e de instituições sociais sempre acarreta desajustamentos e dificuldades, que precisam ser enfrentados com inteligência e meios adequados. As instituições de caridade e de assistência, existentes nas "colônias" síria e libanesa, bem atestam esse fato. Todavia, nem todos os efeitos negativos ou dramáticos da imigração caem na rede de intervenção das referidas instituições. O aproveitamento de conhecimentos sociológicos, nessa área, poderia dar nova inspiração e um impulso racional às tentativas de submeter a controle efetivo os vários problemas sociais provocados direta ou indiretamente pela transplantação.

A marcha da investigação

É sabido que a imigração dos sírios e libaneses para São Paulo começa a tomar incremento depois de 1882. Os livros de Kurban e de Duoun, especialmente, sugerem esse fato, que é demonstrado de modo mais geral pelas análises dos fenômenos de migração na Síria e no Líbano, feitas por autores como Himadeh, Tannous, Hitti, Rabath, Morrisson e tantos outros. O próprio Instituto de Assuntos Árabe-Americanos sugere, em publicação redigida por Katibah e Zieadeh, que essa data pode ser considerada como uma espécie de marco histórico, apesar da ocorrência de casos isolados anteriores de imigração. Por isso, em 1944 era perfeitamente possível obter, em primeira mão, dados e testemunhos de alguns imigrantes pioneiros. Em combinação com Jamil Safady, foram feitas várias entrevistas com pessoas de ambos os sexos que caíam nessa categoria. Os resultados dessas entrevistas confirmam amplamente as explicações fornecidas pelos autores mencionados sobre as causas da migração na Síria e no Líbano – tanto as de natureza política, que apontam a ocupação turca como fenômeno de precipitação, como as de ordem econômica, que assinalam o papel desempenhado pelas limitações de uma economia de subsistência e tradicional na criação de incentivos à imigração. A mesma técnica de entrevista permitia conhecer os ajustamentos iniciais dos imigrantes no sentido da especialização econômica. Os livros de Bastani sugerem boas pistas para a análise das condições que favoreceram a tendência dominante à mascateagem, mas era preciso fazer um levantamento completo e sistemático de dados, que tornasse possível uma compreensão global do fenômeno e conduzisse ao conhecimento das demais etapas da carreira econômica do imigrante pioneiro. Por fim, entre os imigrantes pioneiros havia os que não se dedicaram à mascateagem. Por meio da entrevista com personalidades selecionadas também foi possível acompanhar semelhante flutuação de carreiras do imigrante sírio e libanês pioneiro.

Outro ponto de interesse da investigação consistia em determinar como as condições iniciais de ajustamento se refletiram no que se poderia chamar de "abrasileiração" dos imigrantes pioneiros. Como a documentação histórica é escassa, a entrevista foi a técnica que permitiu abordar diretamente esse tema. Assim, foi possível relacionar fatores como o sexo, a idade, o período de permanência no interior, o exercício da mascateagem, a religião, a época de chegada etc., com a maior ou menor liberdade na aceitação, compreensão ou rejeição de padrões de comportamento e de traços culturais luso-brasileiros.

Por fim, a mudança produzida pelo progresso social e econômico foi tão grande no Brasil quanto na Síria e no Líbano. Dois problemas se colocam nesta área. Um, o de verificar como as possibilidades de ajustamento e de "sucesso" estão relacionadas com as transformações internas nos países de origem. Os materiais para o exame desse problema foram, naturalmente, colhidos por meio da entrevista e da observação direta. Evidencia-se que o imigrante pioneiro enfrentou dificuldades terríveis, mas encontrou oportunidades mais favoráveis à formação de um capital inicial e à especialização em um setor de atividades econômicas. O imigrante recente tende a reagir de modo muito mais exigente às possibilidades iniciais de carreira econômica e nem sempre julga econômica e moralmente compensadoras as oportunidades com que aqui pode contar, quando comparadas com as que encontraria nos próprios países de origem. O outro problema diz respeito à contribuição dos imigrantes à mudança que se processou na Síria e no Líbano. Esse conhecimento pode ser obtido por meio de estudos sobre esses países e, especificamente, através de entrevistas. A esse respeito é particularmente importante uma monografia, feita a meu pedido por Jamil Safady (*Panorama da imigração árabe*), na qual se evidencia que esse fenômeno acompanha a marcha da integração dos sírios e libaneses à sociedade brasileira. Dividindo esse processo em quatro períodos, Safady sugere que a remessa ou inversão de capitais na Síria ou no Líbano vai sofrendo gradativa diminuição à medida que a primeira geração de imigrantes passa a considerar como inevitável e desejável a radicação definitiva no Brasil.

Certas transformações em rituais (como no batizado, casamento, funerais etc.), de atividades reguladas por certas instituições (como a família ou a Igreja), podiam ser descritas mediante a observação direta e por meio de informantes. Outras exigiam o emprego de técnicas especiais. A falta de recursos vem limitando seriamente esse setor de pesquisa. Contudo, graças à cooperação desinteressada da professora Ramzia Gattas foi possível fazer um levantamento dos termos de parentesco, iniciar o estudo da transformação de cerimônias vinculadas à vida tradicional na família e encetar a análise de personalidades femininas, de segunda ou terceira geração, por meio de histórias de vida. Doutro lado, um pequeno auxílio, posto à disposição da pesquisa pela Comissão de Pesquisa Científica da Universidade de São Paulo, possibilitou a realização de estudos de caso, que tomam por objeto quatro famílias sírio-libanesas de situação econômica variável. Esses trabalhos estão a cargo do professor Aziz Simão, que provavelmente irá aproveitar os resultados da pesquisa em análises monográficas próprias. No mesmo plano se colocam os estudos que o professor Renato Jardim Moreira está procedendo sobre personalidades do sexo masculino, mediante a técnica da história de vida. Os fenômenos ocorridos no plano da aculturação econômica foram investigados pelo professor Clark Knowlton, sociólogo norte-americano, que permaneceu entre nós durante algum tempo. Sua monografia já foi redigida e poderá ser publicada em português, se surgirem oportunidades editoriais. Os resultados por ele obtidos apresentam, naturalmente, o maior interesse para a pesquisa que estou desenvolvendo, isentando-me da observação dos fenômenos já estudados.

A parte mais árdua da investigação diz respeito à documentação histórica e estatística. A documentação histórica se encontra dispersa em jornais ou revistas e até agora não foi possível obter recursos para financiar uma equipe de pesquisadores, capaz de proceder ao levantamento exaustivo dos materiais disponíveis. A documentação estatística, por sua vez, é lacunosa e difícil. Entradas e saídas de imigrantes sírios e libaneses, bem como outras indicações e totais, são fornecidos de modo confuso – antigamente, por causa da utilização da categoria legal dos imigrantes, registrados como *turcos*; posteriormente, por causa da tendência de incorporar os imigrantes sírios e libaneses nos totais das pequenas populações, descritas como "diversas". O conhecimento preciso desses dados exige, portanto, tratamento especial, que não é possível sem recursos adequados para o contrato de um ou dois estatísticos, com treino no campo da estatística econômica e demográfica. Dificuldades ainda maiores se levantam com referência aos dados relativos à população de São Paulo. A esse respeito, para se chegar ao conhecimento dos padrões de distribuição espacial dos sírios, libaneses e seus descendentes ou para descrever com precisão a estrutura social de ambas as comunidades, seria imprescindível realizar um censo espacial. Ainda aqui, o custo de semelhante censo representa barreira intransponível.

Além desses fenômenos, era preciso estudar as atitudes dos demais grupos da população de São Paulo, especialmente dos que poderiam ser qualificados como luso-brasileiros, diante dos sírios, libaneses e seus descendentes. Há duas vias para se efetuar semelhante sondagem. Uma, direta, pelo inquérito de opiniões. Procedemos a um inquérito desse gênero, usando como sujeitos estudantes do curso de ciências sociais da Faculdade de Filosofia, Ciências e Letras. Outra, indireta, pelo registro e análise de anedotas, ditos ou avaliações do senso comum, concernentes aos sírios e libaneses, ou pelo estudo da signi-

A aculturação dos sírios e libaneses em São Paulo

ficação do intercasamento e da aceitação de sírio-libaneses ou descendentes em determinados círculos sociais. Esta parte da investigação ainda se acha em pleno desenvolvimento.

O estudo da ascensão social e econômica dos sírios, libaneses e seus descendentes também apresenta sérias dificuldades. Os dados censitários oferecem pequeno auxílio ao investigador e a maior parte das indicações disponíveis apenas serve como índice indireto na análise daquele processo. Até o presente, dois foram os desenvolvimentos da pesquisa, que merecem ser apontados. Primeiro, os que se relacionam com as entrevistas, feitas com imigrantes pioneiros. Os dados reunidos lançam alguma luz sobre o processo de formação do capital inicial e suas aplicações reprodutivas em atividades comerciais rudimentares. Segundo, uma sondagem especial, que tomou por objeto a competição entre nacionais de origem luso-brasileira, imigrantes e brasileiros descendentes de imigrantes na área das profissões liberais. Essa sondagem foi feita com dados das listas telefônicas de 1933-1934, 1938, 1943, tendo a análise evidenciado que os sírios, os libaneses e os seus descendentes tendem a procurar, de modo crescente, essas atividades e que a desproporção relativa na especialização em profissões liberais tem diminuído continuamente, em favor desses dois grupos. Contudo, outros aspectos importantíssimos da mobilidade social e espacial dos sírios, libaneses e seus descendentes permanecem ignorados. Para conhecê-los adequadamente, seria necessário aplicar novas técnicas de investigação, o que provavelmente se fará, em futuro próximo.

Por fim, parece-me conveniente mencionar que os dados recolhidos ainda não comportam uma reconstrução satisfatória da história social dos sírios e libaneses em São Paulo. Essa lacuna, verdadeiramente lamentável, se deve ao fato de termos coligido um número quase insignificante de documentos pessoais, como cartas, fotografias, escritos biográficos ou autobiográficos. A coleta de cartas, especialmente, foi muito prejudicada pela estratégia de trabalho estabelecida em combinação com Jamil Safady. Pareceu-lhe que esses materiais estariam à nossa disposição em qualquer momento e que, portanto, poderíamos tentar o seu levantamento no período final da pesquisa. O raciocínio era correto, como se verificou depois várias das personalidades que entrevistamos já faleceram. As preciosas informações e indicações que nos deram, sobre o passado, estariam totalmente comprometidas se tivéssemos procedido de outra maneira. Todavia, após o falecimento do próprio Jamil Safady, perdi as possibilidades com que ele contava para coligir e traduzir aquela documentação escrita.

Como se vê, a pesquisa sobre a aculturação dos sírios e libaneses em São Paulo tem sofrido alguma continuidade e encontrou diversos obstáculos altamente prejudiciais. Ela está se prolongando demais e algumas técnicas essenciais de investigação não puderam ser aplicadas, em virtude da falta de recursos financeiros para constituir uma equipe regular de pesquisadores e para subvencionar os diferentes serviços de análise e interpretação dos dados. Apesar disso, os dados obtidos e os que estão sendo presentemente levantados pelos professores Aziz Simão, Ramzia Gattas, Renato Jardim Moreira e pelo autor desta palestra poderão contribuir para o conhecimento objetivo das condições sociais de existência dos sírios, libaneses e seus descendentes em São Paulo e para caracterizar o tipo de influências que eles vêm exercendo na própria evolução da sociedade brasileira.

Legados

A sociologia no Brasil

Florestan Fernandes, revista Anhembi, *São Paulo, n. 65, p. 342-344, abr. 1956.*

O s estudos sociológicos sofreram, nos últimos tempos, algum desenvolvimento no Brasil. Graças à criação do ensino universitário da especialidade, à colaboração construtiva de especialistas estrangeiros e a certos estímulos do meio social ambiente, a pesquisa sociológica se tornou uma realidade no Brasil, produzindo resultados apreciáveis, principalmente tendo-se em vista a inexistência de recursos e novidade da matéria.

Dois trabalhos recentes fazem do processo de desenvolvimento da sociologia no Brasil objeto de análise e de ponderações. L. A. Costa Pinto, em uma monografia publicada pela Capes (*As Ciências Sociais no Brasil*. Colaboração de Edison Carneiro. Rio de Janeiro: [s.n.], 1955. 111 p.), procura atingir dois objetivos: "a) a análise interpretativa dos problemas práticos e das perspectivas concretas, culturais e profissionais, com que defrontam os cientistas sociais brasileiros; e b) a indicação de alguns caminhos pelos quais se deve tentar remover os principais óbices capazes de remoção, ensejando assim, na medida do possível, um desenvolvimento mais acelerado para o futuro" (p. 68). Fernando de Azevedo, em um dos capítulos da obra magnífica que projetou para publicação ("A Antropologia e a Sociologia no Brasil". In: *As ciências no Brasil*. Introdução, direção e organização de Fernando de Azevedo. São Paulo: Edições Melhoramentos, 1955, p. 353-399. v. II.), examina as peripécias e os frutos da constituição das duas disciplinas na sociedade brasileira.

O primeiro trabalho é, naturalmente, mais modesto nos objetivos. Mas tem o mérito de apontar problemas de relevância, no atual estado de desenvolvimento da sociologia no Brasil. Em particular, refere-se às questões ligadas à formação de mão de obra especializada, no campo da sociologia, ao seu aproveitamento profissional e às novas orientações, que deveriam inspirar o recurso à cooperação de especialistas estrangeiros. Muitas afirmações sobre a importância da investigação sociológica para o conhecimento e o diagnóstico de problemas sociais brasileiros são da maior oportunidade, merecendo relevo as referências concernentes à ética do sociólogo em nosso meio social. São tantas e tão variadas as pressões sociais que ele sofre, direta e indiretamente, e tamanhas as incompreensões e a ausência de apoio com que luta, que precisa dispor de um agudo senso de responsabilidade e dos deveres inerentes à ética científica para resistir em suas investigações e conduzi-las a termo com inteira objetividade. As observações relativas à nova política de aproveitamento dos especialistas estrangeiros nem sempre são consistentes, pois a sociologia ainda não alcançou em nosso país uma situação que nos faculte atrair colaboração estrangeira sob limitações indesejáveis... Além disso, o ensaio se ressente de certas lacunas, especialmente no levantamento de dados biobibliográficos, que aliás pouco prejudicam o caráter da contribuição, dados os seus dois objetivos específicos.

O segundo trabalho representa uma contribuição essencial para o estudo histórico da introdução e desenvolvimento da sociologia no Brasil. O autor examina sucessivamente: a fase pré-científica de desenvolvimento dos estudos etnográficos; as grandes expedições etnográficas (1818-1910); as primeiras contribuições aos estudos de antropologia física e cultural; a importância das investigações indigenistas e africanistas no século atual; a introdução do ensino da sociologia nas escolas secundárias e superior e suas consequências, seja no teor da produção sociológica, seja no estímulo à pesquisa científica; a formação de centros de pesquisa sociológica e antropológica em diversas regiões do país; e o estado atual das investigações sociológicas nesses vários centros de ensino e pesquisa. A análise de tantos temas, em espaço tão reduzido, certamente contribuiu para omissões mais ou menos graves. O levantamento biobibliográfico e a análise das principais contribuições dos especialistas hodiernos parecem ter sido seriamente afetados pela referida limitação de espaço. Contudo, o ensaio, no conjunto, representa o que de melhor se fez, até o presente, em matéria de levantamento histórico das condições de formação e evolução dos estudos sociológicos no Brasil. Outro mérito do ensaio consiste na tendência a examinar os diversos passos do desenvolvimento da sociologia à luz das condições sociais da vida intelectual na sociedade brasileira, procurando estabelecer conexões entre os estudos sociológicos e o funcionamento das instituições escolares, políticas e econômicas.

A tentativa de compreender, em um mesmo escorço, a sociologia e a antropologia é, sob vários aspectos, admissível e elogiável. Todavia, parece-nos que as duas disciplinas apresentam resultados diferentes e problemas que, se são similares em alguns pontos, são específicos noutros. Por isso, é provável que a consideração do desenvolvimento histórico das duas disciplinas teria muito a ganhar se fosse realizada separadamente, cada uma em capítulo ou ensaio especial. Além disso, pelo menos a política, como ciência social, possui suficiente consistência em nosso meio intelectual para ser encarada como objeto de análise autônoma. Diversos autores, compreendidos como "pensadores sociais" (e outros, que militaram na esfera do direito), poderiam ser fecundamente estudados como pioneiros e fundadores da ciência política no Brasil.

Um aspecto em que os dois ensaios chegam a causar surpresa é aquele em que ambos os autores se preocupam com a repercussão internacional das contribuições dos sociólogos brasileiros. Esse ponto possui, deveras, a sua importância. Quando menos, serve de critério para se saber se as pesquisas e o ensino se sintonizam com o verdadeiro processo da investigação científica contemporânea. Porém, ele não é crucial. A significação do desenvolvimento da sociologia em nosso meio precisa ser interpretada em termos de sua importância dinâmica para a integração da especialidade à cultura brasileira. Não trabalhamos para os sociólogos europeus ou norte-americanos, senão indiretamente e como contingência da própria natureza do labor científico. O verdadeiro sentido de nossas contribuições à sociologia, por modestas ou grandiosas que sejam, só adquire plenitude quando ligado à necessidade de criar um novo estilo de pensamento e de trabalho na investigação da realidade social, que seja assimilável e construtivo para as futuras gerações de especialistas brasileiros, as quais não devem receber os defeitos e as limitações da herança que nos coube. Aliás, a preocupação pelo que os estrangeiros pensam disto ou daquilo parece ser doença universal nos meios científicos brasileiros, dando margem à impressão de que os nossos especialistas, nos diversos setores, se preocupam mais com a repercussão de suas obras no exterior do que com a sua importância para a própria construção da ciência no Brasil. O sociólogo, porque estuda a ciência como realidade social, deveria ser menos sensível a semelhantes tendências de compensação simbólica de *status*...

De qualquer forma, os dois ensaios trazem uma contribuição apreciável aos problemas que pretendiam estudar e esclarecer. A obra editada por Fernando de Azevedo, especialmente, marcará época em nossa vida intelectual, pois é a primeira fonte exaustiva e sistemática para o estudo da formação do pensamento científico no Brasil. Os sociólogos contam entre os mais humildes e reduzidos leitores dessa obra, da qual não poderão prescindir, como os demais colegas. Mas ela contém, para eles, uma significação especial: a que deriva do reconhecimento de que a sociologia ocupa uma posição própria e construtiva no seio do sistema de conhecimentos científicos, que se está elaborando no Brasil.

A educação como problema social

Florestan Fernandes, revista Comentário, publicação do Instituto Brasileiro Judaico de Cultura e Divulgação, Rio de Janeiro, v. 1, n. 4, p. 7-13, 1960.

Neste artigo, pretendemos dar um balanço nos aspectos da situação educacional brasileira que são, comumente, abrangidos nos diagnósticos sobre nossos problemas educacionais. Sem evidenciar as fontes que servem de base às nossas reflexões, para não complicar inutilmente a exposição, procuraremos situar tanto os aspectos que são acessíveis ao conhecimento de senso comum quanto os que são abordados apenas pelos especialistas. Por fim, tentaremos enumerar as principais razões desse estado de coisas, que têm impedido maior adesão dos leigos aos pontos de vista defendidos pelos educadores, e o influxo das necessidades educacionais prementes sobre a reorganização do nosso sistema de ensino. Já se admite, sem relutância, que os anseios de crescimento econômico e de desenvolvimento social não passam de miragens, enquanto não se amparam também em planos de reconstrução educacional. Nada se tenta fazer de positivo, todavia, no sentido de pôr em prática tal ideia.

Em extensão, são muitos e variados os aspectos conhecidos da estrutura, funcionamento e rendimento quer das instituições escolares brasileiras, quer do sistema nacional de ensino. Tendo-se em vista o objetivo de nossa exposição, não nos cabe arrolar e discutir, aqui, esses aspectos. Basta-nos considerar como os itens ou temas educacionais são focalizados nos diferentes planos de percepção e de explicação da realidade, inseridos nos vários horizontes culturais que concorrem entre si na formação de nossa concepção do mundo e da educação. Simplificando até onde é possível um assunto tão complexo, podemos distinguir três planos característicos de percepção e de explicação dos itens e temas educacionais: a) o do conhecimento de senso comum; b) o do conhecimento propriamente pedagógico da situação educacional brasileira; c) o do conhecimento das conexões, estruturas e funções extrapedagógicas dos processos que ocorrem no seio das instituições educacionais ou do sistema de ensino da sociedade brasileira.

Em cada um dos planos, existe imensa gama de flutuações, como se verá, sendo inegável que atualmente eles se comunicam de modo crescente entre si, o que produz alterações sensíveis no contexto de pensamento dos agentes sociais. Assim, a imprensa, a divulgação da leitura e outros meios modernizados de comunicação têm tornado o conhecimento de senso comum mais acessível à contribuição dos educadores e, mesmo, dos cientistas sociais. Vice-versa, estes vêm demonstrando maior interesse pelas manifestações dos leigos, chegando a estimular movimentos que os convertem em grupos de pressão na arca da reconstrução educacional. Por fim, nos últimos anos surgiram várias modalidades de estreitamento da colaboração entre educadores, psicólogos, sociólogos, antropólogos, estatísticos e economistas no estudo dos problemas educacionais brasileiros e das perspectivas de intervenção racional em seu controle e solução. Daí resultam influxos que são caóticos, mas necessários e construtivos. Em primeiro lugar, tais influxos tendem a modificar a natureza e os conteúdos da perspectiva do sujeito em cada um dos mencionados planos de percepção e de explicação dos itens e temas educacionais. Em segundo lugar, também é patente que eles estão alargando a esfera comum de interesses, avaliações e aspirações em matéria de educação. Sem negligenciar fatos dessa magnitude, pretendemos assinalar como os problemas educacionais brasileiros caem no campo de consciência social dos agentes, através de cada plano perceptivo-cognitivo (e, naturalmente, do concurso deles entre si). A razão do procedimento é clara. Doutro modo, seria difícil formar-se uma imagem adequada do alcance e das limitações do padrão brasileiro de reação societária aos problemas educacionais.

O plano do conhecimento de senso comum envolve duas polarizações extremas. Ele pode aderir à concepção tradicionalista do mundo; mas também faz parte da concepção secularizada emergente da existência humana. Na primeira polarização, por sua vez, o valor e a importância da educação escolarizada são definidos segundo centros de interesses e de atitudes sociais variáveis. No setor rústico das populações caboclas ou campesinas, a escola constitui um acréscimo cultural aceito por imposição externa e sem ligações efetivas sequer superficiais com as condições materiais ou morais de vida social. O aspecto notório de sua contribuição consiste na função alfabetizadora: nelas crianças "aprendem a ler, a escrever e a contar", sendo, portanto, valorizada positivamente como fonte de adestramento em técnicas que facilitam a mobilidade ocupacional e o deslocamento para áreas mais prósperas. Os aspectos propriamente negativos, resultantes do divórcio da escola diante das necessidades educacionais ambientes, permanecem ignorados e só se exprimem de forma indireta – pela procura restrita da escolarização, pela inconstância no aproveitamento das oportunidades educacionais (evidenciada em parte pela evasão em massa dos alunos matriculados), pela inexistência de símbolos suscetíveis de identificar a educação escolarizada como esfera axiológica da cultura, pelo isolamento da escola e do seu corpo docente ou administrativo e pelas tensões latentes que permeiam as relações dos professores com os representantes das comunidades rústicas, seu estilo de vida, suas "crenças" e sua concepção do mundo. Em consequência, a parcela mais numerosa e prejudicada pelas deficiências qualitativas e quantitativas do nosso ensino é totalmente muda e inoperante no processo de reconstrução educacional. Como acontece no antigo regime com os escravos, ela só pode falar através de "advogados ex-offício", que aceitem um mandato não expresso mas nem por isso menos imperioso, para usarmos expressões postas em voga por Nabuco.[1] Ela não possui, entretanto, porta-vozes no seio da concepção tradicionalista do mundo. É que, na mesma polarização do conhecimento de senso comum, os demais setores da população rural abrangem uma minoria, formada pelas camadas dominantes, que aprecia a educação escolarizada como símbolo de ilustração e de prestígio social. Nos círculos leigos, prevalece o apego a um estilo aristocrático de vida, que converte a educação em meio de preparação do homem para formas ociosas do consumo da cultura e para encargos de liderança na estrutura ocupacional, administrativa e política da sociedade. Nos círculos confessionais, as mesmas representações encontram acolhida, sendo reforçadas pela expectativa dominante de que cabe ao líder espiritual o monopólio das tarefas educacionais, pelo menos daquelas que se prendem à educação das elites. Como ambos os círculos valorizam um tipo de ensino de caráter aristocrático, tendem a desaprovar e a combater as medidas que pareçam implicar desnivelamento da educação esco-

---

[1] Eis como Nabuco se refere ao "mandato da raça negra" que é, *mutatis mutandis*, o mandato educacional das populações rústicas brasileiras: "O mandato abolicionista é uma dupla delegação, inconsciente da parte dos que a fazem, mas em ambos os casos interpretada pelos que a aceitam como um mandato que se não pode renunciar. Nesse sentido deve-se duas classes sociais, que de outra forma não teriam meios de reivindicar os seus direitos, nem consciência deles. Essas classes são: os escravos e os "ingênuos"'. (*O abolicionismo no Brasil*. London: Tipografia de Abraham Kingdon, 1883, p. 17).

larizada tradicional. Assim se explica porque nesses círculos são selecionados como negativos os aspectos relacionados com a expansão da rede escolar, com a democratização das oportunidades educacionais e com as modificações no antigo padrão de ensino "humanístico", que beneficiam a importância relativa da ciência e, de modo indireto, da tecnologia científica. E porque ambos os círculos utilizam sua poderosa influência político-social numa direção conservadora, que entra em conflito aberto com as necessidades educacionais do presente, por estar em choque com os novos critérios de organização da vida, de dignificação social do trabalho e de valorização do homem. Essa influência é grandemente responsável pela tendência a subordinar-se o nosso desenvolvimento educacional à mera multiplicação de escolas destinadas a transmitir uma "cultura geral aristocrática".

Na segunda polarização, o conhecimento de senso comum consegue apreender a educação escolarizada através de categorias de pensamento que permitem pôr em relevo o caráter instrumental, a importância prática e a utilidade social da instrução, seja para o sucesso do indivíduo, seja o progresso da coletividade. Também aqui são evidentes algumas gradações. Interesses e valores sociais, compartilhados desigualmente. Há certas motivações altamente produtivas, malgrado essa heterogeneidade e a consequente limitação das aspirações educacionais comuns. Os círculos por assim dizer letrados das camadas dominantes nos núcleos urbanos apegam-se, com frequência, a uma filosofia educacional eclética, mas construtiva. Essa filosofia educacional contém componentes tomados à "era das luzes", aos ideários pedagógicos do humanitarismo, do positivismo ou da educação progressiva e se propõe alvos educacionais extraídos das experiências educacionais de países como a França, a Inglaterra ou os Estados Unidos. Doutro lado, é preciso ter em mente os efeitos construtivos da mobilidade social e da formação da classe operária. O aumento do interesse pela educação escolarizada e pela crítica da situação existente relaciona-se diretamente com a importância atribuída à instrução, como fonte de ascensão social ou como meio de qualificação profissional. Compreende-se melhor por que se torna necessário expandir a rede de ensino e estender a todos as oportunidades educacionais. No entanto, os aspectos que caem regularmente no campo de consciência social dizem respeito à morfologia das instituições escolares ou do sistema de ensino. Trata-se do montante de analfabetos na população global, da falta de vagas para os candidatos aos diferentes tipos de escolarização, do custo do ensino particular, dos índices de reprovação, da criação de escolas em bairros ou cidades populosos, da assistência insuficiente aos alunos etc. Em consequência, a reação espontânea aos problemas educacionais é muito tosca, rígida e improfícua. Um bom exemplo pode ser tirado da fundação de faculdades no interior do estado de São Paulo. As cidades lutam por ter escolas superiores, mas não lutam por escolas com alto padrão de ensino. Outros exemplos indicam o quanto ainda é difícil, para o conhecimento de senso comum, manipular os problemas educacionais no plano da qualidade do ensino. É frequente, nas camadas sociais mais modestas, encontrarem os pais sérias dificuldades educacionais acessíveis, às vezes por ignorância, outras vezes por inexperiência. Em camadas prósperas ou ricas, os pais raramente sabem levar o aconselhamento além do incentivo à realização de um curso superior, por falta de imaginação ou por causa do círculo vicioso resultante da indiferenciação e afunilamento do nosso sistema de ensino. Não é de estranhar que os indivíduos se mantenham mais ou menos cegos às necessidades educacionais emergentes, provocadas pelo crescimento econômico, pelo progresso tecnológico ou pelo desenvolvimento social. Tão pouco é de estranhar-se a indiferença acentuada diante dos problemas "técnicos" da educação, vinculados ao modo de organizar e de aproveitar os recursos e fatores educacionais. Os modelos de julgamento de que dispomos, herdados de nosso passado educacional, são impróprios e improdutivos. Só agora, sob o impacto do crescimento econômico, do progresso tecnológico e do desenvolvimento social ou sob o influxo da difusão de ideais educativos inovadores, começam a delinear-se níveis de aspirações educacionais mais realistas e exigentes. Em suma, mesmo na polarização mais construtiva, o conhecimento de senso comum representa um meio deficiente de percepção e de explicação dos problemas educacionais com que nos defrontamos. O que há de mais alentador é uma suposição, válida para o futuro, de que ele tende a dar a seus portadores maior sensibilidade e penetração diante das exigências educacionais da ordem social em expansão no Brasil. Por enquanto, ele só retém e elabora criticamente deficiências elementares, diretamente perceptíveis à observação superficial ou através de frustrações repetidas dos usuários dos serviços educacionais.

A palavra "educador" é dúbia e plurívoca. Pode-se entender por educador tanto o mestre-escola ou o professor em geral, quanto o teórico da educação e o reformador propriamente dito. Às vezes, a mesma pessoa possui dotes bastante variados para ajustar-se a todos os papéis intelectuais possíveis do educador. A regra, porém, consiste na especialização. No Brasil, prevalece a tendência a definir-se como educador teórico da educação e o reformador educacional. Para os fins de nossa discussão, interessam as três acepções. De fato, o mestre-escola e o professor constituem a verdadeira mola mestra de qualquer sistema de ensino. Por maiores que sejam os progressos alcançados nas esferas da teoria da educação e da reforma educacional, tudo não passará de letra morta se os resultados não se evidenciarem no campo de trabalho do mestre-escola e do professor. Só os países que não pretendem tirar proveito da própria experiência pedagógica podem ignorar o que estes fazem nas relações pedagógicas com os discípulos. O lado mais dramático da situação educacional brasileira está no alheamento a que foram relegados o mestre-escola e os professores. No fundo, foram convertidos numa espécie de formiga-operária, da qual não se espera outra coisa senão uma produção estereotipada, obtida por vias rotineiras. Enquanto perdurar essa situação, será impossível imprimir novos rumos à educação brasileira. Haverá sempre um abismo intransponível entre os objetivos educacionais, definidos pela teoria pedagógica posta em prática através das reformas do ensino, e os processos pedagógicos reais. O que equivale a dizer que o desenvolvimento educacional será aparente, desde que ele se mede pelo rendimento das escolas e não pelo simples avanço abstrato do pensamento pedagógico sistematizado.

Nem sempre o mestre-escola ou o professor possuem formação especializada. O corpo docente dos estabelecimentos de ensino primário abrangia, em 1957, 97.372 normalistas e 85.684 não normalistas; o registro de professores secundários do Ministério de Educação assinala, para 1958, 724 diplomados em Faculdades de Filosofia e 3.425 portadores de outros títulos.[2] Doutro lado, as duas grandes experiências de formação especializada do professor ou normalista (licenciado) começaram e terminaram no âmbito da escolarização dos candidatos à docência. Nunca se tentou a transformação correlata da estrutura da escola, que concedesse aos professores com formação modernizada condições de trabalho compatíveis com os alvos educacionais que pudessem valorizar idealmente. Ou o mestre-escola e o professor não têm uma visão adequada do lado construtivo de seus papéis intelectuais; ou possuem essa visão,

---

2 Cf. INSTITUTO BRASILEIRO DE GEOGRAFIA E ESTATÍSTICA. *Anuário de estatística do Brasil – 1959*. Rio de Janeiro: IBGE, 1959, p. 350 e p. 385.

mas não dispõem de recursos educacionais para pô-la em prática e desistem dela com o tempo. A frustração, o ressentimento e a indiferença acabam afetando as tentativas até dos mais "idealistas", obstinados e tenazes. Por isso, em regra, o conhecimento pedagógico do educador militante focaliza as condições e fatores internos da escola de uma perspectiva atomizadora e pessimista. Ele apreende, acidentalmente, a escola como um todo ou as exigências educacionais inatendidas do meio ambiente, mas é, por sua natureza, um conhecimento "técnico", que focaliza o rendimento e a combinação dos fatores educacionais. Um conhecimento dessa ordem poderia ser de grande importância prática para o equacionamento de muitos problemas educacionais, principalmente daqueles que exigem mais intimidade com o funcionamento das escolas. Não obstante, ele tem sido inoperante. Primeiro, porque não conduz ao aperfeiçoamento das instituições educacionais e das práticas pedagógicas. Segundo, porque não se difunde normalmente fora dos círculos restritos dos professores e mestre-escolas. Aliás, nas circunstâncias atuais isso é inevitável, na medida em que ambos ocupam, na estrutura da escola tanto quanto na da sociedade, posições que não lhes asseguram uma soma de poder à altura de suas responsabilidades e de seus papéis intelectuais. Uma das fontes de consciência objetiva e crítica dos elementos qualitativos mais complexos da situação educacional brasileira é, portanto, silenciada e neutralizada no próprio nascedouro, permanecendo mais ou menos inútil para o resto da coletividade.

Os teóricos da educação e o reformador educacional geralmente encontram maior ressonância. Sua condição de letrados granjeia-lhes prestígio entre os leigos e os homens de ação, que fazem parte dos seus círculos de leitores. Ao contrário do educador-militante, pois contam com meios para difundir suas ideias e, eventualmente, pô-las em prática. Nelas se acham as análises e as críticas mais penetrantes e completas do funcionamento das instituições escolares ou do sistema educacional brasileiro. Boa parte da contribuição dos teóricos da educação possui caráter estritamente empírico.

Através de dados de fato, evidenciam-se a extensão e a profundidade das deficiências educacionais, relacionadas com a insuficiência da rede escolar, com o desperdício ou subaproveitamento dos fatores educacionais e com as formas dominantes de distribuição defeituosa das oportunidades educacionais. Além disso, o teórico da educação e o reformador educacional são levados a pensar na solução prática das exigências educacionais do presente à luz da experiência pedagógica de outros povos, que já resolveram problemas educacionais análogos. Promovem, assim, a lenta substituição dos critérios e valores pedagógicos obsoletos, que herdamos do passado, assumindo os papéis de agentes responsáveis de inovação cultural na esfera da educação. Os mecanismos administrativos e políticos solapam constantemente a continuidade e a intensidade dessas inovações.

Apesar disso, elas concorrem seja para diminuir a distância cultural existente entre o Brasil e outros países da mesma configuração civilizatória no terreno da educação, seja para acelerar tendências internas de mudança educacional, seja enfim para difundir entre os leigos identificações mais fortes diante de alvos educacionais básicos na nova ordem econômica, social e política. O peso da influência estrangeira deixa, porém, um saldo negativo. De um lado, o teórico da educação dispensa mais esforço criador à mera adaptação de soluções pedagógicas do que à descoberta de soluções pedagógicas originais (ainda que baseadas em conhecimentos e em técnicas já dominados pelo homem, importáveis de centros de investigação educacional mais adiantados). Como não podemos transplantar para cá as condições, os recursos e as motivações que cercam o funcionamento das escolas em outros países, dificilmente sairemos da situação em que nos encontramos sem estimular a produção pedagógica original, que leve em conta as peculiaridades das instituições educacionais brasileiras e as nossas possibilidades de explorar modelos pedagógicos modernizados. Doutro lado, o reformador educacional tem negligenciado demais as condições desfavoráveis do meio a certas inovações (ou às maneiras de pô-las em prática) e fatores educacionais que não são úteis simplesmente por permanecerem inexplorados. No fundo, uma valorização excessiva dos objetos das mudanças educacionais relega para segundo plano ou deixa fora de cogitação as possibilidades que temos de levar a bom termo as inovações educacionais desejáveis. Contudo, não é aí que se acha a principal limitação do conhecimento pedagógico, fornecido pelo teórico da educação ou pelo reformador educacional. Por incrível que pareça, ela é de natureza extrínseca: resulta do aproveitamento imprimido a essa espécie de conhecimento pelos homens de ação, pelos educadores militantes e pelos leigos em geral. Embora se propague com facilidade, alargando consideravelmente o horizonte intelectual do homem médio, ele é submetido a mecanismos irracionais de avaliação, graças ao influxo poderoso das camadas conservadoras na vida educacional do país. Em consequência, o conhecimento mais positivo que possuímos sobre a situação educacional brasileira é impotente, por si mesmo, para alterar a qualidade e a eficácia da reação societária aos problemas educacionais. Essa circunstância só se alterará, presumivelmente, na medida em que se puder combinar, produtivamente, esse conhecimento com a atividade regular dos educadores-militantes e com o conhecimento de senso comum secularizado.

A valorização do conhecimento positivo das conexões ou efeitos extrapedagógicos dos processos educacionais nasce da convicção de que o uso produtivo da educação depende, de modo direto, da capacidade que se tenha de perceber, de explicar e de intervir ativamente nos fatores que interferem no aproveitamento racional dos recursos educacionais, no funcionamento ou no desenvolvimento normais das instituições escolares e na distribuição equitativa das oportunidades educacionais. Essa modalidade de conhecimento pode ser obtida, dentro de certos limites, pela experiência de senso comum e pelos critérios da investigação pedagógica. Por isso, ele foi largamente suprido por fontes não especializadas, que projetam a educação como realidade social no horizonte intelectual do homem médio. Nos últimos anos, porém, os educadores tiveram de lidar, cognitiva ou praticamente, de modo mais profundo com os elementos extrapedagógicos da situação educacional brasileira, passando a incentivar a cooperação dos cientistas sociais em seus projetos de investigação ou de reforma educacional. Alguns resultados do caminho percorrido já são visíveis. A difusão dos conhecimentos descobertos pelos cientistas sociais comprovaram evidências estabelecidas previamente pelo conhecimento de senso comum e pelo conhecimento pedagógico.

Doutro lado, mostraram, sob nova perspectiva, a variedade das necessidades educacionais que não são atendidas pelo nosso sistema de ensino, a tendência ao mau aproveitamento ou ao subaproveitamento dos recursos educacionais de que dispomos, a persistência de critérios antidemocráticos e extraeducacionais na distribuição das oportunidades educacionais, as condições psicossociais ou socioculturais do mau funcionamento e do baixo rendimento das nossas instituições escolares, as forças que se opõem ou que favorecem a transformação da educação escolarizada em fator de progresso social etc. Os cientistas sociais puderam ver melhor que os leigos e os educadores duas coisas importantes. Primeiro, em que medida os problemas educacionais são também problemas sociais, devendo por isso ser tratados e resolvidos mediante técnicas sociais apropriadas. Segundo, que a solução dos problemas educacionais brasileiros depende, em grande parte, da transformação da própria estrutura das instituições escolares e do sistema nacional de ensino. Além disso, deram à reação societária aos problemas educacionais uma atenção teórica e prática que não lhe fora dispensada pelos educadores, exatamente por compreenderem que precisamos combinar melhor os três tipos de conhecimento da situação educacional e as forças socioculturais que os suportam. Não obstante, estamos longe de ter alcançado condições reais de aproveitamento efetivo da contribuição dos cientistas sociais. A sua colaboração construtiva depende, diretamente, da organização do trabalho dos educadores e da realização de planos de reconstrução educacional, de objetivos bem definidos. Em outras palavras, ela requer um padrão de reação societária aos problemas educacionais que comporte canais especializados regulares de análise e intervenção na situação educacional. Apesar de suas disposições positivas, os educadores não podem manejar livremente processos que envolvem a capacidade cultural de um povo de institucionalizar a pesquisa científica e estender essa institucionalização aos fins práticos da ciência aplicada. Isso nos ensina que a gravidade dos problemas educacionais brasileiros transcende, consideravelmente, o nosso poder de mobilizar as técnicas de conhecimento e de controle que eles parecem exigir.

Os resultados da rápida sondagem que fizemos demonstram que a educação escolarizada não ocupa, em nosso horizonte cultural, a posição que deveria ter. Conforme as camadas ou os círculos sociais que considere, o investigador depara com motivações, centros de interesse e valores educacionais que são: 1) incongruentes com as exigências educacionais da nova ordem econômica, política e social, que se está implantando no Brasil em conexão com a desagregação do antigo regime; 2) insuficientes diante das necessidades educacionais do presente, tolhendo ou restringindo a capacidade dos "leigos" e dos "homens de ação" de descobrir ou simplesmente defender com tenacidade as medidas práticas que deveriam nortear os planos de reconstrução educacional; 3) inconsistentes com a responsabilidade do educador no mundo moderno, por divorciar a atividade pedagógica propriamente dita do processo de reconstrução educacional ou por isolar os movimentos de renovação pedagógica de círculos sociais naturalmente interessados na expansão, diferenciação e aperfeiçoamento do sistema nacional de ensino. Portanto, apesar de ser notória a escassez de meios para atender às gravíssimas deficiências quantitativas desse sistema de ensino, só uma parte educacional brasileira se eleva à esfera de consciência social. Ainda assim, a referida porção da realidade é percebida e avaliada segundo critérios divergentes (às vezes em conflito aberto), o que suscita aspirações educacionais contraditórias e reduz a eficácia das tendências de intervenção favoráveis ao desenvolvimento educacional. Não existe um mínimo de consenso, sequer, no reconhecimento das necessidades educacionais prementes e na escolha das soluções que elas parecem impor de forma inevitável.

Daí resulta uma condição peculiar. A coletividade sofre todas as consequências negativas de uma situação educacional insatisfatória, perturbadora e perigosa; mas não possui elementos para inserir os fatores e os efeitos dessa situação no campo do comportamento coletivo organizado. Em semelhantes circunstâncias, a educação afeta as condições de existência humana como problema social, sem que o homem possa enfrentá-la como tal, isto é, através de técnicas de atuação social adequadas. Vendo-se as coisas deste prisma, parece mais ou menos claro que o futuro educacional do Brasil depende, diretamente, da formação de novos padrões de reação societária às deficiências educacionais. Enquanto a educação não se converte objetiva, subjetiva e praticamente em problema social, os homens não lutam por ela socialmente nem a integram quanto às formas, aos conteúdos e às funções nos processos histórico-culturais de transformação da ordem social.

As relações raciais em São Paulo reexaminadas

Florestan Fernandes, exposição[1] no Seminário de Cultura Brasileira, São Paulo, 1984, publicada em Revisitando a terra de contrastes: atualidade da obra de Roger Bastide, *organização de Olga R. de Moraes von Simsom,* FFLCH/Ceru, São Paulo, 1986, p. 13-19.

---

1 Aqui foi transcrito o roteiro da exposição, não o texto oral da exposição, que, infelizmente, não foi redigida.

Não podemos apanhar a nossa investigação como um projeto típico de "pesquisa de relações raciais" *a la* norte-americana. A nossa tentativa buscava *render conta de uma realidade histórica*. Isso envolvia: 1) Uma compreensão das relações recíprocas entre passado, presente e futuro, o que obriga a combinar pesquisa de campo com pesquisa de reconstrução histórica, através de um foco de referência que permita partir das percepções e explicações cognitivas dos sujeitos com os anseios de transformação da realidade (por exemplo, associação da observação participante ao estudo de caso da Lei Afonso Arinos). Portanto, o alvo cognitivo maior não era reproduzir as situações grupais como "situações de laboratório". Ele consistia em reproduzir o concreto a partir das experiências dos agentes das experiências humanas observadas. 2) Uma abordagem interdisciplinar que tinha como premissa a fusão de *micro* e *macro*, economia, personalidade, cultura e sociedade, compreendidas em suas relações recíprocas (o que exigia que explicações históricas, econômicas, sociológicas, psicológicas e antropológicas fossem exploradas simultaneamente, embora convertendo-se o ponto de vista sociológico em foco de unificação conceitual e de definição dos problemas básicos). Tal abordagem permitiu passar da desagregação da sociedade escravista à formação da sociedade de classes através de contradições que marcavam continuidades e descontinuidades no mundo de produção, na organização da vida social e nos dinamismos da cultura, ressaltando-se objetivamente como distância social entre raça, desigualdades raciais, preconceito de cor e discriminação, em vez de desaparecerem com a crise do padrão assimétrico de relação racial, fossem reabsorvidos e redefinidos sob a égide do trabalho livre e das novas condições histórico-sociais. O mundo mental do negro e do mulato, esfera para cuja análise R. Bastide estava tão preparado, graças aos seus estudos anteriores sobre a poesia negra, o candomblé e a macumba, a psicanálise dos sonhos e o estudo dialético das linhas de cor na competição religiosa, sexual e amorosa, não é "descoberto" como um produto da síntese empírica. Ele surge como uma totalidade apreendida preliminarmente, que lança uma nova luz sobre as relações raciais cooperativas, competitivas e de conflito na sociedade brasileira.

Na verdade, os que hoje nos fazem a crítica de que ignoramos a "dimensão cultural" não levam em conta a amplitude, as implicações e o significado dessa abordagem, possível em grande parte graças à experiência de Bastide – suas pesquisas sobre a transplantação, a reelaboração e a transculturação das religiões africanas. A "dimensão cultural" não aparece como um *dado externo*, uma "coisa palpável" e empiricamente contingente. Porém, como um "modo de ser": o negro como *pessoa*, sujeito de si mesmo e de uma história que foi negada, mas que, não obstante, transcorreu como ação dos oprimidos (daí a importância da passagem da condição de vítima passiva para a de agente do movimento negro, da frustração subjetiva para a rebelião e a "Segunda Abolição"). Desse ângulo, o aparecimento do regime de classes confere aos negros e mulatos novos papéis históricos e sua atuação coletiva assinala sua presença na construção da civilização emergente (não importa se esses papéis tenham sido bloqueados pela sociedade inclusiva e se dissipassem sem deixar as marcas históricas do inconformismo negro).

A nossa pesquisa foi o produto de um acaso. A. Métraux trouxe-nos o programa da Unesco para o Brasil, nascido de uma hipótese infundada (a de que o Brasil constitui uma situação negativa, da perspectiva da manifestação do preconceito e da discriminação raciais, por sua vez extraída de um artigo de D. Pierson). R. Bastide foi convidado para ser o encarregado da parte sociológica do projeto sobre São Paulo (outros desdobramentos: dois estudos de psicologia, atribuídos a Ariela M. Ginsberg e a Virgínia Bicudo; uma sondagem sociológica sobre uma comunidade rural do estado de São Paulo: graças a Oracy Nogueira, a escolha recaiu sobre Itapetininga, que ele estava estudando). Bastide recusou, pois estava ocupado de modo absorvente na preparação e redação de sua tese de doutoramento. Sugeriu que D. Pierson fosse convidado; este anuiu, porém desinteressou-se quando descobriu que a Unesco não alocara fundos suficientes para a realização de uma pesquisa de envergadura (cada desdobramento do projeto ficara com mil dólares; a nossa dotação foi direta a Lucila Herrmann e Renato Jardim Moreira, nossos colaboradores de pesquisa, que receberam quinhentos dólares cada um. A pesquisa, em suma, se fez de graça. O que é uma ironia, já que ela foi projetada e desenvolvida como uma das pesquisas mais complexas até então efetuadas entre nós... Paulo Duarte logrou obter um financiamento de oitenta contos da reitoria da USP, mas esse dinheiro foi aplicado no financiamento da publicação do nosso trabalho na revista *Anhembi* e do grosso volume que continha todos os resultados da investigação). Métraux compeliu R. Bastide a aceitar o encargo e este, por sua vez, induziu-me a entrar com ele na grande aventura, o que aceitei de maneira relutante. Esse acaso se revelaria, em seguida, a coisa mais importante que aconteceu em minha vida de sociólogo profissional e de militante socialista.

Existiam divergências entre Bastide e eu na forma de encarar a situação concreta do negro. Eu coligira, para ele, alguns estudos de personalidade em 1941 e fizera, para o professor Emilio Willems, um levantamento sobre certas formas de discriminação em Sorocaba, em 1942. Principalmente, como criança de origem *lumpen*, vivi em porões e cortiços de vários bairros (principalmente na Bela Vista) e começara a trabalhar com pouco mais de seis anos. Os negros eram companheiros de privações e misérias; eu podia manejar a "perspectiva do oprimido" e, por aí, desmascarar a hipocrisia reinante sobre o assunto. O professor Bastide, por suas investigações, compartilhava de muitas das minhas convicções; mas rejeitava outras, em particular porque preferia os meios-tons, aquilo que se poderia chamar de "verdade redentora", aparente no perdão mútuo, no esquecimento, a superação pelo negro das "injustiças" (ele evitava converter a descrição em julgamento; os dois capítulos que escreveu para *Negros e brancos em São Paulo* demonstram que o apego estrito à objetividade científica ia a par com o nuançamento dos elementos chocantes, com uma dialética proudhoniana, que exibia o mal sem ignorar o bem, ou o mau sem desdenhar o bom). Achei que seria fecundo colocar em suspenso as diferenças, através de um projeto de pesquisa que firmasse certas hipóteses diretrizes fundamentais. Ele concordou. Redigi o projeto, que foi submetido à sua crítica. Ele só alterou algumas passagens sobre Pierson, atenuadas ou omitidas, que eu havia utilizado deliberadamente como uma espécie de *straw man*, ressaltando assim as ambiguidades e inconsistências que deveríamos evitar (ou controlar) em uma investigação comprometida com o próprio negro.

Não é caso de repetir aqui o que foi o desenrolar da pesquisa. Graças ao prestígio de Bastide na comunidade negra, contamos com uma maciça colaboração de negros, e mulatos de várias categorias sociais e das diferentes gerações em contato. A primeira reunião foi celebrada na Biblioteca Pública Municipal, com uma massa notável de ouvintes e participantes. As demais foram realizadas no auditório da Faculdade de Filosofia, Ciências e Letras da USP. Tínhamos a intenção de coligir documentos pessoais, elaborados pelos próprios sujeitos. O nível médio de escolaridade e de maturidade intelectual mostrou que só alguns sujeitos estavam em condições de nos proporcionar os materiais desejados. Isso nos obrigou a uma tática rica de investigação. Substituímos o documento pessoal (mantido para um número pequeno de sujeitos) pela observação participante em situação grupal (o que aumentou o interesse daquelas reuniões e dos materiais estenográficos resultantes). E logo empreendemos reuniões paralelas com as mulheres (que se revelaram mais maduras que os homens na percepção da realidade ambiente) e com os intelectuais negros (que se tornaram também pesquisadores, elaborando estudos de casos especiais).

Assim, tínhamos a grande reunião formal, de mês em mês; o seminário com as mulheres (de quinze em quinze dias) e o seminário com os intelectuais (todos os sábados, em uma associação cultural negra localizada na rua Formosa). A bateria de materiais era completada pelo recurso ao questionário, aplicado por estudantes; por entrevistas formais e informais (eventualmente, com sujeitos recrutados naquelas três situações); e pela observação direta de situações concretas e estudos de caso (sobre personalidades negras e mulatas, cortiços, bairros etc.). Os brancos e as barreiras raciais foram focalizados por recursos proporcionados por essas técnicas de investigação e pela colaboração de estudantes mais avançados na elaboração de estudos de caso (famílias tradicionais, empresas de grande e médio porte, serviços de seleção de pessoal etc.). A reconstrução histórica ficou sob meu encargo, com a colaboração de Renato Jardim Moreira; uma importante sondagem quantitativa sobre incongruências de atitudes e valores na esfera das relações raciais foi conduzida por Roger Bastide, com a colaboração de Lucila Herrmann. Os materiais referentes à Lei Afonso Arinos, por sua vez, além de uma coleta paralela de opiniões e reações espontâneas, foram arrolados através de uma sequência de debates.

A elaboração dos resultados da investigação

Este não seria o lugar para debater o desenvolvimento da pesquisa e a forma de aproveitamento das conclusões a que chegamos. Houve um lapso grave no circuito. Dado o caráter da comunicação existente entre os pesquisadores e os pesquisados, seria normal incluir uma série de reuniões para discutir com os interessados aquelas conclusões. No entanto, a Unesco tinha pressa em receber o relatório final, que, devido ao nosso complicado esquema de trabalho, acabou sendo entregue depois do prazo estipulado. Ainda assim, o nosso estudo foi reproduzido pela revista *Anhembi* em 1953 (números 30 a 34 desse ano) e transcrito no volume global, publicado em 1955. Em seguida, em exposições ocasionais, minhas ou de Bastide, os principais sujeitos colaboradores da pesquisa tiveram oportunidade de tomar conhecimento dos resultados, de discuti-los conosco e de endossá-los com certo entusiasmo.

Por lapso editorial (devido provavelmente ao desejo de Paulo Duarte de salientar o trabalho de R. Bastide e F. Fernandes), o volume coletivo saiu com o título da primeira monografia. Além disso, os créditos de uma edição cooperativa não foram incorporados à página de rosto e um dos estudos arrolados no índice (publicado anteriormente pela *Anhembi*) deixou de ser transcrito. Tudo isso não impede que aquela publicação *omnibus* tenha uma grande importância na bibliografia brasileira sobre relações raciais. E levanta o problema que continua a cegar alguns leitores especializados: eles não entendem que "relações raciais" não são somente uma especialidade, tal como foi cultivada nos Estados Unidos, e que havia um propósito amplo de estudar todos os aspectos de uma formação social (a sociedade brasileira de classes, como ela surge e se transforma em São Paulo através da urbanização, da industrialização e da incorporação do negro ao sistema de trabalho livre).

O primeiro trabalho, *Relações raciais entre negros e brancos em São Paulo*, teve a sua terceira edição em 1959, pela Companhia Editora Nacional; nós a consideramos a segunda edição revista e ampliada (no volume também foi incluído o projeto de pesquisa de 1951 (p. 321-358) e o artigo de Roger Bastide e Pierre Van den Bergue, "Estereótipos, normas e comportamento inter-racial em São Paulo" (p. 359-371).

A ele se seguiram outros trabalhos conhecidos da bibliografia de Roger Bastide, "Sociologie du Brésil" e "La Rencontre des Hommes", primeira parte de *Le Proche et le Lointain*, e da minha, *A integração do negro na sociedade de classes*, *O negro no mundo dos brancos* e a primeira parte de *Circuito fechado*. Alguns materiais destinados ao estudo da personalidade, por exemplo, não foram reexplorados.

Esse arrolamento indica por si mesmo as ricas consequências da investigação. Mas ela suscita duas reflexões deveras importantes. Ela está na raiz de uma nova visão da formação e transformação da sociedade brasileira *moderna*, e, de outro lado, serve de prova da *veracidade* da visão do negro sobre sua condição humana e da realidade racial brasileira. A sociedade paulistana ficara surda e muda à emergência do movimento de protesto negro. No entanto, a pesquisa sociológica demonstrava que o oprimido é excluído e é quem tinha razão, malgrado permanecesse ausente da "história oficial". Não que se endossasse pura e simplesmente o modo de perceber e de explicar a realidade racial do negro e do mulato. As elaborações perceptivas e cognitivas – das mais elementares às mais complexas e literárias ou políticas – do movimento negro serviram como ponto de partida e fio condutor. Elas foram ampliadas, verificadas empiricamente e testadas interpretativamente, aprofundadas e incorporadas ao horizonte cultural da explicação sociológica. Não foram, só por isso, reduzidas e entendidas como ideologia. Mas sim projetadas no âmbito de comportamentos coletivos nos quais o saber do negro sobre si mesmo era também um saber sobre o branco, a sociedade inclusiva e a necessidade histórica de sua transformação. A experiência amarga, o ressentimento e a dor transpareciam, agora, como conhecimento maduro e comprovável, que convertia a *nova abolição* em uma projeção utópica de revolução racial dentro da ordem estabelecida, pela qual a contraideologia do "negro revoltado" e o papel histórico do negro como paladino da liberdade e da *democracia racial* se concretizavam como dinamismos históricos libertários. No limite, uma evidência da tentativa de "fazer" e de "mudar" a história do brasileiro de origem mais humilde e espoliada, que foi solapada e por fim derrotada sem visibilidade e sem dramaticidade, pelo que foi na expressão de suas vítimas, o terrível "emparedamento do negro" na maior e mais importante cidade brasileira nas décadas de 30, 40 e 50.

As reações à pesquisa
De imediato, fomos considerados "tendenciosos" e responsáveis pela "deformação da verdade" em vários níveis da sociedade circundante. Houve, mesmo, uma ocorrência típica. O diretor de uma escola de sociologia que afirmou publicamente que Bastide e eu estávamos introduzindo "o problema" no Brasil! A comunidade negra, por sua vez, exagerou a importância de nossa contribuição. Estava maravilhada com o fato de termos rompido

aquele isolamento psicossocial e histórico, feito dele uma arma da razão e da crítica. Principalmente, ficaram encantados com o fato de suas "lutas" terem encontrado resposta e confirmação. Parecia-lhes que a sociologia lhes abria uma "ponte de justiça", acenando com a perspectiva de que, aquilo que não se convertera em história, poderia vir a sê-lo no futuro próximo. Fomos cuidadosos. Não tentamos indicar a falta de correlação entre a reação coletiva do negro e a gravidade do dilema racial na sociedade brasileira. De que adiantaria esse exercício literário? Bastara-nos indicar que a integração nas classes começava outra *história*, porque conferia ao negro a possibilidade de acesso a uma forma mais eficiente de conflito aberto e de luta contra uma ordem racial iníqua.

As transformações da sociedade logo viriam demonstrar o acerto de nossos procedimentos e dos prognósticos implícitos ou explícitos (como no último ensaio do livro *O negro no mundo dos brancos*). *O problema negro* se tornou, ao mesmo tempo, mais claro, mais grave e mais carregado de tensões emancipadoras. As avenidas da ascensão social abriram ao *novo negro* os canais competitivos e egoísticos da luta por posições e prestígio afastando-o do mundo dos negros mas, por isso mesmo, convertendo-o em complicador de todos os cálculos fundados na etiqueta tradicional e no jogo de "manter o negro em seu lugar". De outro lado, o advento do capitalismo monopolista subverteu a história burguesa e, por aí, as acomodações raciais, desequilibrando os paralelismos estáticos entre "classe" e "raça". O "radicalismo negro" assume nova feição. O negro revoltado não se volta contra a superfície das coisas. Não se contenta em ser o campeão da liberdade e, por assim dizer, o branco visto sem as máscaras. Ele quer levar, agora, a subversão ao fundo da sociedade, fazer o contrário dos grandes líderes das décadas de 30 e 40: fundir os ismos, injetar afrobrasilidade nos ismos, imprimindo ao movimento negro uma radicalidade revolucionária.

Neste novo contexto, alguns nos confundiram com o que nunca fomos – inclusive, chamaram-nos de "paternalista". Não se entendeu que a explicação sociológica objetiva, crítica e militante soldava dois momentos do próprio movimento negro e que nós não tínhamos outro papel senão esse, de servir de ponte entre as gerações que desencadearam o primeiro protesto negro e as que erguem, no presente, as bandeiras da liberdade maior no "meio negro". Hoje o próprio negro prescinde do elo que foi necessário há três décadas. Nem por isso havia um "paternalismo" antes ou uma ambiguidade hoje. Tivemos a coragem de nos solidarizar com a rebelião que não foi entendida e correspondida pela sociedade global. Explicamos o que ela queria dizer e nos pusemos a seu lado. Nos dias que correm, naturalmente, temos de avançar na mesma direção, para acompanhar o negro como agente de sua própria emancipação humana. As relações entre raça e classe se subverteram. Marcamos, à medida que o pudemos fazer, as várias etapas desse salto histórico maravilhoso. O que está em questão não é a REDENÇÃO do negro (uma palavra que evoca o grande campeão da luta abolicionista em São Paulo, Antonio Bento). É a redenção do homem. É por aqui que devemos apanhar a grandeza intelectual de Roger Bastide e homenageá-lo como merece, situando-o como o grande mestre que foi e o modelo de ser humano puro e íntegro, que via na sociologia um meio de ligar melhor os homens entre si, acima de suas diferenças e no centro de sua humanidade civilizada e civilizadora.

Da aliança à solidariedade

Florestan Fernandes, revista Teoria e Debate, *n. 8, São Paulo, 30 dez. 1989.*

> *O arco de esquerda possui, na sua essência, o fito de converter uma fraqueza relativa em força real. É um recurso de acumulação e de concentração de poder. A partir disso, cabe compreender e irradiar a mensagem de solidariedade de classe, o que significa saltar do plano eleitoral para o plano político mais delicado e complexo.*
>
> Florestan Fernandes

Os trabalhadores e seus partidos (anarquistas, comunistas ou socialistas) podem empenhar-se em "políticas de frente" em várias circunstâncias. Operando com uma dicotomia (isto é, empobrecendo a análise), podemos mencionar dois extremos. No primeiro, os trabalhadores se acham em uma posição de debilidade insuperável. Têm de recorrer à conciliação com forças sociais burguesas, porque sua situação de classe é incipiente. Para jogar algum papel nos processos políticos, se veem compelidos a aliar-se com alguma fração da burguesia e a defender seus próprios interesses envolvendo-se nas lutas intestinas dos setores capitalistas. É o que Marx e Engels caracterizam, no *Manifesto comunista*, como "cauda" do movimento burguês. A mesma técnica pode ser aplicada com outros fins. Mas no Brasil e na América Latina foi essa orientação que prevaleceu de forma prolongada, deteriorando a capacidade de luta política dos trabalhadores e reforçando o monopólio capitalista do poder especificamente político.

O segundo extremo surge com o desenvolvimento e o fortalecimento das classes trabalhadoras no campo e nas cidades (ou apenas nestas). Esse processo histórico-social não é produto só da urbanização e da industrialização. Ele também depende da modernização do complexo institucional de organização e de luta econômica, cultural e política que elas atingem. A maturação de certas instituições básicas (como o sindicato, o partido político estruturado nos interesses de classe dos trabalhadores, organizações culturais próprias etc.) exige algum tempo. Em função da aceleração do desenvolvimento capitalista, nos países de origem colonial – especialmente os que se formaram através do modo de produção escravista contaram com um Estado senhorial e escravista "democrático", que interiorizou o colonialismo, e se submeteram depois da Independência à dominação externa neocolonial (dominação indireta) e mais tarde à dominação externa dependente (desenvolvimento capitalista associado) – a formação do *trabalho livre* como categoria histórica é demorada e oscilante. Ela pode durar três décadas, meio século ou permanecer flutuante e indefinida. Nas melhores condições conhecidas, essa alteração transcorreu de trinta a cinquenta anos após a desagregação do escravismo. Porém, só demonstrou plena vitalidade posteriormente. Os trabalhadores acabaram se impondo como um polo histórico alternativo de pressão radical e servindo como a ponta de lança para a agregação de diversas forças sociais (proletárias, no campo; pequeno-burguesas; setores de classes médias descontentes; e até certas facções burguesas nacionalistas e anti-imperialistas). A lógica política é simples. A vanguarda mais radical (os trabalhadores) configura-se como a força política decisiva, mesmo que suas reivindicações se detenham, por tática ou por imposição histórica, nos limites da "revolução dentro da ordem".

Vários países que no século XIX faziam parte da periferia da Europa fornecem exemplos para o estudo da última probabilidade da dicotomia. É claro que ela não se confunde com a conquista do poder como coroamento do crescimento numérico e organizativo de magnitude nacional e grau de consciência socialista revolucionária das classes trabalhadoras. Mas exemplifica como e porque a burguesia, ao tomar-se classe dominante conservadora e reacionária, sente-se incapacitada de bloquear a revolução social que se encadeia à desintegração do antigo regime e ao advento do capitalismo em sua configuração industrial e financeira. As transformações procedem de cima para baixo. Contudo, as forças históricas que as provocam pressionam de baixo para cima. Se a vontade "esclarecida" dos governantes prevalecesse, a inércia social seria a resposta da grande burguesia e a acumulação de capital não seria perturbada por nenhuma espécie de concessão. Os trabalhadores infundem vida e impulso criativo às contradições da estrutura e dos dinamismos do modo de produção capitalista, da sociedade civil burguesa (forçando-a a civilizar-se gradativamente ou aos saltos) e do Estado capitalista "liberal", cujo despotismo acaba contido dentro de limites que sempre traduzem a capacidade de confronto econômico e político das classes em presença (o proletariado, a grande burguesia e os chamados "estratos intermediários").

Não obstante, o melhor exemplo no pensamento socialista é a Rússia. Dentro e fora do POSDR (Partido Operário Social-Democrático Russo), os ativistas tomaram a revolução burguesa como o protótipo da "revolução russa" ou da "nossa revolução". Foi preciso o teste de 1905 para tornar-se explícito que a burguesia russa temia mais o imprevisível, que se delineava diante de um aliado tão "perigoso" quanto as classes trabalhadoras, e que era melhor para ela acomodar-se à opressão da autocracia do czar, da nobreza e da burocracia (adocicada com privilégios e concessões valiosas). Isso não impediu que os trabalhadores, seus partidos e aliados lutassem pelo aprofundamento da revolução burguesa, para realizar conquistas imediatas e para preparar a liquidação do Estado autocrático e de suas práticas terroristas. O alvo central consistia, pois, na autoemancipação dos trabalhadores e na criação de um regime político democrático, no qual as classes trabalhadoras dispusessem de espaço histórico para conquistar e estender, em várias direções, lutas econômicas, sociais e políticas, que tivessem como eixo a situação de interesses e os valores sociais do proletariado. A fermentação que conduziu à derrubada do czar e à fundação da Assembleia Nacional evidencia as múltiplas composições de classe que subiam à tona, como "alianças entre partidos" e como uma compulsão extremamente forte da "revolução dentro da ordem".

No Brasil de hoje estamos enfrentando uma situação histórica que evoca, simultaneamente, as duas revoluções da Rússia (a que malogrou, em 1905; e a que confundia a derrocada do czarismo com a ascensão da burguesia como classe dominante e revolucionária, em fevereiro de 1917). O golpe de Estado de 1964 abriu a rota para o "desenvolvimento econômico acelerado". O setor militar tomou como meta a estabilidade política a qualquer preço, oferecendo ao grande capital estrangeiro e nacional uma oportunidade histórica única, de exploração intensiva de mão de obra barata, de apropriação devastadora de recursos naturais pilhados de forma colonial, de financiamento público ou sob a responsabilidade do Estado de uma vasta infraestrutura à implantação do modo de produção capitalista monopolista (ou oligopolista), de modernização controlada a distância de todo o complexo institucional imposto pela incorporação do Brasil à economia internacional, de sufocação do nacionalismo, da revolução democrática e do protesto social, de absorção e tolerância de práticas econômicas e financeiras de significado colonial e de consequências ultraespoliativas, de "nacionalização" de grandes corporações internacionais e de desnacionalização de empresas nacionais viáveis, ou estratégicas, para a "autonomização" do desenvolvimento capitalista etc. Em suma, a ditadura garantiu *mudança social sem revolução* ao capitalismo selvagem da periferia e às aspirações de capitalismo sem risco da burguesia brasileira.

Foi nesse contexto que as classes trabalhadoras romperam o cerco de sua marginalização e repressão sistemática. O sonho do "desenvolvimento econômico acelerado" converteu-se em pesadelo. Catorze anos depois do golpe de Estado, os trabalhadores dão uma resposta coletiva à situação global, renegando ao mesmo tempo a ditadura, a burguesia associada e o terrorismo de Estado como veículo de "defesa da ordem". A partir dessa data, as classes trabalhadoras começam a libertar-se da condição convencional de "cauda política da burguesia" e marcham em direções inovadoras, buscando organizar-se em sindicatos e em centrais operárias independentes, em partidos centrípetos, que gravitam em torno dos interesses e das aspirações do proletariado e dos oprimidos. Manifestam-se como uma força social com esfera própria na luta pelo poder (ainda não pela *conquista direta do poder*, apenas pela democratização da empresa, da sociedade civil e do Estado). Emergiam, pois, como um núcleo de atração de alianças políticas, dentro das fronteiras móveis dos trabalhadores livres e semilivres, bem como dos segmentos radicais da pequena burguesia e das classes médias.

A questão vital, para os trabalhadores, é a da ruptura com o regime vigente. Já antes, nos governos Geisel e Figueiredo, a ditadura manipulara as pressões desestabilizadoras através de concessões, que culminaram na "abertura democrática". Coerente com seus interesses e com sua tradição cultural, o bloco no poder coonestou os aparentes acenos do governo ditatorial no sentido de uma "transição lenta, gradual e segura", uma fórmula hábil no sentido de resguardar o arbítrio, simulando condená-lo. A célebre "conciliação conservadora" comprovou esse fato. As "Diretas já" foram enterradas por uma minoria e o acordo pariu um monstro, a "Nova República", que não desmobilizou o aparato repressivo e, mesmo após a vigência da Constituição de 1988, convalida o "arrocho salarial", endossa a existência de bandos armados que assassinam posseiros, moradores, líderes sindicais, políticos e sacerdotes que defendem a ocupação de terras improdutivas, trata as greves de operários, de professores, de funcionários públicos, de estudantes etc. por meios repressivos brutais. A Constituição instituiu um "Estado de direito", com liberdades políticas, garantias individuais e direitos sociais que só têm vigência se não afetarem uma concepção obstinadamente reacionária da ordem legal e da iniciativa privada. O que consagra uma dualidade constitucional: há uma Constituição escrita, que exprime a "vontade da nação", mas converte-se em biombo para esconder o arbítrio e a violência; há outra Constituição consuetudinária, produzida pelo ânimo bélico das classes possuidoras e de suas elites dirigentes, consagrada pelo governo e por suas forças de repressão policial-militar e, frequentemente, judiciária. Essa dualidade constitucional é um desafio e um freio para a ação política dos trabalhadores livres e semilivres, os seguimentos radicais da pequena burguesia e das classes médias. É preciso exterminá-la, porque ela institui a violência a partir de cima, a "legitimidade" de um código não escrito que anula o texto constitucional, servindo somente para demonstrar o quanto a "Nova República" é a sucessora hipócrita da ditadura militar e como se renova o despotismo da grande burguesia.

Dada essa moldura histórica, impõe-se distinguir entre eleições e democracia. Depois do malogro das "Diretas já" e do recente processo constituinte, as eleições aparecem como a última alternativa pacífica de uma ruptura com o atual estado de coisas. Por si mesmas, as eleições não se pressupõem nem levam à democracia. A revolução democrática foi abortada a sangue-frio em 1937, 1964 e 1984, quando se tornou patente que a derrubada popular do esquema de poder conservador conduzia à extinção do despotismo mascarado militar e civil. Em 1964 e em 1984 o país caminhava com ritmos rápidos na direção de consolidar uma democracia de participação ampliada, com um duplo adeus ao mandonismo tradicionalista e ao seu irmão siamês, o populismo lastreado na demagogia dos de cima. No momento, existem claras probabilidades de que se arme a estrutura institucional de uma democracia pluralista, com um forte polo de classe operária e popular. A Constituição de 1988 comporta essa alternativa, e a inquietação social fomentada pela deterioração da economia e da ordem legal repõe o cidadão comum no lugar que ele deve ter. Nessas circunstâncias, não se pode afirmar o quanto de democracia resultará das eleições. Entretanto, elas trarão dois resultados líquidos. Primeiro, a conquista efetiva de voz social e política pelos trabalhadores livres e semilivres na sociedade civil. Segundo, a interferência deles na debilitação do despotismo burguês em todas as suas modalidades, privadas e públicas. Os debaixo sabem, cada vez mais e melhor, de onde provêm os seus problemas e se dispõem a arrostar os seus algozes no terreno em que se travará o embate decisivo, ou seja, no plano político e na luta pelo poder.

Aqui e agora não se trata de uma revolução social, mas da implantação de uma democracia com dois polos: um burguês e outro popular e proletário.

A contraprova dessa interpretação revela-se espontaneamente. Ela é dada pelo vigor com que o "poder econômico" está se envolvendo, sem rebuços, na demolição de candidatos "não confiáveis" e nas tentativas para pôr de pé uma candidatura de direita que possa, aparentemente, ostentar-se como "não ideológica", pairando "acima das classes". Os líderes políticos de maior experiência e respeitabilidade são quase descartáveis. Atingidos direta ou indiretamente pelo mau uso do poder ou pela desmoralização sistemática provocada seja pela ditadura militar, seja pela "Nova República" contra os "políticos profissionais", eles encontram forte resistência no corpo dos eleitores. O "centro" (ou seja, sem ambiguidade: a direita e a extrema-direita) recorre a técnicas modernas de seleção dos candidatos e forja candidatos que correspondam à projeção coletiva de um futuro "bom presidente". Sabia-se que a direita e a extrema-direita entrariam em campo com uma candidatura forte e, até, com mais de uma, para aproveitarem as vantagens dos dois turnos. Sondagens que não foram divulgadas "descobriram" o candidato com os requisitos necessários. Ele foi "trabalhado" e "posto no mercado" – e, pelo menos até agora, o objetivo está sendo atingido. A técnica da "produção do presidente" chega, pois, ao nosso "mercado eleitoral", e é provável que o processo psicológico e mercadológico seja repetido com mais alguém. Além disso, as técnicas tradicionais de intervenção do "poder econômico" continuam a ser aplicadas intensivamente. O escrutínio dos candidatos e do seu grau de fidelidade está em pleno curso. Porém, o "poder econômico" não tem pressa. Na hora H será escudado pelo aparelho do Estado e pelos partidos da ordem. No fim, terá em suas mãos um, dois ou três grãos que virarão pipoca. As negociações finais para o segundo turno andarão sobre trilhos bem azeitados. Acresce que várias instituições-

-chave conservadoras operam simultaneamente. Elas funcionam como britadeiras, martelando sobre a esfera ideológica e política, buscando desfigurar não só as imagens, mas também as mensagens de políticos realmente de centro ou de esquerda. Eles são bombardeados para se conformarem aos padrões morais e políticos conservadores – e para se mostrarem abertos seja ao "neoliberalismo", seja ao "antiestatismo" (preservando-se, naturalmente, a privatização do público, a mão invisível que cuida maternalmente do fortalecimento do capital nacional e estrangeiro no Brasil).

Um país que perdeu seus laços com as práticas políticas e eleitorais sucumbe, assim, às implicações negativas da "lei dos pequenos números". As elites decidem em nome e em proveito de uma minoria de privilegiados, os quais repelem a democracia e pretendem manter a "farsa da transição democrática", como se o país fosse incapaz de mobilizar os cidadãos comuns para instituírem uma sociedade civil civilizada, um Estado democrático com dois polos de poder (um burguês; outro proletário e popular) e uma cultura aberta ao talento dos pobres e dos oprimidos. Uma burguesia pró-imperialista opta pela dependência como mercadoria e fonte de lucro e breca até o desenvolvimento capitalista suscetível de voltar-se para reformas e revoluções propriamente burguesas. Transfere, portanto, aos trabalhadores e aos excluídos suas tarefas históricas. Ou os de baixo avançam por dentro da ordem, ou esta toma um caráter eminentemente regressivo e neocolonial, já que o capitalismo monopolista implanta, dentro das "nações hospedeiras", suas hordas de tecnocratas e de funcionários, suas empresas, sua tecnologia "de ponta", inclusive sua "inteligência militar", seu poder de dissuasão e de opressão.

A Frente Brasil Popular nasceu primordialmente dessa constelação histórica. Quando ela foi concebida, ainda não se pensava nas táticas eleitorais concretas e na partilha dos minutos que os partidos de oposição de classe receberiam no rateio da propaganda eleitoral "gratuita". Aquele foi um momento de grandeza na história do socialismo no Brasil. Luiz Inácio Lula da Silva explodiu como um candidato de origem operária e líder da bancada do Partido dos Trabalhadores. Repetia-se a história de Davi contra Golias. Era preciso usar contra a minoria privilegiada a mesma técnica que ela vem aplicando com êxito contra os trabalhadores e os oprimidos. Organizar-se para vencer. *Unir-se para multiplicar as próprias forças* e, se possível, ganhar a batalha eleitoral e a presidência, embora em um quadro que exclui a conquista do poder pela classe. Não se pode incentivar utopias, mesmo que sejam proletárias e socialistas. Os dilemas do pobre e do trabalhador são transparentes e dolorosos. Mas há um sonho. No primeiro arranque pós-ditatorial, eclode o plano mais ousado. Levar os partidos de esquerda a bater-se com seus inimigos reais e explorar as contradições inerentes a um país com desenvolvimento capitalista desigual para corrigir essas contradições, mediante a transformação da mentalidade e do comportamento eleitorais dos trabalhadores livres e semilivres e de seus aliados conjunturais ou ideológicos.

Aqui estamos no anticlímax da ditadura e da "Nova República". Um arco da esquerda é uma resposta histórica e um desafio manifesto. O Partido Comunista do Brasil, o Partido Socialista Brasileiro e o Partido dos Trabalhadores tiveram de superar obstáculos ideológicos, preconceitos antigos e promessas que sempre foram silenciadas para articular um entendimento comum e uma plataforma comum razoável. Nenhum partido seria "cauda política" dos outros, embora o PT fosse majoritário e estivesse em condições de pleitear uma posição hegemônica, coisa que não ocorreu porque a perspectiva socialista prevaleceu acima de convergências e divergências. Convencionou-se que o candidato à presidência sairia do PT e que o candidato à vice-presidência resultaria de entendimentos entre os demais partidos. O nome seria submetido à aprovação do PT. Haveria, também, a organização de uma campanha conjunta e um programa inclusivo, nascido do consenso dos quatro partidos. Os meios de comunicação escrita e falada foram mantidos informados passo a passo e nada ficou secreto para os que desejassem inteirar-se do assunto. O único ponto sombrio provinha dos partidos que preferiram preservar a liberdade de concorrer isoladamente e examinar apenas no segundo turno as alianças ulteriores. Essa decisão foi respeitada. Ela enfraquece o arco da esquerda. Contudo, ela é historicamente (e também politicamente) inevitável. Cabe ao PCB descobrir seus verdadeiros caminhos. O PDT e o PSDB, por sua vez, ainda precisam identificar o que é radicalismo burguês, social-democracia e socialismo dentro de seus muros – e como irão engajar-se, como forças eleitorais e políticas de centro-esquerda, na construção de um Brasil no qual a liberdade de alguns deixe de ser a razão do império da barbárie.

O arco da esquerda possui, na sua essência, o fito de converter uma fraqueza relativa em força real. *Representa, pois, um recurso de acumulação e de concentração de poder*. Seria um erro subestimar esse recurso, como também o seria exagerar seu significado. De imediato, ele se vincula a um alvo conjuntural – uma campanha eleitoral. No entanto, não se deve dissociar o eleitoral do político. Os parceiros se unem em termos de uma situação de interesses, de valores sociais das classes trabalhadoras e da necessidade de transmutar uma "escolha eleitoral" em processo de consciência de classe como uma tentativa deliberada de socialização política socialista. Isso quer dizer: saltar do plano eleitoral para o plano político mais dedicado e complexo, que é o da organização, consciência e comportamento político de uma classe social relegada à exclusão cultural e ao ostracismo educacional. O simpatizante não é visto como subalterno, mas como companheiro, e a ele é transferido o papel de educar ou reeducar outros eleitores nas mesmas condições (destituídos, explorados e oprimidos). A cada um cabe compreender e irradiar ou difundir a mensagem de solidariedade de classe, que não se confunde com o ato de votar e de "escolher o futuro presidente".

Por isso, nos planos tático e estratégico cada partido precisa atuar simultaneamente em sua área e em conjunto. São duas esferas concomitantes de propaganda eleitoral e de socialização política de caráter pedagógico. Por isso, ao contrário dos partidos da ordem, os partidos de oposição proletária e socialista precisam desdobrar-se e distinguir cuidadosamente a diferença específica existente entre o primeiro e o segundo turnos. No primeiro, os adversários poderão estar mais dispersos e confiantes. Sabem que poderão vencer já no primeiro turno e veem como favas contadas a "união sagrada" no segundo turno, se ela se impuser como indispensável. Os partidos do arco da esquerda precisam queimar todos os cartuchos no primeiro turno, para criar uma emulação de classe que atinja os aliados menos politizados da mesma classe e os aliados pertencentes a outras classes. Estes necessitam ser contagiados, para alcançarem o pico da mobilização nas proximidades das eleições, quando os militantes mais ardorosos "pegam fogo" e "dão tudo o que têm". Se esse fim for obtido, quando chegar o segundo turno todos já começam afiados e com preparo psicológico para aceitar com naturalidade a vitória ou a derrota. A eleição é um episódio. Não é o ponto final. Haverá sempre um saldo político inestimável, que emana do fato de que todo o processo alimenta uma experiência educacional única, na aprendizagem concreta do que é o socialismo e como lutar por ele.

No passado remoto, prevalecia a tática da radicalização crescente. O partido mais radical ou revolucionário de uma coligação punha-se automaticamente à frente dos outros e assumia a liderança do processo. Aqui e agora não se trata de uma revolução social, mas da implantação de uma democracia dotada de dois polos, um burguês, outro popular e proletário, como já foi indicado. Nenhum partido disputa a preeminência incisiva. Portanto, os partidos de esquerda aprendem a lutar juntos contra o inimigo comum e pela mesma causa. Não obstante, prevalece o esforço de ação coordenada e conjugada. Esse é o padrão corrente, ainda válido. Ele falhou no Chile. Mas deu certo na Nicarágua e em El Salvador, em condições precárias, e mostrou-se construtivo no Peru. A experiência contém, sob esse aspecto, um sentido altamente positivo. Ela acaba (ou ajuda a acabar) com o dogmatismo, com o oportunismo e com o extremismo. Ajuda a forjar uma compreensão inovadora da teoria e da prática socialistas, enraizadas na confiança recíproca, na solidariedade no uso de meios de luta e na seleção de objetivos que se impõem, neste momento, como tarefas históricas fundamentais das classes trabalhadoras e de seus aliados políticos. Tudo isso situa a campanha presidencial de Lula e Bisol dentro de um contexto histórico que contribui para acelerar o desenvolvimento das classes trabalhadoras e do socialismo em um novo patamar político. O que é velho e arcaico ainda não foi vencido e enterrado. Todavia, já irrompe a tendência histórica que prende o futuro próximo ao presente incerto e sufocante que estamos vivendo.

Reflexão sobre o socialismo e a autoemancipação dos trabalhadores

Florestan Fernandes, palestra[1] no Sindicato dos Metalúrgicos de São Bernardo do Campo, São Paulo, 1991.

---

[1] Esta versão não reproduz fielmente a exposição oral. Ela foi condensada ou ampliada em algumas partes e refundida para se adaptar aos requisitos de um texto escrito.

Existe uma crise profunda em toda civilização ocidental. Seria algo estranho que essa crise não se refletisse no marxismo. O dialético também seria que a crise atingisse o marxismo. Muitos dos argumentos usados para desqualificar o marxismo são mais de natureza capitalista que de origem operária e não têm uma base objetiva, que poderíamos chamar de lógica ou científica.

Se se toma a melhor enciclopédia que já se publicou em ciências sociais, que não é a mais recente, é uma que saiu em fins de 1929, publicada em quinze volumes, e que tinha uma contribuição internacional de primeira ordem, sobre a palavra socialismo vem uma discussão a respeito do que é a concepção marxista do socialismo. Isso é um ponto de referência muito importante para que se entenda que, no quadro da produção das ideias que conduziram à formação do socialismo, o marxismo foi considerado a tendência mais importante. É em torno do socialismo de orientação marxista que se vai constituir a social-democracia europeia no início e os partidos socialistas que surgiram em diferentes lugares da Europa e, depois, em outras partes.

Aqui tentarei sintetizar a visão originária do socialismo, que considerava a classe trabalhadora como a única classe revolucionária na sociedade capitalista e a única classe que tinha interesses e potencial de luta política suficientemente forte para transformar a sociedade existente e destruir o capitalismo.

É necessário lembrar que a desagregação da sociedade feudal produziu a separação do produtor dos meios de produção. Considerando uma área da produção, de tecidos ou de sapatos, por exemplo, vamos supor que existissem trabalhadores artesãos que produziam em pequenas oficinas, como costureiras que produziam em suas próprias casas. No fim do mundo feudal, através principalmente de uma acumulação de capital que se dá pela via comercial, surgiram recursos e, ao mesmo tempo, pelo desenvolvimento do conhecimento,

Reflexão sobre o socialismo e a autoemancipação dos trabalhadores

surgiram técnicas que permitiram uma nova forma de produção. A sociedade feudal era uma sociedade que dispersava o poder dos senhores e permitia que a burguesia crescesse e se fortalecesse através do comércio local, nacional e/ou internacional da exploração de regiões coloniais. Mas o fato é que no fim há um problema mais complicado. Aparece uma forma de acumulação de riquezas que se diferencia ao longo da sociedade feudal, onde o próprio senhor feudal assalta, cobra, direito de passagem e segurança; difunde-se uma religião que valorizava a austeridade, que foi o protestantismo; a existência do entesouramento expande-se através da própria acumulação de riquezas que procediam do comércio e das primeiras grandes tentativas de "colonização", envolvendo as navegações, a descoberta da Ásia, da América e da África. Então, surgiram várias formas de acumulação de riquezas, inclusive a dos artesãos.

Entre os mestres artesanais apareceram pessoas que usavam os aprendizes ou mestres, que não tinham recursos para ter suas próprias oficinas ou seus próprios estabelecimentos. Aqueles mestres, então, procuram acumular riquezas, modificando suas relações com os subalternos e os clientes. Constitui-se, então, um ser humano com recursos econômicos para concentrar em suas mãos riquezas suficientes para comprar os meios de produção e gerar um novo tipo de economia. Essa evolução é muito complicada e exigiria um programa de história econômica. Mas os trabalhadores, os produtores diretos, por exemplo, os servos, o artesão que trabalhava individualmente, o artesão que não tinha recursos para possuir um estabelecimento em condições de expandir-se, servem de pilar para uma forma de apropriação, que separava o produtor dos meios de produção.

Formam-se vários modos de expropriação, de onde nasce um novo tipo de propriedade, que é a propriedade privada moderna. Em torno dessa propriedade moderna individual dos meios de produção é que vai desenvolver-se a produção capitalista. Exemplo: um negociante numa cidade inglesa, que conhecia pessoas que produziam um determinado produto em sua casa, criava uma empresa – manufatura – e comprava desses trabalhadores suas máquinas. Esses trabalhadores iam vender depois o seu trabalho, como mercadoria, para aquele negociante. De outro lado, toda a gente que morava no campo e se viu expropriada de suas terras, vai parar na cidade e servir de mão de obra barata. Emerge o embrião da empresa moderna, na qual há uma concentração dos meios de produção. É uma invenção, dentro da tecnologia existente, que tornou possível criar essa nova maneira de organizar a produção e de submeter, através do dinheiro, aquele agente econômico fraco, a condição de vendedor da sua força de trabalho. Esse agente econômico pode ficar morando no próprio local ou se desloca e mora em uma cidade, em áreas muito miseráveis, como é descrito em vários livros, inclusive o de Engels, sobre o trabalhador na Inglaterra em 1844.

Quer dizer, as cidades se diferenciavam, há uma concentração maior da população nas cidades e, ocorre, também, a migração interna europeia simultânea de artífices mais qualificados, por exemplo, franceses e espanhóis, que eram hábeis em certas especialidades complexas. Existe um grande movimento na população e ela cresce tanto por via das migrações quanto da reprodução.

Esta nova forma de propriedade, ligada ao capital, é o recurso que permite o início do processo capitalista da produção. O trabalho se transforma em mercadoria, pois o produtor deixa de produzir para si próprio e para a família, e passa a vender sua capacidade de trabalho para o proprietário do capital. O que caracterizava o sistema feudal era que quem quisesse um par de sapatos iria a um artífice e encomendava-o; poderia esperar um ou dois meses, mas teria o par de sapatos. O processo era esse, não havia estoques de produtos em todos os ramos. Com essa invenção, o produto cresce em massa e descobre-se um mercado diferente, que iria crescer, aumentar e difundir-se por toda parte em seguida.

Assim se compõe a nova forma de produção, ligando capital e trabalho entre si. O capitalismo, graças a essa nova forma de produção e de propriedade, pode gerir a manufatura. Ele não comprava a pessoa do trabalhador, mas as horas de trabalho dela, por exemplo, 12 ou 15 horas. Nesse período de tempo, o trabalhador não produzia só aquilo que o capitalista estava lhe pagando; ele produzia o equivalente ao que recebia e mais uma certa quantidade de produtos. Um exemplo hipotético com 12 horas: em 6 horas, ele produzia o equivalente do que recebia. Nas outras 6 horas, ele produzia um excedente econômico, que ficava com o capitalista. Essa é a nova forma de exploração: o produtor não recebia todo o equivalente por aquilo que produzisse, mas apenas a metade, dois terços ou um terço etc. Quando se trata de acumulação simples, o capitalista elevava a exploração aumentando a jornada de trabalho. Em vez de ficar 12 horas trabalhando, ele ficava 16 ou 18 horas. O que ele produzia a mais pertencia ao capitalista. A extensão da jornada de trabalho permitia intensificar a exploração do trabalho não pago.

Reflexão sobre o socialismo e a autoemancipação dos trabalhadores

O capitalismo, no sentido específico, surge quando a acumulação acelerada do capital se dá, além do que foi descrito, quando a ciência, a tecnologia, a organização da produção são de tal maneira que o indivíduo, em vez de produzir o equivalente ao que ganharia em 6 horas, iria produzi-lo em quatro horas e a extração do excedente, a mais-valia aumentava crescentemente e o dono do capital se apropriava de todo o produto. Essa é a chamada acumulação capitalista acelerada – é o que revoluciona a produção moderna. À medida que a técnica evolui e multiplica a produtividade do produtor, o capital cresce com maior rapidez.

É isso que caracteriza o aparecimento do capitalismo em termos históricos e estruturais. O produtor é despojado dos meios de produção, que passam para as mãos do capitalista. Através da técnica, ele utiliza os meios de produção, gerando um produto maior, enquanto o trabalhador é despojado desse excedente. Isso quer dizer que a exploração se localiza ao nível da produção, no qual se dá a espoliação do agente de trabalho sob o capitalismo. E é muito importante entender esse esquema para se compreender que aquele que trabalha está numa situação tal que vai ser sempre explorado, qualquer que seja o progresso da organização da produção. Pois a acumulação simples desaparece, mas fica embutida na acumulação ampliada e acelerada; e essa acumulação atribuirá ao capital industrial maior dinamismo. Portanto, capital e trabalho vão ter uma relação dialética entre si. O capital precisa do trabalho assalariado para crescer e o trabalho assalariado, por sua vez, precisa do capital, porque o trabalhador não tem meios de subsistência e reprodução dele próprio como trabalhador e de sua família. Dentro dessa estrutura há um antagonismo entre capital e trabalho que é irredutível, porque a função do capital é sempre a de exercer uma espoliação, que se torna cada vez mais concentrada à medida que a tecnologia eleva a produtividade. O trabalhador, por sua vez, especialmente nas condições originárias da produção capitalista, terá de se contentar com um salário muito baixo, compatível apenas com um padrão de vida paupérrimo. Engels, pela investigação sobre as condições de vida dos operários na Inglaterra em 1844, descobriu as áreas onde viviam os trabalhadores, mais ou menos distantes de outras áreas, praticamente isoladas e segregadas, de modo que os burgueses podiam ir para seus escritórios ou destes para suas mansões sem ver a miséria e a ruína que ocasionavam aos trabalhadores.

Há uma relação dialética entre o capital e o trabalho que é inevitável. Qualquer modelo de capitalismo, no qual o capital só cresce espoliando o agente de trabalho e, por sua vez, o agente de trabalho só pode se reproduzir e sobreviver à medida que ele encontra um mercado de trabalho, que converta sua força de trabalho em mercadoria. Não é o trabalhador que é a mercadoria: ele não é um escravo nem um servo, em sentido literal. Ele só vende a força de trabalho que possui. E com essa força de trabalho o agente capitalista obtém um produto que ultrapassa de muito o que ele paga ao trabalhador.

O que se deve ressaltar é que esse antagonismo irredutível opõe entre si o trabalhador e o capitalista, adversários em termos econômicos, políticos e culturais. Essa situação, naturalmente, foi enfrentada pelos trabalhadores ao tentarem se organizar socialmente. Primeiro criaram as uniões ou as associações, os sindicatos. Nem os economistas nem os socialistas conseguiram entendê-las: como os trabalhadores desenvolveram essas organizações, às vezes prejudicando seus próprios interesses? Ao se unirem em associações e sindicatos, sofriam pressão dos patrões: havia flutuação na oferta (o "não, eu pago um pouco mais para você"); ou, então, os próprios trabalhadores se viam obrigados se cotizarem para manter a associação; ou eram obrigados a aceitar condições de trabalho em que a remuneração era menos vantajosa, exatamente para poderem formar o sindicato, porque havia entre os mesmos profissionais de qualificações variadas (uns poderiam ganhar mais que outros e, de repente, todos começavam a defender os interesses coletivos). Tanto socialistas como, principalmente, os economistas não entenderam isso. Marx e Engels os chamavam proletários, colocando em primeiro lugar sua organização. No início, a reação foi diferente, pois o trabalhador não entendia o complexo mecanismo exigido pelas circunstâncias. Quebrava as máquinas, às vezes destruía a própria manufatura. Depois entendeu que o problema não estava na máquina, na manufatura, mas no capitalista, na propriedade privada dos meios de produção. Ele tinha de atacar o capitalista e a relação de exploração imposta pelo capital. Não podia conseguir isso individualmente; tinha de ser coletivamente. Deviam, portanto, associar-se. Constituem-se, então, as primeiras formações proletárias, que promoviam a luta econômica, social e política coletiva e organizada.

Esse esboço é muito sumário, muito superficial, mas contém a essência da concepção marxista do socialismo. Existe uma base econômica, social e política, que não é inventada, é extraída da própria formação e evolução do capital e do trabalho na sociedade moderna.

Como dispomos de pouco tempo, não vou expor a primeira parte do *Manifesto comunista*, que é muito importante, onde vêm descritas as etapas da evolução das classes. É claro que os trabalhadores são uma classe, os capitalistas são outra e vai haver antagonismos entre elas. Aparecerão também classes intermediárias e, destas classes, algumas têm interesse em se unir com o capital ou com os trabalhadores. A única classe, porém, que possui motivos em revolucionar e acabar com a sociedade burguesa é a classe trabalhadora. Por isso, a classe trabalhadora é tida como classe organicamente revolucionária. As outras podem participar de uma luta por reforma e até por revoluções; mas, atingidos os seus objetivos, retraem-se. Os trabalhadores precisam eliminar essa sociedade e organizar a produção de tal maneira que o capital não prejudique mais o produtor.

Agora, quais são os objetivos centrais dos socialistas? Existem coisas que não foram citadas, sobre o embrutecimento do trabalhador que, submetido às condições de trabalho que praticamente brutalizam a pessoa e bloqueiam o desenvolvimento da consciência social, impedem a aquisição de cultura e a autoemancipação coletiva da classe. Já nos primeiros trabalhos de Marx e Engels são feitas essas análises. O embrutecimento do trabalhador, a necessidade do trabalhador de tomar consciência de sua situação social e o fato de que a situação só possa ser alterada pelo próprio trabalhador coletivamente, portanto, obriga-o a sindicaliza-se em sindicatos, partidos, criar outras organizações culturais para poder propor uma sociedade de caráter diferente, com uma nova forma de produção, com uma infraestrutura que não seja espoliativa, que assegure a igualdade e a liberdade como algo generalizado e que envolva a autogestão coletiva dos meios de produção, na qual se consagre a construção da democracia (não da democracia apenas para uma minoria, mas a democracia da maioria e, com a evolução socialista, a democracia universal). No *Manifesto comunista* há uma parte que recebeu o título "A Ótica Comunista". Nela, Marx e Engels expõem a ideia de que os comunistas não pretendem criar um partido para dirigir a classe operária. Os comunistas são aqueles que têm uma visão geral das tendências de transformação da economia e da sociedade e que cooperam com todos os partidos de trabalhadores no sentido da transformação da sociedade e na criação de uma sociedade nova.

E quais são os objetivos que eles salientam como essenciais do socialismo proletário? Primeiro, a organização da classe. É claro que para o trabalhador transformar a sua condição de existência e a sociedade na qual vive precisa proceder como faz a burguesia, isto é, organizar-se como classe. Esse processo é espontâneo, mas possui componentes que dependem da consciência social dos agentes históricos. O trabalhador precisa compreender que o sindicato é um meio de luta, mas que é insuficiente e que é necessário criar outros meios de luta, que são os partidos políticos. Há um momento, como se deve lembrar no Brasil do passado, por exemplo, na época getulista, em que o trabalhador não podia ter capacidade de se organizar autonomamente e pela base. Havia, então, uma tendência de aliar-se com a burguesia, utilizando os conflitos entre os setores da burguesia para alcançar objetivos propriamente operários. Aí surge o pelego, o sindicato atrelado, a "burguesia nacional", tudo isso que já conhecemos. É claro que o quadro diferia na Inglaterra, na França etc., mas os problemas básicos eram os mesmos. Assim como o capitalista tem uma situação de interesses de classe, o trabalhador também possui uma situação própria de interesses de classe. E essa situação não está confinada à existência do salário, à melhoria do salário, a ter sindicatos, partidos etc., mas mudar a sociedade de modo que as iniquidades econômicas, as desigualdades sociais e a subalternização política desapareçam. Portanto, os trabalhadores precisam se organizar como classe para usar o poder real de classe na luta contra o capital. Esse é o requisito número um para que o trabalhador, que constitui maioria na sociedade, possa modificá-la, que permita usar sua força no sentido de uma revolução.

O segundo objetivo a que os comunistas se propõem é a demolição da supremacia burguesa. Marx e Engels utilizam o conceito de supremacia e não o de dominação, embora o conceito de dominação seja prevalescente na sociologia. Para se derrubar essa supremacia burguesa, o que é necessário fazer?

Não basta ao trabalhador se desenvolver como classe, ter sindicatos, partidos e organizações culturais, educacionais, de seguridade de recreação etc., próprios. É necessário que ele adquira a consciência social da subalternização, da importância de adquirir todos os direitos concedidos pela cidadania e acabar com o despotismo na fábrica e com o despotismo na sociedade civil, porque esses dois despotismos caminham juntos. Seria ilusório pensar que o despotismo na fábrica é uma contingência da vida burguesa, porque ele se reproduz na comunidade onde vivem os trabalhadores. A pessoa é obrigada a usar ônibus, ter um meio de transporte no qual vai apinhado e arrisca a vida, é compelida a ter uma alimentação ruim, não dispor de educação ou a receber uma educação inferior, para si e seus filhos. Tudo isso impede o trabalhador de contar com uma situação de confronto eficiente com o burguês. Daí a necessidade de limitar, primeiro, o poder da burguesia na fábrica, na sociedade global, no Estado e de poder disputar, classe a classe, em todos os níveis, com a minoria que exerce monopólio da riqueza, da cultura e do poder político. Por isso, é crucial desenvolver consciência social de classe e capacidade de luta política organizada, coisas que estão ligadas entre si. A partir desse patamar, pode-se falar de movimento socialista. Os trabalhadores formam, nesse momento, uma classe em si, capaz de lutar por seus objetivos, independentemente de qualquer ligação – associação, submissão, cooptação – com o capital, com a burguesia e com outras classes intermediárias (pequena burguesia, estratos médios mais altos, mais ricos, mas que não são proprietários dos meios de produção).

Por fim, o terceiro e último objetivo dos comunistas é a conquista do poder. Este é o fim mais avançado, no qual o trabalhador pode sair para a luta política, não mais para resolver problemas de sua classe, mas para construir uma sociedade nova e um Estado de novo tipo, nos quais a democracia se inicia como democracia da maioria e não como democracia da minoria, não como democracia representativa que favoreça os poderosos e subalternize aqueles que são menos iguais, que são dependentes e vivam em condições de desigualdade social.

É algo importante distinguir entre ocupar o poder e conquistar o poder. Há vários exemplos históricos nos quais os trabalhadores, os partidos socialistas ou social-democratas ocuparam o poder. Mas a conquista do poder significa que o movimento social de transformação da ordem existente atingiu seu objetivo. A classe capitalista não terá mais condições sociais e políticas de se reproduzir como classe dominante e deverá ser reeducada para viver na sociedade nova e sobreviver dentro dela. Esta é a concepção central de Marx e Engels. São estes os alvos centrais do socialismo proletário e revolucionário.

Devemos recuperar algumas afirmações de Marx e Engels, redigidas logo depois da derrota da revolução na Alemanha. Ocorreram revoluções da Europa, desencadeadas pela burguesia, a Revolução Francesa, a Revolução Inglesa, que se anteciparam historicamente a outras revoluções burguesas (lembrem-se, a Revolução Inglesa irrompeu primeiro; a Revolução Francesa logo depois; e irão suceder-se outras revoluções em seguida, na Alemanha, na Itália, na Espanha e em vários países da Europa, com resultados variados). Marx e Engels, como alemães, voltaram à Alemanha. Marx, que saiu da Alemanha como jornalista, fundou então um jornal e pretendeu utilizá-lo para agitar os trabalhadores e avivar a sua consciência social. Engels, que tinha treino e vocação militares, se engajou militarmente na revolução, além de politicamente. E a história acaba com Marx sendo banido da Alemanha primeiro e Engels foragido, pouco mais tarde. Voltam à Inglaterra, onde vão experimentar uma situação difícil, a situação amarga da derrota. A revolução burguesa não alcançou na Alemanha o mesmo êxito que lograra na França, porque na França o setor mais avançado da aristocracia se alia com a burguesia ascendente e os outros setores fogem, para retornar depois, chefiando a reação. Na Alemanha, a burguesia, apesar de ter conquistado representação parlamentar, se mostrou muito covarde e, principalmente, descobriu que o aliado principal, que tinha na revolução, que eram os trabalhadores, representava um perigo muito maior para si própria, pois se os nobres e a Casa Real representavam uma limitação do poder, os trabalhadores apontavam o fim da burguesia como classe. Orientou-se no sentido da acomodação e do oportunismo no parlamento, traindo a revolução e recuando nos propósitos nacionalistas e democráticos que estavam em jogo. Em consequência disso, a revolução se esgotou num processo de conciliação entre a aristocracia prussiana e não prussiana com a burguesia. A Casa Imperial prevaleceu e a defesa da democracia circunscreveu-se aos compromissos históricos da relação entre burguesia, aristocracia, burocracia e o poder imperial. Max Weber, entre os sociólogos, dedicou-se a análises sobre o assunto que são muito importantes e merecem nossa atenção (inclusive por causa do papel da burguesia no Brasil nos anos decisivos, que começam com a Revolução de 1930).

    Marx e Engels, na Inglaterra, depararam com um ambiente dramático e um grande desânimo entre os revolucionários, pois estes, especialmente os da extrema-esquerda, pensavam que logo de cara iriam conquistar o poder e acabar com todas as desigualdades e injustiças sociais e construir um Estado democrático e igualitário etc. Quando descobriram que isso não era possível, se recolheram a si mesmos ressentidos. Marx diz, numa carta, que eles se deitam no sofá, esperando que a revolução se faça enquanto eles dormem. Mas Marx e Engels fizeram outra coisa, após algumas vacilações: começam a estudar as revoluções. Logo escreveram uma carta à Liga dos Comunistas, com o fito de defender os ideais revolucionários e proletários. Convém mencionar um ou dois trechos dessa carta, que é muito importante, pois trata também da organização política da classe trabalhadora. É o primeiro escrito onde se esboça o programa de um partido dos trabalhadores de uma perspectiva marxista. Nela vem a célebre afirmação, característica desse socialismo revolucionário: nós não queremos melhorar as classes, nós queremos eliminá-las. Nós não queremos aperfeiçoar a sociedade de classes, queremos suprimi-la.

Essa é a concepção originária de Marx e Engels. Precisamos resgatar essa concepção, porque se ataca o marxismo, dizem que ele está em crise, que ele morreu. Mas, se se perguntar a uma pessoa o que é o marxismo, ela não sabe, "não estudou isso". O marxismo está enterrado e a classe trabalhadora está condenada a ser subalterna na sociedade capitalista moderna, com um melhor padrão de vida, mas com profundas desigualdades sociais e cicatrizes insanáveis. Tanto que é na Inglaterra, nos Estados Unidos, nesses países "avançados", que a proporção de desempregados aumenta o número dos que vivem abaixo da linha de pobreza. Quais são a perspectivas de resolver esses problemas crônicos através da assistência social?

Aceitar esta visão significa comprometer-se com a ideia de que os trabalhadores não têm condições nem meios para organizar, com suas próprias mãos, suas próprias cabeças, uma sociedade nova, diferente da democracia ampliada e que evoluirá até o comunismo.

A civilização engendra a barbárie e só através do socialismo é que se pode produzir uma civilização sem barbárie. Mesmo nos países avançados, enfrenta-se esse dilema, que é estudado por Engels, em A *origem da família, da propriedade privada e do Estado*. Onde persiste e aumenta a dinâmica da conexão entre civilização e barbárie, como nos países adiantados, o socialismo é necessário como alternativa para gestar outro tipo de civilização, realmente igualitária e democrática. De acordo com o filósofo italiano Della Volpe, que designa a "liberdade maior" como liberdade com igualdade, é fantasia falar em democracia sem a sua existência. A democracia é uma palavra e é preciso saber o que ela é quem a aproveita e o que é um Estado capitalista.

Quanto à periferia, aí não há nem o que discutir. O retrato traçado é tão válido quanto na época em que ele apareceu na Inglaterra, na França ou na Alemanha. É claro que o capitalismo se transformou, as sociedades de classes se modificaram, o próprio marxismo sofreu inovações, através de autores como Hilferding, Lenin, Trotski, Bukharin, Lukács, Rosa Luxemburgo, Gramsci etc. Todos eles mostram como estas transformações podem ser absorvidas pelo marxismo e refinar a explicação marxista da sociedade e da revolução.

Não se trata, então, de dizer que não há transformações. Porém, na periferia as condições existentes (por exemplo, no Brasil) se casam com a descrição do primeiro capítulo do *Manifesto comunista*. E em outros países da América Latina é a mesma coisa. Toda a periferia está sujeita à problemática do desenvolvimento capitalista desigual. E o desenvolvimento capitalista desigual só pode ser enfrentado, corrigido e eliminado através de revoluções nacionalistas libertárias e através de revoluções socialistas.

PERGUNTAS DO PLENÁRIO (em resumo):
1ª. Se o socialismo vai acontecer espontaneamente?
Como aconteceriam as transformações para o socialismo, quais as condições?
Qual o papel dos trabalhadores e intelectuais?
2ª. Sobre a questão do proletariado definir organizações culturais, expor sobre o assunto e como vai se conseguir essas organizações?

É claro que dentro das perspectivas de Marx e Engels não se fala em espontaneísmo. Não basta que surjam as condições necessárias para a revolução e a revolução eclode como se fosse um milagre. Não é o que eles afirmam. Afinal de contas, o trabalhador não é uma macieira nem a revolução é uma maçã. Existe a história e é preciso compreender o papel do trabalhador como agente histórico. Nos livros produzidos pelas classes burguesas, os papéis dos trabalhadores desapareceram, toda a história moderna foi criada pela burguesia. Sem ela, não haveria civilização, ainda estaríamos na era feudal.

Na verdade, todas as transformações que ocorreram na sociedade burguesa, e que são deveras importantes, lançam suas raízes no modo pelo qual os trabalhadores enfrentaram as condições existentes de vida manejando a organização coletiva e a luta de classes. Os trabalhadores formaram as associações e os sindicatos, reproduziram os partidos políticos, mas lhes conferiram outras formas e outras funções. Eles se bateram para conquistar a cidadania. Em toda parte surgiram direitos sociais, inovaram-se as condições de trabalho sob pressão operária, regulam-se as horas e condições de trabalho da mulher, proibiu-se o trabalho dos menores e se reduziram as horas de trabalho dos que arcaram com o trabalho precoce, e, por fim, a duração da jornada de trabalho, a elevação dos salários, o direito de greve, a legislação trabalhista se inscreve entre suas vitórias. A vigente civilização, que é chamada "burguesa", se expandiu e se renovou não só graças aos recursos da tecnologia moderna, da ciência, do Estado. A classe trabalhadora lutou para implantar novos valores, novas condições de vida, novas aspirações sociais. A insatisfação do trabalhador operou como um dínamo e fomentou a reprodução permanente do movimento social reformista e revolucionário.

Naturalmente, o socialismo acaba sendo um objetivo das classes trabalhadoras, que visa não a eliminar a civilização, mas a dissociar a civilização da violência, da desigualdade social, da exploração econômica, sexual, do racismo e por aí a fora. Por isso, cabe ao trabalhador dissociar a civilização da barbárie. Ao suprimir a classe e a sociedade de classes e ao infundir existência social ao socialismo, o movimento operário realiza seu alvo maior: produzir a civilização sem barbárie.

Marx e Engels concebiam a revolução como um processo natural, quer dizer, não como se fosse um processo como se dá na natureza, na evolução das plantas, dos insetos ou dos peixes, mas como um processo objetivo intrínseco à sociedade. Na sociedade de classes é inerente a luta de classes e essa luta de classes se volta contra o monopólio do poder pela burguesia, porque a classe é para a burguesia o meio pelo que ela exerce a sua dominação. Daí a necessidade que o trabalhador tem de destruir a classe para se libertar e eliminar as desigualdades econômicas, sociais, raciais, culturais, políticas. Marx e Engels também não pensavam que a revolução resultasse ao modo de um cataclisma. Ao contrário, eles sempre associaram a crise econômica à luta revolucionária. Constitui uma simplificação grosseira do marxismo afirmar que ambos supunham que haveria uma evolução cataclísmica natural da sociedade capitalista. Eles partiam de uma concepção dialética, objetiva e histórica da realidade. Só haveria alteração à medida que os trabalhadores fossem capazes de aproveitar uma situação de crise de forma revolucionária. Se não fossem capazes de fazer isso, então as classes burguesas resolveriam a crise ou a própria evolução econômica superaria as crises e a ordem social continuaria como antes, se reproduziria intacta ou com transformações de porte reformista. Essa concepção do cataclisma como um evento espontâneo, natural e inevitável ou é sandice de economistas burgueses que não leram as obras de Marx e Engels ou é uma versão mecanicista do marxismo, difundida através do stalinismo.

Com relação à cultura e às instituições culturais, no livro A *ideologia alemã*, que foi redigido pouco antes do *Manifesto comunista* (e depois que Marx havia escrito a *Crítica do direito de Hegel*, os *Ensaios econômicos e filosóficos* e Engels tinha divulgado seu ensaio sobre economia, que é uma antecipação original da concepção que o próprio Marx iria desenvolver da economia política), cujos manuscritos foram descobertos e publicados em nossa época, Marx afirma que a ideologia de uma sociedade é a ideologia da classe dominante (o que corresponde às ideias de Gramsci a respeito da hegemonia e dos papéis do intelectual orgânico). Ele se inspirou nos ensaios do jovem Marx, que também propõe o conceito de heteronomia, termo curiosamente importante no pensamento sociológico de Max Weber.

Marx aprofundou suas reflexões sobre a colaboração recíproca entre o "filósofo" e o "proletário" buscando como produzir explicações radicais – que vão às raízes das coisas – e como, através do movimento proletário, converter as ideias em forças sociais. Sabia que o trabalhador constitui a chave do processo e declarou expressamente em A *miséria da filosofia* que o principal produto da produção capitalista era o proletário revolucionário. Nesse sentido, se a ideologia de uma sociedade é a ideologia da classe dominante, o trabalhador, para desenvolver uma consciência social própria, independente, livre e revolucionária, teria de contar com meios próprios de cultura, técnicas específicas de compreensão e explicação da realidade, recursos coletivos de transformação do mundo e de criação de uma nova sociedade. Se a burguesia quer dominar, o trabalhador, em contraposição, quer se autoemancipar coletivamente. Marx e Engels não ficam nos marcos convencionais da emancipação dos trabalhadores ou por classes esclarecidas ou por setores avançados da burguesia ou por doação do Espírito Santo. Eles suscitam uma autoemancipação coletiva, e isso nasce de um processo que, naturalmente, tem de evoluir gradativamente, adquirindo uma aceleração cada vez maior à medida que o desenvolvimento capitalista aumenta, porque a força relativa do trabalhador depende do grau de desenvolvimento do capitalismo. Quanto mais baixo for o grau de desenvolvimento do capitalismo, mais baixo é o grau de desenvolvimento correspondente do trabalhador e mais violentas são as formas de exploração, opressão e repressão. Vejam a situação dos sem-terra no Brasil. Como os dilemas estão sendo propostos: de forma facinorosa. Os donos da terra massacram e os sem-terra tendem a responder com uma contraviolência igual à que vem de cima, cruel e sangrenta. O impasse já é, em si e por si, uma vantagem para os de cima. Ou como sucedeu com os índios, que recorreram à fuga e ao isolamento, desde o século XVI. Ou como fizeram os caipiras e os caboclos nos diferentes momentos de expansão de fronteiras, na sociedade brasileira. No livro de Pierre Mombeig, observa-se como a população pioneira é expulsa, depois que domestica certo hábitat para a vida humana, e o capital suscita a especulação com terras e a produção econômica.

O trabalhador passa a ter a faculdade de uma produção intelectual específica quando ele se apropria das ideias socialistas. Quando se torna socialista, pode imaginar o mundo não mais de acorda com a ideologia burguesa, mas em confronto antagônico com essa ideologia. E não vai mais aceitar o sindicato como uma forma de acomodação social, mas irá pensar no sindicato como uma forma de luta e de autoafirmação coletiva. Não vai enxergar o partido como um veículo de colaboração de classe, mas irá vê-lo como parte da luta de classes, pela ocupação ou pela conquista do poder. E há avanços maiores: o que significa para os trabalhadores contar com uma concepção radical do mundo e deles próprios? O "movimento social" ou, em termos claros, o movimento operário transcende à "cultura popular" e, sem destruí-la, passa de criador de uma contraideologia a produtor de uma ideologia que disputa o espaço psicológico, filosófico, histórico e sociológico da ideologia das classes dominantes. Essa é a função das organizações culturais dos sindicatos, dos partidos ou autônomos, infundem às classes trabalhadoras a faculdade de deslocar as classes dominantes, de aniquilar seu monopólio de saber e de poder, de encaminhar a humanidade à "civilização sem barbárie". Encerra-se, assim, o "fim da história" (ou da pré-história, segundo Marx, e inicia-se a história como afirmação da "liberdade maior", a liberdade com igualdade).

A educação que o trabalhador adquire é uma educação predominantemente existente no meio proletário e que está em desnível em relação à educação que define os padrões de mudança social da sociedade como um todo. Então não basta a socialização e a educação no seio da família, na comunidade de vida. Não basta ir à escola. É preciso que o trabalhador tenha meios de ir além. Ou ele exige que esta escola seja uma escola de caráter universal, quer dizer, ensine a mesma coisa para todos, se preocupe com a formação básica do cidadão, coisa que aconteceu em alguns países da Europa. Nos Estados Unidos, por exemplo, a escola primária fundamental dá uma base universal para o exercício da cidadania. Mas o trabalhador precisa ir além, pois necessita de uma escola na qual obtenha a capacidade de enfrentar a hegemonia ideológica que as classes dominantes exercem exatamente através da escola "para todos". A escola é uma das instituições-chave da burguesia. A Escola, a Igreja, o Estado, são instituições-chave, incluindo a própria Família, da sociedade burguesa. Não se trata da família natural, mas da forma de família existente na sociedade de classes (capitalista). Quem determina essa forma de família em que a competição se impõe como o valor básico não é a família operária. O trabalhador tem de aceitar a competição como se ela fosse o valor supremo. Quando, da perspectiva libertária e igualitária, que nasce da própria natureza, da condição revolucionária das classes trabalhadoras, o importante é a cooperação e a solidariedade, a luta comum pela transformação da sociedade e a criação de uma sociedade nova.

  Portanto, torna-se essencial criar instituições que não estão estabelecidas e que, com frequência, acabam sendo proibidas, proscritas, não sendo reconhecidas oficialmente. Trabalha-se e luta-se arduamente na Câmara dos Deputados para se ter uma lei de diretrizes de base para consagrar certas liberdades, certas garantias educacionais, o acesso do trabalhador a todos os níveis da educação.[2] Mas esse acesso não garante nada. O que seria o Florestan Fernandes hoje, se eu não ficasse fiel à minha situação originária de classe? Eu não seria o companheiro e, certamente, não estaria aqui. Desfrutaria satisfeito o padrão de vida que tenho, de classe média. Trata-se de uma contradição que afeta aqueles que são recrutados entre os de baixo para pertencer à nata intelectual da burguesia. Foi um sociólogo conservador italiano, Paretto, que analisou a fundo essa questão, a circulação das elites e a renovação das classes dominantes. Há um processo que os sociólogos chamam de acefalização. As

---

2 Lei de Diretrizes e Bases da Educação Nacional, aprovada pelo Congresso em 1996. (NE)

classes dominantes precisam se renovar, pois o estoque genético não se reproduz na escala em que a civilização se expande. As classes dominantes, então, precisam selecionar os talentos, ter uma rede que, dentro da sociedade, permita aproveitar em seu benefício aqueles que tenham potencialidade criativa e empurram esses indivíduos para cima – o que se chama mobilidade social vertical ascendente – e eles modificam naturalmente os seus interesses sociais, sua visão do mundo e se metamorfoseiam em burgueses. Em uma sociedade de classes todos têm um elemento burguês, uma predisposição a conformarem-se ao meio social. O trabalhador, por causa da própria ideologia embutida na sua condição de membro da sociedade, da educação que recebe na escola, nas instituições-chave da sociedade, de ambições variáveis (quer "vencer na vida" ou que seus filhos o consigam). É preciso que o trabalhador forje meios educacionais específicos para construir e reproduzir uma concepção de mundo independente, capaz de responder à sua visão de democracia da maioria, libertária, igualitária, e a seus anseios de revolução.

Por isso, é preciso multiplicar escolas no sindicato, escolas no partido, escolas que não só funcionem para alfabetizar, para ensinar técnicas, profissões, mas que funcionem também para fortalecer uma consciência social proletária, aberta, que dê ao trabalhador uma compreensão da sociedade global e reavive a necessidade de transformar a sociedade, tanto no sentido reformista quanto no revolucionário. A "escola de partidos", nos países avançados, chegam a produzir cursos, como, por exemplo, se pode observar em livros de Rosa Luxemburgo, Kautsky, Bukharin etc. Livros que reproduzem programas de cursos dados nessas escolas, como conferências ou aulas propriamente ditas.

O fundamental consiste em desentranhar a cabeça do trabalhador da subalternização cultural, mental e ideológica à burguesia. Pois, a primeira condição a vencer para que o trabalhador deixe de ser um agente passivo ou defensivo e se torne um agente construtivo e ofensivo é extrair dele tudo o que ele tenha de burguês, desemburguesá-lo, para que ele não corra o risco da acefalização e da cooptação. As mesmas reflexões se aplicam ao negro, submetido a um racismo informal. Os brancos costumam dizer "esse é um negro de alma branca". É um negro de alma branca por quê? Ou por falta de educação sistemática ou porque ele teve uma educação através da qual aprendeu a pensar, a agir, a querer tudo o que os brancos valorizam e esperam dele! Ele vê o mundo não da perspectiva do negro, não nos termos da autoemancipação racial, combinada à luta de classes operária, mas em termos das concepções das classes e da raça dominantes. Esse negro, do ponto de vista do movimento negro rebelde, é um "traidor". Mas, de fato, ele não se confunde com o traidor, sendo apenas o produto de uma deformação cultural, predisposto a acatar uma "democracia racial" inexistente.

Os trabalhadores devem buscar o apoio dos professores dissidentes e, em especial, formar os seus próprios educadores saídos de suas fileiras. Impõe-se que estejam à frente da luta para que os professores e as escolas deixem de ser servis à ideologia das elites das classes dominantes. A elite reacionária da classe dominante procura fixar os padrões educacionais de sociedade como um todo. Julgam isso "democrático" e "necessário para o equilíbrio da ordem". No Brasil isso era regra. Em 1935, quando se criou a Universidade de São Paulo, a burguesia paulistana, que perdera a Revolução de 1932, queria ganhar a batalha formando "novas elites". Fundaram a USP e a Faculdade de Filosofia, Ciências e Letras. Como o ensino era extremamente avançado, o tiro saiu pela culatra. A Faculdade gerou intelectuais radicais ou semirradicais, que não se prestavam a desempenhar o papel de instrumentos passivos de agentes dissimulados da burguesia. O movimento operário, o movimento sindical, o movimento racial, todos os demais movimentos, devem opor-se firmemente à estreiteza ideológica de uma elite reacionária, que ainda hoje manda no Brasil e colide com a contingência de enfrentar a resolução educacional como tarefa essencial comum.

Essa elite impediu que a nossa Constituição de 1988 fosse mais avançada na esfera educacional, através do "Centrão", e agora quer fazer uma revisão para "limpar" dela todas as concessões feitas. Repete-se, aqui, a farsa mantida secularmente com referência ao negro. Propala-se a existência da "democracia educacional" e da "distribuição democrática" das oportunidades educacionais. Onde elas se encontram? Isso mostra que o movimento operário está diante de um desafio histórico. Com os outros movimentos, cabe-lhe exigir que a escola tem de ser uma *área franca*, na qual impere a liberdade, não só da instituição, como se pensa ao nível da classe dominante, mas a liberdade do professor, do estudante, do funcionário, de modo que todos possam deixar de ser eunucos políticos do harém dos partidos da ordem. Ainda recentemente houve a demissão escandalosa, em uma universidade particular conhecida, de professores petistas e socialistas, em atividade de greve como dirigentes sindicais. O AI-5 ainda está em vigor? O professor pode ser de direita, mas não de esquerda, fascista, mas não socialista? Todavia, o dilema é mais profundo. Trata-se de acabar com uma hegemonia ideológica que interfere na dinâmica da cultura e nas funções da educação. Nenhum país pode ser livre sem a liberdade do professor e do estudante (e por implicação dos técnicos em administração escolar, em orientação pedagógica etc.). Sufocar ideologicamente a escola, com mão de ferro, pressupõe condenar a educação ao destino de instrumento de dominação de classe e em recusar à Nação autonomia cultural. O horizonte cultural médio fica bitolado pelos tacanhos interesses e valores de uma classe dirigente despótica, caolha e estéril, cultural e politicamente.

PERGUNTAS DO PLENÁRIO (em resumo):

1ª A visão dos caminhos para a transformação de nossa sociedade?
2ª Como se deve dar a construção do socialismo no Brasil hoje?
3ª De que forma o PT tem contribuído para isso?

O PT representa uma novidade. Nasce em uma situação peculiar, porque os anarquistas, os socialistas e os comunistas surgiram, no Brasil, no fim do século XIX e início do século XX. Não se congregam politicamente, mas fizeram muita coisa importante. Produziram pequenos jornais, fundaram sociedades de auxílio mútuo, que foram as sementes dos sindicatos, e chegaram a criar os sindicatos por profissões. Quando os comunistas sobem à cena, na década de 1920, anarquistas e socialistas já tinham conseguido um avanço muito grande na luta sindical (em termos relativos), pois a greve de 1917 foi surpreendente e vigorosa para um país como o Brasil, naquele momento. Os anarquistas foram protegidos por suas concepções libertárias. Como repudiavam a institucionalização, não valorizavam a conquista do poder através do Estado, preferindo a ação direta nas bases. Os anarquistas se isolararam, defendendo a luta de classes e repudiando alianças operárias. Almejavam a revolução como alteração coletiva da sociedade pelos trabalhadores e pelo povo. A humanização de todos e combate às condições brutais da violência, ainda tão próximas da herança da sua vista, pretendiam eliminar os fatores das terríveis iniquidades econômicas, desigualdades sociais e carências culturais vigentes, da exclusão política. Mas tiveram uma concepção ultrautópica, naturalmente libertária, profundamente democrática e igualitária da solidariedade operária. Mas isso os colocou em desvantagem, porque cederam terreno quando os comunistas começaram a competir pelo controle dos sindicatos (perderam todos os sindicatos que tinham). Depois os comunistas exerceram a hegemonia nos sindicatos e nas atividades propriamente políticas. Quando o Estado Novo se constituiu, os comunistas e os socialistas preservavam posições de liderança nos sindicatos. Os anarquistas exerciam uma participação pequena, seletiva, nos embates dos trabalhadores. Valiam mais como marcos exemplares do que como força política de luta direta organizada.

Como a classe operária estava em processo de formação, os trabalhadores tiveram de usar o espaço deixado pelas dissensões dentro da classe burguesa, para se afirmarem na esfera política. E se aliaram à Revolução Liberal, apoiaram Vargas e seu movimento vitorioso, ajudaram a construir o edifício de base burguesa que construiu o sindicalismo oficial, atrelado ao Estado. Atacavam o latifúndio e o imperialismo e defendiam a colaboração de classes (com a burguesia industrial), segundo a estratégia que na periferia era possível fomentar conflitos entre interesses burgueses contrastantes e colocar os setores mais radicais à testa da revolução nacional. Tudo isso já é muito conhecido!

O Partido Comunista procurou, apesar de seu cunho revolucionário, despertar as classes burguesas para sua revolução. As tentativas que o partido fez, pois ele lutou no plano político de uma forma intensa e ofensiva, culminaram em sua clandestinidade. A ANL [Aliança Nacional Libertadora] inspirou-se em uma concepção geral, que não era destituída de congruência, mas não possuía sentido nas condições históricas concretas. Os comunistas foram duramente reprimidos e perseguidos. Luís Carlos Prestes mostrou sua bravura em vários anos de reclusão. Porém, ao ser libertado pela ação do partido e da pressão popular surpreendeu a todos endossando as bandeiras de luta política de Vargas. Os comunistas se empenharam em campanhas memoráveis e conseguiram eleger uma ativa bancada parlamentar, com Prestes como senador. A tática de colaboração de classes e da "revolução de cima para baixo" malogrou. Logo os parlamentares do PC do B foram vilmente banidos do Parlamento. Voltando à clandestinidade, mantiveram acesa a chama de militância ardorosa e denodada. Mas, ao longo do tempo, eclodiram cisões insanáveis. A tática da conciliação com os setores burgueses nacionalistas e a estratégia, que concedia prioridade à revolução a partir de cima, através de alianças antifeudais e anti-imperialistas, conduziram a sucessivas fragmentações e à paralisação do partido como força operária capaz de acumular poder real. Essa evolução não deve ser vista caolhamente, à luz exclusiva do partido tomado isoladamente. O movimento operário e sindical ainda se achava em situação débil e o meio social burguês mostrou-se agressivamente intolerante, absorvendo as ingerências dos países imperialistas de expurgar os sindicatos e a vida política do "perigo vermelho".

Embora a conciliação de classe tenha sido o calcanhar de aquiles do PC do B, outros elementos devem ser levados em consideração. Muitas técnicas de luta e bandeiras políticas se tornaram obsoletas. Basta lembrar a combinação do peleguismo com alvos políticos mais amplos e as avaliações diante da reforma agrária para se ter uma ideia clara do que acontecia. O livro de Caio Prado Júnior, A *revolução brasileira*, descreve os principais aspectos desse painel. Além disso, a "onda revolucionária" na América Latina alcançou o Brasil e compeliu líderes proeminentes a tomar a dianteira na defesa de linhas de ação especificamente revolucionárias e anticonciliatórias.

Sob o governo de João Goulart o PC do B se envolveu contraditoriamente com o governo Jango. Aliás, os comunistas foram um dos motores do fraco dinamismo desse governo. Seus avanços, em grande parte, se devem à presença dos comunistas. Ao mesmo tempo, os comunistas incentivaram e frearam várias reformas como, por exemplo, a reforma agrária. Proclamavam a sua necessidade. Porém achavam que a luta camponesa não progrediria tanto no Brasil, que não havia condições objetivas para ligar a luta do trabalhador urbano com a do trabalhador da terra e, principalmente, temiam o terror da burguesia, que seria fatal ao governo.

Em suas memórias, Gregório Bezerra desmascarou as indecisões, mostrando que o campo constituía um barril de pólvora ao alcance dos revolucionários. Seguir em frente ou manter o *statu quo* era uma decisão puramente política. Dependia de saber se o governo se dispunha ou não a sair de sua moldura demagógica, mas conservadora.

Havia, pois, contradições internas no partido que explicam a tragédia do PC do B que antes de ser dizimado pela ditadura militar revelou-se fragmentado por causa de suas contradições, da sua maneira de conceber a relação entre a colaboração de classes e os objetivos do movimento operário, da reforma e revolução como alternativas históricas.

A ditadura militar encerrou os dilemas. Reprimiu de maneira sangrenta e violenta todas as manifestações que se ligassem aos trabalhadores da terra, reduzindo os focos da rebelião aos que se dispusessem à luta armada. Naturalmente, os intelectuais tentaram a contestação, mas não eram um capítulo especial por serem pouco numerosos. Os militares podiam colher em momentos sucessivos esses intelectuais, ou como políticos ou como professores, escritores, jornalistas e artistas. A primeira derrubada foi dirigida naturalmente contra políticos profissionais e os próprios militares dissidentes.

A ditadura militar reconstruiu a máquina de repressão. Colocou os operários e o movimento sindical em sua mira como inimigos públicos número um do regime. Coibiu o movimento negro, que perdeu o ritmo de protesto que estava reconquistando. Esfacelou a relação dos estudantes radicais e dos jovens rebeldes com a sociedade. As universidades foram inundadas pelo aumento rápido das matrículas, como técnica militar para destruir a base social do movimento estudantil. O intelectual contestador foi silenciado de várias maneiras e afastado dos públicos orgânicos, que poderiam ser os focos de agitação cultural e política.

O trabalhador podia ver a olho nu, sem auxílio do sociólogo, que a exploração econômica da burguesia na fábrica e em outro setor ocultava a repressão ditatorial. Estado e empresa eram a cara e a coroa da opressão e repressão. O Estado desnudava-se como instrumento da luta de classes e da dominação de classes. Ficava patente que era preciso lutar contra os dois, contra o empresário e contra o governo para reduzir a exploração econômica, através dos salários, dos preços e da manipulação de políticos favoráveis aos patrões. Dadas as condições de pressão e a perseguição cega ao movimento operário e aos sindicatos – alguns foram banidos, outros tiveram suas direções trocadas por pelegos – impunha-se estabelecer novas táticas de luta sindical. Os trabalhadores haviam sido jogados no fundo do poço. Tinham de sair dele escalando um a um os tijolos da amurada. Foi o que fizeram, mostrando com orgulho uma capacidade de luta, uma gana de vencer, uma disposição de organizar-se em suas bases imprevistas.

Portanto, a luta contra a ditadura e o capital abre um novo estágio, que rompe com o passado e a tradição de peleguismo ou de cooptação. Agora, o movimento vinha a partir de dentro da fábrica. A fábrica, que era o núcleo da exploração burguesa, acabou sendo também um lugar de conspiração, de organização e de sublevação do trabalhador na luta econômica e política. E é por aí que vai emergir o *novo sindicalismo*, inventam-se as técnicas de sabotagem da produção, preparam-se os alicerces da renovação sindical e de recrutamento dos novos líderes e militantes, que iriam colocar os operários e suas reivindicações nas primeira página dos jornais. É claro que várias instituições e entidades da sociedade civil colaboraram nesse processo, abriram-lhe amplo espaço político. Mas mesmo sem tal colaboração os trabalhadores chegariam a seus fins. A história mostra que os adversários aparentemente mais fracos são os mais perigosos. Os operários nada tinham a perder, como diria Marx, e tudo a ganhar. Redobraram sua liberdade de luta de classes e sua capacidade de combater o despotismo burguês.

O "novo sindicalismo" nasce nesse contexto social. Leva os pelegos de roldão e deita suas raízes diretamente na situação de trabalho e nas comissões de fábrica. Seus laços orgânicos com as classes trabalhadoras dissociam-se dos vínculos com o capital e com as classes dominantes. Ele não se põe a reboque dos patrões e, em particular, não faz a luta política dos trabalhadores passar pela luta política entre as facções da burguesia. Ele alimentará uma luta própria. Em 1978 isso é comprovado por uma explosão tremenda, que é o verdadeiro marco do fim da ditadura como regime de governo. A ditadura ainda durou algum tempo e implantou a rota burguesa antidemocrática da transição lenta, gradual e segura. Ao eclodir, contudo, revelou uma ruptura na história: a sociedade civil tomava a iniciativa de derrotar um governo despótico, através dos operários, seus membros mais humildes.

É por isso que o PT inaugura uma nova história de partido de classe, formado com operários e sindicalistas com seus aliados orgânicos, os trabalhadores da terra. Esses setores vão se ligar com intelectuais rebeldes, com a vanguarda humanitária da Igreja ou radical católico, com categorias excluídas ou vilipendiadas (negros, mulheres etc.), com antigos grupos dissidentes dos antigos partidos socialista e comunista, com estratos revoltados da pequena burguesia e da classe média (estudantes, professores, intelectuais). O PT constitui-se, assim, como um partido diferente, marca uma direção nova. Não é à toa que ele respondeu às angústias e às aspirações das massas, avançando na direção de reivindicações de caráter reformista, para acelerar o processo de consciência social crítica e libertária, numa luta para ocupar o poder e não para conquistá-lo, que é o que o PT está ainda fazendo. Porém, tendo como escopo central a implantação do socialismo e como alvo extremo a revolução social.

O futuro do socialismo, eis uma questão difícil, que depende de condições históricas que não se podem imaginar no aqui e no agora. O marxismo não proíbe a autocrítica, mas elimina a utopia na observação e na análise da realidade. Por exemplo, pode-se asseverar que teremos uma sociedade socialista no Brasil dentro de dez anos? Existem condições objetivas para uma eclosão revolucionária desse porte. Mas faltam outras condições essenciais, que não dispomos de tempo para discutir. Tudo depende do modo pelo qual as classes trabalhadoras, através do PT e de outros partidos de esquerda, e com o apoio da pequena burguesia e de setores radicais das classes médias, profissionais liberais com suas entidades de grande prestígio, como a OAB, a Andes, a Apeoesp etc., responderem à situação histórica existente. É pouco provável que essa situação se altere dentro do capitalismo oligopolista e de seu padrão de imperialismo, pois foram eles que a produziram e agravaram infernalmente.

Como socialista, prefiro pensar que o Brasil tem perspectivas de evolução na direção do socialismo. Porque só há uma alternativa para a forma imperante de capitalismo dependente e ela é oferecida pelo socialismo revolucionário. Reforma social, dentro desse contexto, pressupõe que optamos conscientemente pela "rendição silenciosa", como dizem os canadenses – a subalternização passiva, em troca de migalhas, da superexploração capitalista intrínseca ao destino da periferia no mundo das multinacionais, das grandes potências capitalistas e das promessas do consumo de massa.

Se o que aconteceu no Leste da Europa e na União Soviética se desenha como o nosso futuro é uma questão discutível. Não devemos ter a pretensão de imitar as vias bolchevique, chinesa ou cubana da conquista do poder. Vivemos em uma época histórica muito distinta e temos de procurar outras vias para chegar à revolução e ao socialismo. Isso me parece muito claro e deve ser o ponto de partida da reflexão socialista revolucionária. Se essa perspectiva não fosse viável, as nações capitalistas centrais não procurariam esmagar tudo o que podem da herança daquelas revoluções. O que explica tanta animosidade e tanto ódio se todas as vias de chegar ao socialismo fossem inviáveis em nossos dias?

Reflexão sobre o socialismo e a autoemancipação dos trabalhadores

Portanto, não adianta pensar no passado de outras revoluções. Em outro momento eu acreditava que, para o Brasil, o modelo de revolução seria o chinês, por causa de certas condições: grande massa agrícola, a migração para a cidade, a densidade proletária de algumas cidades, provocando descontinuidade muito grande entre regiões, o domínio linguístico e total das elites das classes dominantes, que equivalem ao do senhor feudal chinês, o senhor da guerra. Cheguei a pensar que esse era o modelo, pois permitia garantir a hegemonia operária, a guerrilha, o Exército do Povo e basear a revolução na guerra prolongada. Mas logo ficou claro que semelhante opção seria impraticável. As revoluções que ocorreram na ciência e na tecnologia, que produziram a automação, os computadores, a energia nuclear e os meios de guerra, que foram aplicados no Japão (e, ainda agora, no Iraque), evidenciavam que a questão não se punha na repetição de um modelo explorado, porém em atinar com um modelo novo, adequado ao Brasil, à América Latina e aos requisitos da guerra atual. Fala-se muito em guerra de movimento e em guerra de posição. Que sentido possui essa terminologia diante da guerra de hoje? Que guerra de movimento? Que guerra de posição? Qual é a burguesia central que não recorrerá aos meios militares fulminantes de seus exércitos? Isso quer dizer que as técnicas de revolução precisam ser alteradas e adaptadas às condições tecnológicas, produtivas e históricas do mundo em que vivemos.

Nosso paradigma não está no passado, está na relação do presente com o futuro. Por isso, torna-se difícil imaginar o vir a ser de uma perspectiva socialista. Nós estamos convictos da necessidade da existência da alternativa socialista revolucionária. Contudo, ainda não sabemos como torná-la vitoriosa. O desafio de "o que fazer?" complicou-se para os de baixo. Para levar a alternativa a vencer, a classe trabalhadora, hoje, tem de estabelecer laços mais estreitos não só com o setor agrário mas também com a pequena burguesia, os intelectuais radicais da classe média e estratos sociais que se sintam esbulhados. Por exemplo, a pequena burguesia, certos segmentos de classe média e pessoas ou grupos em crise moral, de todas as classes burguesas, podem romper com os limites da reforma social. Chegando ao Congresso Nacional, descobri deputados milionários ou apoiados por "lobbies" poderosos instalando em seus gabinetes computadores ultramodernos, o que lhes proporciona um nível de informação assustador. Pensei, eles nos esmagam. Imaginem o Estado burguês brasileiro, apesar de seu atraso e assincronia, imaginem a colaboração entre esse Estado e o mundo de interesses internacionais ao qual ele está incorporado, por uma opção burguesa suicida (não só do presidente, mas dos vários setores das classes dominantes. A sua força destrutiva precisa ser vista como uma totalidade e em todo o seu vigor. Eles temem arriscar o governo; ao mesmo tempo, continuam a endossar a dependência, como um belo negócio. O problema, portanto, é difícil. Mas os problemas difíceis não são insolúveis. O que é preciso é atinar com a sua solução (no solo histórico do vir a ser, isto é, de condições que não se apresentam hoje).

Não se pode predizer quando se descortinará a fórmula da revolução socialista no Brasil. Não está ao alcance de ninguém fazer tal prognóstico. Mas a ideia fundamental de que o enriquecimento resultante da dominação de classe atingiu o intolerável e a dissimulação de que ele se reveste adquiriu significado imoral suscita ânimo redobrado para que os de baixo acordem e se rebelem. Nos países capitalistas centrais a dominação de classe é muito menos visível e, nos países de maior desenvolvimento, ela chega a se tornar até dissimulada, a mistificação oculta suas causas e seus efeitos. Quando se diz que não há mais ideologia, não há mais classes, não há mais luta de classes, o marxismo morreu, o socialismo não é mais alternativa para nada, chegamos ao fim da história etc., pretende-se anular a capacidade de pensamento e de ação inconformistas dos de baixo. O que estão tentando fazer? Estão querendo esmagar as convicções que há, indestrutíveis, a respeito de soluções para os problemas legados pelo capitalismo e que se encontram no socialismo.

O que se pode fazer hoje? Retomar as esperanças nascidas com o socialismo, fortalecê-las e construir uma nova sociedade que combine, de fato, democracia com liberdade, igualdade e felicidade. No Brasil, essa é a única perspectiva que nos resta para escapar das iniquidades do capital e da exploração sem entranhas do imperialismo oligopolista. Em toda a periferia essa é a saída que possui uma atualidade vibrante e que seduz a imaginação do homem comum, que sonha em superar o opróbrio, o subdesenvolvimento e uma condição servil disfarçada.

Por isso devemos lutar pelo socialismo e, através dele, atingir esses e outros objetivos. As vias e os modelos da ação política são realidades históricas. A própria luta de classes definirá os caminhos e as relações entre reforma e revolução. Lembremos Rosa Luxemburgo: a força das classes trabalhadoras e a dos partidos de esquerda permitirão atingir (ou não) as várias reivindicações populares e dos assalariados. A reforma não é negativa por si mesma. Ela só se torna um perigo quando instrumentalizada pela reprodução do capitalismo. Depende das forças sociais antagônicas ao capital usá-la para seus fins e encadeá-la à revolução. O duro é aceitar a social-democracia de modelo europeu como um parâmetro único e final. Isso significa decapitar coletivamente os trabalhadores e seus aliados em troca do padrão de vida mais alto e do conforto do consumo em massa. A imaginação das classes subalternas não pode ser esterilizada de modo tão barato. Os seus alvos são mais amplos: converterem-se nas classes dominantes, autoemanciparem-se da alienação que as impede de realizarem-se plenamente como seres humanos e abolir as classes e a sociedade de classe para assegurar o desenvolvimento da civilização sem barbárie.

No livro de Miliband sobre o Estado capitalista, que gosto de citar, seu último capítulo enfatiza que a sociedade de classes oscila entre promessa e repressão. Os países capitalistas, em épocas de crescimento e prosperidade, asseguram muitas promessas. Quando chegam os amargos momentos de crises profundas a linguagem e os procedimentos se alteram: até o *Welfare state* e a social-democracia mostram suas garras, desvendando a face cruel que a violência reserva aos assalariados e às massas populares sob o capitalismo. Esse é o gênero de democracia que aquele nos oferece, como se ela fosse a cabeça de João Batista em uma bandeja de prata. Isso comprova que os trabalhadores e as massas populares devem combater pela democracia, mas por uma democracia sem hipocrisia, fundada na liberdade com igualdade e solidariedade humana integral.

Essa dialética entre promessas e repressão é o cerne da história do mundo capitalista industrial e pós-industrial. Há momentos em que o capitalismo atinge um pico alto e pode prometer abundância para todos. Ele "dispensaria" a necessidade do socialismo. E há momentos em que suas promessas grandiosas se volatilizam e se transmutam no seu contrário, o da "face má". Na verdade, esta é a face permanente da produção oligopolista, da sociedade de classes e do Estado capitalista para o assalariado e o subalternizado. Ou eles se submetem ao despotismo do capital, ao aparelho de Estado e à exploração sem tréguas ou eles caem nas malhas da estigmatização e da polícia, como os "indesejáveis". Portanto, o capitalismo nada tem a oferecer-lhes. O futuro, para eles, passa pelo socialismo – ou seja, depende da conquista do poder pelos de baixo e a construção, por eles, de uma nova sociedade e de uma nova civilização.

A última pergunta abrange temas que já tenho posto em discussão com frequência. O PT conseguiu, em pouco tempo, reunir um amplo apoio de base popular e operária e converteu-se numa estrela que ilumina o horizonte político da sociedade brasileira – especialmente os mais carentes, aqueles que Dostoiévski já arrolou como os "humilhados e ofendidos". Esteve à beira da ocupação do poder e ainda mantém Lula como o chefe do "governo paralelo", uma arma de luta política que aguarda uma análise correta dentro do partido. Cresceu em todas as direções, reunindo representantes na Câmara dos Deputados, no Senado Federal, nas Assembleias Legislativas de vários estados, nas Câmaras de Vereadores de muitas cidades e prefeitos que vão desde São Paulo a pequenas cidades obscuras.

Dispenso-me de voltar ao assunto neste debate. Mas a responsabilidade obriga-se a indicar certos riscos que corremos, pelo crescimento rápido do PT e por causa da obsessão de alguns companheiros de meter o PT dentro dos moldes que não vicejavam nos ideais que prevaleceram em suas origens. O maior problema diz respeito aos vínculos do partido com os trabalhadores, as massas populares e os movimentos sociais verticais que lhe conferem extrema radicalidade. No I Congresso, por exemplo, podia-se contar o número reduzido de operários. Defendemos a participação popular e os conselhos populares. Pois bem, alguns companheiros latino-americanos vieram perguntar-me onde estavam os operários! Era numeroso o grupo de sindicalistas, mas escassos os trabalhadores e os estigmatizados ou excluídos. Pior que isso, impera a preocupação de "construir o partido". O material escrito sobre a questão é rico, variado e, como regra, de boa qualidade formal. No entanto, publicações e panfletos de *agit-prop* escasseiam – melhor, esta possui natureza vocal e só emerge nas campanhas, graças aos comícios. Esse é um risco grave. A falta de socialização política socialista conduz a retórica dos que falam pelo partido em uma direção. Contudo, a fidelidade e a dedicação exemplar da base flutuam dentro das correntes de ideias variadas da sociedade ambiente (inclusive burguesas e conservadoras ou reacionárias). Não se trata de padronizar sentimentos, aspirações e comportamentos concretos. Mas de injetar-lhes os valores fundamentais do socialismo e da ruptura com a ordem social capitalista e a violência antipopular que ela distila no Brasil.

Não posso arrolar aqui todos os artigos e escritos em que debati esse assunto. Ao leitor interessado recomendo duas leituras em *Pensamento e ação. O PT e os rumos do Socialismo*. São Paulo: Brasiliense, 1989, o ensaio final (p.

209-226) e *O PT em movimento*. Contribuição ao I Congresso do Partido dos Trabalhadores. São Paulo: Cortez, ago. 1991 (todo o ensaio).

Há uma propensão inevitável a povoar o poder oficial com militantes e quadros do partido. A atual sociedade só pode ser alterada por um longo processo de saturação do poder especificamente político e total pelos que representam os de baixo. Mas acabamos fomentando, por trás das cortinas, um novo tipo de "substituísmo", ignorando, nos momentos decisivos, que o PT é um partido *dos* trabalhadores, *para* os trabalhadores e *pelos* trabalhadores! A custa de "acelerar as mudanças" foi absorvida uma imitação barata do pessebedismo. Confia-se demais na alternativa cômoda da "reforma de cima para baixo", o que não se compadece com a concepção radical de socialismo dos operários, dos trabalhadores da terra e dos rebeldes recrutados entre intelectuais orgânicos do partido. A "reforma de cima para baixo" está a milhões de anos luz da reforma que nasce da tensão operária, dos sem-terra e dos excluídos contra uma organização social, cultural e política que os reduz a bagaço.

Por último, parece-me penoso que o partido valorize tanto uma revisão de sua imagem procurando unir-se a partidos com vínculos fortes com a classe média mais convencional e ociosa, aliada certa ou potencial das classes dominantes e do capital, interno ou imperialista. Está em processo um deslocamento político e ideológico do PT para o centro, como parte do trauma da derrota do Lula nos segmentos mais conservadores e reacionários da pequena burguesia e dos estratos mais altos das classes médias. Não obstante, a nossa derrota resultou de muitos fatores – e um deles foi a preferência de eleitores pobres e até paupérrimos pelo populismo carismático, totalitário e autocrático de um representante típico dos "donos dos votos", que são também "donos" das fazendas, das fábricas, das pessoas, do poder etc., e não acreditam no consenso entre os de baixo: mandam e eles obedecem! Esse diferencial da derrota de nosso partido poderia ter sido atraído democraticamente. Não se buscou essa alternativa. Preferiu-se correr atrás de alianças "respeitáveis", que se omitiram até quando deram o seu apoio (com exceções conhecidas), tisnando-se o partido com o medo de disputar o voto que deveria ser o mais apreciado e querido, por falha de iniciativa e temor da "ralé". Os lapsos em questão – são vários – patenteiam a existência de preconceitos inconcebíveis dentro do PT. Os companheiros potenciais que mais precisam do PT ficaram entregues ao apetite e à insensibilidade da demagogia do poder, que tudo promete para não perder as eleições e nada cumpre! Foi essa a única vez que me senti perturbado como petista, pois constatei que a cultura política eurocêntrica contra o *lumpen* e os desenraizados achava guarida nos trópicos, debaixo da bandeira redentora do PT.

A política é rica em zigue-zagues. O PT deve rasgar um horizonte cultural mais amplo e convictamente socialista para travar e vencer suas lutas. Para a pseudo ou a vesga "revolução dentro da ordem", o Brasil não precisa de nós. As classes possuidoras sabem como simular essa revolução, engendrar projetos "nacionalistas" e metamorfosear a política em meio para outros fins (ou seja, o enriquecimento ilícito e a defesa inteligente de suas posições na estrutura social e de poder da Nação). Ao PT cabe dar um paradeiro a esse estado de coisas, através de uma ruptura verdadeira e definitiva com a herança política das classes dominantes. A "recuperação das origens" só tem esse sentido ideológico e cabe ao Lula submeter-se a um novo sacrifício, para impedir que resvalemos nas rotas traçadas pelas elites. Impõe-se descobrir o que determinam as classes trabalhadoras da cidade e do campo, as massas populares, o movimento sindical e as entidades dos vários movimentos verticais petistas ou simpatizantes, os estratos revoltados da pequena burguesia e das classes médias e o próprio pêndulo político do PT, que absorve essas determinações e expressa a centralidade da impulsão do radicalismo nascido de dentro para fora do partido.

Florestan Fernandes
no centro do *Roda Viva*

Florestan Fernandes entrevistado[1] *no programa* Roda Viva *da TV Cultura de São Paulo, 1994.*

---
1 Transcrição do vídeo do programa feita pela própria TV Cultura.

Heródoto Barbeiro: Boa noite. No início dos anos 1950, quando ainda era um aluno de filosofia, o presidente eleito, Fernando Henrique Cardoso [presidente de 1995 a 2002], foi convidado por um dos seus professores para um chope em um bar no centro de São Paulo. Fernando Henrique preferiu tomar um guaraná, mas aceitou a outra sugestão do professor, que acabaria por mudar toda a sua vida: dedicar-se à sociologia. Mas não foi só a cabeça do presidente que se deixou influenciar pela do professor Florestan Fernandes, hoje no centro do *Roda Viva*, que começa agora pela Rede Cultura. Deputado federal pelo PT, Partido dos Trabalhadores, professor emérito da Universidade de São Paulo, autor de três dezenas de livros de teoria política, Florestan Fernandes esteve no centro de todas as grandes discussões políticas nos últimos quarenta anos neste país. De origem humilde – chegou a engraxar sapatos para sobreviver –, ele optou pela sociologia por razões econômicas, pois o que considerava sua verdadeira vocação, a engenharia química, só era dada em horário integral e estava além da sua capacidade financeira. Trotskista na juventude, marxista na universidade e, hoje, um autodenominado "socialista que defende o humanismo", Florestan Fernandes foi sempre irredutível no que considera serem seus princípios ideológicos. Foi essa postura que o inspirou quando, após a vitória [nas eleições presidenciais de 1994] de seu aluno e amigo, Fernando Henrique Cardoso, escreveu um artigo onde dizia haver sofrido uma decepção imprevista. Florestan Fernandes escreveu o seguinte: "Foi perturbador ver Fernando Henrique conformar-se com o bloco político de sustentação da ditadura e dos paladinos da reação". Para entrevistar o professor Florestan Fernandes, convidamos o jornalista Ottoni Fernandes; também o jornalista Carlos Rydle, que é repórter de política do jornal *O Estado de S. Paulo*; José Eduardo Faria, editorialista do *Jornal da Tarde*; Marcelo Beraba, secretário de redação do jornal *Folha de S.Paulo*; Milton Abrucio, repórter de política do *Jornal do Brasil*; e também o jornalista Milton Coelho da Graça, da TVE do Rio de Janeiro. Este programa, *Roda Viva*, é retransmitido ao vivo por outras 27 emissoras de televisão de todo o Brasil. Professor Florestan Fernandes, boa noite!

Florestan Fernandes: Boa noite! [durante a entrevista inteira, ele segura, com a mão esquerda, uma folha de papel dobrada; fala também muito lentamente, com verdadeiras pausas entre as palavras]

Heródoto Barbeiro: Professor, faltando 26 dias para a posse do presidente eleito, Fernando Henrique Cardoso, o senhor vê algum sinal de que o novo presidente possa vir a exercer o seu poder de maneira diferente do chamado velho estilo das elites, como o senhor, inclusive, escreveu recentemente no jornal *Folha de S.Paulo*?

Florestan Fernandes: Bem, a possibilidade existe, mas as circunstâncias são difíceis. A questão é saber se o homem e suas circunstâncias vão poder se harmonizar, coisa que é difícil no cenário brasileiro, principalmente quando se conhece a composição dos partidos conservadores do nosso parlamento. Eu sei que o Fernando Henrique é um homem tenaz, inteligente e deu provas de brilhantismo em todas as atividades em que esteve envolvido. Mas ele não pode fazer como aquele papa que disse: "Papa sou!". Até ser eleito, ele era uma espécie de Maria vai com as outras, aceitava tudo; mas, assim que se viu investido na condição de papa, ele passou a exercer o poder papal em toda plenitude, de uma maneira autocrática, e aqueles que votaram nele sofreram uma grande decepção. Eu acho isso difícil, por várias razões: porque, quando se fala de direita, se esquece também de condições externas que estão desempenhando um papel muito importante na situação brasileira e que são muito mais difíceis de contornar e de vergar do que os interesses dos políticos fisiológicos e paternalistas, clientelistas brasileiros. De modo que é preciso encarar os problemas através de diferentes variáveis. E, quanto maior for o apoio popular que o Fernando Henrique Cardoso conseguir atrair para si, tanto maior o grau de liberdade que ele poderá ter em relação aos políticos conservadores. Agora, esse grau de liberdade é quase igual a zero no que diz respeito ao exterior. Para mim, a coisa mais preocupante que vem com o governo de Fernando Henrique Cardoso é a aceitação integral – que já foi demonstrada na prática – da influência do FMI [Fundo Monetário Internacional], do Banco Internacional de Desenvolvimento Econômico, do Banco Americano e de várias instituições que têm sido, na América Latina, o braço direito da política econômica dos Estados Unidos e, ao mesmo tempo, sempre em colaboração com os países que estão ligados a outros blocos na Europa e na Ásia. Esse grau de liberdade em relação ao exterior só pode ser aumentado usando um artifício que eu mencionei uma vez, em um velho ensaio que está publicado em *Mudanças sociais no Brasil*.[2] O Brasil precisaria ter a capacidade de ampliar a sua gama de relações econômicas, culturais e políticas com países das diferentes regiões do mundo. Fernando Henrique Cardoso foi a países que naturalmente poderiam preencher essas condições, mas a visita é uma coisa e a realidade que vai se processar é outra. Agora, eu acho, com toda franqueza, que é muito cedo para nós prognosticarmos o que vai ser o governo Fernando Henrique Cardoso. Governar é como comer um bolo; só depois de comer o bolo é que a gente sabe se ele é bom ou ruim. E ele precisará comer muito bolo para demonstrar qual é a sua capacidade, não só de ingestão, mas de digestão.

Heródoto Barbeiro: Está certo. Participa conosco do *Roda Viva* o professor Paulo Sérgio Pinheiro, professor de Ciências Políticas da Universidade de São Paulo. Já está aqui conosco. Quero passar a participação, agora, para o jornalista Marcelo Beraba, da *Folha de S.Paulo*. Marcelo, por favor.

Marcelo Beraba: Professor, quando o senhor disse que ficou decepcionado com o presidente eleito, imaginei que o senhor estivesse se referindo basicamente à aliança com o PFL [Partido da Frente Liberal; a partir de 2008, Democratas] feita para vencer a eleição. É isso? Esse é o ponto que o decepcionou na campanha do Fernando Henrique? E qual é a interpretação que o senhor faz da eleição? Por que foi possível ele vencer a eleição de uma maneira relativamente fácil, mesmo diante de um PT que vinha bem?

Florestan Fernandes: Realmente, ele tem a personalidade própria para o papel que iria desempenhar...

---

2 *Mudanças sociais no Brasil* foi publicado pela Difel em 1960. Atualmente, o livro está em sua quarta edição, publicado pela Global Editora. (NE)

Marcelo Beraba: *Physique du rôle?* [do francês: jeito adequado de desempenhar um papel]

Florestan Fernandes: *Physique du rôle*. Mas eu estava fazendo um comentário restrito ao Brasil. Mais tarde, fiz outros comentários que incidiam – como recentemente escrevi um – sobre globalização e neoliberalismo, "neoliberalismo" entre aspas. E não atribuí ao presidente da República qualquer conluio com forças externas adversas ao Brasil. Mas não é preciso levar a imaginação tão longe, porque nós sabemos que esse modelo de desenvolvimento econômico que está sendo posto em prática hoje é um modelo de alta concentração da riqueza, da cultura e do poder nos países centrais. Enquanto a indústria que nasceu da substituição de importações [entre os anos 1930 e 1980] dependia da montagem de uma infraestrutura de montagem econômica – e, embora nós tenhamos comprado fábricas e tecnologias obsoletas, estávamos transplantando para o Brasil técnicas de produção que não tínhamos –, hoje é muito difícil, quando se considera a tecnologia avançada de hoje, é impossível pensar que os países centrais vão jogar na periferia essa tecnologia. E os países da periferia vão ter o seu papel redefinido. Eles não vão ser só dependentes: eles vão ter nexos neocoloniais; vai haver uma interação dialética entre dependência e nexos neocoloniais que vão sufocar a capacidade produtiva original dos países...

Marcelo Beraba: Com o Fernando Henrique, o senhor acha que o Brasil está fadado a isso?

Florestan Fernandes: Não atribuo a ele pessoalmente; a história não é feita por um homem, nem por uma corte...

[...]: Mas, professor...

Florestan Fernandes: ...não é feita por uma presidência. Ela é feita por um conjunto de elementos, nos quais nós temos de considerar a sociedade civil, as diferentes classes da sociedade civil e o mundo exterior.

Milton Coelho da Graça: Mas, professor, veja bem: o presidente eleito, certamente, está assistindo a este programa. Ele não pode deixar de assistir a essa entrevista do seu grande guru, do professor que mais o influenciou no início da sua carreira universitária. E o senhor disse uma frase para mim mágica, porque é uma frase que vai influenciar todo o governo Fernando Henrique. O senhor disse a seguinte frase: "Tanto maior for o apoio popular dado a Fernando Henrique Cardoso, tanto maior liberdade ele terá em relação aos políticos conservadores". Para mim, está implícito nessa sua declaração que o senhor vai lutar pelo apoio do Partido dos Trabalhadores ao presidente da República para que ele possa ter liberdade de ação em relação aos partidos conservadores, é isso? É isso que o presidente pode esperar do senhor?

[...]: [risos]

Florestan Fernandes: Não, ele não pode esperar isso de mim, e ele sabe.
Milton Coelho da Graça: Mas o senhor disse.

Florestan Fernandes: Ele é suficientemente sábio para conhecer a realidade do mundo em que ele vive – tanto o brasileiro, o latino-americano – e das sociedades que dominam a economia mundial. De modo que ele não vai aprender nada com esta exposição que eu vou fazer aqui.

Milton Coelho da Graça: Não, mas não é isso que o senhor está falando. O senhor acha que, se o PT apoiar o novo governo, ele, portanto, terá maior liberdade na convivência com Antônio Carlos Magalhães [(1927-2007), influente personalidade de linha conservadora da política brasileira, governador da Bahia de 1971 a 1975, de 1979 a 1983 e de 1991 a 1994] e os outros partidos conservadores a que o senhor está se referindo?

Florestan Fernandes: Eu acho que o PT já declarou qual é a sua posição...

Milton Coelho da Graça: E não é a sua!

Florestan Fernandes: ...que é uma posição de apoio seletivo. O PT não programou que vai apoiar o governo de Fernando Henrique Cardoso com todas as suas forças. E eu, da minha parte, embora siga de uma maneira tão rigorosa a disciplina do partido que fui fazer campanha pelo Cristovam Buarque [governador do Distrito Federal de 1995 a 1998], em Brasília, e pelo Vitor Buaiz [governador do Espírito Santo de 1995 a 1998], no Espírito Santo...

Milton Coelho da Graça: a presidente, também.

Florestan Fernandes: ...quando, na verdade, eu queria fazer a campanha do [Olívio] Dutra no Rio Grande do Sul [Dutra perdeu para Antônio Britto, mas foi governador do estado de 1999 a 2002]. O partido me destacou para uma atividade que eu preferia deixar em segundo plano. Eu sou disciplinado; mas não sou disciplinado a ponto de sacrificar ao partido minhas posições políticas fundamentais que carreguei a vida inteira. E, se o partido por acaso transgredir os limites que permitem essa relação que eu tenho mantido com ele até agora, a solução está na porta da casa.

Carlos Rydle: Por falar em partido, professor Florestan...

Florestan Fernandes: Pois não.

Carlos Rydle: Por falar em partido, eu queria saber como o senhor reagiu... Há esses depósitos feitos por empreiteiras nas contas do PT das campanhas do partido [em 1993]. O senhor sabia disso, o senhor tinha uma mínima ideia disso que acontecia? E como o senhor vê essa participação das empreiteiras nas campanhas políticas do PT?

Florestan Fernandes: Na verdade...

Heródoto Barbeiro: Professor, antes de o senhor responder, apenas quero dizer que mais três telespectadores fizeram a mesma pergunta: senhor Antônio Carlos Valverde, de São Bernardo do Campo; Carmo Azevedo, da capital, São Paulo; e senhor Luís Carlos Firmino. Os três querem saber da resposta do senhor sobre essa questão levantada pelo Rydle.

Florestan Fernandes: Bem, na verdade, eu, dentro do PT... Nas duas campanhas políticas que fiz para disputar o mandato de deputado federal – a primeira, com engajamento, porque eu tinha esperanças na Constituição; e a segunda, sem tanto entusiasmo – tanto que fui a Portugal, recebi lá o título de doutor *honoris causa*, um título que eles davam a uma personalidade na data comemorativa dos setecentos anos de existência da Universidade de Coimbra –, fiz tudo que pude para não ser eleito para um segundo mandato...

[risos]

[...]: Acabou sendo.

Florestan Fernandes: E fui eleito. Agora, terceiro mandato, eu não tenho condições, nem físicas e nem... [hesita]

Carlos Rydle: Vontade, Florestan? Não é mais vontade de participar?

Florestan Fernandes: Não... volitivas, vamos dizer, para desempenhar.

Carlos Rydle: O.k.

Florestan Fernandes: E diz respeito a experiências que me permitiram conhecer o nosso parlamento por dentro. A melhor escola que encontrei para conhecer o Brasil, a partir do topo das elites...

Carlos Rydle: Foi o Congresso...

Florestan Fernandes: ...não é aquela que eu tive quando minha mãe era empregada de dona Ermínia Bresser de Lima, em cuja casa minha mãe trabalhava. Eu nasci não lá, porque fui para a maternidade na Frei Caneca, mas morei com minha madrinha e meu padrinho, e eles foram senhores escravos. Eu conheci a cultura ilustrada brasileira por dentro dessa família. Fiquei três anos lá, depois saí, depois a minha madrinha me pegou mais um tempo, minha mãe foi lá, me tirou. Eu segui a vida como me foi possível.

Milton Coelho da Graça: E o Congresso foi melhor do que isso, professor, para o senhor conhecer a elite?

Florestan Fernandes: Foi!

Milton Coelho da Graça: Foi?

Florestan Fernandes: Porque ele abre perspectivas que dizem respeito à estrutura de poder arcaica vigente no Brasil. Nós temos uma sociedade civil que está se movimentando. Não está se movimentando com a rapidez necessária e desejável, mas está se movimentando de tal forma que trabalhadores pertencentes a... trabalhadores, pequena burguesia, setores radicais de classe média, massas populares, de sem classe, essa gente toda tem uma cidadania fictícia ou uma cidadania parcial ou nenhuma cidadania. Como é que, em um país como o Brasil, nós poderíamos construir um Estado diferente, se a sociedade civil não é capaz de criar um Estado diferente – eu ia dizer um Estado novo, mas os senhores poderiam corrigir o termo...

Carlos Rydle: O senhor corre o risco usando o termo...

Florestan Fernandes: Mas é impossível. Nós precisamos de outra sociedade civil...

Carlos Rydle: O senhor se assustou quando soube dessa...

Florestan Fernandes: Por isso que é importante a existência dos partidos.

Carlos Rydle: Sim, mas o senhor se assustou? Qual foi sua reação quando soube das contribuições de empreiteiras condenadas pelo partido, principalmente pelo...

Florestan Fernandes: Bem, eu...

Carlos Rydle: O senhor, por exemplo, já não aceitava dinheiro da Fundação Ford ou Rockefeller para essas pesquisas.

Florestan Fernandes: Rockfeller foi primeiro.

Carlos Rydle: Como o senhor viu essa questão?

Florestan Fernandes: Eu devo dizer como eu recolhia dinheiro na minha campanha, para financiar a minha campanha. Fazia exposição que se destinava a trabalhadores, sindicalistas, estudantes, enfim, a vários setores da sociedade interessados em me ouvir. Acabadas a exposição e a discussão, quase sempre em torno de duas horas ou um pouquinho mais, aí montavam uma mesinha, eu me sentava ali, tinha uma pilha de livros [risos dos entrevistadores] que os editores me deram ou então cederam com um desconto muito grande...

Carlos Rydle: O senhor vendia?

Florestan Fernandes: ...e eu, fazendo dedicatórias, vendia os livros. E alguns amigos tinham carnês, pelos quais eles contribuíam mensalmente com a quantia que quisessem, para manter...

Milton Coelho da Graça: [fala com Florestan Fernandes] ...não pode ser eleito assim, professor...

Florestan Fernandes: Essa é minha experiência. Eu acho que o Partido dos Trabalhadores poderia ser financiado a partir de baixo se ele tivesse se dedicado mais à educação política das massas populares, das classes trabalhadoras, da pequena burguesia etc.

Heródoto Barbeiro: Professor, posso entender então que o senhor está fazendo uma censura ao PT pelo fato de ele ter recebido dinheiro das empreiteiras? É isso, professor?

Florestan Fernandes: Bem, eu não fiquei contente, mas eu...

[risos]

Milton Abrucio: O senhor acha que deve devolver o dinheiro ou não?

Florestan Fernandes: Bem, esse é um problema que cabe ao Comitê. Tem o Diretório Nacional, tem um Comitê Dirigente de caráter também nacional; eles têm de discutir isso e decidir. Eu, se fosse consultado, se dependesse da minha posição, sequer estaria dando tanta importância à conquista de posições parlamentares e executivas...

Carlos Rydle: Seria melhor manter a...

Florestan Fernandes: Um partido socialista novo precisa, primeiro que tudo, conquistar apoio. É preciso lembrar a frase de [Vladimir] Lenin [(1870--1924), líder da Revolução Russa de 1917 e chefe de governo da Rússia de 1917 a 1922], que ele repetiu várias vezes, de que "não se pode enganar o povo". E receber doações de grandes empresas, mesmo que isso seja declarado para a Justiça...

Carlos Rydle: Nada de ilegal, mas, enfim...

Florestan Fernandes: É uma forma de negar o socialismo.

José Eduardo Faria: Professor, o senhor mencionou, logo no início da entrevista, que o presidente eleito Fernando Henrique Cardoso tem uma possibilidade de contar com apoio interno, mas tem uma escassa influência para resistir ao que o senhor chamou de condições externas. A descrição que o senhor faz das condições externas pode ser interpretada como uma espécie de inexorabilidade do neoliberalismo? O socialismo, na sua opinião, pode ressurgir? [Ou] está morto?

Florestan Fernandes: Isso é uma coisa que os socialistas e os comunistas vêm estudando há tempo: a evolução dos oligopólios em diferentes fases da sua maturação. Os oligopólios atingiram o ápice, são constituídos por empresas gigantes. Até [o economista estado-unidense John Kenneth] Galbraith [1908--2006] fez – Galbraith, que é um liberal autêntico –, ele fez críticas em dois livros fundamentais sobre o Estado e a tecnocracia e em outro, cujo nome...

[...]: *O Estado industrial*.

Florestan Fernandes: Esse, *O Estado industrial*. Tem um outro menor, que é muito importante e é mais recente. Ele fez críticas severas a esses monopólios gigantes. E esses oligopólios não podem escapar a determinações que procedem da tecnologia produzida atualmente. O intervalo – essa noção de intervalo é comteana [de Auguste Comte (1798-1857), filósofo francês, formulador do positivismo], quer dizer, ela não é uma noção nova –, o intervalo político entre [de um lado] a constituição dessas empresas gigantes e [do outro] o Estado e suas articulações em plano mundial reduziu-se. E hoje nós temos um problema que não é exclusivo dos Estados Unidos, se estende à Europa, pouco menos ao Japão e aos países asiáticos – que é, de um lado, reduzir a massa de trabalho vivo necessária à produção econômica. Isso significa que haverá sempre uma taxa de desemprego muito grande. E os especialistas em estudo de pobreza têm sugerido que, nos Estados Unidos, pelo menos 25% da população constituem um setor de pobreza inexorável – não só de pobreza relativa, que é psicológica, mas de pobreza real. Do outro lado, as mesmas condições de produção encurtaram a vida produtiva do agente humano. O trabalho hoje não tem a mesma forma, função e duração que teve nas duas fases anteriores ao capitalismo oligopolista [que começou no fim da Segunda Guerra Mundial (1939-1945)]. De modo que uma pessoa com quarenta, 45 anos de idade é varrida de suas posições e depois não tem emprego, vai depender da existência de pensões e vai viver de uma forma que é degradante para qualquer cidadão que pode produzir. Então, nós podemos dizer que esses países avançados estão produzindo sua própria periferia. É uma periferia interna – quer dizer, esses setores de pobres que tendem a crescer, esse setor... eu conheci até, quando estive no Canadá, um sociólogo argentino muito inteligente e muito preparado, que foi demitido da universidade argentina na qual trabalhava por razões óbvias, e não podia apresentar seu *curriculum vitae*. Não havia lugar para ele nas universidades porque elas estavam saturadas e, quando ele apresentava o currículo, as pessoas que pertenciam à administração diziam que não podiam contratar uma pessoa com a qualificação dele para exercer trabalhos inferiores. O que ele acabou fazendo? Escondendo que ele tinha uma formação universitária para conseguir um emprego que vai durar ainda algum tempo.

Paulo Sérgio Pinheiro: Professor, eu queria retomar um ponto que o senhor mencionou: seu estágio junto às classes dirigentes brasileiras. Como que o senhor explica essa convivência... Já faz dez anos que nós voltamos ao governo civil [depois da ditadura militar de 1964-1985]; uma elite que tem, por exemplo, tanta dificuldade de pagar impostos, segundo o doutor Osíris [Osíris Lopes Filho, então secretário da Receita Federal], uma elite que convive com uma certa naturalidade com a pior distribuição de renda do mundo depois de Botsuana [no sul da África] – os 20% mais ricos no Brasil têm 32,1 vezes a renda dos 20% mais pobres, só Botsuana nos ultrapassa... E, depois, esse alto nível de violência que o senhor tratou tão bem em um texto que nós gostamos tanto, de 1980, depois desse seu estágio longo com as elites dirigentes, como é que o senhor explica essa dificuldade de fazer políticas compensatórias, de fazer a construção efetiva da cidadania? O que nos emperra, efetivamente, para nós nos tornarmos uma democracia?

Florestan Fernandes: Bem, isso também eu já estudei na década de 1960, naqueles trabalhos sobre resistência à mudança. Esses setores da sociedade resistem à mudança social para preservar suas posições nas estruturas da sociedade e de poder. Quer dizer que a monopolização da riqueza, da cultura e do poder especificamente político constitui um requisito para que as classes dominantes mantenham suas posições e possam até renovar, através da circulação das elites – o trabalho de parente não é um trabalho que tem envelhecido. Essas classes dominantes foram suficientemente hábeis para decapitar os setores da população negra, mestiça, do antigo homem pobre livre [contemporâneo do sistema escravista], dos sem classe, dos trabalhadores, mantendo-os lá no fundo e, ao mesmo tempo, preservando para si as perspectivas de controle efetivo do Estado, da sociedade civil e da cultura da ignorância que é destinada aos setores pobres da população.

Ottoni Fernandes: Professor, só uma pergunta. O senhor mencionou que o PT deixou de fazer um trabalho de educação. O senhor acha que isso pode ter influenciado o fato de as parcelas mais pobres da população... [de que] nessas parcelas cresceu muito a candidatura de Fernando Henrique Cardoso na reta final? Pode ter uma relação aí entre...

Florestan Fernandes: Nós temos, aí, duas evidências. A primeira evidência é que essas populações não estão mais apáticas como já estiveram no passado. Elas estão muito ativas. E a primeira campanha civilista do [Luiz Inácio] Lula [da Silva, então presidente do PT, eleito presidente do Brasil em 2003] mostrou isso: naquelas regiões por onde ele andou, ele encontrou um apoio popular imenso...

[...]: As Caravanas da Cidadania? [série de viagens de Lula com alguns membros do PT e acadêmicos de diversas áreas, feitas a 350 cidades por todo o país entre 1993 e 1994]

Florestan Fernandes: É. O mal dessa caravana é que o pessoal do PT não contratou especialistas em propaganda política e ignorou que manter certas figuras durante muito tempo no noticiário, em vez de ser benéfico, é negativo.

[...]: Quer dizer, a candidatura de Lula nasceu muito cedo?

Florestan Fernandes: O eleitor se cansa. Agora, na segunda etapa, a outra evidência é que, realmente, Fernando Henrique conseguiu um apoio que precisa ser examinado aqui, porque se disse que o PT estava perdendo votos por causa do "efeito Bisol" e do chamado Plano Real, coisa que não existe até agora. No momento em que isso foi dito, inicialmente, não havia nenhum efeito Bisol, não deu tempo. E muito menos deu tempo para que o [Plano] Real suscitasse alguma esperança, alguma ilusão. Essa esperança e essa ilusão foram criadas pela mídia eletrônica.

Heródoto Barbeiro: A televisão, professor?

Florestan Fernandes: É. De modo que Lula foi vítima de condições de desigualdade social e cultural que levantaram contra ele barreiras, resistências. E grande parte daqueles setores pobres que o apoiaram [e] depois se deslocaram, não [foi] por causa do efeito Bisol. Inicialmente, naquele momento [da] primeira notícia da perda de voto do Lula, não foi nem efeito Bisol – que não contou em nada, nem naquele momento, nem depois.

Paulo Sérgio Pinheiro: Professor, nós temos aqui, no exemplo de televisão pública, o exemplo positivo... O senhor acha que os parlamentares brasileiros são responsáveis – e agora vai começar um novo *round* –, o senhor acha que seus ex-colegas podem ser detentores de concessões de rádio e televisão como cem de seus ex-colegas são? Como é que o senhor se posiciona diante disso?

Florestan Fernandes: Bem, eu acho que é muito difícil obter acesso às concessões. Pode ver que...

Milton Coelho da Graça: Basta ser amigo do [José] Sarney [senador pelo Partido do Movimento Democrático Brasileiro (PMDB); presidente de 1985 a 1990]! Não é tão difícil assim...!

Florestan Fernandes: Na primeira vez em que se votou, eu não pertencia a essa Comissão de Ciência e Tecnologia [da Câmara dos Deputados]. Mas houve um "arranca-rabo" lá de primeira ordem, que acabou fazendo que as principais figuras que rompiam com o monopólio desses meios de comunicação se afastassem da comissão. E, posteriormente, eu tive a oportunidade de fazer a negociação da parte sobre educação – porque quiseram fazer com a educação a mesma coisa que fizeram com a economia: quiseram cortar pelo meio. E nós nos preparamos para isso impedindo, de uma maneira resistente, que houvesse êxito no processo. O presidente da Comissão, que era então um senador, ficou desesperado, porque ele não conseguia fazer andar [nada], e houve até um representante do Paraná que descarregou um murro na cabeça de um sujeito que estava na frente dele e que era adversário político. Quer dizer que, em última instância, o argumento foi...

[...]: Professor...

Florestan Fernandes: ...a altura e a força desse deputado.

[...]: Tá certo... Professor...

Florestan Fernandes: Agora, na negociação, em que estava eu, Zaneti [provavelmente Hermes Zaneti, então deputado pelo PMDB] e um deputado do Rio de Janeiro, tive oportunidade de ver que [Antônio] Britto [governador do Rio Grande do Sul de 1995 a 1998; na época da negociação, era deputado federal pelo PMDB] não tomava nenhuma atitude sobre o problema [de] que havia uma negociação paralela sobre ciência e tecnologia; ele não tomava nenhuma atitude sem telefonar para Antônio Carlos Magalhães.

[risos]

Heródoto Barbeiro: O senhor está se referindo ao senhor Antônio Britto, que é governador [eleito] do Rio Grande do Sul?

Florestan Fernandes: Sim!

[...]: Já nessa época, já conversavam...

[vários falam ao mesmo tempo]

Florestan Fernandes: Vinha de antes, ele é filho da [Rede] Globo.

[...]: Como que é? Ele é filho de quem?

[...]: Ele é filho da Globo.

[...]: Filho de quem?

Florestan Fernandes: Da Globo!

[...]: Ah, da Globo.

Florestan Fernandes: E, na verdade, é um homem digno, inteligente; mas estava a serviço, ele era o escudeiro de uma força muito vigorosa e não se fazia nada sem que houvesse o beneplácito de Antônio Carlos Magalhães e, naturalmente, do magnífico imperador do Brasil, que é o senhor Roberto Marinho [(1904-2006), fundador da Rede Globo de Televisão].

José Eduardo Faria: Daí a minha pergunta: no parlamento pode-se ser digno e, ao mesmo tempo, um fiel servidor?

Florestan Fernandes: Bem, essa é uma pergunta [risos] que eu deixo à discrição do senhor Eliseu [Rezende, ministro da Fazenda em 1993; foi afastado do cargo dois meses depois de tomar posse, por causa de acusações de que a empreiteira Odebrecht teria financiado sua hospedagem em Washington numa viagem antes de ele ser ministro; Fernando Henrique Cardoso o substituiu]. Sou deputado federal, eu não quero achincalhar aqui os colegas. Eu já disse coisas bastante comprometedoras para mim.

Heródoto Barbeiro: Professor, eu tenho uma pergunta aqui do telespectador, que eu gostaria que o senhor respondesse. A telespectadora dona Mônica Teixeira, de São Paulo, pergunta o seguinte: se o senhor apoia a intervenção que as Forças Armadas estão fazendo no Rio de Janeiro [ocorrida entre 1994 e 1995, para combater o tráfico de drogas e de armas nas favelas da cidade]. O senhor acha que esse é o caminho certo para combater a violência na cidade?

Florestan Fernandes: Veja bem, se nós somarmos violência e contraviolência, mais violência, mais contraviolência e acabarmos em um tope em que estão as Forças Armadas, então, nós definimos a existência de uma situação de guerra civil. Aí os militares fazem o que quiserem. Mas, dentro de um estado de direito, por mais precário que ele seja, o Exército vai fazer a mesma coisa que fez a Polícia Civil, a Polícia Federal, a Justiça...

[...]: O senhor não acredita em resultados?

Florestan Fernandes: ... e vai haver corrupção. Como já foi demonstrado que alguns soldados estavam sendo corrompidos.

Heródoto Barbeiro: O senhor acha que isso é um risco para a democracia, professor?

Florestan Fernandes: Sempre que as Forças Armadas transcendem os limites do seu poder, elas põem em risco a democracia, mesmo que não queiram. A democracia não comporta esse grau de violência concentrada e institucionalizada. São coisas incompatíveis. E aí está o Sérgio [Paulo Sérgio Pinheiro é um acadêmico com pesquisas na área], que pode dizer melhor do que eu...

Paulo Sérgio Pinheiro: [rindo...]

Florestan Fernandes: ...se estou falando a verdade ou não...

Paulo Sérgio Pinheiro: Está!

Florestan Fernandes: Eu acho que seria muito bom se os militares chegassem lá, varressem todo aquele setor de crime organizado etc. E o Rio de janeiro, a Guanabara, enfim, aquela região tão querida do Brasil, acabasse livre do tráfico das drogas...

Heródoto Barbeiro: Muito bem...

Florestan Fernandes: Mas [se] não é por este caminho, seria fácil demais.

Heródoto Barbeiro: Professor Florestan Fernandes, esta semana, no Congresso Nacional, existe em curso uma operação chamada Salva Lucena, na tentativa de reverter o processo de suspensão do mandato do senador Humberto Lucena [(1928-1998), então presidente do Senado], que teria usado a gráfica do Senado de uma maneira pouco ética, mandando imprimir 130 mil calendários que, segundo a Justiça Eleitoral, teriam sido usados na campanha política dele na Paraíba [a operação Salva Lucena conseguiu anistiá-lo, mas antes ele teve a reeleição para o Senado impugnada pelo Tribunal Regional Eleitoral da Paraíba, em 1994]. Gostaria de saber a opinião do senhor sobre esse tema. Se o senhor acha que deve realmente cassar ou se o senhor acha que deve haver essa operação salvamento, haja vista que outros parlamentares também usaram a gráfica do Senado para coisas semelhantes. Qual é a opinião do senhor sobre isso?

Florestan Fernandes: Bem, não é permitida a utilização de recursos, nem da Câmara, nem do Senado e nem do Congresso para fins de propaganda política pessoal ou de determinado partido. Essa é a retórica: a prática é outra. Ela não chega a tomar as proporções que se imagina fora do parlamento. Ela se restringe a certas figuras com maior capacidade de decisão. O próprio senador Lucena, na primeira vez que respondeu à pergunta de um jornalista sobre a punição que sofreu, ele afirmou: "Uma decisão do Supremo Tribunal Federal não se discute, cumpre-se". Então, ele já disse tudo. E os que, por acaso, não foram apanhados na rede da fiscalização, eles vão escapar. Não vai pensar que aquela comissão de investigação foi montada para apanhar corruptos, que ela fez uma triagem completa. Ela fez uma triagem, por assim dizer, autojustificativa para responder às pressões externas. Isso é muito comum: a retórica, e a retórica é vazia.

Heródoto Barbeiro: O senhor acha então que vai prevalecer o corporativismo?

Florestan Fernandes: Eu acho que seria muito ruim para a instituição como um todo se prevalecesse o corporativismo. Agora, para se decidir sobre isso, é preciso participar. O assunto vai ter que ser negociado primeiro no Senado e parece que os senadores já estão arrepiando carreira, na medida em que não estão sentindo o seu pelo pegar fogo.

Heródoto Barbeiro: "Arrepiando carreira" quer dizer "deixando no seu próprio destino", é isso?

Florestan Fernandes: Seu próprio destino. E não é um destino ingrato. Porque um homem de prestígio... veja que votação que ele alcançou! Por que meio? Naturalmente porque ele deve ser um político de primeira qualidade.

Milton Coelho da Graça: Professor, eu estou com uma dúvida aqui: o senhor tem falado muito até sobre a campanha do Lula e sobre a posição do PT. Eu queria que o senhor, para o público em geral, para gente como eu, que não entende muito de sociologia e nem de ciência política, simplificasse a sua colocação dentro do PT. O seu coração e o seu cérebro de petista se inclinam mais para o "xiita" [isto é, "radical"] Rui Falcão [então, deputado estadual por São Paulo pelo PT; coordenador da campanha presidencial de Lula de 1994], ou para o *soft* [deputado federal] José Genoino?

[...]: Rui Falcão é presidente [interino do PT].

Milton Coelho da Graça: Onde é que está Florestan Fernandes?

Florestan Fernandes: Na verdade, essas expressões, "xiita" e *soft*, também são...

Milton Coelho da Graça: É do "Ministério Gutenberg", é da imprensa que fica inventando isto.

Florestan Fernandes: ...são prolificações extemporâneas. Há pessoas no PT que estariam tão bem lá quanto estariam no PSDB [Partido da Social--Democracia Brasileiro].

Milton Coelho da Graça: Por exemplo?

Florestan Fernandes: Bem...

Milton Coelho da Graça: Para gente ser...

Florestan Fernandes: O senhor falou um nome...

Milton Coelho da Graça: Ah, o Genoino, por acaso?

Florestan Fernandes: E tem outros. Agora, são deputados muito hábeis, muito combativos e, para o PT, seria uma pena perdê-los. Eu acho que todo partido político precisa ter correntes em conflito para que haja democracia interna...

Milton Coelho da Graça: Mas mesmo nesse nível?

Florestan Fernandes: Eu não estou entre "xiitas", eu estou entre os que mantêm a fidelidade ao socialismo revolucionário...

Heródoto Barbeiro: Professor, o senhor deixou...

Florestan Fernandes: Isso não é ser "xiita", porque se eu fosse "xiita" eu iria querer fazer outro tipo de revolução. Que não é possível, porque nós não temos...

Marcelo Beraba: Mas não é possível agora... é possível [em] algum momento? Como é que o senhor vê esta questão de uma ruptura violenta no país e...?

Florestan Fernandes: Bem, isso já depende da bola de cristal...

Marcelo Beraba: O senhor, com os instrumentos que o senhor tem...!

Milton Coelho da Graça: Pelo menos, se é possível; a pergunta dele não é quando: se é possível.

Florestan Fernandes: Uma coisa é o conhecimento de certas tendências gerais do processo histórico; outra coisa é o conhecimento de momentos concretos que se sucedem e que se evaporam na medida em que a história transcorre.

Marcelo Beraba: O Brasil teve algum momento próximo em que este ambiente estava dado ou não?

Florestan Fernandes: Nós deveríamos estar dentro de um processo dessa natureza, dadas as condições objetivas do país. E não estamos exatamente por causa daquilo que eu chamei aqui de cultura da violência, da brutalização do ser humano – pobres, sem classes, os excluídos. Então, nós temos várias barreiras, como preconceito racial, preconceito regional, preconceito étnico contra os indígenas, formas de resistência que barram qualquer possibilidade de uma participação...

Milton Coelho da Graça: Professor...

Florestan Fernandes: ...da cidadania através do sistema escolar. E o sistema escolar, da maneira que ele existe, ele não foi montado para criar consciência social crítica. Os professores perdem muito tempo no debate sobre a reforma ou a revolução na escola. Mas a reforma ou a revolução na escola – e se trata de algo necessário e urgente – só se dá quando se torna possível criar a consciência social crítica, fazer do indivíduo cidadão.

Milton Coelho da Graça: Mas o senhor não é um exemplo de como essa consciência crítica pode se formar na escola? O senhor mesmo não formou a sua consciência crítica na maneira dura, como o senhor descreveu de sua autobiografia.

Florestan Fernandes: Não foi só na escola, foi nas condições de trabalho, convivendo com diferentes tipos de trabalhadores. Porque eu tive a oportunidade de trabalhar em barbearia, como engraxate, em padaria, em marcenaria, em alfaiataria, depois em propaganda de artigos médicos, e depois em venda de produtos dentários...

[...]: E até na USP [Universidade de São Paulo].

[risos]

Florestan Fernandes: É, a USP já representa a minha passagem para a classe média. E eu devo dizer que, para mim, foi um grande dilema conciliar a minha visão do mundo com a minha situação social. Depois, eu vi que não havia outro remédio.

Carlos Rydle: O senhor falou que não há menor chance de países capitalistas periféricos de [alcançar o] desenvolvimento e tudo mais. Por outro lado, em contrapartida, os países socialistas, inclusive aquele que o senhor citou, que o presidente eleito Fernando Henrique visitou, também não estão em situação favorável, principalmente agora: a própria Cuba, [com a qual] o senhor se encantou naquela visita e tudo o mais. Então, que modelo o senhor defende, agora, econômico? Qual a solução? O senhor colocou um nó aí.

Florestan Fernandes: Eu sempre estive dentro de uma perspectiva que parte do socialismo clássico: [Karl] Marx, [Friedrich] Engels [(1820--1895), cofundador, com Karl Marx, do marxismo], [Pierre-Joseph] Proudhon [(1809-1865), principal teórico do anarquismo], uma série de autores que construíram um pensamento; alguns reformistas, outros revolucionários. Agora, esses autores nunca excluíram a democracia da revolução, porque, inclusive, em um dos discursos que está transcrito no livro que eu organizei sobre Lenin, ele afirma que era necessário fazer que cada operário tivesse experiência em todas as atividades político-administrativas dentro do Estado...

Carlos Rydle: É, mas aí tem o que se chama...

Florestan Fernandes: Essa não é uma concepção totalitária, é uma concepção democrática. E o que se chamou de ditadura do proletariado era o equivalente do que se chamava de ditadura da burguesia. Não que se negasse à existência de uma democracia burguesa: é que a democracia que viria com essa ditadura desse proletariado seria uma democracia da maioria. E, através de várias transformações, isso acabaria criando as condições para uma transição para o comunismo...

Carlos Rydle: O socialismo enfrentou problemas realmente...

Florestan Fernandes: Agora, o socialismo enfrentou problemas que, em partes, vieram da deformação do próprio socialismo na prática real, não é? E, em parte... que foi inevitável, porque, quem tenha feito um estudo rigoroso da Revolução Russa [que implantou o comunismo na Rússia, em 1917] pode ver o encadeamento de condições adversas...

Carlos Rydle: Qual teria sido o principal problema, professor?

Florestan Fernandes: ... que se repetiram ao longo do tempo.

Carlos Rydle: E qual teria sido o principal problema, o principal gargalo que comprometeu o socialismo?

Florestan Fernandes: Bem, eu acho que o principal gargalo esteve na falta da criação de uma democracia de base capaz de transformar os sovietes [conselhos de trabalhadores para sua autogestão nas fábricas, origem do nome "União Soviética"] naquilo que eles eram antes: todo poder emana do povo! E, depois, todo poder emanava da tecnocracia. O que isso significou? Um monopólio de poder por parte de pessoas que... Isso foi chamado de stalinismo [regime político totalitário sob Josef Stalin, ditador da União Soviética de 1924 a 1953], mas isso é uma maneira simplista de resolver o problema.

Milton Coelho da Graça: Não é um pouco o que acontece com o PT, professor? Quer dizer, o poder não emana da bancada e emana da direção, do aparelhão do partido?

Florestan Fernandes: Mas a bancada nunca é um nível de poder...

Milton Coelho da Graça: Mas a democracia é a expressão da vontade do povo.

Florestan Fernandes: É, ela é, mas acontece que...

[...]: Ela não representa diversidade, essa bancada do PT?

Florestan Fernandes: ...a bancada representa um dos patamares da organização política do partido, ela não é o órgão central dirigente do partido.

Milton Coelho da Graça: Mas é ela que é benzida pelo povo; é o povo que diz lá: "Esses são meus líderes, são os meus dirigentes, eu os quero no parlamento, eu quero Florestan Fernandes no parlamento, eu quero José Genoino, quero [o deputado federal] Paulo Delgado". E, aí, vem uma direção que não tem essa bênção do voto popular e é quem manda. Não é um pouco... não é uma contradição, isso?

Marcelo Beraba: O que reproduz a burocracia, a...

Milton Coelho da Graça: Exatamente, stalinista. A partir daí que surgiu o stalinismo, também?

Florestan Fernandes: Não, eu acho que falar em stalinismo dentro do PT é...

Milton Coelho da Graça: Não, não, eu não estou querendo dizer isso, não.

Florestan Fernandes: ... confundir o diabo com a cruz...

Milton Coelho da Graça: Não, não, não estou querendo dizer isso.

Florestan Fernandes: ... porque o diabo foge da cruz.

Milton Coelho da Graça: Porque lá até não tinha deputado eleito; aqui tem...!

Florestan Fernandes: Se nós fizermos o que o senhor falou, o resultado é que estaríamos confundindo o diabo com a cruz, ele carregando a cruz.

Paulo Sérgio Pinheiro: Professor, a USP, esta semana, está fazendo sessenta anos. O senhor falou tão elegantemente dos seus colegas parlamentares... como é que estão os seus colegas na universidade? Quer dizer, a universidade preserva ainda alguma missão crítica, ou ela, depois da resistência à ditadura, perdeu o vigor?

José Eduardo Faria: Eu só queria completar a partir dessa pergunta: o senhor disse que o senhor foi para classe média quando entrou para USP. Que USP vai para o poder? Uma USP crítica, uma USP que...

Florestan Fernandes: Mas é a USP que vai para o poder?

José Eduardo Faria: Mas que USP?

Florestan Fernandes: Não é a USP que está indo para o poder...

José Eduardo Faria: Não?

Florestan Fernandes: É preciso tirar essa confusão da cabeça de todos: quem está indo para o poder é Fernando Henrique Cardoso, com apoio de alguns uspianos. Na verdade, para responder respeitosamente ao meu colega Paulo Sérgio Pinheiro, a USP não perdeu todo o seu conteúdo crítico, mas perdeu uma grande parte de sua potencialidade de resistência e se despolitizou com uma rapidez que não era previsível na década, por exemplo, de 1960, em que a escola entrou naquela fermentação que todos conhecem aqui, não é...

[...]: Mas essa despolitização...

Florestan Fernandes: Agora, hoje, o problema da universidade é um problema muito complexo. Eu, por acaso, recebi uma homenagem na USP que foi organizada por deputados – inclusive a presidente Ângela Amim [que se tornaria, em 1996, a primeira prefeita de Florianópolis], a presidente da Comissão de Educação, e vários deputados –, sendo que um ou dois petistas fizeram parte desse grupo que foi se associar à USP para me prestar uma homenagem a respeito de um futuro título – que eu não sei se vou receber ou não, mas um título que seria muito honroso para mim.

Heródoto Barbeiro: Qual, professor?

Florestan Fernandes: Do Congresso. Uma ordem do Congresso.

[...]: Professor, eu queria...

Florestan Fernandes: E, ali, eu falei que a nossa universidade, mesmo nos setores mais avançados, ela se tornou, não digo retrógrada, mas ela perdeu terreno crescente.

[...]: Ela é muito corporativa hoje, professor?

Florestan Fernandes: Hum?

Ottoni Fernandes: É muito corporativa a universidade, hoje?

Florestan Fernandes: Toda universidade é corporativa...

Ottoni Fernandes: Mas não é exageradamente? O senhor está falando nos anos 1960: a universidade no Brasil não era tão corporativa.

Florestan Fernandes: Nos 1960, algumas faculdades eram corporativas, outras não eram.

Milton Coelho da Graça: Mas Fernando Henrique não é dos velhos tempos da USP, dos anos 1960...

Florestan Fernandes: É.

Milton Coelho da Graça: ... dos bons tempos da USP, como o senhor fala? Ele não vem destes tempos bons, da Maria Antônia? [rua onde ficava a Faculdade de Filosofia, Ciências e Letras da USP até 1968 e um dos principais centros da efervescência estudantil em São Paulo nos anos 1960]

Florestan Fernandes: Tanto que ele saiu do Brasil em 1964 para se antecipar ao risco de uma prisão.

Milton Abrucio: Professor, como que o senhor vê esse regozijo dos intelectuais com relação à presença de Fernando Henrique no poder? A gente assistiu, em algum desses últimos dias, a um seminário em que intelectuais brasileiros, também do exterior, demonstraram uma certa unanimidade... enfim, o próprio Fernando Henrique se queixou da falta de pressão...

Marcelo Beraba: Aliás, o país virou um grande seminário, um atrás do outro.

Milton Abrucio: Como o senhor, pessoalmente, concilia essa admiração pessoal que o senhor tem pelo Fernando Henrique com o ideário, que eu diria, hoje, quase que oposto ao que Fernando Henrique pretende...

Florestan Fernandes: Pode dizer que é oposto. Agora os intelectuais, em um país como o Brasil, estão sujeitos a ilusões, a esperanças...

[risos]

Florestan Fernandes: Isso é geral; toda população brasileira está movimentada por esse dínamo.

Ottoni Fernandes: Não é preciso ter esperança, professor, para mudar este país?

Florestan Fernandes: Nos intelectuais, esse dínamo é mais forte, porque, pela primeira vez, eles encontram um intelectual de alto nível na presidência da República, sendo que uma grande parte destes intelectuais que lideraram as manifestações de solidariedade é amiga íntima de Fernando Henrique Cardoso.

Heródoto Barbeiro: Professor, quando é que o sociólogo...

Florestan Fernandes: Ele queria fazer uma pergunta... [apontando para Ottoni Fernandes]

Ottoni Fernandes: Eu queria fazer uma pergunta um pouquinho para o começo do ano legislativo. O governo Fernando Henrique vai apresentar uma proposta, um conjunto de reformas, principalmente na área fiscal, na área tributária, modificar a distribuição de encargos entre governo federal, estados e municípios, a questão dos impostos. E vários assessores do presidente têm dito que esse conjunto de reformas imediatas é essencial para fazer uma reforma do Estado e para que ele comece a voltar para enfrentar a questão da miséria, a questão da educação, a voltar para atividades... enfim, como o senhor vê essa necessidade dessas reformas? Como o senhor acha que deve ser a posição do PT? E qual deve ser a decorrência disso em termos de um novo papel do Estado?

[...]: E o senhor foi contra a revisão, durante a revisão [constitucional de 1993]...

Florestan Fernandes: Na verdade, eu acho que os grandes movimentos nascem na sociedade civil e não no Estado. Agora, certas reformas do Estado podem ter um grande impacto sobre a sociedade civil. O exemplo disso é [Otto von] Bismarck [(1815-1898), primeiro-ministro da Prússia de 1862 a 1890 e artífice da unificação de 38 países na Alemanha moderna, completada em 1871], que conseguiu, na unificação da Alemanha, contrariar diferentes Estados e principados que estavam em relação de antagonismo; ele conseguiu obrigá-los a aceitar uma ordem comum. Agora, nós não temos um Bismarck aqui e nem as condições de cultura que havia, já naquela época, na Alemanha.

Milton Coelho da Graça: Nem queremos um Bismarck, professor, nem queremos um Bismarck, agora...!

Florestan Fernandes: Bom, também ele já estaria fora da época, mas é preciso dar como exemplo algo muito vigoroso. Se ele pegasse um país como o Brasil, ele acabaria pescando peixinho no rio Tietê, não faria unificação da Alemanha. Agora, a Alemanha possuía cultura, crianças que começam aprender o que é música, o que é poesia, o que é literatura, na mais tenra idade. Tanto na França quanto na Alemanha quanto na Inglaterra, os artesãos conseguiram ser especialistas altamente qualificados. Eu fiquei espantado, por exemplo, com um mecânico que trabalhou para mim, que chamava Wesher e morava no Brooklin [bairro de Nova York]. Ele me levou na sala de trabalho dele; ele tinha uma biblioteca sobre motores a explosão que muitos universitários não possuíam. E, do outro lado, o professor Chaves me levou a um encadernador alemão – que também era artesão –, que possuía uma biblioteca de dar orgulho a [qualquer] um de nós aqui. Nós não estamos com essas condições. E Marx, no [livro] *O capital*, frisa muito bem: o desenvolvimento capitalista incipiente representa uma dificuldade muito grande para qualquer revolução.

José Eduardo Faria: Professor, nessa sua linha de análise, quem é o grande condutor das transformações brasileiras? O seu colega, Fernando Henrique, vencedor? Ou o seu candidato a presidente derrotado, Lula?

Florestan Fernandes: Nenhum dos dois. É preciso... não sei dizer, eu vou fazer uma pergunta: por acaso leu *Ideologia e utopia*, de Marx e Engels? Acho que leu. Se leu, deve ter passado por um trecho muito denso e esclarecedor para a época, sobre a sociedade civil e [sobre] de onde vêm as grandes mudanças sociais. É claro que o Estado tem de se reformar, não é possível que a sociedade se transforme se o Estado não corresponder a estas transformações. E, também, de outro lado, se a sociedade civil se mantém rígida diante de um Estado que se transforma vigorosamente, há o risco de uma revolução ou, então, de uma crise muito profunda. Essas coisas estão em interação dialética. Eu acho um simplismo ficar pensando que uma pessoa faz a história. Sidney Hook [1902-1989], que é um autor [estado-unidense] muito conhecido no Brasil, escreveu um livro sobre esse assunto particular, sobre a personalidade da história. Há uma relação recíproca entre a transformação da sociedade, da cultura, do Estado. E, principalmente, cria-se uma nova civilização...

Heródoto Barbeiro: Professor...

Florestan Fernandes: A civilização vigente é uma civilização que deu relevo à barbárie e nós pensávamos que pelo menos os iluministas [corrente de pensamento dominante na Europa no século XVIII que defendia o predomínio da razão] pensavam: o progresso iria extinguir a barbárie. O que aconteceu? O progresso aumentou a barbárie! Porque nós vamos apreciar...

Heródoto Barbeiro: Professor...

Florestan Fernandes: ... felizmente, talvez eu não tenha tempo de sofrer as consequências –, nós vamos apreciar como a nova periferia vai sofrer muito mais que a periferia anterior na situação atual.

Heródoto Barbeiro: Professor Florestan Fernandes...

Florestan Fernandes: Pois não.

Heródoto Barbeiro: Professor, tem aqui uma pergunta de nosso telespectador de São Bento do Sul, em Santa Catarina, e ele manda essa pergunta ao senhor; é o seguinte, é uma pergunta de ordem prática: como é que os empresários filiados ao PT fazem ou procedem quando os seus próprios empregados ameaçam fazer greves ou piquetes em frente a suas fábricas?

Florestan Fernandes: Bom, eu, para dizer a verdade, não tenho conhecimento de nenhum empresário que tenha aberto mão de qualquer privilégio em benefício dos trabalhadores. Os trabalhadores conquistam suas reivindicações através da luta de classes.

Milton Abrucio: Professor, mas na última campanha, por exemplo, o PT tinha um comitê de empresários apoiadores da candidatura Lula.

Florestan Fernandes: Sim, foi a maneira pela qual o PT procurou, certamente, coligir alguns recursos a mais para sua propaganda política. Agora, não acho que o empresário seja o agente de uma revolução de baixo para cima. O que pode acontecer – por exemplo, a burguesia na China, os antigos mandarins que aderiram à república de Sun Yat-Se [(1866-1925), líder do movimento que extinguiu a monarquia na China em 1911] – depois, alguns deles permaneceram fiéis a movimentos revolucionários –, eles se despojaram de tudo. E um exemplo inverso é o que aconteceu na Rússia [isto é, na Revolução Russa de 1917], em que a burguesia fez doações generosas ao partido comunista, esperando que seria poupada no processo revolucionário. É claro que no processo revolucionário não se poupa quem pensa de maneira contrária.

José Eduardo Faria: O senhor acaba então de responder à questão da Odebrecht, é isso? Sua análise acaba de responder, portanto, à questão levantada no início do programa.

Florestan Fernandes: Bom, mas a Odebrecht não fazia parte desse grupo de empresários. [risos de alguns entrevistadores] Há um grupo...

[...]: Professor...

Florestan Fernandes ... de empresários, que são pequenos empresários, médios empresários; é um grupo restrito que...

Heródoto Barbeiro: Professor, qual é a diferença, se o capitalismo é um só?

[...]: E como se vai ganhar uma eleição...

Heródoto Barbeiro: Qual seria a diferença de se pegar um dinheiro da Odebrecht ou de um banco?

Florestan Fernandes: Bom, essa...

Heródoto Barbeiro: É questão ética?

[...]: É quantitativa? É o problema da empresa?

Florestan Fernandes: Eu acho que a ética não tem nada a ver com isso. Hoje nós temos o costume de dizer até que não é ético assoar o nariz em público, não é? Mas trata-se de um uso abusivo da palavra ética. Se a pessoa pratica uma ação com vistas a obter vantagens, ela está praticando uma ação pragmática.

Heródoto Barbeiro: Mas aí é justificável, então?

Florestan Fernandes: Eu não justifico.

Milton Coelho da Graça: O senhor não justifica que o Cristovam Buarque tenha tomado cem mil dólares da Odebrecht para se eleger governador do Distrito Federal?

Florestan Fernandes: Tomar ele não tomou, ele recebeu.

Milton Coelho da Graça: Aceitou.

Paulo Sérgio Pinheiro: Professor, usando esse...

Milton Coelho da Graça: Duzentos mil de renda...

Paulo Sérgio Pinheiro: ... nos valendo desse uso abusivo da ética e retomando a questão da reforma, o senhor acha que os partidos que sempre estiveram em objeção a qualquer reforma estrutural no país – por exemplo, o PFL –, o senhor acredita na regeneração do PFL? Vários nossos colegas acreditam piamente que as forças [de] centro-direita e direita estão agora preparadas efetivamente para apoiar uma decidida reforma tributária. O senhor acredita nisso?

Florestan Fernandes: Bem, eu compararia essa questão... porque o problema que ela levanta com a situação de você convidar um urso para dançar... Quer dizer, qual vai ser a consequência...?

Paulo Sérgio Pinheiro: Alguns amestrados, não?

Florestan Fernandes: Mesmo os amestrados. Não se pode brincar com um urso. O capital, quando faz concessões, ele faz concessões para obter vantagens, e não para conceder vantagens.

[...]: Mas todos os setores não fazem isso, professor?

Milton Coelho da Graça: Isso não vale para os trabalhadores também? Os trabalhadores não podem...

[...]: Os sindicatos...

Milton Coelho da Graça: ... oferecer vantagens para também obter vantagens? O sindicato não faz isso na negociação?

[...]: De uma maneira mais lícita, mas todos podem fazer...

Florestan Fernandes: Mas essa é a...

Milton Coelho da Graça: A palavra "pragmática", que o senhor usou. Não é ser pragmático?

Florestan Fernandes: A debilidade do movimento operário vem em grande parte da qualidade de nossa liderança sindical.

Carlos Rydle: É ruim, a qualidade?

Florestan Fernandes: Eu não digo que ela seja ruim, porque ela está na média daquilo que se poderia esperar no Brasil.

Carlos Rydle: Ela é inepta? Qual é o problema?

Florestan Fernandes: O problema que se coloca é exatamente esse. A disposição do Vicentinho [então, presidente da Central Única dos Trabalhadores CUT], que é um homem inteligente, arguto, que se dispõe a conversar com gregos e troianos...

Milton Coelho da Graça: Mais com gregos do que com troianos, aliás.

Florestan Fernandes: Depende da situação, não é?

Milton Coelho da Graça: Bom...

Florestan Fernandes: Ela não é educativa para os trabalhadores, porque os trabalhadores só aprendem coisas que devem saber quando são obrigados a entrarem em greves...

Carlos Rydle: Em confrontos?

Florestan Fernandes: ... quando são obrigados a lutar...

Carlos Rydle: É só o confronto que pode ensinar algumas coisas à classe trabalhadora?

Florestan Fernandes: É, veja bem...

Milton Abrucio: Professor, mas a CUT hoje abandonou, praticamente, o sindicalismo de confronto. Hoje a CUT senta na mesa com os empresários para produzir uma política industrial para o setor automobilístico...

Florestan Fernandes: E qual é o resultado disso?

Carlos Rydle: Eu até acrescentaria mais um detalhe, professor...

Florestan Fernandes: O resultado...

Carlos Rydle: Eu acrescentaria mais um detalhe: o acordo discutido, a conciliação, não têm valor, professor?

Milton Coelho da Graça: Quer dizer que o Vicentinho é o urso, então?

Florestan Fernandes: A conciliação pode ter valor, mas resta saber quem vai levar vantagens com a conciliação.

Carlos Rydle: Mas se é conciliação, se supõe que seriam as duas partes...

Florestan Fernandes: É claro [que], se alguém fizesse um acordo com o Vicente Amato [na verdade, Mario Amato, então presidente da Confederação Nacional da Indústria (CNI)], ele teria que... ele é um anarquista, um bakuninista [referente a Mikhail Bakunin (1814-1876), anarquista russo que se envolveu em revoltas e insurreições em vários países europeus] etc.; mas, na verdade, ele deslocou oitocentos mil dólares daqui para o México para montar uma empresa lá, porque pensou que a situação aqui estava ambígua.

Paulo Sérgio Pinheiro: Agora, ele já se desativou do investimento da...

Florestan Fernandes: Eu tenho impressão que não.

Paulo Sérgio Pinheiro: É do Mario Amato que o senhor está dizendo...

341

Florestan Fernandes: Mario Amato, é!

Carlos Rydle: Eu só queria que o senhor fizesse uma avaliação, professor: o senhor mostrou certa descrença em relação a políticos, ao Congresso e tudo o mais. Eu queria saber uma avaliação do senhor da democracia representativa. O senhor vê isso no Brasil, se há...

Milton Coelho da Graça: Eu posso acrescentar uma coisinha? Porque o senhor fez uma vigorosa defesa da democracia até quando se referiu ao processo socialista na União Soviética e em outros lugares. E o senhor também declarou que a pobreza está aumentando: já chega a 25% na população, em nível de pobreza, nos Estados Unidos, que é o país líder do capitalismo. Aí a minha dúvida teórica é: se está aumentando a pobreza, por que, pela democracia, os mais pobres não ganham o poder nos Estados Unidos ou na Alemanha?

Florestan Fernandes: Nos Estados Unidos é conhecida. Não sei se já leu...

Milton Coelho da Graça: E lá não tem Globo, hein!

Florestan Fernandes: ... um autor que... do qual eu gosto muito, mas está me falhando, o autor de *The power elite* [Elite do poder]...

[...]: [O sociólogo estado-unidense Charles] Wright Mills [1916-1962].

Florestan Fernandes: Mills, Wright Mills. Wright Mills discutia a ambiguidade da democracia norte-americana pela existência de dois partidos que, de fato, defendiam os mesmos objetivos finais.

Carlos Rydle: De maneiras diferentes.

Florestan Fernandes: É. E, do outro lado, nós sabemos que o setor branco da sociedade norte-americana, em torno de 40 a 50%, vota maciçamente. Os outros setores não têm a mesma motivação para usar o voto como instrumento de autodefesa e de contra-ataque.

Milton Coelho da Graça: Por que o senhor acha? Por que o voto não é a arma de todos os cidadãos?

Carlos Rydle: E no Brasil, especificamente, professor?

Florestan Fernandes: Exatamente porque a democracia apresenta imperfeições.

Carlos Rydle: No Brasil quais seriam, professor, essas imperfeições, aqui no Brasil?

Florestan Fernandes: Elas são muito maiores...

Carlos Rydle: Em relação ao processo democrático, democracia representativa e tudo o mais?

Florestan Fernandes: Porque nós não podemos negar que, no Brasil, nós tivemos um progresso notável. Quando nós consideramos que, no Estado escravista, no primeiro e no segundo Império, nesse Estado escravista, a democracia existente era restrita, estava fechada aos estamentos privilegiados e a algumas porções dos estamentos intermediários. Com a República, essa situação não mudou de uma maneira muito rápida, porque o Partido Republicano traiu o ideal republicano na medida... E isso pode ser estudado de uma maneira detida no livro do [jornalista e escritor] José Maria dos Santos [1877-1954] sobre a abolição – eu não me lembro mais o nome do livro, já faz tanto tempo que eu o li [*Os republicanos paulistas e a abolição*], mas é um livro muito benfeito...

Milton Coelho da Graça: Professor...

Florestan Fernandes: Quer dizer que a democracia restrita se mantém com o PRP [Partido Republicano Paulista, o mais influente dos partidos republicanos estaduais até 1930]. Em 1930, vem a chamada Revolução Liberal [ou Revolução de 30, liderada por Getúlio Vargas]; atrás dela vem a ditadura do Estado Novo [1937-1945] e se criam condições para ampliar a participação dos cidadãos no processo eleitoral e no regime democrático.

Milton Coelho da Graça: Professor, professor...

Florestan Fernandes: Agora, nós não temos uma República democrática. Nós temos?

Milton Coelho da Graça: Mas, nos Estados Unidos, temos pelo menos uma democracia mais aprimorada. Eu coloco para o senhor uma questão simples, para a gente entender. Nossa democracia é mais imperfeita; mas, se o senhor hoje tivesse que votar em uma eleição entre Bill Clinton [presidente dos Estados Unidos de 1993 a 2001] e Fernando Henrique Cardoso, o senhor ficava com quem? Quem seria o melhor presidente?

Florestan Fernandes: Essa é uma hipótese que – eu peço perdão à palavra – inverte a realidade.

Milton Coelho da Graça: Sim, mas é uma hipótese de trabalho.

Paulo Sérgio Pinheiro: O senhor acha que o voto obrigatório ajuda o aperfeiçoamento da democracia? Porque nos Estados unidos, nessa última eleição, só 37% de eleitores votaram, a maioria de classe média e branca; o restante da população não se deu ao trabalho de ir às urnas. O senhor é a favor do voto obrigatório?

Florestan Fernandes: Eu, tendo em vista as condições brasileiras, apesar do fisiologismo, do clientelismo, do paternalismo que existem em vastas regiões de todo país, apesar de tudo, eu acho que o voto obrigatório é como a nossa escola primária: ela pode ser pobre, mas presta um serviço ao país...

[...]: Professor...

Florestan Fernandes: O voto obrigatório, pelo menos, mostra à pessoa que vota que ela tem uma importância. E, com isso, pode ser que se desenvolva a percepção e a explicação das condições predominantes de uma maneira mais realista.

Encarte – Leituras e Legado   Florestan Fernandes

Vista da sala da Biblioteca Florestan Fernandes, no prédio da Biblioteca Comunitária da Universidade Federal de São Carlos (UFSCar), SP.

A sala de consulta da Biblioteca Florestan Fernandes na UFSCar, de outro ângulo; à direita, a instalação do pequeno museu com objetos e móveis doados ao Fundo Florestan Fernandes pela família do sociólogo.

Encarte – Leituras e Legados   Florestan Fernandes

Vida escolar: Florestan Fernandes aos seis anos de idade entre colegas do curso primário, em foto de 1926; ele é o terceiro da esquerda para a direita, na segunda fila de baixo para cima.

Vista interna do museu, com móvel presenteado pela madrinha de Florestan Fernandes e doado pela família à UFSCar.

Encarte – Leituras e Legados

Florestan Fernandes

Florestan Fernandes e sua mãe, Maria Fernandes, em 1934, quando Florestan tinha catorze anos.

Florestan Fernandes quando servia o Tiro de Guerra, em 1936, aos dezesseis anos de idade.

Encarte – Leituras e Legados　　　　　　　　　　　　　　　Florestan Fernandes

Myrian Rodrigues e Florestan Fernandes no baile do Hotel Esplanada, São Paulo, em dezembro de 1941.

Florestan Fernandes em foto 3x4 para documentos pessoais, de 1952.

Encarte – Leituras e Legados　　　　　　　　　　　　　　　　　　　　　Florestan Fernandes

GINÁSIO DO ESTADO
SÃO JOÃO DA BOA VISTA
ESTADO DE SÃO PAULO

ATESTADO

Atesto, para fins de direito, que o SNR. FLORESTAN FERNANDES, filho de D. Maria Fernandes, natural de São Paulo, nascido no dia 22 de Julho de 1920, prestou neste educandario os exames do Artigo 100 do Decreto Federal nº 21.241, de 4 de Abril de 1932 (Madureza), nos anos letivos de 1939, 1940 e 1941, tendo sido expedido seu certificado de aprovação da 5a. Série em 29 de Janeiro do corrente ano, com as seguintes notas:

- Português - 95 (noventa e cinco)
  Latim - 85 (oitenta e cinco)
  Matemática - 100 (cem)
  Física - 85 (oitenta e cinco)
  Química - 95 (noventa e cinco)
  História Natural - 92 (noventa e dois)
  Geografia - 85 (oitenta e cinco)
  História da Civilização - 87 (oitenta e sete)
  História do Brasil - 91 (noventa e um)
- Desenho - 55 (cincoenta e cinco)
  MÉDIA GERAL - 87 (oitenta e sete)

São João da Boa Vista, 26 de Setembro de 1941.

(Francisco A. Martins Junior)
Diretor

Visto

(Dr. Nestor de Almeida Vergueiro)
Inspetor Federal

Atestado de conclusão do curso de Madureza, feito por Florestan no Ginásio do Estado de São João da Boa Vista nos anos letivos de 1939, 1940 e 1941.

MINISTÉRIO DA EDUCAÇÃO E SAÚDE
DEPARTAMENTO NACIONAL DE EDUCAÇÃO

Certificado de Registro Provisório de Professores

Nome: FLORESTAN FERNANDES

Disciplinas	N. do Registro
Matemática – Física Química – História Natural	17.514

14/2/1942

...ca do Professor

Diretor Geral

Certificado de registro provisório de professor emitido pelo Ministério da Educação e Saúde, em 14 de fevereiro de 1942.

Diploma de Licenciatura em Ciências Sociais pela Faculdade de Filosofia, Ciências e Letras da Universidade de São Paulo (FFCL/USP); o diploma é de novembro de 1957, embora Florestan tenha concluído o curso em 1944.

Diploma de Doutoramento em Ciências Sociais, Sociologia II, pela FFCL/USP; o diploma é de 1957, embora o doutoramento tenha sido obtido em 1951.

Banca do doutoramento do prof. Octavio Ianni na FFCL/USP, outubro de 1961; da esquerda para a direita, Caio Prado Jr., Thales de Azevedo, Florestan Fernandes (orientador da tese e presidente da banca examinadora), José Loureiro Fernandes e Sérgio Buarque de Holanda.

Florestan Fernandes na defesa da tese *A integração do negro à sociedade de classes* para o concurso à Cadeira de Sociologia I da FFCL/USP, em 1964.

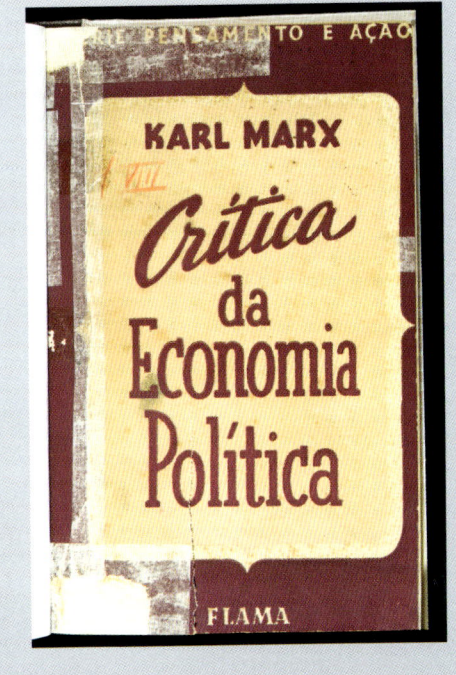

Capa da obra de Karl Marx, *Crítica da economia política*, de 1859, traduzida por Florestan Fernandes para o português a partir das versões em inglês, espanhol e francês; publicação da Editora Flama, de São Paulo, em 1946.

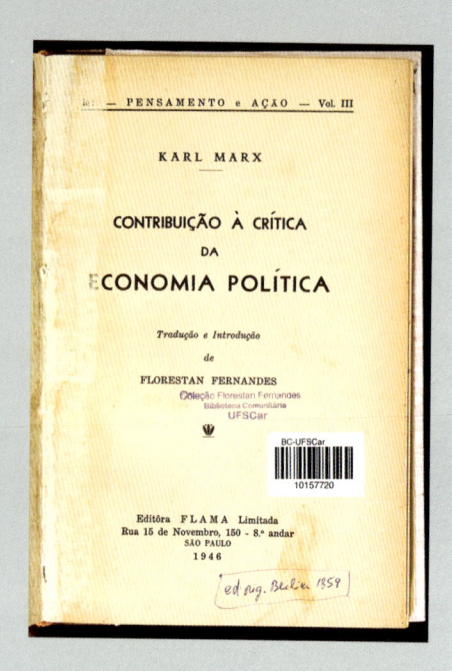

Encarte – Leituras e Legados   Florestan Fernandes

Página de rosto da edição brasileira da obra de Marx, traduzida por Florestan Fernandes.

Página da tradução brasileira da obra de Marx, *Contribuição à crítica da economia política*, com anotações e correções feitas pelo tradutor, Florestan Fernandes.

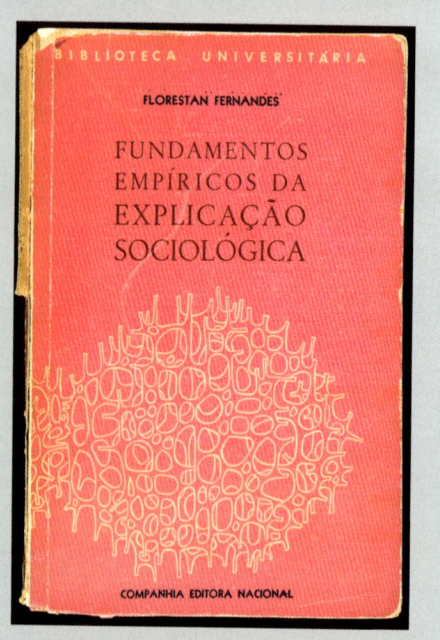

Capa do livro *Fundamentos empíricos da explicação sociológica*, publicado pela Companhia Editora Nacional em 1959; obra importante no contexto da produção acadêmica do sociólogo Florestan Fernandes.

Encarte – Leituras e Legados   Florestan Fernandes

Nota da dedicatória do livro *Fundamentos empíricos da explicação sociológica* ao intelectual e escritor paulista Paulo Duarte.

> A
> Paulo Duarte,
> em aprêço de seu destemor
> e de seu interêsse pelas
> causas da cultura.

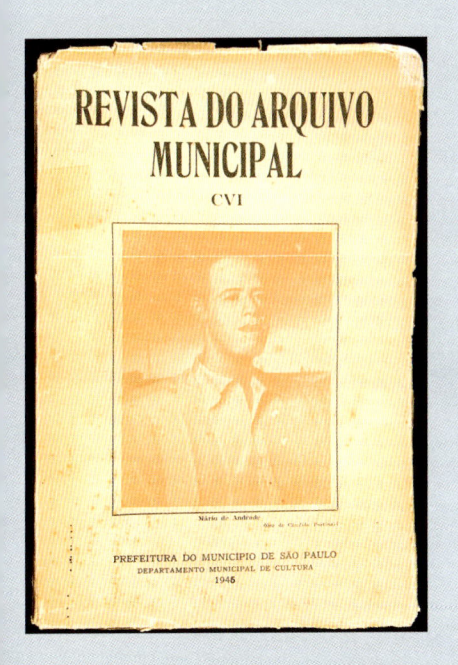

Capa da *Revista do Arquivo Municipal*, vinculada ao Departamento Municipal de Cultura da Prefeitura de São Paulo, com reprodução da pintura de Mário de Andrade feita por Cândido Portinari; nesta edição, de 1946, Florestan Fernandes publicou o seu artigo "Mário de Andrade e o folclore brasileiro".

Capa do livro *Organização social dos Tupinambá* de Florestan Fernandes, com prefácio de Herbert Baldus e dedicatória a Fernando de Azevedo; originário da tese de mestrado em Ciências Sociais (Antropologia) apresentada na Escola Livre de Sociologia e Política em 1947, foi publicado em 1949 pelo Instituto Progresso Editorial, de São Paulo.

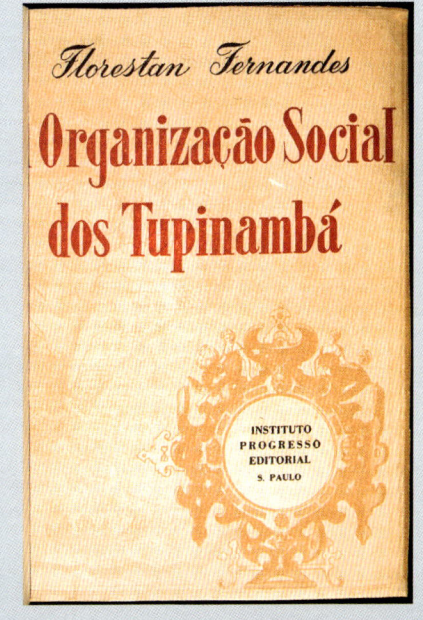

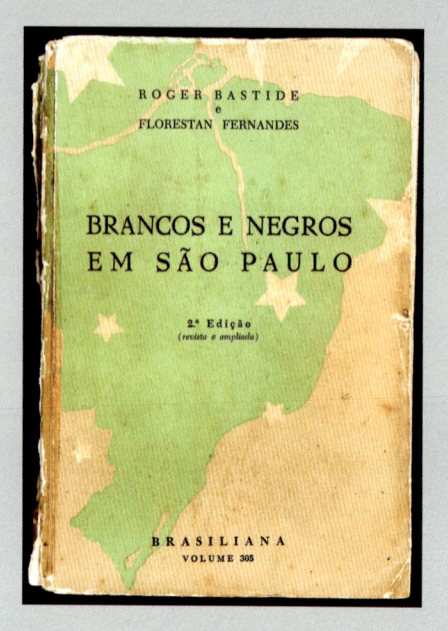

Capa do livro BRANCOS E NEGROS EM SÃO PAULO, 2. ed., 1959, publicado pela Companhia Editora Nacional na prestigiosa coleção Brasiliana; foi um importante trabalho de Florestan Fernandes em parceria com seu mestre, o sociólogo francês Roger Bastide.

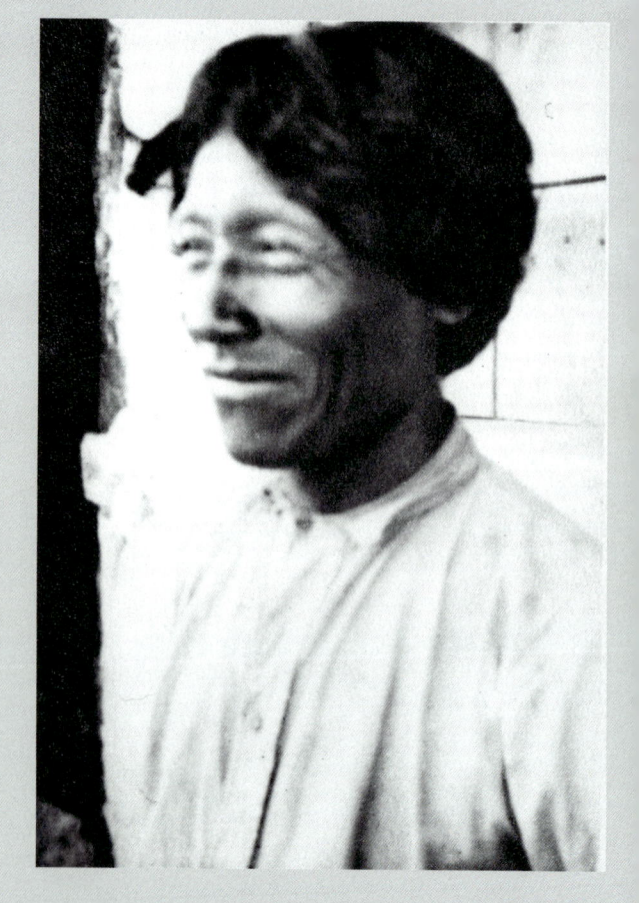

Foto de Tiago Marques Aipobureu doada por Hebert Baldus durante as pesquisas de Florestan Fernandes para o artigo "Tiago Marques Aipobureu: um Bororo marginal"; escrito em 1945 para o SEMINÁRIO SOBRE OS ÍNDIOS DO BRASIL, organizado pelo prof. Baldus na Escola Livre de Sociologia e Política, foi publicado na Revista do Arquivo Municipal em 1946.

> Bororos — Tiago Marques Aipoburen   Q 04.4484 – 1
>
> P. Antonio Colbacchini e P. Cesar Albisetti:
> OS BORÓROS ORIENTAIS. Ovarimogodógue do Planalto Oriental
> de Mato Grosso, Companhia Editora Nacional, S. Paulo, 1942.
>
> Trechos e informações sôbre o bororo Akírio Bororo Keggeu
> ou Tiago Marques Aipoburéu:
>
> I – Notas biográficas: "Êste Bororo, desde os seus primeiros a-
> nos, por disposição do então Superior da Missão, D. Antonio
> Malan, recebeu esmerada educação no Colégio de Cuiabá,
> completando-a em demorada viagem pelas princi-
> pais nações da Europa.
> Assim teve ensejo de conhecer a civilização e ao mesmo
> tempo, voltando à sua tribu, no correr dos anos, compe-
> netrar-se da mentalidade e da vida do bororo tão pro-
> fundamente que é hoje considerado um dos melhores
> conhecedores e intérpretes da tradição bororo." (pg. 25).

Ficha inicial com anotações manuscritas de Florestan Fernandes nas pesquisas realizadas para o trabalho "Tiago Marques Aipoburéu: um Bororo marginal". Durante sua vida acadêmica, e mesmo depois, o sociólogo usou metodicamente nas pesquisas de campo e na elaboração dos ensaios o recurso das anotações manuscritas em caderninhos, bloquinhos e fichas; deixou cerca de doze mil fichas escritas.

Florestan Fernandes à direita, com Vamireh Chacon e Celso Furtado à esquerda, na entrega do título de Doutor *Honoris Causa* a Gilberto Freyre pela Universidade de Münster, na Alemanha, em 1968. (Photo Studio Hermann Greve)

Encarte – Leituras e Legados   Florestan Fernandes

UNIVERSITY OF TORONTO

The
Department of Sociology
and the
Latin American Studies Programme

present a lecture by

the distinguished Brazilian sociologist
Professor Florestan Fernandes
(Second Latin American in Residence)

*Patterns of External Domination
in Latin America*

Tuesday, March 10, 1970, at 4:10 p.m.
in Room 1085, Sidney Smith Hall

Staff, students and the public are cordially invited

Cartaz de divulgação da sessão de leitura "Patterns of External Domination in Latin America" de Florestan Fernandes, promovida pelo Department of Sociology and the Latin American Studies Programme da Universidade de Toronto, Canadá. Florestan lecionou nessa Universidade entre 1969 e 1972.

Florestan Fernandes com a neta Adriana Fernandes Rogê Ferreira no colo, em sua biblioteca particular em São Paulo, final dos anos 1970. (Bittar)

Encarte — Leituras e Legados   Florestan Fernandes

Florestan Fernandes e Myrian Rodrigues Fernandes em Paris, em fevereiro de 1990.

Florestan Fernandes durante seu primeiro mandato como Deputado Federal, 1987.
(Duca Lessa, Folha de S. Paulo)

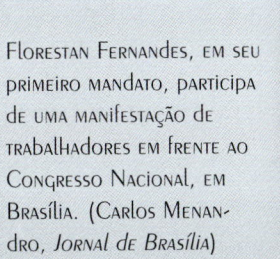

Florestan Fernandes, em seu primeiro mandato, participa de uma manifestação de trabalhadores em frente ao Congresso Nacional, em Brasília. (Carlos Menandro, Jornal de Brasília)

Encarte – Leituras e Legados   Florestan Fernandes

Florestan Fernandes e Luiz Inácio Lula da Silva no IX Encontro Nacional do PT, em Brasília, 1994.

José Genoino, Florestan Fernandes e Luiz Inácio Lula da Silva na segunda campanha para a Câmara dos Deputados, 1990. (Ivaldo Cavalcanti, *Jornal de Brasília*)

Encarte – Leituras e Legados   Florestan Fernandes

Florestan Fernandes no seu apartamento em São Paulo, 1995. Ao fundo, o quadro pintado por Bernardino de Souza Pereira em Itanhaém, 1965. (Eder Luiz Medeiros, *Folha de S. Paulo*)

Prêmio Anísio Teixeira

O Ministério da Educação e do Desporto confere *Florestan Fernandes (post mortem)* o presente Diploma em reconhecimento à excepcional contribuição ao desenvolvimento das Instituições Educacionais e Científicas no Brasil, através do Magistério, da Pesquisa e da Liderança Institucional.

Brasília, 23 de julho de 1996.

45º aniversário de fundação da Coordenação de Aperfeiçoamento de Pessoal de Nível Superior – CAPES

Presidente da CAPES   Ministro de Estado da Educação e do Desporto

Certificado do Prêmio Anísio Teixeira outorgado postumamente a Florestan Fernandes pela Coordenação de Aperfeiçoamento de Pessoal de Nível Superior – Capes, do Ministério da Educação e do Desporto.

Encarte – Leituras e Legados Florestan Fernandes

Fachada do Teatro Florestan Fernandes junto ao prédio da Biblioteca Comunitária da Universidade Federal de São Carlos, inaugurado em 1995.

Interior do Teatro Florestan Fernandes, na UFSCar.

Milton Abrucio: Por falar em partido, eu queria fazer uma pergunta sobre o seu partido, sobre o PT. O senhor defendeu aqui o socialismo revolucionário. Em 1991, o PT excluiu do seu ideário a ditadura do proletariado. Recentemente, o candidato ao governo de São Paulo, José Dirceu, deputado federal, defendeu que o PT trace um perfil do social-democrata de esquerda para o PT. O senhor se sente um pouco um peixe fora d'água com o ideal que o senhor tem hoje, ainda, de sociedade, com relação ao PT, dentro do PT?

Milton Coelho da Graça: Tem vontade de ir para o PSTU [Partido Socialista dos Trabalhadores Unificado]?

Florestan Fernandes: Mesmo que eu fosse um peixe fora d'água, qual é a alternativa que me oferece?

Milton Coelho da Graça: PSTU, professor...

Florestan Fernandes: Ou eu volto à minha condição de militante solitário ou eu fico no PT tentando acompanhar a marcha do partido. Se essa marcha se revelar deficiente ou indesejável eu volto à minha condição de militante solitário. Eu sempre me dei bem com ela, porque sempre consegui falar para plateias grandes, agitar ideias; isso desde que eu era estudante. Em 1944, eu fiz a minha primeira conferência sobre elementos étnicos da formação brasileira em Assunção [capital do Paraguai]. Em seguida, fiz a segunda conferência, em São Paulo, sobre a socialização das crianças nos grupos infantis. E, depois, fui fazendo, crescentemente, conferências de caráter imediato que...

Heródoto Barbeiro: Professor...

Florestan Fernandes: ... surgiam das necessidades públicas e do fato de que uma parte da população queria mais do que aquilo que nós temos. Eu dei cursos em sindicatos, falei em sindicatos. A primeira convenção operária de defesa da escola pública se tornou possível graças a alguns líderes sindicais altamente politizados naquela época. A politização dos líderes sindicais caiu. Quando se pensa no [Luiz Antônio de] Medeiros [então, presidente da Força Sindical], um quadro que foi educado fora do Brasil...

Heródoto Barbeiro: Professor...

Florestan Fernandes: ... e se vê o que ele está fazendo, a gente perde a confiança no equilíbrio...

Heródoto Barbeiro: Professor...

Florestan Fernandes: ... do ser humano.

Heródoto Barbeiro: Professor Florestan Fernandes, nosso tempo está esgotado. Eu queria agradecer a gentileza da participação do senhor aqui no *Roda Viva*. Muito obrigado.

O jovem Florestan

Antonio Candido, Florestan Fernandes, São Paulo, Editora Fundação Perseu Abramo, fev. de 2001, p. 41-46.

Falando na Universidade de São Paulo [no evento Presença de Florestan Fernandes, promovido pela USP em 5 de outubro de 1995], acho oportuno evocar a luminosa carreira de Florestan Fernandes, licenciado em Ciências Sociais na turma de 1943 da Faculdade de Filosofia. O meu intuito é apenas lembrar a fase inicial dessa carreira, do começo dos anos de 1940 ao começo dos anos de 1950, quando fomos companheiros de trabalho na Cadeira de Sociologia, regida por Fernando de Azevedo.

Como estudante, Florestan Fernandes já se distinguira em todas as matérias, aproveitando ao máximo e com sofreguidão o que a Faculdade lhe podia dar. Não espanta, portanto, que manifestasse uma alta qualidade mental nos trabalhos semestrais de aproveitamento, alguns dos quais verdadeiros estudos, muito acima dos requisitos correntes, que foram publicados em seguida, como "As trocinhas do Bom Retiro", produto do interesse que havia então por parte de Roger Bastide pelos estudos folclóricos, para os quais encaminhava os alunos.

Tendo sido estudante notável, quando se formou, mais de um professor quis tê-lo como assistente. Penso que entre eles estava Roger Bastide, que sempre o admirou e estimou, e caso tivesse vaga no momento o indicaria. Certamente estava Paul Hugon, de Economia Política, matéria na qual Florestan brilhara, inclusive analisando a obra pesada de Simiand sobre a moeda. Mas ele acabou aceitando o convite de Fernando de Azevedo, que o indicou para a vaga de segundo assistente da Cadeira de Sociologia II, pois o colega que exercia essa função, José Francisco de Camargo, depois de titular e diretor da Faculdade de Ciências Econômicas, preferira demitir-se a fim de concorrer a uma Cadeira de Sociologia de ensino normal, cargo que naquele tempo era não apenas melhor remunerado, mas tinha a vantagem de dar acesso a uma carreira, com aposentadoria assegurada. A propósito, convém esclarecer que o assistente da Universidade era um funcionário sem qualquer garantia, nomeado por indicação do professor e demissível a qualquer momento por simples comunicação escrita dele, sem necessidade sequer de justificativa. Por isso não tínhamos carreira e éramos assistentes dos professores, mais do que da instituição (o que, seja dito, não era ruim se o professor fosse bom). A partir de 1945, portanto, Florestan Fernandes e eu fomos os dois assistentes de Fernando de Azevedo na Cadeira de Sociologia II.

Os seus primeiros trabalhos como jovem docente confirmaram a alta qualidade dos que havia elaborado como estudante, servindo de exemplo os que publicou sobre o Bororo marginal Tiago Marques Aipoburéu e sobre a obra folclórica de Mário de Andrade. A propósito, uma lembrança à margem.

Em fins de janeiro de 1945 realizou-se em São Paulo o I Congresso Brasileiro de Escritores, visando principalmente a arregimentar os intelectuais na luta contra a já abalada ditadura do Estado Novo. Florestan se encarregou de fazer a cobertura para um jornal, creio que a *Folha da Manhã*, cujo secretário era o seu amigo e correligionário Hermínio Sacchetta. Eu era o caçula dos 25 membros da delegação paulista, de modo que nos vimos bastante durante as sessões e pude verificar o afinco com que observava e anotava, o que lembro para destacar um dos traços da sua personalidade: a absoluta seriedade e dedicação com que realizava qualquer tarefa. Na sessão de encerramento, no Teatro Municipal, estávamos ele e eu conversando no corredor externo da plateia e Mário de Andrade numa roda próxima. Florestan me pediu que o apresentasse, o que fiz com prazer. Mário manifestou alegria em conhecê-lo pessoalmente e exprimiu apreço pelos seus trabalhos publicados em jornal.

Naquele tempo éramos funcionários em tempo parcial, e o integral só nos veio em 1947 graças ao enorme prestígio de Fernando de Azevedo, pois não era considerado necessário para as disciplinas humanas. Trabalhando em tempo parcial, tínhamos de completar os vencimentos com atividades extras, por isso Florestan continuou por algum tempo desenvolvendo as que exercia anteriormente, além de escrever para os jornais. Foi neles que publicou naquela altura diversos artigos seriados, verdadeiras exposições sobre teoria sociológica e comentários críticos sobre autores ainda pouco divulgados aqui, como Freyer e Mannheim. Esses artigos demonstravam a sua grande e precoce capacidade de reflexão teórica.

Mas, apesar da sobrecarga de trabalho, a sua fome de saber o levou a matricular-se no curso de pós-graduação da Escola de Sociologia e Política, num esforço sobre-humano que lhe permitiu completar a formação, esgotando todos os recursos que havia em São Paulo para o conhecimento das ciências sociais. Ali foi discípulo, entre outros, de Herbert Baldus, antropólogo de grande cultura e muito conhecimento da realidade indígena sul-americana, que o orientou na dissertação de mestrado sobre os Tupinambá. Observemos a propósito duas coisas. A primeira é que na Universidade de São Paulo não havia ainda o grau de mestre, que a Escola de Sociologia e Política introduziu por influência dos sociólogos norte-americanos que nela vieram ensinar. A segunda observação, os estudiosos achavam que a documentação existente sobre os extintos Tupinambá não bastava para conhecer de maneira sistemática a sua organização social. Por isso, um especialista do valor de Alfred Métraux os estudou de maneira parcial, publicando livros importantes sobre a sua cultura material e a sua religião. Mas Florestan Fernandes, com a ousadia intelectual e o poder de análise que sempre o caracterizaram e o levavam a enfrentar e mesmo a preferir as tarefas difíceis, submeteu o material disponível a um tratamento metodológico e interpretativo de grande força, produzindo um clássico da antropologia moderna, A *organização social dos Tupinambá*, que eu vi nascer e crescer em fichas grandes cobertas de tinta roxa. Quando defendeu a dissertação em 1947 e obteve o grau, tinha 27 anos e realizara um feito científico do mais alto valor. A este respeito, mais uma recordação, esta indireta.

No fim da década de 1940, ou começo dos anos de 1950, Ruy Coelho presenciou em Paris uma cena curiosa. Lévi-Strauss, Alfred Métraux e ele conversavam, quando Strauss manifestou grande admiração pelo livro de Florestan, dizendo ao colega que, ao contrário do que este dissera, o jovem brasileiro tinha mostrado que era possível conhecer a organização social dos Tupinambá. Com *fair-play* e bonomia modesta, Métraux concordou e disse que de fato era incapaz dessas altas cavalarias, pois o que sabia mesmo era fazer descrições empíricas, como enumerar as diversas maneiras de preparar a carne de porco no Haiti, cuja sociedade estava estudando...

O material acumulado para a dissertação era tão vasto, que, como se sabe, Florestan Fernandes passou a elaborar com ele a tese de doutorado, que defendeu na Faculdade de Filosofia e foi igualmente notável: *A função social da guerra na sociedade Tupinambá*. Mais ainda: a seguir apresentaria no concurso de livre-docente uma tese sobre a pertinência da análise funcionalista, baseada na utilização que fizera dela nos estudos sobre os Tupinambá. Nessa altura desenvolveu muito os estudos teóricos e, a pedido de Azis Simão, deu um curso famoso sobre metodologia. Foi então que se aprofundou na obra de Max Weber, que viria a ter importância no amadurecimento das suas concepções.

Em 1952 ou 1953 Roger Bastide o convidou para transferir-se para a sua cadeira, Sociologia I, pois estava preparando a volta definitiva à França e o desejava como sucessor. A transferência se fez com o pleno acordo de Fernando de Azevedo, que sempre teve por ele a maior admiração e o mais profundo afeto. A partir de então, deixamos de ser companheiros na mesma disciplina, a qual, aliás, eu próprio abandonei uns poucos anos depois, para me dedicar exclusivamente aos estudos literários, que foram sempre os de minha predileção, mas a nossa amizade continuou inalterada. Antes dessa mudança, porém, ocorreu algo decisivo na sua carreira e na reorientação de suas ideias.

Em 1950, Roger Bastide aceitou o encargo de dirigir uma pesquisa sobre as relações raciais em São Paulo, a pedido da Unesco, via Métraux, mas com a condição de Florestan Fernandes partilhar a responsabilidade da direção. Como tenho dito e escrito, esse momento me parece corresponder à grande virada de sua carreira e de sua atuação sociológica. Ele tinha trinta anos e estava sendo considerado como igual por um sociólogo eminente, que fora seu professor. Ao aceitar a tarefa, pode-se dizer que assumiu simbolicamente a consagração que o destacava como o sociólogo mais completo de sua geração.

Aquele momento pode também ser considerado decisivo por outro motivo: o fato de a pesquisa sobre a condição social do negro ter sido a mola que o lançou em rumos diferentes do que seguira até então. Levado a encarar uma situação contemporânea altamente dramática, ele foi deslizando dos estudos de corte mais acadêmico para os que requerem um posicionamento político por parte do estudioso consciente. Em outras palavras, estava começando a atuação do sociólogo que conseguiria modificar a natureza da sociologia no Brasil em nosso tempo, efetuando a operação difícil de combinar rigor científico e visão política, de maneira a tornar a sociologia não apenas instrumento de compreensão da realidade, mas contribuição teórica à transformação da sociedade. A partir da pesquisa da Unesco, o cientista e o revolucionário começaram a se fundir numa fórmula pessoal de grande alcance, que faria a originalidade singular de Florestan Fernandes.

Florestan Fernandes

A partir daquele momento a carreira dele foi uma ascensão constante do ponto de vista científico e uma participação crescente na militância socialista, pois passaria a privilegiar cada vez mais o marxismo nas suas concepções teóricas e se tornaria um marxista enriquecido pelas experiências de outras teorias. Estava, portanto, traçado o perfil definitivo que o caracterizaria como um dos maiores intelectuais brasileiros que neste século [XX] estudaram a sociedade, da mesma importância que Euclides da Cunha, Gilberto Freyre, Caio Prado Júnior, Sérgio Buarque de Holanda.

Em uma sessão de homenagem como esta, achei que valia a pena evocar a fase inicial de um extraordinário percurso, porque estou certo de que a partir de agora haverá estudos sobre o jovem Florestan, como os há sobre "o jovem Hegel", "o jovem Comte", "o jovem Marx". Para isso, fica esta pequena contribuição de quem foi por mais de cinquenta anos seu admirador incondicional e seu amigo afetuoso.

Sumário biobibliográfico

Florestan Fernandes nasceu em 22 de julho de 1920, na cidade de São Paulo; foi casado com Myriam Rodrigues Fernandes. Faleceu em 10 de agosto de 1995, seis dias após ter sido submetido a um transplante de fígado no Hospital das Clínicas da Faculdade de Medicina da Universidade de São Paulo. Deixou cinco filhos, oito netas, quatro netos, um bisneto e uma bisneta.

Formação

. Curso Primário incompleto (até o terceiro ano): Grupo Escolar Maria José, Bela Vista, São Paulo.
. Curso Secundário e Colegial ("Curso de Madureza"), sob o artigo 100: Ginásio Riachuelo (anos letivos de 1938, 1939 e 1940).
. Curso Superior: Ciências Sociais na Faculdade de Filosofia, Ciências e Letras da Universidade de São Paulo (anos letivos de 1941, 1942 e 1943). Licenciatura no curso de Didática da Faculdade de Filosofia, Ciências e Letras da Universidade de São Paulo (ano letivo de 1944).
. Curso de Pós-Graduação em Sociologia e Antropologia: Escola Livre de Sociologia e Política, São Paulo (anos letivos de 1945 e 1946).

Produção*

1942

1) Folclore e grupos infantis. *Sociologia*, São Paulo, (4) 4:396-406.

---

* In: MARIOSA, Duarcides Ferreira. *Florestan Fernandes e a sociologia como crítica dos processos sociais*. 2007. 362 f. Tese (Doutorado em Sociologia) – Instituto de Filosofia e Ciências Humanas, Universidade Estadual de Campinas.

1943

2) O negro na tradição oral. *O Estado de S. Paulo*, São Paulo, 1-15-22 jul.
3) Educação e cultura infantil. *Sociologia*, São Paulo, (5) 2:134-146.
4) Congadas e batuques em Sorocaba. *Sociologia*, São Paulo, (5) 3:242-254.
5) Aspectos mágicos do folclore paulistano. *Sociologia*, São Paulo, (6) 2:79--100.

1944

6) Aspectos mágicos do folclore paulistano. *Sociologia*, São Paulo, (6) 3:175--196.
7) A burguesia, o progresso e o folclore. *O Estado de S. Paulo*, São Paulo, 19 ago.
8) O folclore como método. *O Estado de S. Paulo*, São Paulo, 14 set.
9) Mentalidades grupais e folclore. *O Estado de S. Paulo*, São Paulo, 2 nov.

1945

10) Entre o romance e o folclore. *Folha da Manhã*, São Paulo, 12 jan.
11) A noiva e o folclore ibérico. *O Estado de S. Paulo*, São Paulo, 26 jul.
12) Sílvio Romero e o folclore brasileiro. *O Estado de S. Paulo*, São Paulo, 4 ago.
13) Sobre o folclore. *Filosofia, Ciências e Letras*, São Paulo, Faculdade de Filosofia, Ciências e Letras da Universidade de São Paulo (FFCL-USP), 9:59--66, set.

1946

14) Marx e o pensamento sociológico moderno. In: MARX, Karl. *Contribuição à crítica da economia política*. Trad. Florestan Fernandes. São Paulo: Flama.
15) Mário de Andrade e o folclore brasileiro. *Revista do Arquivo Municipal*, São Paulo, (106):135-158, jan./fev.
16) Um retrato do Brasil. *Jornal de São Paulo*, São Paulo, 5-12-26 fev./5-12-19 mar./2-16-23-30 abr.
17) Tiago Marques Aipobureu, um bororo marginal. *Revista do Arquivo Municipal*, São Paulo, (107):7-28, mar./abr.
18) Um concurso de folclore musical. *Jornal de São Paulo*, São Paulo, 4 jun.

19) Fernando de Azevedo e a sociologia educacional no Brasil. *Jornal de São Paulo*, São Paulo, 3-10 set.

1947

20) As "trocinhas" do Bom Retiro. *Revista do Arquivo Municipal*, São Paulo (113):7-124, mar./abr.
21) O problema do método na investigação sociológica. *Sociologia*, São Paulo, (9) 4:332-349.

1948

22) Considerações sobre os estudos sociais no Brasil. *O Estado de S. Paulo*, São Paulo, 11 abr.
23) Amadeu Amaral e o folclore brasileiro. *O Estado de S. Paulo*, São Paulo, 21-28 nov./5-12-19 dez.
24) A análise sociológica das classes sociais. *Sociologia*, São Paulo, (10) 2-3:91-113.
25) O estudo sociológico da economia primitiva. *Filosofia, Ciências e Letras*, São Paulo, FFCL-USP, 11:107-117.
26) Aspectos do povoamento de São Paulo no século XVI. *Publicações Avulsas do Instituto de Administração*, São Paulo, FCEA-USP, 24.

1949

27) *A organização social dos tupinambá*. São Paulo: Instituto Progresso Editorial. (2. ed. São Paulo: Difusão Europeia do Livro, 1963.)
28) A economia tupinambá: ensaio de interpretação sociológica do sistema econômico de uma sociedade tribal. *Revista do Arquivo Municipal*, São Paulo (122):7-77, fev.
29) A Revolução Constitucionalista e o estudo sociológico da guerra. *Revista do Arquivo Municipal*, São Paulo (123):23-35, mar.
30) Contos populares paulistanos. *O Estado de S. Paulo*, São Paulo, 30 ago./22 set./19 out.
31) A análise funcionalista da guerra: possibilidades de aplicação à sociedade tupinambá. Ensaio de análise crítica da contribuição etnográfica dos cronistas para o estudo sociológico da guerra entre populações aborígenes do Brasil quinhentista e seiscentista. *Revista do Museu Paulista*, São Paulo, (3):7-128 e 8 pranchas.

1950

32) Considerações sobre um comentário à ocorrência de termos tupis em "A organização social dos tupinambá". *Revista de História*, São Paulo, (1): 253-258.

33) _____; EDUARDO, Octavio da Costa; BALDUS, Herbert. Artur Ramos 1903-1949. *Revista do Museu Paulista*, São Paulo, (4):439-458.

34) A aplicação dos conhecimentos sociológicos às relações internacionais. *Sociologia*, São Paulo, (12) 3:228-246.

35) Cantigas de ninar paulistanas. *Trópico*, São Paulo, 1:21-23; 46.

1951

36) Contribuição para o estudo de um líder carismático. *Revista do Arquivo Municipal*, São Paulo, (138):19-34, jan./fev./mar.

37) O significado das ciências sociais no mundo moderno. *Filosofia, Ciências e Letras*, São Paulo, FFCL-USP, 13:93-98, out.

38) _____; BASTIDE, Roger. O preconceito racial em São Paulo (projeto de estudo). *Publicações Avulsas do Instituto de Administração*, São Paulo, FCEA-USP, 118.

1952

39) Contribuição para o estudo sociológico das advinhas paulistanas. *Revista de História*, São Paulo, (4) 9:107-164, jan./fev./mar.

40) A função social da guerra na sociedade tupinambá. *Revista do Museu Paulista*, São Paulo, (6):7-425. (2. ed. São Paulo: Livraria Pioneira Editora/Edusp, 1970.)

41) Problemas de aplicação do conhecimento antropológico. *Anhembi*, São Paulo, (10) 25:47-53.

42) La Guerre et le sacrifice humain chez les Tupinambá. Trad. Suzanne Lusagnet. *Journal de la Société des Américanistes*, Paris, Musée de L'Homme, (41) 1:139-220.

43) Festgabe dem IV internationalen Kongress für Anthropologie und Ethnologie. *Mitteilungen der Anthropologischen Gesellschaft in Wien*, Wien, (32) 1:1-120.

1953

44) _____; BASTIDE, Roger. Relações raciais entre negros e brancos em São Paulo. *Anhembi*, São Paulo, (10) 30:433-490, maio.
45) Cor e estrutura social em mudança. *Anhembi*, São Paulo, (11) 31:14-69, jun.
46) Ensaio sobre o método de interpretação funcionalista na sociologia, São Paulo, FFCL-USP, Boletim, 170, *Sociologia*, 4.
47) Das Vorurteil gegen die Farbigen in Brasilien und seine gesetzliche Bekämpfung. Trad. Anatol H. Rosenfeld. *Staden-Jahrbuch*, São Paulo, (1):105-124.

1954

48) Situação do ensino no Brasil (resposta do professor Florestan Fernandes). *Anhembi*, São Paulo, (15) 43:1-7, jun.
49) À sombra da idade de ouro. *Diários Associados*, São Paulo, 15 jul.
50) Existe uma "crise da democracia" no Brasil? *Anhembi*, São Paulo, (16) 48:450-471, nov.
51) Lévy-Bruhl e o espírito científico. *Revista de Antropologia*, São Paulo, (2) 2:121-142, dez.
52) *Apontamentos sobre os problemas da indução na sociologia*. São Paulo, FFCL-USP.

1955

53) _____; BASTIDE, Roger (Orgs.). *Relações raciais entre negros e brancos em São Paulo*. São Paulo: Unesco/Anhembi.
54) Teorias, em contraste, de ciência aplicada. *Ciência e Cultura*, São Paulo, (7) 2:77-80, jun.
55) Caracteres rurais e urbanos na formação e desenvolvimento da cidade de São Paulo. CONGRESSO INTERNACIONAL DE AMERICANISTAS, 31., São Paulo. *Anais...* São Paulo: Anhembi, p. 383-407.
56) O ensino da sociologia na escola secundária brasileira. CONGRESSO BRASILEIRO DE SOCIOLOGIA, 1., São Paulo: *Anais...* São Paulo, Sociedade Brasileira de Sociologia, p. 89-106.
57) Os estudos etnológicos no Brasil. *O Estado de S. Paulo*, São Paulo, 27 nov.

1956

58) A sociologia no Brasil. *Anhembi*, São Paulo, (22) 65:342-344, abr.

59) Ciência e sociedade na evolução social do Brasil. *Revista Brasiliense*, São Paulo, 6:46-58, jul./ago.

60) A aculturação dos sírios e libaneses em São Paulo. *Revista Etapas*, São Paulo, n. 11

61) As publicações póstumas de Karl Mannheim. *O Estado de S. Paulo*, São Paulo, 8 dez. Suplemento Literário n. 9.

62) Psicanálise e sociologia. *Revista de Antropologia*, São Paulo, (4) 2:129-142, dez.

63) _____; GATTÁS, Ramzia. A história de vida na investigação sociológica. A seleção dos sujeitos e suas implicações. *Sociologia*, São Paulo, (18) 2:123-140.

64) Die sozialgeschichtliche Entwicklung der Soziologie in Brasilien. Trad. Anatol H. Rosenfeld. *Sociologus*, Berlin, (6) 2:110-115.

1956-1957

65) Tendências teóricas da moderna investigação etnológica no Brasil. *Anhembi*, São Paulo, (24) 72:460-479, nov. 1956/(25) 73:18-43, dez. 1956/ (25) 74:262-283, jan. 1957.

66) Os estudos folclóricos em São Paulo. *O Estado de S. Paulo*, São Paulo, 17-24 nov. 1956/1 dez. 1956/4-12 jan. 1957. Suplemento Literário.

1957

67) A explicação na sociologia. *O Estado de S. Paulo*, São Paulo, 20 jul. Suplemento Literário.

68) Papai Noel sem dólares. *O Estado de S. Paulo*, São Paulo, 7 set. Suplemento Literário.

69) O significado das cantigas de ninar. *O Estado de S. Paulo*, São Paulo, 5 out. Suplemento Literário.

70) A função social das cantigas de ninar. *O Estado de S. Paulo*. São Paulo, 12 out. Suplemento Literário.

71) O uso das cantigas de ninar. *O Estado de S. Paulo*. São Paulo, 28 set. Suplemento Literário.

72) Como a América vê a Europa. CONGRESSO INTERNACIONAL DE ESCRITORES E ENCONTROS INTELECTUAIS. São Paulo: Sociedade Paulista de Escritores/Anhembi, p. 194-232.

73) Desenvolvimento histórico-social da sociologia no Brasil. *Anhembi*, São Paulo, (25) 75:470-481, fev./(26) 76:59-69, mar.

74) A reconstrução da realidade nas ciências sociais (Colóquio Metodologia das Ciências Sociais, Lisboa, jan. 1957). *Anhembi*, São Paulo, (28) 82:36--52, set./(28) 83:269-286, out.

75) As ciências sociais em São Paulo. *Jornal do Comércio*, Rio de Janeiro, 10 nov.

76) Sociologia, São Paulo, Publicação da Cadeira de Sociologia I da FFCL--USP. (Verbete transcrito da *Enciclopédia Delta-Larousse*. Rio de Janeiro, Editora Delta, tomo IV, p. 2197-2208, e tomo V, p. 2209-2216.)

1958

77) Ensaios sociológicos. *Revista Anhembi*, São Paulo, v. 31, n. 91.

78) *A etnologia e a sociedade no Brasil. Ensaios sobre aspectos da formação e desenvolvimento das ciências sociais na sociedade brasileira.* São Paulo: Anhambi, 1958.

79) Liberdade de pensamento e ensino universitário. *O Estado de S. Paulo*, São Paulo, 15 jan.

80) Herança intelectual da sociologia. *Anhembi*, São Paulo (29) 87:452-464, fev.

81) Liberdade de cátedra e de pensamento. *Anhembi*, São Paulo (29) 87:536--540, fev.

82) Objeto e campo do folclore. *O Estado de S. Paulo*, São Paulo, 29 mar. Suplemento Literário n. 75.

83) Contribuição ao estudo sociológico das cantigas de ninar. *Revista Brasiliense*, São Paulo, 16:50-76, mar./abr.

84) O negro nos Estados Unidos. *Anhembi*, São Paulo, v. 32, n. 94, p. 105-107, set.

85) Os professores estrangeiros. *O Estado de S. Paulo*, São Paulo, 14 jun. Suplemento Literário n. 85.

86) Pesquisa e ensino superior. *O Estado de S. Paulo*, São Paulo, 21 out. Suplemento Literário n. 104.

87) Implicações educacionais do "desarmamento infantil", *O Estado de S. Paulo*, São Paulo, 15 nov./6 dez.

88) O padrão de trabalho científico dos sociólogos brasileiros. *Revista Brasileira de Estudos Políticos*, Belo Horizonte, Universidade de Minas Gerais, Estudos sociais e políticos, 3.

89) A sociologia aplicada como disciplina autônoma. *Sociologia*, São Paulo, (20):27-61.
90) A ciência aplicada e a educação como fatores de mudança cultural provocada, Departamento de Publicações do Grêmio da FFCL-USP, São Paulo. (Apontamentos). Mimeo. (Republicada em 1959 pela *Revista Brasileira de Estudos Pedagógicos*, São Paulo, v. 32, n. 75.)
91) O condicionamento social dos estudos sociológicos no Brasil. *O Estado de S. Paulo*, São Paulo, 11 jan. Suplemento Literário.
92) Os estudos sociológicos no Brasil 1. As noções vulgares. *O Estado de S. Paulo*, São Paulo, 18 jan. Suplemento Literário.
93) Os estudos sociológicos no Brasil 2. Noções positivas. *O Estado de S. Paulo*, São Paulo, 25 jan. Suplemento Literário.
94) Sociologia e realidade brasileira. *O Estado de S. Paulo*, São Paulo, 19 abr. Suplemento Literário.
95) A renovação dos estudos sociológicos no Brasil. *O Estado de S. Paulo*, São Paulo, 17 maio. Suplemento Literário.
96) O problema do livro científico. *O Estado de S. Paulo*, São Paulo, 31 maio. Suplemento Literário.
97) Como se forma um etnólogo. *O Estado de S. Paulo*, São Paulo, 28 jun. Suplemento Literário.
98) Ainda o livro científico. *O Estado de S. Paulo*, São Paulo, 13 set. Suplemento Literário.
99) O Brasil e seus contrastes. *O Estado de S. Paulo*, São Paulo, 4 out. Suplemento Literário.
100) Devemos desarmar as crianças? *O Estado de S. Paulo*, São Paulo, 15 nov. Suplemento Literário.
101) Armas e folguedos infantis. *O Estado de S. Paulo*, São Paulo, 6 dez. Suplemento Literário.

1959

102) O café na evolução de São Paulo. *Revista de História*, São Paulo, v. 9, n. 40. (Publicado originalmente no *Jornal do Comércio*, Rio de Janeiro, 19 jan.)
103) _____; BASTIDE, Roger (Orgs.). *Brancos e negros em São Paulo*. 2. ed. reorg. São Paulo: Companhia Editora Nacional. (3. ed., 1971.)

104) *Fundamentos empíricos da explicação sociológica*. São Paulo: Companhia Editora Nacional. (2. ed., 1967, reimpressão, 1972; 3. ed., Rio de Janeiro: Livros Técnicos e Científicos, 1978; 4. ed., [s.l.]: T. A. Queiroz, 1980.)

105.) O destino das universidades. *O Estado de S. Paulo*, São Paulo, 3 jan. Suplemento Literário n. 114.

106) Os educadores e as exigências educacionais do presente. *O Estado de S. Paulo*, São Paulo, 14 fev./4 abr./7 mar.

107) O homem e a cidade metrópole. *Diário de São Paulo*, São Paulo, 30 abr. *Revista Educação e Ciências Sociais*, Rio de Janeiro, v. 5, n. 11.

108) Folclore e ciências sociais. *Revista Brasiliense*, São Paulo, 24:133-151, jul./ago.

109) Ensino e pesquisa da sociologia em São Paulo. *O Estado de S. Paulo*, São Paulo, 15 nov.

110) Os escritores e a escola pública. *O Estado de S. Paulo*, São Paulo, 21 nov. Suplemento literário n. 158; 5 dez. Suplemento Literário n. 160.

111) Campo e problema da sociologia aplicada, *Sociologia*, São Paulo, (21) 3:274-297.

112) *Relatório sobre as necessidades urgentes da FFCL-USP*. São Paulo: FFCL-USP.

113) Current theoretical trends of ethnological research in Brazil. Trad. Frank Goldman. *Revista do Museu Paulista*, São Paulo, (11):7-69.

114) Educação e democracia. *O Estado de S. Paulo*, São Paulo, 14 fev. Suplemento Literário.

115) Educação e progresso social. *O Estado de S. Paulo*, São Paulo, 7 mar. Suplemento Literário.

116) A unidade e o desenvolvimento do Nordeste. *Revista Brasileira de Estudos Pedagógicos*, São Paulo, v. 36, n. 83.

117) A ideologia dos educadores. *O Estado de S. Paulo*, São Paulo, 4 abr. Suplemento Literário.

118) A atividade científica da universidade em 25 anos. *O Estado de S. Paulo*, São Paulo, 15 fev.

119) A posição dos escritores. *O Estado de S. Paulo*, São Paulo, 5 dez. Suplemento Literário.

120) Realismo científico. *O Estado de S. Paulo*, São Paulo, 19 dez. Suplemento Literário.

121) Atitudes e motivações desfavoráveis ao desenvolvimento. Rio de Janeiro: Centro Latino-Americano de Pesquisas em Ciências Sociais. Mimeo.

122) Limitações institucionais à expansão da pesquisa sociológica. *Boletim do Serviço de Medidas e Pesquisas Educacionais*, São Paulo, n. 3.

1959-1960

123) O cientista brasileiro e o desenvolvimento da ciência. *O Estado de S. Paulo*, São Paulo, 1959. Suplemento Literário n. 162; 1960. Suplementos Literários n. 182, 186, 188, 190 e 193.

124) O folclore de uma cidade em mudança. *Anhembi*, São Paulo, (36) 106: 16-30, set.; (36) 107:267-282, out.; (36) 108:489-505, nov.; (37) 109:62--89, dez.; (37) 110:289-304, jan.; (37) 111:517-529, fev.; (38) 112:71-86, mar.; (38) 113:290-306, abr.; (38) 114:498-513, maio.

1960

125) *Ensaios de sociologia geral e aplicada*. São Paulo: Livraria Pioneira Editora. (2. ed, 1971; 3. ed, 1976.)

126) *Mudanças sociais no Brasil. Aspectos do desenvolvimento da sociedade brasileira*. São Paulo: Difel. (2. ed., 1974 [inclui ensaio introdutório]; 3. ed., 1979.)

127) Antecedentes indígenas. Organização social das tribos tupis. In: HOLANDA, Sérgio Buarque de (Org.). *História geral da civilização brasileira*. São Paulo: Difusão Europeia do Livro, p. 72-86. v. 1, tomo 1. (Reedições. São Paulo: Difel, 1976 e 1981; Rio de Janeiro: Bertrand Brasil, 1989.)

128) Análise e crítica do projeto de lei sobre diretrizes e bases da educação nacional. In: BARROS, Roque Spencer Maciel de (Org.). *Diretrizes e bases da educação*. São Paulo: Pioneira, p. 217-306.

129) Em defesa da escola pública. *O Estado de S. Paulo*, São Paulo, 30 jan./6 fev./13 fev. Suplemento Literário. *Revista Brasileira de Estudos Pedagógicos*, Rio de Janeiro, (33) 79, jan./mar.

130) A posição dos licenciados. *O Estado de S. Paulo*, São Paulo, 11 fev.

131) Folcloristas em confronto. *O Estado de S. Paulo*, São Paulo, 2 abr. Suplemento Literário n. 176.

132) Objetivos da campanha da escola pública. *O Estado de S. Paulo*, São Paulo, 24 maio.

133) A democratização do ensino. *Anhembi*, São Paulo, (39) 115:24-34, jun.
134) Dados sobre a situação do ensino. *Revista Brasiliense*, São Paulo, 30:67--138, jul./ago.
135) Educação e folclore. *O Estado de S. Paulo*, São Paulo, 20 ago. Suplemento Literário n. 195.
136) Folclore e sociedade. *O Estado de S. Paulo*, São Paulo, 17 set. Suplemento Literário n. 199.
137) A educação como problema social. *Comentário*, Rio de Janeiro, Instituto Brasileiro Judaico de Cultura e Divulgação, (1) 4:7-13.
138) Necessidades e problemas da Faculdade de Filosofia. Ciências e Letras da Universidade de São Paulo, São Paulo, FFCL-USP.
139) *Padrão e ritmo de desenvolvimento da América Latina*. México: Conselho Econômico e Social das Nações Unidas. Mimeo.
140) O cientista brasileiro e o desenvolvimento da ciência. *Revista Brasiliense*, n. 31; *Revista Brasileira de Estudos Políticos*, São Paulo, v. 34, n. 70.
141) *A evolução social do Brasil: estudos sobre a responsabilidade social da Igreja*. São Paulo: Departamento de Estudos da Confederação Evangélica do Brasil. Mimeo.
142) Notas sobre Mário de Andrade. *O Estado de S. Paulo*, São Paulo, 16 jan. Suplemento Literário.
143) A etnologia histórica no Brasil. *O Estado de S. Paulo*, São Paulo, 2 jan. Suplemento Literário.
144) A convenção reafirmou a defesa do ensino: quatrocentas pessoas unidas em defesa do ensino. *O Estado de S. Paulo*, São Paulo, 6 maio.
145) A investigação científica no Brasil. *O Estado de S. Paulo*, São Paulo, 21 maio.
146) Ciência e desenvolvimento. *O Estado de S. Paulo*, São Paulo, 18 jun. Suplemento Literário.
147) Ciência e tecnologia. *O Estado de S. Paulo*, São Paulo, 2 jul. Suplemento Literário.
148) As ciências sociais. *O Estado de S. Paulo*, São Paulo, 16 jul. Suplemento Literário.
149) A ciência no Brasil. *O Estado de S. Paulo*, São Paulo, 6 ago. Suplemento Literário.

150) O trabalhador e o projeto de Diretrizes e Bases. *O Estado de S. Paulo*, São Paulo, 28 fev.
151) Evolução da luta pró-escola pública. *O Estado de S. Paulo*, São Paulo, 8 out.
152) Resistências à mudança social. *O Estado de S. Paulo*, São Paulo, 2-9 dez. Suplemento Literário.
153) Diretrizes e bases: a sanção do presidente. *O Estado de S. Paulo*, São Paulo, 28 dez.

1961

154) *Folclore e mudança social na cidade de São Paulo*. São Paulo: Anhambi. (2. ed. Petrópolis: Vozes, 1979.)
155) A universidade e o desenvolvimento do Nordeste. *O Estado de S. Paulo*, São Paulo, 5 fev.
156) O trabalhador e o projeto de Diretrizes e Bases. *O Estado de S. Paulo*, São Paulo, 28 fev.
157) Considerações sobre a Lei de Diretrizes e Bases da Educação Nacional. *Diário de Notícias*, São Paulo, 26-27-28 abr.
158) Defesa da escola pública e sua significação. *Anhembi*, São Paulo (43) 128:246-258, jul.
159) A poesia negra em São Paulo. *Revista Brasiliense*, São Paulo, 36:45-93, jul./ago.
160) Investigação sociológica na América Latina. *Anhembi*, São Paulo, (44) 130:14-35, set.
161) A unidade das ciências sociais e a antropologia. *Anhembi*, São Paulo, (44) 132:453-470, nov.
162) A formação de profissionais e especialistas na Faculdade de Filosofia. *Revista Brasiliense*, São Paulo, 38:158-167, nov./dez.
163) _____; RODRIGUES, Milton Silva. Universidade de Brasília. *Revista Anhembi*, São Paulo, v. 43, n. 12.771-12.774, jun.

1962

164) *A sociologia numa era de revolução social*. São Paulo: Companhia Editora Nacional. (2. ed. Rio de Janeiro: Zahar, 1976.)
165) *Economia e sociedade no Brasil: análise sociológica do desenvolvimento*. São Paulo: Cesit/FFCL/USP.

166) A educação popular no Brasil. *Revista Brasiliense*, São Paulo, 39:128-138, jan./fev.

167) O teatro negro. *O Estado de S. Paulo*, São Paulo, 10 fev.

168) Reflexões sobre a mudança social no Brasil. *Revista Brasileira de Estudos Políticos*, Belo Horizonte, 15:31-72, jan./jul.

169) A sociologia como afirmação. *Revista Brasileira de Ciências Sociais*, Belo Horizonte, (2) 1:3-39, mar.

170) Diretrizes e Bases. *O Estado de S. Paulo*, São Paulo, 14 abr.

171) Contra a Lei de Diretrizes e Bases. *Comentário*, Rio de Janeiro, (3) 3:213--220, jul./set.

172) O problema da opção na sociologia. *Anhembi*, São Paulo, (47) 141:434--452, ago.

173) Representação dos alunos. *Anhembi*, São Paulo, (48) 142:13-17, set.

174) O conhecimento sociológico e os processos políticos. *Revista Relações Humanas*, São Paulo, 15:43-47.

175) Padrão e ritmo do desenvolvimento na América Latina. *Revista Brasileira de Ciências Sociais*, Belo Horizonte.

176) Funcionalismo e análise científica na sociologia moderna. *Sociologia*, São Paulo, (24) 3:195-202.

1963

177) *Organização social dos tupinambá*. 2 ed. ampl. São Paulo: Difusão Europeia do Livro.

178) O problema da juventude. *Revista Brasiliense*, São Paulo, 45:98-103, jan./fev.

179) A recuperação da universidade. *Revista Brasileira de Estudos Pedagógicos*, Rio de Janeiro, (39) 90:200-222, abr./jun.

180) Fragmentos de um estudo sobre a concepção de ciência política de Karl Mannheim. *Revista Brasiliense*, São Paulo, 47:78-95, maio/jun.; 48:50-68, jul./ago.; 49:105-124 set./out.

181) A escola e a ordem social. *Pesquisa e Planejamento*, São Paulo, 6:137-154, dez.

1964

182) *A integração do negro na sociedade de classes.* São Paulo: FFLCH/USP, Boletim, 301, Sociologia 1, 12. (2. ed. São Paulo: Dominus, 1965; São Paulo: Ática, 1978.)

183) Aspectos da educação na sociedade tupinambá. *Beitrage zur Völkerkunde Sudamerikas* (Festgabe fur Herbert Baldus zum 65. Geburtstag), Hannover, p. 79-96.

1965

184) *A integração do negro na sociedade de classes.* 2. ed. São Paulo: Dominus/Edusp. 2 v.

185) _____; MAZZONI, Gui Tarcísio; MAZZONI, Marcos de Carvalho. Favelas. *Revista Brasileira de Estudos Políticos*, Belo Horizonte, 18:186-188, jan.

186) A "revolução burguesa" e os intelectuais. *Encontros com a Civilização Brasileira*, Rio de Janeiro, 2: 325-337, mai.

1966

187) *Educação e sociedade no Brasil.* São Paulo: Dominus/Edusp.

188) Estudo da organização social. *Revista do Instituto de Ciências Sociais*, Rio de Janeiro, (3) 1:39-90, jan./dez.

189) Las ciencias sociales en Latinoamerica. *Revista Mexicana de Sociología*, México, (28) 2:251-289, abr./jun.

190) Como muda o Brasil. *Cadernos Brasileiros*, Rio de Janeiro, 35:22-39, mai./jun.

191) Imigração e relações sociais. *Encontros com a Civilização Brasileira*, Rio de Janeiro, 8: 75-96, jul.

192) La persistencia del pasado. *Revista Mexicana de Sociología*, México, (28) 4:787-811, out./dez.

193) Aspectos da questão racial. *O Tempo e o Modo do Brasil*, Lisboa, p. 36-49, nov./dez.

1966 e 1967

194) Crescimento econômico e instabilidade política no Brasil. *Encontros com a Civilização Brasileira*, Rio de Janeiro, 11-12:11-37, dez./mar.

1967

195) *Fundamentos empíricos da explicação sociológica.* 2. ed. São Paulo: Companhia Editora Nacional.

196) As ciências sociais na América Latina. In: Vários Autores. *As ciências sociais na América Latina.* São Paulo: Centro Latino-Americano de Pesquisas em Ciências Sociais; Difusão Europeia do Livro, p. 113-152.

1968

197) *Sociedade de classes e subdesenvolvimento.* Rio de Janeiro: Zahar. (2. ed., 1972; 3. ed., 1975; 4. ed, 1981.)

198) O negro em São Paulo. In: MARCONDES, J. V. Freitas; PIMENTEL, Osmar (Orgs.). *São Paulo: espírito, povo, instituições.* São Paulo: Pioneira. p. 127-151.

199) O problema da universidade. *Jornal da Senzala*, São Paulo, 1:8-9, jan.

200) Mobilidade social e relações raciais: o drama do negro e do mulato numa sociedade em mudança. *Cadernos Brasileiros*, Rio de Janeiro, 47:51-67, maio/jun.

201) A reforma universitária é uma revolução cultural. *Folha de S.Paulo*, São Paulo, 23 jun./30 jun.

202) A reestruturação da Universidade de São Paulo. *Folha de S.Paulo*, São Paulo, 22 set.

1969

203) *Die Integration des Negers in die Klassengesellschaft.* Trad. Jurgen Grabener, Berlin/Zurich, Verlag Gehlen, Bad Hamburg v.d.H, Munique, v. 1.

204) *The negro in Brazilian society.* Trad. Jacqueline D. Skiles, A. Brunel e Arthur Rothwell. New York/London: Columbia University Press.

205) Prefácio. In: CAMARGO, Oswaldo de. *15 poemas negros.* São Paulo: Associação Cultural do Negro.

206) Poesia e sublimação das frustrações raciais. In: CAMARGO, Oswaldo de. *15 poemas negros.* São Paulo: Associação Cultural do Negro.

207) Beyond poverty: the negro and the mulato in Brazil. *Journal de La Société des Américanistes*, Paris, (58):121-137.

1969 e 1970
208) *The Latin American in residence lectures.* Toronto: University of Toronto.

1970
209) *Elementos de sociologia teórica.* São Paulo: Companhia Editora Nacional. (2. ed., 1974.)
210) *A função social da guerra na sociedade tupinambá.* 2. ed. São Paulo: Pioneira/Edusp.
211) Os dilemas da reforma universitária consentida. *Revista Mexicana de Sociología*, México, (32) 4:967-1004, jul./ago.
212) Patrones de dominación externa en América Latina. *Revista Mexicana de Sociología*, México, (32) 6:1453-1459, nov./dez.
213) La sociología de la educación como "sociologia especial". In: PEREIRA, Luiz; FORACHI, Marialice Mencarini. *Educación y sociedad: ensayos sobre sociología de la educación.* Buenos Aires: El Ateneu.

1971
214) _____; BASTIDE, Roger (Orgs.). *Brancos e negros em São Paulo.* 3. ed. São Paulo: Companhia Editora Nacional.
215) *Ensaios de sociologia geral e aplicada.* 2. ed. São Paulo: Pioneira.
216) Universidad y desarrollo. *Aportes*, Paris, 17:133-158, jul.
217) *A questão racial brasileira vista por três professores: Florestan Fernandes, João Baptista Borges Pereira e Oracy Nogueira.* São Paulo: Escola de Comunicações e Artes da Universidade de São Paulo.

1972
218) *O negro no mundo dos brancos.* São Paulo: Difusão Europeia do Livro.
219) *Sociedade de classes e subdesenvolvimento.* 2. ed. Rio de Janeiro: Zahar. (3. ed., 1975.)
220) (Org.). *Comunidade e sociedade no Brasil. Leituras básicas de introducão ao estudo macrossociológico do Brasil.* São Paulo: Companhia Editora Nacional. (2. ed., 1975.)
221) Anotações sobre o capitalismo agrário e a mudança social no Brasil. In: QUEDA, Oriovaldo; SMRECSÁNYI, Tamás (Orgs.). *Vida rural e mudança social.* São Paulo: Companhia Editora Nacional, p. 131-150.

1973

222) *Capitalismo dependente e classes sociais na América Latina.* Rio de Janeiro: Zahar. (2. ed., 1975; 3. ed., 1981.)

223) (Org.). *Comunidade e sociedade: leituras sobre problemas conceituais, metodológicos e de aplicação.* São Paulo: Companhia Editora Nacional.

224) _____; POULANTZAS, N.; TOURAINE, A. *Las classes sociales en América Latina.* México: Siglo Veintiuno Editores; UNAM.

225) Revolução burguesa e capitalismo dependente. *Debate & Crítica*, São Paulo, 1:48-66, jul./dez.

226) El dilema brasileño: democracia o desarollo. *La Opinión*, Buenos Aires, 30 set.

1975

227) *A investigação etnológica no Brasil e outros ensaios.* Petrópolis: Vozes.

228) *A revolução burguesa no Brasil. Ensaio de interpretação sociológica.* Rio de Janeiro: Zahar. (2. ed., 1976; 3. ed., 1981.)

229) *A universidade brasileira: reforma ou revolução?* São Paulo: Alfa-Ômega. (2. ed., 1979.)

230) Sobre o trabalho teórico. *Revista Transformação*, Assis, n. 2, p. 5-86, 1975.

231) A sociedade: introdução. In: FERNANDES, Florestan (Org.). *Comunidade e sociedade no Brasil: leituras básicas de introdução ao estudo macrossociológico do Brasil.* São Paulo: Companhia Editora Nacional.

1976

232) *Circuito fechado. Quatro ensaios sobre o poder institucional.* São Paulo: Hucitec. (2. ed., 1977.)

1977

233) *Die Integration des Negrers in die Klassengesellschaft.* Trad. Angela Dulle. München: Wilhelm Fink Verlag. v. 2.

234) *A sociologia no Brasil. Contribuição para o estudo de sua formação e desenvolvimento.* Petrópolis: Vozes. (2. ed., 1980.)

235) *As classes sociais na América Latina.* Rio de Janeiro: Paz e Terra.

236) *Fundamentos empíricos da explicação sociológica.* México: UNAM. Em espanhol.

1978
237) *A condição de sociólogo*. São Paulo: Hucitec.
238) (Org.). *Lenin*. São Paulo: Ática.
239) *O folclore em questão*. São Paulo: Hucitec.
240) *La revolución burguesa en Brasil*. Trad. Eduardo Molina. México: Siglo Veintiuno Editores.

1979
241) *Apontamentos sobre a teoria do autoritarismo*. São Paulo: Hucitec.
242) *Da guerrilha ao socialismo: a revolução cubana*. São Paulo: T. A. Queiroz.
243) Evocação de um passado recente. In: *Boletim Bibliográfico Biblioteca Mário de Andrade*, São Paulo, v. 40, n. 1/4, p. 35-37, jan./dez.
244) A "herança clássica" e seu destino. In.: *Cadernos de Opinião*, Rio de Janeiro, n. 13, p. 20-35, ago./set.
245) Vigésimo aniversário da revolução cubana: Cuba e a revolução socialista. *Encontros com a civilização brasileira*, Rio de Janeiro, v. 18, p. 155-169.

1980
246) *A natureza sociológica da sociologia*. São Paulo: Ática.
247) *Brasil: em compasso de espera*. São Paulo: Hucitec.
248) *Movimento socialista e partidos políticos*. São Paulo: Hucitec.

1981
249) *Poder e contrapoder na América Latina*. Rio de Janeiro: Zahar.
250) *O que é revolução*. São Paulo: Brasiliense.
251) (Org.). *Reflections on the Brazilian counter-revolution*. New York: M. E. Sharpe, Inc.

1982
252) *A ditadura em questão*. São Paulo: T. A. Queiroz.

1983
253) (Org.). *K. Marx – F. Engels: história*. São Paulo: Ática. (3. ed., 2004.)

1984

254) A *questão da USP*. São Paulo: Brasiliense.

255) Pode-se traçar um paralelo entre a Faculdade de Filosofia anterior a 1964... [Entrevista]. *Língua e Literatura*, São Paulo, v. 10, n. 10-13, p. 75-114, 1981-1984.

1986

256) *Nova república?* Rio de Janeiro: Zahar.

257) *Que tipo de república?* São Paulo: Brasiliense.

258) Para o sociólogo, não existe neutralidade possível: o intelectual deve optar entre o compromisso com os exploradores ou com os explorados. *Leia São Paulo*, v. 7, n. 96, p. 25, out.

259) Os subterrâneos da história não entram nas enquetes. *Leia São Paulo*, v. 7, n. 95, p. 33, set.

260) *Pierre-Joseph Proudhon: política*. São Paulo: Ática.

1987

261) A formação política e o trabalho do professor. In: CATANI, Denice Bárbara et al. (Orgs.). *Universidade, escola e formação de professores*. São Paulo: Brasiliense.

262) Nós e o marxismo. In: CHASIN, J. (Org.). *Marx hoje*. São Paulo: Ensaio. v. 1.

1988

263) *O Processo Constituinte*. Brasília, DF: Câmara dos Deputados/Centro de Documentação e Informação.

264) O negro e a cultura brasileira (Debate). *Revista do PMDB*, Rio de Janeiro, v. 8, n. 12, p. 27-32.

1989

265) *A Constituição inacabada. Vias históricas e significado*. São Paulo: Estação Liberdade.

266) *O desafio educacional*. São Paulo: Cortez.

267) *O significado do protesto negro*. São Paulo: Cortez.

268) *Pensamento e ação: o PT e os rumos do socialismo*. São Paulo: Brasiliense.

269) *O que é revolução. Utopia e anarquismo*. São Paulo: Círculo do Livro.
270) *A transição prolongada*. São Paulo: Cortez.
271) *As lições da eleição*. Brasília, DF: Câmara dos Deputados/Centro de Documentação e Informação.

1991

272) Depoimento. In: *Memória viva da educação brasileira* (01). Brasília, DF: Inep.
273) *O PT em movimento. Contribuição ao I Congresso do Partido dos Trabalhadores*. São Paulo: Cortez.

1992

274) *O colapso do governo Collor e outras reflexões*. Salvador: Sarah Letras.
275) *Parlamentarismo: contexto e perspectivas*. Brasília, DF: Câmara dos Deputados/Centro de Documentação e Informação.
276) *Reflexão sobre o socialismo e a autoemancipação dos trabalhadores*. São Bernardo do Campo: Departamento de Formação Política e Sindical/Sindicato dos Metalúrgicos de São Bernardo e Diadema.

1994

277) *LDB: impasses e contradições*. Documentação e Informação. Brasília, DF: Câmara dos Deputados/Centro de Documentação e Informação.
278) *Democracia e desenvolvimento. A transformação da periferia e o capitalismo monopolista da era atual*. São Paulo: Hucitec.
279) *Consciência negra e transformação da realidade*. Brasília, DF: Câmara dos Deputados/Centro de Documentação e Informação.
280) Significado atual de José Carlos Mariátegui. *Universidade e Sociedade*, São Paulo, v. 4, n. 7, p. 4-8, jun.
281) Ciências Sociais na ótica do intelectual militante. *Estudos Avançados*, São Paulo, v. 8, n. 22

1995

282) *A contestação necessária*. São Paulo: Ática.
283) *Em busca do socialismo*. São Paulo: Xamã.
284) *Tensões na educação*. Salvador: Sarah Letras.

285) Homenagem a Florestan/Florestan Fernandes. Uberlândia: Universidade Federal de Uberlândia, Centro de Documentação e Pesquisa em História, 1995. (Texto reproduz conferência proferida pelo autor na Universidade Federal de Uberlândia, em 16 de julho de 1989, com o título: Universidade e sociedade civil: tempo de crise e de transformação.)

286) As relações raciais em São Paulo reexaminadas. *Revista do Instituto de Estudos Brasileiros*, São Paulo, n. 40, p. 209-215.

1998

287) Entrevista concedida a José Albertino Rodrigues, UFSCar. Publicada em set./out. 1983: Depoimentos. In: *Cientistas do Brasil*. São Paulo: SBPC.